W0364452

310be Foto: kj

Kristine Jaath

Berlin mit Potsdam

„Ich möchte Weltbürger sein, überall zu Hause und – was noch entscheidender ist – überall unterwegs."

Erasmus von Rotterdam

Impressum

Kristine Jaath
Berlin mit Potsdam
erschienen im
Reise Know-How Verlag Peter Rump GmbH
Osnabrücker Straße 79, 33649 Bielefeld

6., komplett aktualisierte und neu gestaltete Auflage 2006

Gestaltung
Umschlag: M. Schömann, P. Rump (Layout);
Barbara Bossinger (Realisierung)
Inhalt: Günter Pawlak (Layout);
Barbara Bossinger (Realisierung)
Karten: Catherine Raisin, der Verlag
Umschlagklappe hinten: BVG (Berliner Verkehrsbetriebe)
Fotos: Kristine Jaath (kj), Christian Prager (cp; S. 107),
© Jürgen Hohmuth/zeitort.de (jh; S. 196, 199, 223)
Umschlagfoto: Kristine Jaath

Lektorat (Aktualisierung): Barbara Bossinger

Druck und Bindung
Wilhelm & Adam, Heusenstamm

ISBN-10: 3-8317-1442-8
ISBN-13: 978-3-8317-1442-1
Printed in Germany

Dieses Buch ist erhältlich in jeder Buchhandlung Deutschlands, der Schweiz, Österreichs, Belgiens und der Niederlande. Bitte informieren Sie Ihren Buchhändler über folgende Bezugsadressen:

Deutschland
Prolit GmbH, Postfach 9,
D-35463 Fernwald (Annerod)
sowie alle Barsortimente

Schweiz
AVA-buch 2000
Postfach, CH-8910 Affoltern

Österreich
Mohr-Morawa Buchvertrieb GmbH
Sulzengasse 2, A-1230 Wien

Niederlande, Belgien
Willems Adventure
Postbus 403, NL-3140 AK Maassluis

Wer im Buchhandel trotzdem kein Glück hat, bekommt unsere Bücher auch direkt über unseren **Büchershop im Internet:**
www.reise-know-how.de

Wir freuen uns über Kritik, Kommentare und Verbesserungsvorschläge.

Alle Informationen in diesem Buch sind von der Autorin mit größter Sorgfalt gesammelt und vom Lektorat des Verlages gewissenhaft bearbeitet und überprüft worden.

Da inhaltliche und sachliche Fehler nicht ausgeschlossen werden können, erklärt der Verlag, dass alle Angaben im Sinne der Produkthaftung ohne Garantie erfolgen und dass Verlag wie Autorin keinerlei Verantwortung und Haftung für inhaltliche und sachliche Fehler übernehmen.

Die Nennung von Firmen und ihren Produkten und ihre Reihenfolge sind als Beispiel ohne Wertung gegenüber anderen anzusehen.
Qualitäts- und Quantitätsangaben sind rein subjektive Einschätzungen der Autorin und dienen keinesfalls der Bewerbung von Firmen oder Produkten.

311be Foto: kj

Kristine Jaath

Berlin mit Potsdam

Vorwort

Berlin im dritten Jahrtausend ist eine der faszinierendsten Städte Europas. Hochkarätige Kulturmetropole, kunterbuntes Szene-Mekka und Weltstadt mit Schnauze und Herz - so rühmt sich die Spree-Metropole. Aber auch folgendermaßen wird sie von vielen Menschen erlebt: als Häusermeer und pulsierende Millionenstadt, die einen ziemlich ruppigen Charme an den Tag legt und deren Reiz weniger im Alltäglichen, sondern vielmehr im Eckigen, Kantigen, Widersprüchlichen liegt. Hier paart sich Urbanität und Weltläufigkeit mit Piefkes Gemütlichkeit, ein Vier-Sterne-Gourmettempel steht neben der Curry-Bude, und ein Schlosspark grenzt unmittelbar an ein Arme-Leute-Quartier. Multikulti und Laubenpieper, Berliner Schnauze und internationales Sprachengewirr, Luxusherbergen und Notunterkünfte - das alles ist diese wundervolle, schwierige, spannende Großstadt Berlin.

Preußische Residenzstadt, Hauptstadt des Deutschen Reichs, Weltkulturmetropole, Hauptstadt des Dritten Reichs, Trümmerstadt, Frontstadt, Mauerstadt und nun abermals deutsche Hauptstadt und Regierungssitz - Berlins Tradition ist der rasche Wandel, gelegentlich auch der radikale Umbruch, aus dem stets Neues entsteht.

Kurzum, es ist eine Passion, in Berlin zu leben, und es kommt einer Lebensaufgabe gleich, es erschöpfend kennen zu lernen. Da die Stadt aber schlichtweg zu groß ist und sich stetig verändert, kann dieser CityGuide keinen Anspruch auf Vollständigkeit erfüllen. Es möchte Ihnen hingegen beim ersten Zurechtfinden, auf Erkundungstouren wie auch beim tieferen Einstieg in die Spree-Metropole ein getreuer, informativer und zuverlässiger Begleiter sein.

Ich wünsche Ihnen einen angenehmen und anregenden Aufenthalt in dieser interessantesten und spannendsten Metropole Europas.

Kristine Jaath

Inhalt

Reisetipps A–Z

Berlin und seine Bewohner

Berlin-Mitte

Berlin-Tiergarten

Rund ums Zentrum

Ausflüge in die Außenbezirke

Potsdam

Anhang

Kartenverzeichnis

Stadtatlas

Im Innenteil

Hinweise zur Benutzung

„Balin, wie haste dia vaändat!“ – Diesen Seufzer kann man in der deutschen Hauptstadt beinahe jeden Tag von Neuem ausstoßen. Da wird abgerissen und aufgebaut, zugemacht, eröffnet und umgezogen, und übers Jahr tauchen im Stadtplan mitten im Zentrum ganz neue Straßen auf, die es zwölf Monate vorher nicht gab. Ein Berlin-Reiseführer, der regelmäßig aktualisiert wird, kann dem gut Rechnung tragen. Aber eine Garantie dafür übernehmen, dass sich nach seiner Drucklegung nicht die eine oder andere Öffnungszeit oder Telefonnummer wieder verändert, ein Bauwerk zum anvisierten Termin tatsächlich fertig gestellt wird, ein Spitzenkoch nicht plötzlich weitergewandert oder ein Tanzschuppen auch in sechs Monaten noch angesagt ist, diese Garantie übernehmen kann er nicht.

Bei unseren **Unterkunftstipps** geben wir zur Orientierung jeweils den Richtpreis in der Hochsaison für ein Standarddoppelzimmer mit Frühstück an. Die zahlreichen Angebote und Arrangements, die die Hotels und Pensionen zu den unterschiedlichsten Zeiten offerieren, können leider keine Berücksichtigung finden, weshalb es sich immer lohnt, noch einmal selbst zum Telefonhörer zu greifen oder im Internet nachzuschauen. Die Adressen halten wir im Kapitel „Unterkunft“ für Sie parat.

Bei den **Verkehrsanbindungen** geben wir jeweils den nächst erreichbaren S- und/oder U-Bahnhof an. Sollte er sich weiter als fünf bis sechs Minuten Fußweg entfernt vom Zielort befinden, wird außerdem die Weiterfahrt mit Bus oder Tram angeführt. Erscheint bei der S-Bahn keine spezielle Linienangabe, handelt es sich um die Stadtbahn, über deren Gleise auf dem Viadukt mitten durchs Zentrum nahezu alle S-Bahn-Linien im Minutentakt fahren und die meisten Sehenswürdigkeiten erreichbar sind. Alles zu Tickets, Konditionen und touristischen ÖNVP-Angeboten erfahren Sie im Kapitel „Unterwegs in Berlin“. Auf die Angabe der Fahrpläne mussten wir dagegen verzichten, würden sie doch ein Buch halb so dick wie das Kursbuch der Deutschen Bahn füllen.

In den Ortsbeschreibungskapiteln wird in der Kopfzeile jeweils auf die Karte verwiesen, auf der die im Text genannten Sehenswürdigkeiten eingezeichnet sind. Die **Zahlen in Klammern hinter den Sehenswürdigkeiten** verweisen auf die Legendennummer des in der Kopfzeile angegebenen Stadtplans. Ist keine Nummer angegeben, steht der Name des Gebäudes direkt in der Karte oder es liegt außerhalb des Kartenausschnitts. Die Karten, die mit römischen Zahlen nummeriert sind, befinden sich am Ende des Buches im Stadtatlas.

Exkurse

313be Foto: ki

314be Foto: kj

Reisetipps A–Z

018be Foto: kj

315be Foto: kj

Straßencafé
in der Oranienstraße in Kreuzberg

Der Berliner liebt seine Currywurst

Berlin bietet vielfältige Möglichkeiten
zum Entspannen im Grünen

Anreise

Auto

Alle Autobahnen führen auf den **Berliner Ring (A 10),** der Berlin und Potsdam nahezu kreisförmig umschließt. Abzweigungen leiten von dort weiter in die Innenstadt und die Bezirke. Die Ausschilderung ist gut. Von West nach Ost münden im Uhrzeigersinn ein:

- A 2: Oberhausen – Hannover – Magdeburg – Berlin
- A 24: Hamburg – Schwerin – Berlin
- A 11: Szczecin – Berlin
- A 12: Frankfurt (Oder) – Berlin
- A 113/13: Dresden – Berlin
- A 9: München – Nürnberg – Hof – Leipzig – Berlin

Sofern man nicht nachts fahren möchte, gibt es keine günstigste **Reisezeit.** Ob der Berliner Ring und insbesondere die Einfallstraßen stadteinwärts gerade verstopft sind oder nicht, ist Glück oder Pech und hängt vom Wetter und anderen wenig kalkulierbaren Dingen ab.

Dagegen gibt es Zeiten, die man möglichst meiden sollte: den Berufsverkehr morgens ca. 7–9 Uhr sowie nachmittags 15–17.30 Uhr, außerdem den Wochenendverkehr von Donnerstag bis Sonntag morgens und abends.

Bahn

Neben dem Flugzeug ist eine Fahrt mit dem **InterCityExpress (ICE)** zwar nicht die preisgünstigste, aber doch die schnellste Anreisemöglichkeit aus allen vier Himmelsrichtungen. Seit der Eröffnung der Hochgeschwindigkeitsstrecke Hannover – Berlin beträgt die Fahrzeit z. B. zwischen der niedersächsischen Landeshauptstadt und der Spree-Metropole nur noch 1 Std. 32 Min., von Frankfurt (Main) benötigt der „ICE-Sprinter" ohne Halt bis Berlin nur 3 Std. 49 Min.

InterCitys (IC) verbinden Berlin mit zahlreichen anderen deutschen Großstädten überwiegend im Stundentakt, **InterRegios (IR)** meist im Zwei-Stunden-Takt. Die Züge des **RegionalExpress (RE)** verkehren im Radius zwischen 200 und 250 Kilometer von und nach Berlin.

Wann man zu welchen Konditionen und Buchungsfristen das preisgünstigste Ticket für seine Zugreise nach Berlin erwirbt, hängt seit der Tarifreform der Deutschen Bahn von den unterschiedlichsten Faktoren ab. Neben zahlreichen Aktionspreisen, die stets zeitlich befristet und meist ziemlich schnell ausverkauft sind, bietet die Bahn im Standardprogramm die drei miteinander kombinierbaren Sparmöglichkeiten BahnCard, Sparpreis und Mitfahrerrabatt an:

Die **BahnCard 25** (51,50 €/2. Klasse bzw. 103 €/1. Klasse) ermöglicht 25 Prozent Rabatt auf den Normalpreis. Mit der Jugend-BahnCard 25 (10 €) erhalten Kinder und Jugendliche von 6 bis einschließlich 18 Jahre 25 Prozent Nachlass auf den regulären Preis, unabhängig davon, ob ih-

Bahnhofshalle mit S-Bahn am Ostbahnhof

011be Foto: ki

re Eltern im Besitz einer BahnCard 25 sind.

Die **BahnCard 50** (206 €/2. Klasse bzw. 412 €/1. Klasse) bietet 50 Prozent Rabatt. Ehe- oder Lebenspartner im gleichen Haushalt, Kinder (6 bis einschließlich 17 Jahre), Schüler, Azubis und Studenten bis einschließlich 26 Jahre, Senioren ab 60 Jahre, Erwerbsunfähigkeitsrentner und Schwerbehinderte erhalten die BahnCard 50 zum halben Preis.

Die BahnCards sind mit dem **Sparpreis 25** (25 % Rabatt) und **Sparpreis 50** (50 % Rabatt) kombinierbar. Beide Sparpreise gelten nur in Verbindung von Hin- und Rückfahrt und beinhalten eine festgelegte Zugverbindung, d. h. wenn man den Zug verpasst, ist das Ticket dahin. Die Vorverkaufsfrist beträgt drei Tage, doch sollte man die Sparpreise insbesondere vor Hochreisezeiten wie Weihnachten oder Sommerferienantritt rechtzeitig buchen, denn das Fahrkartenkontingent ist begrenzt. Für den Sparpreis 50 besteht darüber hinaus Wochenendbindung.

BahnCard und Sparpreise lassen sich in Kombination mit dem **Mitfahrerrabatt** nutzen, mit dem bis zu vier Begleitpersonen für den halben Preis reisen können.

Jeden Samstag ab 10 Uhr lohnt sich unter www.bahn.de ferner der Blick ins Internet, wenn die Deutsche Bahn ihre neuen **Surf&Rail-Angebote** veröffentlicht. Die vorgegebenen Strecken zu festen Terminen hin und zurück für

39 € bzw. 59 € je nach Entfernung sind ausschließlich online buchbar, und zwar solange der Vorrat reicht. Frühester Reisetag ist immer der kommende Sonntag, letzter Anreisetag der darauffolgende Samstag. Die Rückfahrt kann man bis maximal 14 Tage nach Verkaufsstart antreten. Die Surf&Rail-Angebote gelten nur für die 2. Klasse, eine BahnCard-Ermäßigung gilt für sie nicht.

Fahrplanauskünfte erhält man in den örtlichen DB-Reisezentren, in den DER-Reisebüros (in der Regel kostenpflichtig), über die kostenlose automatische Fahrplanauskunft der Deutschen Bahn, Tel. (0800) 150 70 90, den Reise-Service der Deutschen Bahn, Tel. 11 8 61 (ab Rufannahme 0,03 €/Sek., ab Weiterleitung zu den einzelnen Informationsdiensten 0,39 €/Sek.), und im Internet unter www.bahn.de.

Bus

Mehrere Linienbus-Gesellschaften unterhalten Verbindungen von zahlreichen Städten und Ortschaften nach Berlin. Die **Fernlinienbusse** sind sehr gut ausgestattet, der Service ist perfekt, und die Freundlichkeit der Busbegleiter kann kaum überboten werden. Vor Reiseantritt ist in der Regel der Fahrkartenkauf über ein Reisebüro oder eine Internet-Buchung erforderlich, ebenso eine Platzreservierung. Die Tickets sind wesentlich günstiger als die Fahrkarten der DB, dafür dauert die Fahrt ein wenig länger.

Start- und Zielbahnhof der Fernlinienbusse in Berlin ist der **Zentrale Omnibusbahnhof (ZOB)** am Messegelände unter dem Funkturm, Masurenallee 4, 14057 (Charlottenburg), Tel. 302 53 61. **Verkehrsanbindung:** mehrere S-Bahnlinien ab Messe Nord/Internationales Kongresszentrum (ICC), U-Bahnlinie 2 ca. 300 Meter nördlich am Kaiserdamm, verschiedene Buslinien ab Messedamm/ZOB/ICC.

Ein Streckennetz mit über 350 Zielorten unterhält:

- **BerlinLinienBus,** Mannheimer Str. 33/34, 10713 (Wilmersdorf), Tel. 861 93 31, info@berlinlinienbus.de, www.berlinlinienbus.de.

Flug

Viele deutsche und internationale Airlines fliegen die drei Berliner **Flughäfen Schönefeld, Tegel** und **Tempelhof** an.

Dank des massiven Konkurrenzkampfs der Fluggesellschaften untereinander gibt es unterdessen zahlreiche **Sonderangebote** auf innerdeutschen und Kurzstreckenflügen, die – bei rechtzeitiger Buchung – oft günstiger sind als eine Fahrt mit der Bahn.

Berlinflüge zum Spottpreis bieten folgende Gesellschaften an:

- Innerdeutsch sowie von Österreich und der Schweiz: **Air Berlin,** Tel. in Deutschland (01805) 73 78 00, in Österreich (0820) 73 78 00, in der Schweiz (0848) 73 78 00, www.airberlin.com.
- Innerdeutsch: **Germanwings,** Tel. (01805) 95 58 55, www.germanwings.de.
- Ab Salzburg und Klagenfurt: **Hapag Lloyd Express,** Tel. (0180) 509 35 09, www.hlx.com.
- Ab Basel: **easyJet,** Tel. (01803) 65 43 21, www.easyjet.com.

Zu allen drei Berliner Flughäfen findet man Flugplanauskünfte, Service und Informationen unter der gemeinsamen Telefonnummer (0180) 500 01 86 sowie im Netz unter www.berlin-airport.de.

- **Flughafen Schönefeld** (SXF)
  Verkehrsanbindung: ab Bahnhof Berlin-Schönefeld Flughafen (ca. 500 m vom Flughafengebäude entfernt) fährt der Airport Express (Regionalbahn) zwei Mal stündlich zum Bahnhof Zoo (über Ostbahnhof, Alexanderplatz und Friedrichstraße), außerdem verbinden die S-Bahnlinien S9 und S45 den Bahnhof mit der Innenstadt. Unmittelbar vor dem Terminal starten die Buslinien 162 (Richtung S-Bahnhof Adlershof) und 171 (Richtung Hermannplatz, mit Umsteigemöglichkeiten in die U-Bahnlinie 7) sowie die Nachtbusse N60 (Richtung S-Bahnhof Adlershof) und N46 (via Zoologischer Garten).
- **Flughafen Tegel** (TXL)
  Verkehrsanbindung: JetExpressBus TXL in das Regierungsviertel/Stadtmitte, Expressbus Linie X9 und Bus Linie 109 nach Zoologischer Garten, Bus Linie 128 nach U-Bahnhof Osloer Straße.
- **Flughafen Tempelhof** (THF)
  Verkehrsanbindung: U-Bahn-Linie 6 (vier Stationen bis U-Bahnhof Stadtmitte) sowie mehrere Buslinien.

Mitfahrzentralen

Eine preisgünstige Alternative sind Mitfahrgelegenheiten, die die Mitfahrzentralen gegen eine Gebühr vermitteln. Der Fahrer bezahlt keine Vermittlungsgebühr und erhält von seinen Passagieren eine Benzinkostenbeteiligung, die sich nach der Anzahl der Mitfahrer sowie der Entfernung richtet und einer gesetzlich festgelegten Obergrenze unterliegt.

- **ADM Mitfahrzentrale,** im U-Bahnhof Zoo, Tel. 194 40 und Tel. 883 13 13, www.mfzoo.de und www.mitfahrzentralen.de, Mo.–Fr. 9–20 Uhr, Sa./So. 10–18 Uhr.
- **Citynetz Mitfahrzentrale,** Joachimstaler Str. 14, 10719 (Charlottenburg), Tel. (01805) 19444, Fax 74760690, berlin@citynetz-mitfahrzentrale.de, www.citynetz-mitfahrzentrale.de und www.mfz-citynetz.de, Mo.–Fr. 9–20 Uhr, Sa./So. 9–19 Uhr.

Behinderte

Von einer behindertenfreundlichen Stadt kann man bei Berlin eingeschränkt sprechen, behindertengerecht ist sie sicherlich nicht. Doch man macht allmählich mobil. So sind mittlerweile 62 U- und gut 120 S-Bahnhöfe mit Aufzügen oder Rampen versehen, die einen barrierefreien Zugang zu den Bahnsteigen ermöglichen. Auf 14 Tram-Strecken sind Niederflur-Züge mit absenkbaren Rampen in Betrieb genommen worden. Auch die Omnibusse der Berliner Verkehrsbetriebe (BVG) verfügen zu über 90 Prozent über eine absenkbare Rampe im Mittelzugang.

Infos

- Der Verein **Albatros e. V.,** Berliner Str. 14, 13507 (Tegel), Tel. 433 02 40, Fax 433 84 55, kontakt@albatrosev.de, www.albatrosev.de, bietet in seiner **Datenbank Mobidat** (www.mobidat.net) ausführliche Informationen zu Zugänglichkeiten, Aufzügen, Bewegungsflächen, Sanitärräumen, technischen und Orientierungshilfen in öffentlichen und privaten Einrichtungen, Veranstaltungsorten, Sehenswürdigkeiten, Museen, zum Shopping, Essen und Trinken, Schlafen, Wohnen und vieles mehr.

- Die **Berliner Verkehrsbetriebe (BVG)** unterhalten rund um die Uhr einen Informationsservice unter der Telefonnummer 19449. Im Internet findet man unter www.bvg.de, Stichwort „Mobilität: Ziele und Maßnahmen" den aktuellen Streckenplan von U- und S-Bahnen als pfd-Datei zum Herunterladen. Sind dort die Namen der S-Bahnhöfe mit dem Symbol **„Grüner Rolli"** gekennzeichnet, verfügen sie über einen Aufzug. Das Symbol **„Blauer Rolli"** bedeutet, der U-Bahnhof hat einen Aufzug. Der **„Schwarze Rolli"** kennzeichnet S- und/oder U-Bahnhöfe mit Rampe. Der **„Orange Rolli"** am Anfangs- und Endpunkt einer Bus- oder Tram-MetroLinie zeigt an, dass diese mit behindertengerechten bzw. -freundlichen Fahrzeugen ausgestattet sind.
- Bei **defekten Rollstühlen** können Rollifahrer unter der Servicenummer (0180) 111 47 47 einen 24-stündigen Pannendienst nutzen, der eine schnelle Vor-Ort-Reparatur sowie bei Bedarf auch einen Rollstuhlaustausch umfasst.

Botschaften

Bürger der Republik Österreich und der Schweiz können sich bei Verlust der Personalunterlagen an die Österreichische bzw. Schweizer Botschaft in Berlin wenden.

- **Österreichische Botschaft:** Stauffenbergstr. 1, 10785 (Tiergarten), Tel. 20 28 70, Fax 229 05 69, berlin-ob@bmaa.gv.at, www.oesterreichische-botschaft.de.
- **Schweizer Botschaft:** Otto-von-Bismarck-Allee 4a, 10557 (Tiergarten), Tel. 390 40 00, Fax 391 10 30, vertretung@botschaft-schweiz.de, www.botschaft-schweiz.de.

Türkische Läden
sind oft noch abends geöffnet

Einkaufen

Öffnungszeiten

Auch in Berlin gehen wochentags und samstags spätestens um 20 Uhr die Rollläden herunter, sonntags geht bis auf überteuerte Sonderkonzessionierte, Bahnhöfe und Tankstellen rein gar nichts.

Eine glückliche Alternative bieten die **türkischen Lebensmittelhändler,** die die beflissene Deutschhuberei mit Geschäftstüchtigkeit und Service konterkarieren und das Ladenschlussgesetz schlicht ignorieren.

Dauerhafte **Ausnahmeregeln** gelten für die Geschäfte im touristischen Innenstadtbereich. Von Montag bis Samstag können die Läden bis maximal 22 Uhr öffnen. Leider machen aber nur wenige davon Gebrauch, da den Unternehmern die hohen Personal-Sonderzulagen im Verhältnis zu teuer sind. Die pfiffige Idee des Berliner Senats, einfach die gesamte Stadt zur Touristenzone zu erklären und somit generell den Verkauf bis 22 Uhr möglich zu machen, ist leider vom Tisch.

Die großen Einkaufsmeilen

In drei großen, überbezirklichen Einkaufsmeilen halten Konsumtempel unterschiedlichster Couleur ihre Ladentüren geöffnet: Im westlichen Citybereich locken der Kurfürstendamm und die Tauentzienstraße, am Potsdamer Platz die Daimler-City, das Sony Center und die Park Kolonnaden sowie in der östlichen City die Friedrichstraße. Sie alle verbindet die U-Bahn-Linie 2 und darüber hinaus, dass hier in den Läden die ganze breite Palette an Waren feilgeboten wird, für die man wenige Cents bis unvorstellbare Summen ausgeben kann.

Formidabelste Shopping-Attraktion in der **West-City** ist seit 1907 das **Kaufhaus des Westens (KaDeWe)** am Wittenbergplatz. Als größtes Warenhaus des Kontinents bietet es im Rahmen von spektakulären Produktpräsentationen nicht nur ein überbordendes Sortiment, sondern mit seiner 7000 Quadratmeter umfassenden „Fressetage" im sechsten Stock darüber hinaus die größte Schlemmer- und Feinkostabteilung Europas. Nahebei steht gegenüber der Gedächtniskirche am Breitscheidplatz das Mitte der 1960er Jahre hochgezogene, vielgeschossige **Europacenter.** Einst eines der Wahrzeichen Westberlins und neben dem KaDeWe Schaufenster der potenten westlichen Wirtschaftskraft, ist es als eine der ältesten Malls in der BRD vor allem architekturhistorisch interessant. Auch das **Neue Kranzler Eck** Kurfürstendamm/Ecke Joachimsthaler Straße dürfte Architekturfreunde anziehen. Die Waren in den Auslagen der Geschäfte in dem 16-geschossigen Stadtquartier aus Stahl und Beton des Chicagoer Architekten *Helmut Jahn* gleichen dagegen denen in der Tauentzienstraße ebenso wie denen am Potsdamer Platz, in Prag, Brügge und Wuppertal. H&M gibt es überall.

Spannender ist der Schaufensterbummel über den **Kurfürstendamm** zwischen Uhlandstraße und Olivaerplatz und seine Nebenstraßen mit edlen Boutiquen, fashionablen Minimalisten-Stylisten, hochkarätigen Juwelieren, Antiquitätenläden und Galerien neben den exklusiven Häusern von Escada, Versace, Gaultier, Laura Biagiotti u. a. Obwohl die meisten Geschäfte Filialen in der Friedrichstraße eröffneten, shoppt die Dame von Welt nach wie vor am Kurfürstendamm, denn der prachtvolle Platanen-Boulevard genießt mit seinen breiten Trottoirs zum Flanieren und Cafés zum „Spazierensitzen" und Kuchenkosten den unstreitigen Vorteil nicht nur des Sehens und Einkaufens, sondern so recht auch die Garantie, mit seinen Einkäufen gesehen zu werden.

012be Foto: kj

Demgegenüber glänzen die **Arkaden am Potsdamer Platz** weniger durch das Warenangebot, das gängige Handelsketten feilbieten, und auch nicht durch die Platzverweise, die Bettlern, Straßenmusikanten, demonstrierenden Gewerkschaftern und anderen nicht Salonfähigen erteilt werden. Neben der passablen Innenarchitektur zeichnen sie sich vor allem durch die Versuche aus, das rigorose Ladenschlussgesetz dann und wann listig und manchmal sogar lustig zu unterwandern.

Die Topadressen im **östlichen Citybereich** schließen sich dem gerne an. Die **Friedrichstraße** zwischen der Straße Unter den Linden und der Leipziger Straße mit dem Bekleidungshaus **Galeries Lafayette,** dem **Quartier 206,** das exklusive Designer bevölkern, und dem **Quartier 207** mit H&M und Konsorten wurde als elegante Einkaufsmeile konzipiert. Hier trifft man auf den jungen, dynamischen Businessman mit Aktentasche und Burlington-Socken und die Geschäftsfrau im Jil-Sander-Kostüm, die zwischen zwei wichtigen Terminen gerne noch schnell ein Paar elegante italienische Schuhe, eine Bluse zum Wechseln von Donna Karan oder eine kunstvoll gefertigte orientalische Holzskulptur mitnehmen möchten.

Cooles, Schickes und Schräges, Highstyle-Trendiges sowie Nachwuchs-Designtes versammelt sich in den Läden **rund um den Touristenmagnet Hackesche Höfe,** insbesondere entlang der Oranienburger, Rosenthaler, Sophien- und Neuen Schönhauser Straße. Auf hohem Niveau angesiedeltes Offkult-Bummeln mit Zwischenstopp in einem der zahlreichen In-Lokale ist angesagt; wer Stromlinienförmiges sucht, wird hier nicht fündig.

Den flippigen Gegenentwurf zum Edel-Alternativen bieten die Boutiquen in der Kreuzberger Ausgehmeile Nummer Eins, der **Oranienstraße.** Von kleinen Mode-Labels im Selbstausbeutungsbetrieb über Streetware- und Second-Hand-Shops bis hin zum Kunsthandwerklichen aus der Blindenanstalt herrscht zwischen Döner, Sushi und Bio-Burger echtes Multikulti-Design.

Angestammtes

Berlin wäre jedoch keine Shopping-Metropole, hätte es neben Gucci und Gaultier, Tommy Hilfinger oder Doc Martens nicht auch Angestammtes zu bieten: Exklusiv aus der Stadt stammt das Porzellan der 1763 von Preußenkönig *Friedrich dem Großen* ins Leben gerufenen **Königlichen Porzellan-Manufaktur (KPM),** die in der Verkaufsgalerie auf dem Manufakturgelände ihre Porzellan-Klassiker aus allen Epochen präsentiert, bereichert um ausgewählte zeitgenössische Artefakte.

Ein etwas weniger kostspieliges, dafür um so köstlicheres Berlin-typisches Mitbringsel sind die Schokoladen und Pralinenkreationen des Traditionschocolatiers **Erich Hamann.** 1916 gegründet, werden die Leckereien in den seit 1928 unveränderten Art-Déco-Räumlichkeiten in der Brandenburgischen Straße feilgeboten.

•**KPM Manufakturverkauf,** Wegelystr. 1, 10623 (Tiergarten), Tel. 390 09-215. (S Tiergarten).

•**Erich Hamann Schokoladen,** Brandenburgische Str. 17, 10707 (Wilmersdorf), Tel. 873 20 86. (U7 Konstanzer Str.).

Extravagantes

•**Barfuss oder Lackschuh,** am Hackeschen Markt, Oranienburger Str. 89 (Mitte). Italienisches, spanisches, französisches und britisches Schuhwerk von klassisch bis trendy. (S Hackescher Markt).

•**Departmentstore,** im Quartier 206, Friedrichstr. 71 (Mitte). Ein Garten Eden für Ästheten. Alta Moda im feinsten klassischen Stil, dazu passende Hüte, Schuhe, Schmuck und andere Accessoires. Man muss nicht kaufen, sondern darf auch einfach nur staunen. (U6 Stadtmitte oder Französische Str.).

•**Kostümhaus Jane Garber,** in den Hackeschen Höfen, Rosenthaler Str. 40/41 (Mitte). Innovative Kreationen aus klassischen und hochtechnologischen Stoffen und Materialien. (S Hackescher Markt).

•**Thatchers Berlin Fashion,** in den Hackeschen Höfen, Rosenthaler Str. 40/41, 10178 (Mitte). Außergewöhnliche Kollektionen für junge Frauen von 20 bis 45 made in Berlin, die auch auf Pariser Laufstegen Aufsehen erregen. (S Hackescher Markt, U8 Weinmeisterstr.).

•**Hutgalerie Fiona Bennett,** Große Hamburger Str. 25, 10115 (Mitte). Exklusive Modeschöpfungen für den Kopf, von dezent elegant bis bemerkenswert ausgefallen, nach alter Hutmacherkunst von Hand gefertigt. (S Hackescher Markt oder Oranienburger Str., U8 Weinmeisterstr.).

•**Stilwerk,** Kantstr. 17 (Charlottenburg). Edelkaufhaus für Designermöbel und erlesene Wohnzutaten. (U2, U9 und S Zoologischer Garten).

Originelles

•**Ampelmann Galerie Shop,** in den Hackeschen Höfen, Rosenthaler Str. 40/41 (Mitte) und in den Potsdamer Platz Arcaden im Basement. Kult rund um das DDR-Ampelmännchen auf T-Shirts und Vasen, als Schlüsselanhänger, Bilderhalter, Buchstütze und Fruchtgummi. (S Hackescher Markt).

•**Berlinomat,** Frankfurter Allee 89, 10247 (Friedrichshain). Über hundert Berliner Künstler und Designer auf 300 Quadratmetern unter einem Dach präsentieren ihre Mode, Möbel, Schmuck und Designaccessoires zu erschwinglichen Preisen. (S und U5 Frankfurter Allee).

•**Edelramsch,** Oranienburger Str. 23 (Mitte). Stöbern nach Krimskrams vom Feinsten und dabei unentbehrliche Nutzlosigkeiten für den modernen Menschen entdecken. (S Oranienburger Str. oder Hackescher Markt).

•**Kaufhaus Schrill,** Bleibtreustr. 46 (Charlottenburg). Alles, um sich korrekt verkehrt anzuziehen. (S Savignyplatz).

•**Schokoladenhaus Fassbender & Rausch,** Charlottenstr. 60 (Mitte). Meet the Sweet – am Gendarmenmarkt präsentiert Deutschlands größtes Schokoladenkaufhaus mit der längsten Pralinentheke der Welt über 500 verschiedene süße Träume. (U6 Französische Str.).

Märkte

Die eigentliche Gelegenheit, sich unter die Spree-Athener zu mischen und echte Berliner Luft zu schnuppern, bieten die **Trödel- und Wochenmärkte.** Vielbewährte, langjährige Institutionen unter ihnen sind der

•**Winterfeldtmarkt am Winterfeldtplatz** (Schöneberg), Mi. 8–13 Uhr und besonders Sa. 8–14 Uhr. Nach Viktualien-Cruising und Blumeneinkauf lässt man sich rituell gegen frühen Nachmittag in einem der Cafés nieder, die den Marktplatz umgeben. (U1, U2, U3, U4 Nollendorfplatz).

•**Türkenmarkt am Maybachufer** (Kreuzberg), Di. und besonders Fr. 12–18.30 Uhr. Politisch korrekt müsste er eigentlich „Markt der türkischstämmigen Berliner Einwohner" heißen. Aber dieses Bandwurmwort würde ohnehin im Marktgetöse der zahllosen Lebensmittel- und Tuchhändler am Landwehrkanalufer in Kreuzberg untergehen. Es herrscht ein irrsinniges Getümmel. Erlebenswert! (U8 Schönleinstr.)

•**Ökomarkt am Kollwitzplatz,** 10435 (Prenzlauer Berg), Do. 12–19 Uhr und Sa. 9–16 Uhr. Am schicken Kollwitzplatz vor al-

015be Foto: kj

lem samstags mehr Kultbegängnis mit anschließendem Café-Sitzen als einfach nur gesundes Gemüse Einholen. (U2 Senefelderplatz).

- **Berliner Antikenmarkt,** S-Bahn-Bögen Georgenstraße 190-203, 10117 (Mitte), normale Geschäftsöffnungszeiten. Beliebte touristische Stöberecke sind die Antik-Geschäfte unter den S-Bahn-Bögen an der Georgenstraße, wo sich zwischen Tinnef und Trödel auch manche Kostbarkeit ausgraben lässt. (S und U6 Friedrichstraße).
- **Trödel- und Kunstmarkt an der Straße des 17. Juni** (Charlottenburg), Sa./So. 11–17 Uhr. Gewissermaßen die Freiluftveranstaltung des Kunst- und Antiquitätenkleingewerbes am Wochenende. Wer dafür hierher geht, der findet auch. (S Tiergarten).
- **Kunst- & Nostalgiemarkt am Kupfergraben** (Mitte), Sa./So. 11–16 Uhr. Die Buden bieten Hübsches, ob Hand-, Kopf- oder Wandschmuck, gerne auch für Touristen. (S Hackescher Markt, Bus 100, 200, Tram M1, 12).
- **Hallentrödelmarkt Treptow,** Puschkinallee/Am Flutgraben, Sa./So. 10–18 Uhr. In den Hallen an der Grenze zwischen Kreuzberg und Treptow, zwischen Flutgraben und Spree ist vom alten Alibert-Schrank über Couch-Garnituren, Kleidung, Schuhe und Teppiche bis zum Second-Hand-Presslufthammer alles zu finden. Nach dem Getümmel empfiehlt sich ein Bierchen in den Bootshauscafés über dem Flutgraben oder ein Gehobene-Deutsche-Küche-Diner auf der „Hoppetosse", der alten MS „Deutschland", die hier an der Spree vor Anker liegt, und zum Abschluss später am Abend ein Rockkonzert in der benachbarten „Arena". (U1 Schlesisches Tor, Bus 265).

Essen und Trinken

Mit der **eingeborenen Berliner Kochkunst** konnte sich über viele Jahrzehnte kein Gastwirt mit Ruhm bekleckern, höchstens mit Erbspüree und wabbeligem Eisbein, Bulette (Frikadelle) und Curryketchup in Berlin-West sowie Broiler (Hähnchen), eingebrannter Mehlsoße und Sättigungsbeilage in Berlin-Ost. Die Stadt hüben wie drüben war Feinschmecker-Notstandsgebiet, in dem nur sehr wenige geschmackvolle Essen-Adressen wie selige Inselchen aus der Einheitssoße herausragten.

Glücklicherweise sind diese Zeiten heute vorbei. Seit der Wiedervereinigung wurden beständig **neue kulinarische Zeichen** gesetzt, und sogar „Hamwa nich!" (Ost) und „Kannstmichma!" (West) verschwinden allmählich aus dem gastronomischen Sprachgebrauch. Ja, man kann es förmlich überall schnuppern: Die Hauptstadt kocht auf!

Zwar funkelt noch immer kein vielzähliger Michelin-Sterne-Himmel über den spreeathenischen Kochtöpfen, doch neun dieser kostbaren Sterne strahlen bereits. Vor allem die junge Generation experimentierfreudiger Küchenchefs sorgt mit ihren zahlreichen neu eröffneten Restaurants für eine Revolution in den Kochtöpfen. Freilich muss man dafür wie überall, so es keine Convenience sein soll, tief in die Tasche greifen.

Bei den nachfolgenden Restauranttipps kostet in der Kategorie „Von Meisterhand" das Hauptgericht ab 25 €, nach oben sind keine Grenzen gesetzt. Zahlreiche Gourmet-Tempel, die den Meistern jedoch kaum nachstehen, bieten „Tafelfreuden" mit Preisen um 20 € an. In der Kategorie „Angesagt" muss man in der Regel 10 bis 20 € für ein Gericht mit dem Etikett „neu international" unter den Kassenbon schieben. Bei unseren Tipps „Deutsch" und „Ethno" haben wir jeweils einen Orientierungspreis angegeben.

Darüber hinaus halten in der Innenstadt an jeder Straßenecke mindestens zwei passable Pizzerien oft palästinensischer Provenienz, indische, chinesische und türkische Schnellrestaurants, Bistros und Hähnchengrills, Bagel-, Fritten-, Sushi- und Döner-Imbisse bis spät in die Nacht ihre Türen offen. Auch in Cafés und Kneipen muss niemand verhungern, ein kräftiges Frühstück ebenso wie ein Teller leckere schwäbische Maultaschen oder Kässpätzle kostet durchschnittlich etwa 5–8 €.

Von Meisterhand

- **Die Quadriga im Hotel Brandenburger Hof,** Eislebner Str. 14, 10789 (Wilmersdorf), Tel. 21 40 56 50, Mo.–Sa. ab 19 Uhr, außerdem Di.–Fr. 12–14 Uhr. Küchenchef *Bobby Bräuer* komponiert Sterne-gekrönte Grand Cuisine natürlicher Provenienz, dazu erlesenste deutsche Weine. (U3 Augsburger Str.).
- **First Floor,** Budapester Straße 45, 10787 (Charlottenburg), Tel. 25 02 10 20, Mo.–Sa. 12–14.30 Uhr und 18–22.30 Uhr. Im vielfach ausgezeichneten Restaurant des Palace Hotels präsentiert Sternekoch *Matthias Buchholz* Grande Cuisine, komponiert aus nobler Klassik mit leichter Aromenküche. (S und U1, U9 Zoologischer Garten).

• **Facil,** Potsdamer Straße 3, 10785 (Tiergarten), Tel. 590 05 12 34, Mo.–Fr. 12–15 Uhr und ab 19 Uhr. Die fünfte Etage im Madison Hotel am Potsdamer Platz ist dem Genießen im zwanglosen Understatement-Ambiente gewidmet. Dazu kreiert Küchenchef *Michael Kempf* Spitzenkochkunst wie souffliertes Bisonfilet und Tunfisch mit Pfefferkruste auf Minz-Couscous. (S u. U2 Potsdamer Platz).

• **Fischers Fritz,** Charlottenstraße 49, 10117 (Mitte), Tel. 203 38, tgl. 12–14 Uhr und 18.30–22.30 Uhr. Der Chef de Cuisine *Christian Lohse* im Restaurant des Regent-Hotels Berlin am Gendarmenmarkt kredenzt insbesondere Fisch- und Meeresfrüchtespezialitäten. Für seine Kompositionen wie mit geeisten Krebstaschen gefüllter Lauch-Cannellono an schwarzer Tintenfisch-Vinaigrette hat er einen Michelin-Stern gefischt. (U6 Französische Str.).

• **Margaux,** Unter den Linden 78 (Eingang Wilhelmstr.), 10117 (Mitte), Tel. 22 65 26 11, Mo.–Sa. 19–22.30 Uhr, Fr.–Sa. 12–14 Uhr. Michelin-Stern-gekürtes Feinschmeckermekka im Bundestagseinzugsbereich, wo Küchenchef *Michael Hoffmann* französisch inspirierte Köstlichkeiten serviert, beispielsweise Glattbutt mit Badoitgelée und geeistem Olivenöl oder Terrine aus getrüffelten grünen Bohnenkernen. (S Unter den Linden).

• **VAU,** Jägerstr. 54/55, 10117 (Mitte), Tel. 202 97 30, Mo.–Sa. 12–14.30 Uhr, 19–22.30 Uhr. Nahe dem Gendarmenmarkt präsentiert Meisterkoch *Kolja Kleeberg* seine schnörkellose, persönliche Mischung aus französischer, deutscher und mediterraner Küche. Das war den Gastro-Testern von Michelin ebenfalls einen Stern wert. (U6 Französische Str.).

Tafelfreuden

• **Altes Zollhaus,** Carl-Herz-Ufer 30, 10961 (Kreuzberg), Tel. 692 33 00, Di.–Sa. 18–1 Uhr. Malerisch im Fachwerkhaus im kleinen Park am Landwehrkanal, die Küche von Maître *Herbert Beltle* eine elegante Liaison von regional/international, der Klassiker des Hauses: Brandenburgische Bauernente aus dem Rohr mit Wirsinggemüse und Kartoffelpuffer. (U1, U6 Hallesches Tor).

• **GUY,** Jägerstr. 59-60, 10117 (Mitte), Tel. 20 94 26 00, Mo.–Fr. 12–15 und 18–1 Uhr, Sa. 18–1 Uhr. Ebenso exquisite wie schnörkellos mediterrane Diners im lauschigen, neoromanischen Rundbogenhof, die Weinkarte mit über 100 offenen Weinen exzellent. (U6 Französische Str.)

• **Paris – Moskau,** Alt-Moabit 141, 10557 (Tiergarten), Tel. 394 20 81, Mo.–Fr. 12–15 Uhr und 18–1 Uhr, Sa. 18–1 Uhr. Ein Klassiker unter den Berliner Gourmettempeln, im hübschen Fachwerkhaus anno 1898 mit Blick auf das Kanzleramt, schon zu Mauerzeiten unter Feinschmeckern gerühmt. Die neu internationale Küche kombiniert fein mit deftig, z. B. Havelzander an ausgebackener Blutwurst zu Rotweinschalotten und Kartoffelmus. (S Hauptbahnhof).

• **Remake,** Große Hamburger Str. 32, 10115 (Mitte), Tel. 20 05 41 02, Mo.–Fr. 12–0 Uhr, Sa. 17–0 Uhr. Unter dem Label „Neue internationale Küche" überrascht Chefkoch *Cristiano Rienzner* mit gebratenen Wachtelbrüstchen am Eis von schwarzen Oliven, lakritzparfümierten Jakobsmuscheln zum Kirsch-Guiness-Sorbet und vielerlei eigenwilligen Genüssen mehr. Dafür wurde er 2005 zum „Berliner Aufsteigerkoch" des Jahres gewählt. (S Oranienburger Str. oder Hackescher Markt, U8 Weinmeisterstr.).

• **Restaurant 44,** Augsburger Str. 44, 10789 (Charlottenburg), Tel. 220 20 22 88, Frühstück tgl. 6–10.30 Uhr, Restaurant tgl. 12–23 Uhr. Die Karte des Berliner Meisterkochs 2005 *Tim Raue* im Restaurant des Swissôtel präsentiert außergewöhnliche Kreationen, z. B. österreichisches Waldschwein an Kichererbsmus und Marillenessiggelee. (U1 Kurfürstendamm).

• **Vox Bar,** im Hotel Grand Hyatt am Potsdamer Platz, Marlene-Dietrich-Platz 2, 10785 (Tiergarten), Tel. 25 53 17 72, Mo.–Fr. 6.30–10.30 Uhr, 12–14.30 Uhr und 18.30–0 Uhr, Sa. 6.30–11 Uhr und 18.30–0 Uhr, So. 7–14.30 Uhr und 18.30–0 Uhr. Die offene Showküche präsentiert kulinarische Köstlichkeiten von regionalen Produkten, mit mediterranem, internationalem und gelegentlich asiatischem Touch. (S und U2 Potsdamer Platz).

Angesagt

- **Borchardt,** Französische Str. 47, 10117 (Mitte), Tel. 81 88 62 62, tgl. 12–0 Uhr. Zu Loup de Mer an Sprossengemüse treffen sich mittags Manager und Verbandsfunktionäre und abends Politprominenz. Ex-Kanzler *Schröder* ward auch schon gesehen. (U6 Französische Str.).
- **Florian,** Grolmanstr. 52, 10623 (Charlottenburg), Tel. 313 91 84, tgl. 18–3 Uhr. Elegant im Savigny-Kiez, ab 23 Uhr kommen für die Filmsterne und ihre Produzenten Nürnberger Rostbratwürstchen mit Kraut auf den Tisch. (S Savignyplatz).
- **Lutter & Wegner,** Charlottenstr. 56, 10117 (Mitte), Tel. 20 29 54 10, tgl. 11–2 Uhr. Fast zurück am alten Platz ist das 1811 gegründete damalige In-Lokal des königlichen Wein-Hoflieferanten. Die Weinkarte verzeichnet 2000 Weinsorten, die Küche ist österreichisch inspiriert.
- **Lutter & Wegner,** Schlüterstr. 55, 10629 (Charlottenburg), Tel. 881 34 40, tgl. ab 18 Uhr. Nach wie vor sehr beliebt.
- **Rutz,** Chausseestr. 6, 10115 (Mitte), Tel. 24 62 87 60, Mo.–Sa. ab 17 Uhr, Küche bis 23 Uhr. Global Aroma Cuisine, dazu tausendundeins Weine sowie kostenlos Promi-Gucken, auch wenn *Joschka Fischer* gerade mal auswärtig ist. (U6 Oranienburger Tor).
- **Schwarzenraben,** Neue Schönhauser Str. 13, 10178 (Mitte), Tel. 28 39 16 98, Mo.–Sa. ab 11.30 Uhr, So. ab 14 Uhr. Hoher Promi-Auftrieb zu hausgemachter Pasta, Tramezzini und köstlichen offenen Weinen. (S Hackescher Hof, U8 Weinmeisterstr.)

Deutsch

- **Diener,** Grolmanstr. 47, 10623 (Charlottenburg), Tel. 881 53 29, tgl. 17 Uhr bis ultimo. Berliner Urgewächs, seit über 100 Jahren prima Hausmannskost. 4–10 €. (S Savignyplatz).
- **Henne,** Leuschnerdamm 25, 10999 (Kreuzberg), Tel. 614 77 30, Di.–So. ab 19 Uhr. Alt-Berliner Wirtshaus mit Originaleinrichtung von 1907. Das Hähnchen für 6 €, dazu Krautsalat und Kulmbacher Klosterschwarzbier. (U1, U8 Kottbusser Tor oder U8 Moritzplatz).
- **Schank- und Speisenwirtschaft Sophieneck,** Große Hamburger Str. 37, 10115 (Mitte), Tel. 283 40 65, tgl. ab 12 Uhr, Küche Fr./Sa. bis 1 Uhr, sonst bis 0 Uhr. Zwischen Hackeschen Höfen und Oranienburger Straße täglich frische regionale Küche, vom Berliner Matjessalat über Schollenfilet bis zur Kohlroulade, dazu ein umfangreiches Wein- und Fassbiersortiment. 5–8 €. (S Oranienburger Str. oder Hackescher Markt, U8 Weinmeisterstr.)
- **STÄV,** Schiffbauerdamm 8, 10117 (Mitte), Tel. 282 39 65, tgl. ab 10 Uhr mit open end. Die Ständige Vertretung ist längst vor den Bonnern nach Berlin umgezogen. Neben Rheinischem Sauerbraten wird nun auch Havelländer Krebssuppe serviert. 10–15 €. (S und U6 Friedrichstr.)

Ethno

Arabisch

- **Kasbah,** Gipsstr. 2, 10119 (Mitte), Tel. 27 59 43 61, Di.–Sa. 18–0 Uhr. Marokkanische Cous-Cous-Variationen, orientalisch gefülltes Huhn und Geschmortes vom Fisch oder Fleisch im Ambiente wie aus Tausend und eine Nacht. 9–15 €. U8 Weinmeisterstr.)

Äthiopisch

- **Blue Nile,** Tempelhofer Ufer 6, 10963 (Kreuzberg), Tel. 25 29 46 55, tgl. 15–0 Uhr. Lamm, Rind, Huhn und Vegetarisches zum Insherabrot, auf dem Mesob, einem kleinen runden Basttischchen serviert und mit den Händen im Brotfladen verzehrt. 11–15 €. (U1, U6 Hallesches Tor).

Australisch

- **Woolloomooloo,** Röntgenstr. 7, 10587 (Charlottenburg), Tel. 34 70 27 77, tgl. 17–1 Uhr. Känguru, Vogel Strauß und Krokodil. 10–16 €. (U7 Richard-Wagner-Platz).

Elsässisch

- **Storch,** Wartburgstr. 54, 10823 (Schöneberg), Tel. 784 20 59, tgl. 18–1 Uhr. Seit Jahren ein Dauerbrenner und immer noch die

017be Foto: kj

besten Flammkuchen Berlins! Es empfiehlt sich zu reservieren. 14–18 €. (U7 Eisenacher Str.).

Indisch

- **Amrit,** Oranienstr. 202-203, 10999 (Kreuzberg), Tel. 612 55 50. So.–Do. 12–0 Uhr, Fr./Sa. 12–1 Uhr. Superb im Kiez, meistens sehr voll. 7–12 €. (U1 Görlitzer Bahnhof).
- **Amrit,** Oranienburger Str. 45, 10117 (Mitte), Tel. 28 88 48 40, So.–Do. 12–0 Uhr, Fr./Sa. 12–1 Uhr. Superb auch die Filiale auf der touristischen Bummelmeile Nr.1, ebenfalls meistens sehr voll. 7–12 €. (S Oranienburger Str., U6 Oranienburger Tor).
- **Kalkutta,** Bleibtreustr. 17, 10623 (Charlottenburg), Tel. 883 62 93, tgl. 12–0 Uhr. Ältestes indisches Restaurant mit dem einzigen Tandoori-Lehmofen Berlins. 10–15 €. (S Savignyplatz).

Italienisch

- **La Grotta Azzurra,** Torstr. 169-171, 10115 (Mitte) Tel. 28 09 91 74, So.–Do. 12–0 Uhr, Fr./Sa. 12–1 Uhr. Echte beste napolitanische Küche in einer besonderen Verschmelzung von Virtuosität und Tradition. Die Speisekarte ist zweitrangig, denn Chefin *Maria Lucia* erkundigt sich persönlich nach den Wünschen der Gäste und empfiehlt, was täglich an Köstlichkeiten aus Küche und Weinkeller kommt. 10–15 €. (U8 Rosenthaler Platz).
- **Locanda Pane,** Ackerstr. 16/17, (Mitte), Tel. 28 38 77 22, Di.–So. 18.30–0 Uhr. Klein und köstlich, die Antipasti und Pasta della Casa Genüsse. 10–17 €. (U8 Rosenthaler Platz).

Japanisch

- **Goko,** Neue Schönhauser Str. 12, 10178 (Mitte), Tel. 27 58 25 49, Mo.–Do. 12–1 Uhr, Fr./Sa. 12–1.30 Uhr. Herausragende Sushi-

Falafel-Imbiss im Prenzlauer Berg

Institution, die Zutaten von bester Qualität, die Röllchen meisterlich gefertigt, das Lokal Feng-Shui-gerecht ausgerichtet. 15–25 €. (S Hackescher Markt, U8 Weinmeisterstr.).

Kreolisch

●**Kid Creole,** Friedenstr. 91 10249 (Friedrichshain), Tel. 449 00 97, Mo.–Sa. 18–1 Uhr, So. 10.30–0 Uhr. Echte Louisiana-made Cajun-Cuisine: Jambalaya und Alligator. 10–15 €. (U5 Straußberger Platz).

Mexikanisch

●**Joe Peñas Cantina y Bar,** Marheinekeplatz 3, 10961 (Kreuzberg), Tel. 693 60 44, tgl. ab 17 Uhr. Seit Jahren angesagter gehobener Szene-Mexikaner. 8–14 €. (U7 Gneisenaustr.).

Österreichisch

●**Austria,** Bergmannstr. 30, 10961 (Kreuzberg), Tel. 694 44 40, tgl. ab 18 Uhr. Einer der besten Österreicher in der Stadt. Unübertroffen das Wiener Schnitzel und immer donnerstags das knusprige Spanferkel. 13–17 €. (U7 Gneisenaustr.).

Schwedisch

●**Der Alte Schwede,** Knesebeckstr. 92, 10623 (Charlottenburg), Tel. 54 71 02 90, tgl. 12–0 Uhr. Laxrulla (Lachsröllchen), Pytt-i-Panna (Gemischtes in der Pfanne), Fischleckereien und Elch, dazu nach skandinavischer Art viel, viel Schnaps. 7–24 €. (U2 Ernst-Reuter-Platz).

Spanisch

●**Bar Celona,** Hannoversche Str. 2, 10115 (Mitte), Tel. 282 91 53, tgl. 12–1 Uhr. Ausgewählte katalanische Speisen, köstliche Weine, freundliche spanische Bedienung und die besten Tapas Berlins! Jeden zweiten Donnerstag ist Flamenco-Abend. 9–16 €. (U6 Oranienburger Tor).

●**Don Quijote,** Bleibtreustr. 41, 10707 (Charlottenburg), Tel. 881 32 08, tgl. 16–1 Uhr. Seit Jahren führend, täglich frische Fischspezialitäten, dazu ein kräftiger Rotwein. 15–20 €. (S Savignyplatz).

Thailändisch

●**Sala Thai**, Kaiserdamm 112, 14057 (Charlottenburg), Tel. 322 48 80, Mo.–Fr. 18–0 Uhr, Sa./So. 12–0 Uhr. Zauberhaftes Ambiente, fantastische Currys, mittwochs klassische Thaitänze. Reservieren empfiehlt sich. 15–25 €. (U2 Sophie-Charlotte-Platz).

Türkisch

●**Defne,** Planufer 92c, 10967 (Kreuzberg), Tel. 81 79 71 11, tgl. 16–1 Uhr. Defne, zu deutsch Lorbeer, bietet noch mehr als hervorragende türkische Kochkunst. Das Restaurant mit lauschigem, kleinem Sommergarten am Landwehrkanal ist Philosophie. Eines der besten türkischen Restaurants in Berlin! 7–12 €. (U1, U8 Kottbusser Tor).

●**Hasir,** Adalbertstr. 10, 10999 (Kreuzberg), Tel. 614 23 73, tgl. rund um die Uhr. Döner und Sis Kebap entweder auf die Hand im kleinen gemütlichen Gastraum oder im benachbarten stilvollen Restaurant. 4–9 €. (U1, U8 Kottbusser Tor).

●**Hasir,** Oranienburger Str. 4, 10178 (Mitte), Tel. 28 04 16 16, tgl. 11.30–1 Uhr. Der touristische Star unter den Hasir-Restaurants. Besonders empfehlenswert: Kavisik Sicak Meze (warme Vorspeisenplatte für zwei Personen). 12–17 €. (S Oranienburger Str.).

Russisch

●**Samowar,** Luisenplatz 3 (an der Schlossbrücke), 10585 (Charlottenburg), Tel. 341 41 54, tgl. ab 11.30 Uhr. Warenikys, Borschtsch-Moskowskii mit frisch gebackenen Piroschki, Pelmenis, Blinchikys und vieles mehr. 10–15 €. (U7 Mierendorffplatz).

●**Pasternak,** Knaackstr. 22, 10405 (Prenzlauer Berg), Tel. 441 33 99, tgl. ab 12 Uhr. Bœuf Stroganoff, Borschtsch und Pelmeni mit Blick auf den Wasserturm. 8–17 €. (U2 Senefelder Platz).

Vegetarisch

●**Abendmahl,** Muskauer Str. 9, 10997 (Kreuzberg), Tel. 612 51 70, Mi.–So. 18–1 Uhr. Kultrestaurant für Gemüseanbeter, kitschig gotteslästerlich, köstlich. Fisch steht auch auf der Karte. 10–17 €. (U1 Görlitzer Bahnhof).

Gaumenkitzel à la Berlin: Currywurst und Döner

Sag mir, was du isst, und ich sag dir, wer du bist ... Wenn dieses Sprichwort an der Spree Gültigkeit hätte, müssten die Berliner allesamt etwas wurstig und abgebrüht, erhitzbar, gegrillt und durchgedreht sein. Rund 25.000 Kilo Dönerkebap verspeisen die Hauptstädter tagtäglich, jährlich werden etwa 100 Millionen der in Weißbrotvierteln mit Salat und Soße über die Theke gereichten türkischen Fleischpäckchen verdrückt, gefolgt von der Currywurst im Pappdeckel auf Platz 2 in der Hitliste der Leib-und-Magen-Gerichte mit immer noch fetten 70 Millionen Portionen. Currywurst und Dönerkebap sind aus dem Berliner Kulturleben gar nicht wegzudenken.

Dabei handelt es sich sowohl als auch um relativ junge Erfindungen. Um 1970 eröffneten türkische Einwanderer in Westberlin die ersten, damals noch recht exotisch anmutenden Döner-Buden. Der Dönerkebap selbst, der übersetzt soviel wie „drehender Braten" heißt und aus Anatolien stammt, ist schätzungsweise 130 bis 160 Jahre alt. Zu jener Zeit hatte man die Idee, den traditionell am Spieß über dem Feuer gegarten Hammel gewissermaßen wieder auf die Beine zu stellen, indem man das Fleisch senkrecht der Hitze aussetzte. Doch war der Aufbau des Drehspießes so arbeitsintensiv, dass er meist nur für große Festlichkeiten vorgenommen wurde, zumal das Fleisch noch am selben Tag verzehrt werden musste.

Heute produziert man den Drehbraten für eine riesige Fangemeinde im großen Maßstab. Bis zu 20 Tonnen Fleisch am Tag werden allein in der Produktionsstätte in dem 1800-Seelen-Dorf Schönwalde im Norden Berlins verarbeitet. Dennoch hat sich am überkommenen Herstellungsverfahren nicht allzu viel geändert. Der Aufbau des Drehspießes erfordert nach wie vor Zeit und Geschick: Nachdem das Fleisch vom Knochen gelöst, von den Sehnen befreit und in breite dünne Scheiben geschnitten ist, legt man es 15 bis 20 Stunden in eine Zwiebel-Gewürzmischung ein oder auch in Milch, wie es ein anderes Rezept besagt, und knetet es anschließend mit Kräutern, Öl und Zwiebelsaft durch, wobei die Gewürzmischungen das Geheimnis jedes einzelnen Erzeugers bleiben. Die für den Spieß ungeeigneten kleinen Fleischstücke werden zu Hackfleisch gewolft, das man zwischen einige Lagen des diagonal auf dem Spieß aufgeschichteten Fleisches presst. Zugleich fügt man Schicht für Schicht Lammnetzfett hinzu, welches den Kegel oben endlich auch abschließt. Das überstehende Fleisch wird kurzerdings abgesäbelt.

Um im zunehmenden Dönerboom – Ende der 1980er Jahre gab es in Berlin 400 Verkaufsstände, Ende der 1990er waren es 1300 – Panschern das Handwerk zu legen, trat auf Initiative des Vereins türkischer Kaufleute im Juni 1989 die „Festschreibung der Berliner Verkehrsauffassung für das Fleischerzeugnis Dönerkebap" in Kraft, eine Art Döner-Reinheitsgebot, das 1991 bundesweit übernommen wurde und Folgendes festschreibt: Zur Herstellung darf nur Fleisch vom Kalb, Rind oder Schaf verwendet werden. Das Hackfleisch mit höchstens 20 Prozent Fett wird gewolft und gemengt, aber nicht gekuttet und darf am Kegel höchstens 60 Prozent betragen. Brühwurstbrät und Kutterhilfsmittel wie Phosphate oder Citrate sind ebenso verboten wie Stärke oder stärkehaltige Bindemittel. Alles in allem ist ein Dönerkebap also ein ziemlich gesundes Produkt.

Davon kann bei der Currywurst, gleich ob mit oder ohne Darm, überhaupt keine Rede sein. Das geliebte Brühwurstbrät besteht nur zur Hälfte aus Fleisch vom Rind oder Schwein, der Rest sind 30 Prozent schieres Fett und 20 Prozent Wasser. Und wird gar eine falsche „Curry", namentlich eine Bockwurst, Wiener oder Frankfurter in die Pfanne oder Friteuse gesenkt, bilden sich bei der Hitze aufgrund des Nitritpökelsalzes krebserzeugende Nitrosamine. Mancher Berliner weiß das womöglich nicht und läuft trotzdem keine Gefahr, denn wenn er sich etwas Gebratenes gönnt, bestellt er traditionshalber ohnehin eine „ohne“, d. h. eine in der Regel nicht gepökelte Wurst ohne Darm.

Ende der 1940er Jahre, als in Berlin die erste Currywurst zubereitet wurde, hatte dies jedoch wenig mit Gesundheitsbewusstsein zu tun, sondern war schlicht aus der Not geboren. Im Nachkriegsberlin gab es kaum Därme zum Wursten, weshalb man ein Brühwurstbrät austüftelte, das auch ohne Haut seine Form nicht verliert und bei der Zubereitung obendrein nicht zusammenschrumpft, sondern sich aufbläht. Im Gegensatz zur ursprünglich Frankfurter Brühwurst, die im 17. Jahrhundert die Hugenotten mit an die Spree brachten, ist das Brät „ohne“ also eine echte Berliner Erfindung. Den krönenden Klecks setzten schließlich die amerikanischen Alliierten auf dieses Erfolgsrezept, als sie Ketchup und asiatische Curry-Gewürzmischungen mit nach Deutschland brachten.

Wie beim Dönerkebap die äußerste Schicht gut durchgegrillt und die Fleischstreifen schön dünn abgeschnitten werden müssen, das Brot und der Salat stets frisch sein sollten, so gibt es auch bei der Currywurst Wesentliches zu beachten: Der echte Berliner isst sie ganz – die vorgeschnittene Curry käme eher einem Lebensstil auf der Überholspur entgegen – und wie beim Döner die Jogurt-Knoblauch- oder scharfe Soße, ist bei der Currywurst der Ketchup entscheidend. Die besten Buden machen ihn selbst, wobei auch hier die Rezeptur ein jeweils streng gehütetes Geheimnis ist. Auf alle Fälle sollte der Ketchup angewärmt über die in viel Fett gebratene (nicht fritierte!) Wurst gegeben werden, darüber das Currypulver scharf, schön scharf oder extra. Mit einer Schrippe (Brötchen) gereicht, hat dieser kleine Snack etwa 500 Kalorien, ein sättigender Dönerkebap kommt auf zirka 600 Kalorien.

- **Hakuin,** Martin-Luther-Str. 1, 10777 (Schöneberg), Tel. 218 20 27, Di.–Sa. 17–23.30 Uhr, So. 12–23.30 Uhr. Japanisch inspirierte Küche, Zutaten und Zubereitung von erlesener Qualität, von Zen-Buddhisten geführt. 15–19 €. (U1, U2, U3 Wittenbergplatz).

Koscher

- **Beth-Café,** Tucholskystr. 40, 10117 (Mitte), Tel. 281 31 35, So.–Do. 12–20 Uhr. Koschere Speisen, z. B. Gefillte Fisch oder Tscholent, im Gemeindezentrum der israelitischen Synagogengemeinde zu Berlin (Adass Jisroel), sonntags Klezmermusik. 1–9 €. (U6 Oranienburger Tor).

Imbiss

- **Konnopke,** U-Bahnhof Eberswalder Straße unter der Hochbahn. Das Urgestein unter den Berliner Curry-Buden. Mo.–Fr. 5.30–20 Uhr, Sa. 12–18.30 Uhr.

Festivals, Feste, Events

Januar

- **Internationale Grüne Woche:** Größtes Fressfest in Deutschland. Leistungsschau von Ernährungswirtschaft, Landwirtschaft und Gartenbau in den Messehallen unter dem Funkturm. Info-Tel. 30 38-0, www.messe-berlin.de.
- **Lange Nacht der Museen:** Großes Kunst- und Kulturhappening mit Konzerten, Theater, Lesungen, Speis' & Trank in über hundert Museen. Info-Tel. 902 69 94 44, www.lange-nacht-der-museen.de.
- **Berliner-6-Tage-Rennen:** Traditionsreicher Hallen-Radl-Wettkampf. Info-Tel. 97 10 42 04, www.sechstagerennen-berlin.de.

Februar

- **Internationale Filmfestspiele Berlin (Berlinale):** Das einzige deutsche A-Festival und nach Cannes und Venedig bedeutendste

Filmfestival Europas. Info-Tel. 25 92 00, www.berlinale.de.

März

- **ITB:** Internationale Tourismusbörse und größter Reisemarkt der Welt. Info-Tel. 30 38-0, www.messe-berlin.de.
- **MaerzMusik:** Internationales Festival zeitgenössischer Musik mit Aufführungen neuer Werke der Orchester- und Kammermusik sowie experimentell und medienkünstlerisch orientierten Arbeiten. Info-Tel. 25 48 92 18, www.berlinerfestspiele.de.

Mai

- **Theatertreffen Berlin:** Zwei Wochen Gastspiele der führenden deutschsprachigen Bühnen. Info-Tel. 25 48 92 18, www.berlinerfestspiele.de.
- **German Open der Damen:** Spitzentennis im Tennisclub LTTC Rot-Weiß am Hundekehlesee. Info-Tel. (01805) 57 04 00, www.german-open.de.
- **ILA:** Internationale Luft- und Raumfahrtausstellung auf dem Flughafen Berlin-Schönefeld; alle zwei Jahre im Turnus 2006, 2008 etc. Info-Tel. 30 38-0, www.messe-berlin.de und www.ila-berlin.de.
- **MuseumsInselFestival:** Berliner Kultursommer open air vor der Kulisse der Museumsinsel, mit Konzerten, Performances, Kino- und Theateraufführungen von Mai bis Mitte September. Info-Tel. 266 29 51, www.smb.spk-berlin.de.

Juni

- **Karneval der Kulturen:** Kunterbunter Multikulti-Umzug und viertägiges Straßenfest mit viel Musik und Tanz in Kreuzberg. Info-Tel. Werkstatt der Kulturen 60 97 70 22, www.karneval-berlin.de.

Juli

- **Christopher Street Day-Parade:** Fantasiereiche, schrille Umzugsparade der Berliner Homosexuellen durch die Innenstadt. Info-Tel. 23 62 86 32, www.csd-berlin.de.
- **Classic Open Air Berlin:** Populäre Klassik unter dem Sternenhimmel in drei warmen Sommernächten auf dem Gendarmenmarkt. Höhepunkt der Berliner Open Air-Saison klassischer Musik. Info-Tel. 315 75 40, www.classicopenair.de.

August

- **Berliner Gauklerfest:** Zehn Tage Drahtseilakrobaten, Schwertschlucker, Jongleure und Stelzenläufer mit vielen Buden und Schaustellern auf dem Parade-Boulevard Unter den Linden.
- **Tanz im August:** Führendes Festival des zeitgenössischen Tanzes, Neuentdeckungen von jungen Choreografen und Compagnien sowie Wiederbegegnung mit Künstlern, die das internationale Tanzgeschehen entscheidend mitgeprägt haben. Info-Tel. 25 90 04 41, www.tanzimaugust.de.
- **Lange Nacht der Museen:** Großes Kunst- und Kulturhappening mit Konzerten, Theater, Lesungen, Speis' & Trank in über hundert Museen. Info-Tel. 902 69 94 44, www.lange-nacht-der-museen.de.
- **Internationale Funkausstellung:** Große Party der Fernsehanstalten Ende August unter dem Funkturm sowie Messe und Leistungsschau der Kommunikationsmedien und Unterhaltungselektronik. Info-Tel. 30 38-0, www.messe-berlin.de.

September

- **Musikfest Berlin:** Internationale Spitzenorchester 16 Tage zu Gast in Berlin. Info-Tel. 25 48 92 18, www.berlinerfestspiele.de.
- **Internationales Literaturfestival:** Knapp zwei Wochen zeitgenössische Prosa und Lyrik, mit Autoren von Weltruhm und neuen internationalen Entdeckungen. Info-Tel. 27 87 86 20, www.literaturfestival.com.
- **Popkomm:** Europas größte Plattform der Popmusik- und Entertainmentbranche. Info-Tel. 30 38-0, www.messe-berlin.de.
- **ISTAF:** Internationales Stadionfest und Leichtathletiktreffen im Olympiastadion. Info-Tel. 24 31 99 0, www.istaf.de.
- **Berlin Marathon:** Alljährliches Drängeln von über 40.000 Langstreckenläufern durch das Brandenburger Tor. Info-Tel. 30 12 88 10, www.berlin-marathon.de.

Den größten Rave der Welt gibt's nicht mehr

Als 1989 im Juli 150 Szenegänger nachmittags am Ku'damm um ein paar Lkw mit gemütlich vor sich hintuckernden Roland-808-Computern herumtanzten, ahnte gewiss keiner der Passanten, die kopfkratzend den Bürgersteig säumten, dass diese lustig gekleideten, bunt angemalten Menschen zwischen 20 und 30 die Vorhut einer (Körper-)Bewegung bildeten, die unter dem Motto „Friede, Freude, Eierkuchen" einmal Millionen ergreifen würde.

Ein Jahrzehnt später zählte man auf der **Love Parade** anderthalb Millionen Raver, die zum berauschenden Techno-Sound einen Tag lang ausgelassen durch den Tiergarten tanzten. Dabei schätzen die einen den alljährlichen Mega-Rave als die weltweit größte Demonstration für Frieden und Liebe – 1999 wurden im Getümmel sogar erstmals Ehen geschlossen –, für andere stellte die gigantische Tanzparty einen entscheidenden ökonomischen Faktor dar. So schrieb das Szeneblatt „Flyer" im Juli '99 rechtzeitig zum Ereignis: „Im 11. Jahr der Love Parade ist es offiziell: Clubkultur im Ganzen ist Wirtschaftspower."

Tatsächlich betrug die Teilnahmegebühr für einen Wagen über 2000 €. Lkw-Miete, Sicherheit, Ausstattung und Soundsystem schlugen mit zusätzlichen 25.000 € zu Buche. Angesichts solcher Summen blieben die kreativen Tänzer und Musikanten der ersten Stunde oft außen vor. Für Underground gab es längst keinen Platz mehr, es herrschten Mainstream und Gewinnmaximierung. Als schließlich der Berliner Senat dem Techno-Spektakel seinen Status als „politische Demonstration" aberkannte und die Veranstalter selbst die immensen Reinigungskosten für den Tiergarten zahlen mussten, geriet die Finanzierung der gesamten Parade ins Trudeln. Über längere Zeit hinweg blieb ungewiss, in welcher Form und ob sie überhaupt weiter stattfinden könne, bis die Messe Berlin als potenter Partner einsprang und den weltgrößten Rave noch einmal vor dem Knockout rettete.

2004 wurde die Mega-Parade schließlich abgesagt. Nach monatelangem Tauziehen um die Finanzierung stellte man alle Wiederbelebungsversuche ein und verschob sie kurzerhand auf Juli 2005, wo sie dann zum zweiten Mal ausfiel – und voraussichtlich auch nie wieder stattfinden wird. Techno ist out, Ende 2005 meldete der Veranstalter Insolvenz an, und die Berliner freuen sich drüber. Denn nun haben sie ihren Tiergarten zum gemütlichen Bummeln wieder.

615be Foto: kj

Oktober

- **Deutschlandsfest:** Umzug mit Präsentation der deutschen Bundesländer am 3. Oktober Unter den Linden. Der Brauch muss allerdings noch ein bisschen geübt werden.
- **art forum berlin:** Internationaler Kunstmarkt führender Galerien der Gegenwartskunst auf dem Messegelände. Info-Tel. 303 80, www.messe-berlin.de.

November

- **JazzFest Berlin:** Vier Tage Jazzkonzerte von internationalen Gruppen und Solisten von Rang im Haus der Kulturen der Welt und anderen Veranstaltungsorten. Info-Tel. 25 48 92 18, www.berlinerfestspiele.de.
- **Jüdische Kulturtage:** Zahlreiche kulturelle Veranstaltungen der Jüdischen Gemeinde zu Berlin mit einem jährlich wechselnden thematischen Schwerpunkt. Info-Tel. 88 24 250, www.juedische-kulturtage.org.

Dezember

- **31. Dezember:** Große Silvesterparty am Brandenburger Tor.

Fundbüros

- **Zentrales Fundbüro,** Platz der Luftbrücke 6 (im Bezirksamt Tempelhof-Schöneberg, Abt. Bürgerdienste), 12101 (Schöneberg); allgemeine Fundsachen Tel. 75 60 31 01, Schlüssel/Fahrräder/Fahrzeuge Tel. 75 60 31 02, Papiere/Wertsachen/Technik Tel. 75 60 31 03; Mo./Di. 8–15 Uhr, Do. 13–18 Uhr, Fr. 8–12 Uhr. (U6 Platz der Luftbrücke).
- **BVG-Fundbüro,** Potsdamer Str. 180/182, 10783 (Schöneberg), Tel. 19 44 9, Fax 25 62 80 20, Mo.–Do. 9–18 Uhr, Fr. 9–14 Uhr. (U7 Kleistpark).
- **Fundbüro der Deutschen Bahn** (zuständig auch für Funde in Berliner S- und Regionalbahnen), Döppersberg 37, 42103 Wuppertal, Callcenter-Tel. (01805) 99 05 99 (12 Cent/Min.), Fax (0202) 35 23 17, Mo.–Sa. 8–20 Uhr, So. 10–20 Uhr.

Geldwechsel

Vom Geldwechsel über den An- und Verkauf von Reiseschecks, Barauszahlungen von Kreditkarten bis zum Verkauf von Telefon- und Eintrittskarten und vielem anderen mehr hat sich die Reisebank AG an zentralen Stellen mit **außergewöhnlichen Öffnungszeiten** auf touristische Anliegen spezialisiert.

- **Reisebank AG,** im Bahnhof Zoo, Tel. 8 81 71 17, tgl. 7.30–22 Uhr.
- **Reisebank AG,** im Bahnhof Friedrichstraße, Tel. 20 45 50 96, Mo.–Fr. 7.30–20 Uhr, Sa./So. 8–20 Uhr.
- **Reisebank AG,** im Ostbahnhof, Tel. 2 96 43 93, Mo.–Fr. 7–22 Uhr, Sa./So. 8–20 Uhr.

Informationsstellen

BTM

Die **Berlin Tourismus Marketing GmbH (BTM)** ist Ansprechpartner für fast alle den Berlin-Tourismus betreffenden Belange. Neben allgemeinen touristischen Informationen gibt sie Broschüren und Stadtpläne, ein Hotelverzeichnis und ein Berlin-Magazin sowie zahlreiche Special-Interest-Hefte heraus, unterhält die Touristinformationen, vermittelt Hotels und Pensionen, Gästeführer und Busse, Theater- und Messekarten sowie Tickets für verschiedene Events, organisiert den Berlin-Aufenthalt und vieles andere mehr.

- Für allgemeine touristische Informationen sowie die telefonische Ticket- und Hotelzimmer-Reservierung ist unter der Telefonnummer 25 00 25 ein **Info-Call-Center** im Haus der BTM eingerichtet, dessen kompetente und stets zuvorkommenden Mitarbeiterinnen und Mitarbeiter Mo.–Fr. 8–19 Uhr, Sa./So. 9–18 Uhr erreichbar sind. Online-Anfragen für Reservierungen schickt man an reservation@btm.de, für Informationen an information@btm.de.

- **Berlin Tourismus Marketing GmbH (BTM),** Am Karlsbad 11, 10785 Berlin, www.btm.de.

Touristinformationen

In einem Meer von Reklamezettelchen, Flyern, Postkarten, Prospekten, Veranstaltungs-Broschüren und Berlin-Souvenirs halten die Touristinformationen allgemeine touristische Informationen, Stadtpläne, das „Berlin Magazin" und viele nützliche Tipps und Empfehlungen parat. Wie die BTM-Zentrale vermitteln sie Zimmer in Hotels und Pensionen sowie Theater-, Event- und Messekarten.

In den Touristinformationen am Brandenburger Tor, Europa-Center und Fernsehturm am Alexanderplatz sowie an Automaten und Verkaufsstellen der Berliner Verkehrsbetriebe (BVG) bzw. S-Bahn und außerdem in vielen großen Hotels erhält man die **WelcomeCard.** Für 22 € bietet das WelcomeCard-Gutscheinheft einem Erwachsenen mit bis zu drei Kindern bis 14 Jahre drei bzw. zwei Tage lang (16 € für 48 Stunden) freie Fahrt mit allen Bussen und Bahnen des Tarifbereichs ABC des Verkehrsverbundes Berlin-Brandenburg (VBB), d. h. im Großraum Berlin und Potsdam. Darüber hinaus ermöglicht einem die WelcomeCard in zahlreichen Museen sowie den vielfältigsten kulturellen und touristischen Veranstaltungen in Berlin und in Potsdam Preisnachlässe bis zu 50 Prozent.

Die Touristinformationen vertreiben außerdem den Museumspass **SchauLUST-MuseenBERLIN.** Mit diesem Ticket für 15 € (ermäßigt 7,50 €) kann man an drei aufeinander folgenden Tagen die weltberühmten Sammlungen der Staatlichen Museen zu Berlin besuchen, z. B. das Alte Museum, die Alte Nationalgalerie und das Pergamonmuseum, die Gemäldegalerie und die Neue Nationalgalerie, die Sammlung Berggruen, das Ethnologische Museum und vieles andere mehr.

- **Touristinformation Berlin,** Budapester Str. 45 (im Europacenter), 10787 (Tiergarten), Nov.–März Mo.–Sa. 10–19 Uhr, So. 10–18 Uhr, Apr.–Okt. erweiterte Öffnungszeiten. (S und U2, U9 Zoologischer Garten).
- **Touristinformation am Brandenburger Tor,** Südflügel, tgl. 10–18 Uhr, Apr.–Okt. erweiterte Öffnungszeiten. (S Unter den Linden).
- **Touristinformation im Fernsehturm am Alexanderplatz,** tgl. 10–18 Uhr, Apr.–Okt. erweiterte Öffnungszeiten. (S und U2, U5, U8 Alexanderplatz).
- **Touristinformation Kranzler Eck (Passage),** Kurfürstendamm/Ecke Joachimsthaler Str., tgl. 10–18 Uhr, Apr.–Okt. erweiterte Öffnungszeiten. (U1, U9 Kurfürstendamm).
- **Touristinformation im Reichstagspavillon,** tgl. 10–18 Uhr, Apr.–Okt. erweiterte Öffnungszeiten. (S Unter den Linden, Bus 100).
- **Touristinformation im Hauptbahnhof-Lehrter Bahnhof,** tgl. 10–18 Uhr, Apr.–Okt. erweiterte Öffnungszeiten. (S Hauptbahnhof-Lehrter Bahnhof).

Internet

Die Seiten der BTM bieten unter **www.berlin-tourist-information.de** und **www.btm.de** neben einer Fotomappe mit Berlin-Bildern, einem Hotelverzeichnis und verschiedenen Reiseangeboten die Möglichkeit zum Entdecken der wichtigsten Berliner Sehenswürdigkeiten, das aktuelle Berlin-Programm mit sämtlichen Veranstaltungen, außerdem Tipps für Kids, Teenies, Familien, Senioren, jüdische Touristen auf den Spuren ihrer Geschichte, Schwule und Lesben, Partygänger, Kulturbeflissene u. v. m. Darüber hinaus ist die Möglichkeit zur Online-Buchung von Hotelzimmern bereitgestellt.

Unter der Adresse **www.berlin.de** findet man umfassende Hauptstadtinformationen, seien es touristische Infos über Berlin und die aktuellen Veranstaltungen und Projekte, seien es Texte zur Geschichte der Stadt und virtuelle Spaziergänge zu den interessantesten Sehenswürdigkeiten, oder seien es Seiten zu den Bezirken, Behörden und zur Berliner Verwaltung. Außerdem bietet berlin.de Links zu zahlreichen Unterkunftstipps mit der Möglichkeit zur online-Buchung. Ebenfalls direkt gebucht werden können Tickets für Events und Veranstaltungen.

Kinder

Deutsche Hauptstadt, quirlige Kulturmetropole, buntes Szene-Mekka und schnelle Weltstadt mit Schnauze und Herz. So rühmt sich Berlin, und so wird es auch von den meisten Menschen erlebt. Als pulsierende Millionenstadt, als Häusermeer und Asphaltdschungel. Kann das mit Kindern zusammengehen? Die Antwort ist ein lautes und klares Ja! **Großstadt und Kinder** müssen kein Widerspruch sein. Während Städtereisen Familien oft vor grundsätzliche Probleme stellen, verfügt besonders Berlin über viele abwechslungsreiche und unterhaltsame Angebote gemeinsam für Groß und Klein.

Über die umfangreichen Programme und Veranstaltungen tagtäglich vor Ort informieren die **Stadtmagazine „Zitty“ und „Tip“.**

Sehenswertes

Auch ohne weiterführendes Info-Futter sind zahlreiche Sehenswürdigkeiten **in der Innenstadt** von Alexanderplatz bis Zoologischer Garten für kleine Menschen spannend genug zu entdecken: durch den Zoo und den Tiergarten spazieren, von der Brücke über die Tiergartenschleuse herab den Fahrgästen auf den Ausflugsdampfern auf den Kopf spucken und die Siegessäule erklimmen, mit dem schnellsten Personenaufzug Europas im Kollhoff-Gebäude am Potsdamer Platz in 90 Meter Höhe brausen, sich vom Duft der Bratwürstchenstände verführen lassen und anschließend mit der Rikscha umherfahren, zur Leierkastenmusik im Opernpalais Unter den Linden Eis und Kuchen verkasematuckeln, danach zwischen den steinernen Meeresgottheiten im Neptunbrunnen ein erfrischendes kurzes Kneipp-Bad nehmen, schließlich mit dem Fahrstuhl zur Aussichtsplattform des Fernsehturms hinaufsausen und durch das Fernrohr auf Berlin hinunterschauen, das einem in allen vier Himmelsrichtungen zu Füßen liegt. Das ist so recht etwas für kleine Stadtindianer, ebenso wie für ihre Erwachsenen, und am besten auf großer Fahrt mit den **Doppeldeckerbussen der Linien 100 und 200** zu erleben.

Alles zum Sehen und Staunen aus der Spree-Perspektive bieten die **Berliner Wassertaxis** ihren großen und kleinen Passagieren auf original Amsterdamer Grachtenbooten in einstündiger Wasserrundfahrt, vorbei an Museumsinsel, Schiffbauerdamm und Reichstag zum Haus der Kulturen der Welt und retour über Dom und Nikolaiviertel zur Mühlendammschleuse mit Blick auf Rotes Rathaus, Marienkirche und Fernsehturm. Unterwegs werden die Attraktionen jenseits jeglichen Kunsthistorikerchinesischs lebhaft, live und mit viel Spaß dabei von einem Fremdenführer erläutert. Wenn der Kapitän gute Laune hat, beantwortet er den jüngeren Fahrensleuten, die ihn auf der Brücke besuchen, sämtliche Fragen und lässt sie – wenn er besonders gute Laune hat – auch einmal ans Steuer.

- **Berliner Wassertaxi-Stadtrundfahrten:** www.berlinerwassertaxi.de, Tel. 65 88 02 03, Apr.–Okt. ab Zeughaus/Unter den Linden/ Schlossbrücke Mo.–Fr. 10, 10.30, 11.30, 12, 13, 13.30, 14.30, 15, 16, 16.30 Uhr, Sa./So. halbstündlich 10–16.30 Uhr; ab Karl-Liebknecht-Brücke gegenüber dem Berliner Dom am neuen DomAquarée (Karl-Liebknecht-Str.), Mo.–Fr. 10.15, 10.45, 11.45, 12.15, 13.15, 13.45, 14.45, 15.15, 16.15, 16.45 Uhr, Sa./So. halbstündlich 10.15–16.45 Uhr.

Darüber hinaus gibt es viele faszinierende Dinge **in den Außenbezirken** zu entdecken: die Zitadelle und das Fort Hahneberg in Spandau, die Märchenschlösser an Havel und Spree und vieles andere mehr, das weiter hinten im Buch in den Stadtspaziergängen ausführlich beschrieben ist.

Unterkunft

Selbstverständlich verfügt Berlin über Unterkunftsmöglichkeiten, die auf die Bedürfnisse von Familien abgestimmt sind. Hervorzuheben ist hier die bereits 1990 von der damaligen Familienministerin *Lehr* für besondere Familienfreundlichkeit ausgezeichnete **Hotel-Pension Wittelsbach.** In einer ruhigen Seitenstraße in der Nähe des Kurfürstendamms gelegen, ist eine Etage in dem 30-Zimmer-Haus extra für Familien reserviert. Im Kuschel-Dschungel können die Kinder toben oder sich mit Kinder-Kassetten ausruhen, eine Kinder-Videothek steht zur Verfügung sowie eine Kleinkinderausstattung von der Wiege über den Wickelwagen bis zum Kinderwagen und Buggy, die deshalb nicht mitgebracht werden müssen. Zum Frühstück gibt es ein köstliches Büffet für die Großen und allein sieben Sorten Nuss-Nougat-Creme für die Kleinen. Im bewirtschafteten Garten befindet sich ein Kinderspielplatz, und möchten die Eltern abends gerne bummeln gehen, kümmert sich die Hotelchefin, Frau *Arzt,* höchstpersönlich um ihre kleinen Gäste, steckt das Babyfon ein und sieht nach dem Rechten.

- **Hotel-Pension Wittelsbach,** Wittelbacher Str. 22, 10707 (Wilmersdorf), Tel. 864 98 40, Fax 682 15 32, www.hotel-pension-wittelsbach.de, 92 €. (U7 Konstanzer Str.).

210be Foto: kj

Essen und Trinken

Auch am Ausgehen soll es nicht fehlen. Das **Restaurant Charlottchen** bietet neben Theater- und Kleinkunstaufführungen fröhliche Gastronomie für die Familie. Es ist Theater mit Restaurant sowie Kultur- und Begegnungsstätte für Alte und Junge, Unversehrte und Behinderte zugleich. Die Kinderspeisekarte verzeichnet Gaumenfreuden wie Schnitzel, Pommes, Spaghetti und Tomatenketchup, und wenn die Erwachsenen am Tisch langweilige Gespräche führen, kann sich der Nachwuchs ja in den Spielraum mit Klötzen, großer Burg und Rutsche zurückziehen. Auf der Bühne gibt es für die Kleinen vom „Dinosaurier im Kühlschrank" über bunte Liederprogramme, Zauberer, Clowns und Puppenspieler bis hin zum Mitspieltheater allerlei zu erleben.

- **Restaurant Charlottchen,** Droysenstr. 1, 10629 (Charlottenburg), Tel. 324 47 17, www.charlottchen-berlin.de. Die Räumlichkeiten sind tgl. ab 10 Uhr geöffnet, der wechselnde Spielplan ist stets aktuell auf der Homepage nachzulesen. (S Charlottenburg, U7 Wilmersdorfer Str.).

Kulturelles

Das eigens auf Kinder zugeschnittene kulturelle Angebot ist erstaunlich. Mehrere speziell nur für Kinder eingerichtete **Museen** laden zu einem Besuch ein: das Kindermuseum **Labyrinth** in der Fabrik Osloer Straße, das Jugendmuseum Schöneberg, das Kinder- & Jugendmuseum im Prenzlauer Berg und das Juniormuseum im Ethnologischen Museum Dahlem (siehe unter „Museen und Gedenkstätten").

Spannendes aus Natur- und Technik bieten das Deutsche Technikmuseum, die Nr. 1 bei Kids, die Eisenbahnen, Oldtimer und alte Flugzeuge lieben, das Museum für Naturkunde mit dem größten Dino der Welt und der Historische Hafen.

Museen, die in Uropis Zeiten oder in märchenhafte Zauberwelten entführen, sind das Schulmuseum und das Puppentheater-Museum. Näheres dazu siehe unter „Museen und Gedenkstätten".

Kindertheater mit Menschen veranstalten das carrousel Theater an der Parkaue, das Grips Theater, das Tiyatrom – Türkisches Theater Berlin, das bereits erwähnte Theater & Restaurant Charlottchen und viele andere (siehe unter „Theater").

Kindertheater mit Puppen und Marionetten führen neben der Schaubude – Puppentheater Berlin (siehe unter „Theater") u. a. das Figuren TraumTheater mit Stabfiguren-, Schau-, Hand- und Maskenpuppenspielen und das Theater Mirakulum vor. Bei Hans Wurst Nachfahren sind Märchenbearbeitungen und literarische Stoffe, aber auch aktuelle Stücke für Hand-, Stab- und Klappmaulpuppen, Rollwagenpuppen und Marionetten fest im Programm. Im Puppentheater Berlin verzaubert mit Marionetten-, Schatten- und Puppenspiel, Masken, Papiertheater und Erzählungen die Puppenspielkunst von *Hella* und *Ulrich Treu.*

Jugend musiziert
auf dem Gendarmenmarkt

- **FigurenTraumTheater,** Siegfriedstr. 192a, 10365 (Lichtenberg), Tel. 558 98 73. (S und U5 Lichtenberg).
- **Theater Mirakulum,** Brunnenstr. 35, 10115 (Mitte), Tel. 449 08 20, www.mirakulum.de. (U8 Bernauer Str. oder Rosenthaler Platz).
- **Hans Wurst Nachfahren,** Gleditschstr. 5, 10781 (Schöneberg), Tel. 216 79 25, www.hans-wurst-nachfahren.de. (U1, U2, U3, U4 Nollendorfplatz).
- **Puppentheater Berlin,** Haubachstr. 26, 10585 (Charlottenburg), Tel. 342 19 50, www.puppentheater-berlin.de. (U2, U7 Bismarckstr.).

Zauberkünstler unterschiedlichster Art bevölkern die Stadt. Darunter existiert für die Kleinen seit mittlerweile fast zwei Jahrzehnten Addis Zaubärbühne, die sich mit dem magischen Zauber-Mitmach-Theater von *Addi* und seinem einzigen zaubernden und schwebenden Bär der Welt, Erwin, an Kinder ab drei Jahre und ihre Erwachsenen wendet.

Verwunschene Grüße sendet auch das Zaubertheater Igor Jedlin mit „Zauberhits für Kids", wo Häschen unter dem Umhang des Magiers hervorhopsen, Tauben und manchmal sogar die Kinder in die Luft fliegen.

- **Addis Zaubärbühne** (verschiedene Aufführungsorte), Info: Herr *Rolf Barth,* Gleditschstr. 46, 10781 (Schöneberg), Tel. 216 62 93, www.rolf-barth.de.
- **Zaubertheater Igor Jedlin,** Roscherstr. 7, 10629 (Charlottenburg), Do.–So. 15.30 Uhr, info@zaubertheater.de, www.zaubertheater.de, Tel. 323 37 77. (U7 Adenauerplatz).

Kinos

Über 240 Lichtspieltheater und Multiplexkinos gibt es in Berlin, es besteht mithin kein Mangel. Die Programme und Programmadressen schlagen Sie bitte in den Tageszeitungen oder Stadtmagazinen nach.

Erwähnenswert, weil ein außergewöhnliches Spektakel, sind die beiden IMAX-Theater am Potsdamer Platz. Die 20 x 27 Meter hohe Bildwand des **IMAX in der Daimler-City** entspricht der Höhe eines siebengeschossigen Hauses. Im IMAX Dome wird zum digitalen Sound einer 24.000 Watt-Anlage eine kuppelförmige Bildfläche vor die Bildwand geschwenkt, sodass man rundum von einer 1000 Quadratmeter großen Bildfläche umgeben ist und während der Vorführung der Weltraum- und Unterwasserfilme den Eindruck hat, man befände sich mitten im Geschehen.

Mit 20 x 28 Metern ist die Bildwand des **Cine-Star IMAX 3D** im Sony Center noch größer. Zur Betrachtung der überdimensionalen Großbildstreifen werden an die Besucher elektronische Brillen ausgegeben.

- **IMAX-Theater** in der Daimler-City am Potsdamer Platz, Marlene-Dietrich-Platz 4, Tel. 44 31 61 31.
- **Cine-Star IMAX 3D,** Sony Center am Potsdamer Platz, Tel. 26 06 62 60.

022be Foto: ki

Lesben

Zeitschriften

Informationen über die Berliner Szene erhält frau anhand der Zeitschrift **„Siegessäule"**, www.siegessaeule.de, die in zahlreichen Kneipen, Bars und Clubs gratis ausliegt und neben vielen Programmadressen und Ausgehtipps einen umfassenden Überblick über die lesbischen Veranstaltungen des Monats gibt. Das Monatsmagazin **„Blattgold"**, www.blattgold-berlin.de, berichtet frauenspezifisch über Politik und Kultur und informiert über alle wichtigen Hauptstadttermine für Frauen.

Einmal jährlich erscheint im Jackwerth-Verlag in Kooperation mit der Berlin Tourismus Marketing GmbH (BTM) der deutsch-englische **Queerguide** zu Berlins schwullesbischer Szene, Out in Berlin. Auf 64 Seiten listet er Hotels, Bars, Cafés und Restaurants, Shopping-Tipps sowie die besten Partys und Gay-Events auf. Er liegt kostenlos in den Touristinformationen aus oder kann bei der BTM bestellt werden (siehe „Informationsstellen").

Infos, Beratung

- **Frauenkrisentelefon,** telefonische Beratung unter Tel. 615 42 43, Mo. und Do. 10–12 Uhr, Di./Mi., Fr. 19–21 Uhr, Sa./So. 17–19 Uhr, www.frauenkrisentelefon.de.
- **Migrantinnenberatung,** telefonische Beratung auf Dari, Persisch, Polnisch, Deutsch, Tel. 615 75 96, Mo. 10–12 Uhr, www.frauenkrisentelefon.de.
- **Lesbenberatung,** Kulmer Str. 20a, 10783 (Schöneberg), Tel. 215 20 00, www.lesbenberatung-berlin.de, Mo./Di. und Do. 16–19 Uhr, Mi. 10–13 Uhr, Fr. 14–17 Uhr; Online-Beratung: beratung@lesbenberatung-berlin.de, www.das-beratungsnetz.de.

Eingang zu einem Rumpelkino

Treff

- Women's classic für erste Kontakte ist das **Café und Frauenzentrum Begine** in der Potsdamer Str. 139 (Schöneberg), Tel. 215 14 14, www.begine.de, Mo.–Sa. ab 18 Uhr. (U1 Kurfürstenstr., U2 Bülowstr., U7 Kleistpark).

Kunst

- **Das Verborgene Museum e.V.,** Schlüterstr. 70, 10625 (Charlottenburg), Tel. 32 69 06 22, Do./Fr. 15–19 Uhr, Sa./So. 12–16 Uhr. Das Museum erschließt und dokumentiert Kunst von Frauen mit dem Ziel, „die bislang verschollene Kunst der Frauen zu erforschen, ihr Lebenswerk der Öffentlichkeit zugänglich zu machen und den Museen weiterzuvermitteln." (S Savignyplatz).

Stadtführungen

- **Compania FrauenKulturService,** Quitzowstr. 138, 10559 (Moabit), Tel. 44 35 87 04, www.frauenkulturservice.de. Individuell gestaltete Streifzüge, Rundgänge und thematische Spaziergänge durch Berlin und Potsdam von Frauen für Frauen.

Bad

- Nur für Frauen ist das Türkische Bad Hamam im Kreuzberger Frauenzentrum „Schokofabrik", Mariannenstr. 6 (im Hinterhaus), 10997 (Kreuzberg), Tel. 615 14 64, www.schokofabrik.de, Mo. 15–23 Uhr, Di.–So. 12–23 Uhr. (U1 Kottbusser Tor).

Unterkunft

- **Frauenhotel Artemisia,** Brandenburgische Str. 18, 10707 (Wilmerdorf), Tel. 873 89 05, Fax 861 86 53, www.frauenhotel-berlin.de, artemisia@frauenhotel-berlin.de. Schönes Mittelklassehotel in Ku'damm-Nähe nur für Frauen (DZ mit Frühstück 98–104 €). (U7 Konstanzer Str.).
- **Hotel Intermezzo,** Gertrud-Kolmar-Str. 5, 10117 (Mitte), Tel. 22 48 90 96, Fax 22 48 90 97, www.hotelintermezzo.de, frauen@hotelintermezzo.de. Mitten im Herz der Metropole, die Zimmer behaglich im Landhausstil, männliche Kinder bis 12 Jahre sind erlaubt. (DZ mit Bad 85 €, ohne Bad 75 €, Frühstück

6 €). (S und U2 Potsdamer Platz oder U2 Mohrenstraße).

Zimmervermittlung

- **ebab (enjoy bed & breakfast),** Zimmervermittlung für Schwule, Lesben & Freunde, Postanschrift: Nollendorfplatz 5, Haus B, 10777 (Schöneberg), Kontakt: Tel. 23 62 36 10, Fax 23 62 36 19, (Mo.–So. 16.30–21.30 Uhr), info@ebab.de, http://ger.ebab.com, KundInnenfiliale: c/o Mann-o-Meter, Bülowstr. 106, 10783 (Schöneberg), Tel. 216 80 08. (U1, U2, U3 ,U4 Nollendorfplatz).

Medien

Unter den Zeitschriften sind **„Zitty"** und **„Tip"** die beiden größten und wichtigsten Berliner Stadtmagazine. Sie erscheinen vierzehntägig und geben in ihren umfangreichen Programmteilen Auskunft über das tagtägliche Veranstaltungsangebot von Ausstellungen, Bühnen, Galerien, Kind & Kegel, Kino, Kunst, Literatur, Musik und vielem mehr.

Das **„Berlin Programm"** mit dem Monatsprogramm für Oper, Theater, Konzerte, Ausstellungen sowie Ausflugs-, Kultur-, Restaurant- und Shoppingtipps erscheint jeweils am 15. des Vormonats und kann neben dem Ladenverkauf für 1,75 € online oder telefonisch direkt beim Verlag bestellt werden.

- **Rimbach-Verlag,** Postfach 37 01 44, 14131 Berlin, Tel. 802 10 71, Fax 802 99 88, www.berlin-programm.de, info@berlin-programm.de.

Das **„Berlin Magazin"** der Berlin Tourismus Marketing GmbH (BTM) mit Programmkalender, Veranstaltungsvorschau und Serviceteil von Gastronomie bis Shopping erscheint alle drei Monate und ist in den Touristinformationen oder direkt bei der BTM erhältlich.

Jeden Mittwoch erscheint die von der Berliner Tageszeitung „Tagesspiegel" herausgegebene wöchentliche Veranstaltungsvorschau „Ticket".

In den Touristinformationen, den meisten Hotels und vielen Kneipen liegt stets ein bunter Strauß kostenloser Broschüren, Flyer und Szeneblättchen mit den aktuellen Programmen der Berliner Bühnen bzw. Club- und Party-Events aus.

Die wichtigsten Berliner Tageszeitungen sind **„Tagesspiegel"**, **„taz"**, **„Berliner Zeitung"** und **„Berliner Morgenpost"**.

Museen und Gedenkstätten

Ost und West

Eine auf den ersten Blick verwirrende Vielfalt prägt die Berliner Museumslandschaft. Über 170 Museen und etwa 300 Galerien wollen besucht und besichtigt werden. Die nach der Wiedervereinigung notwendige **Zusammenführung** des vorher Zerstreuten, Getrennten ebenso wie die unerlässliche **Neuordnung** des seitdem Doppeltgemoppelten hat man in großen Teilen inzwischen zwar zu Ende führen können, aber nach wie vor sind viele Dinge in Bewegung, werden Kisten gepackt, Exponate eingelagert und an anderer Stelle wieder ausgepackt. Über 1,5 Milliarden Euro kostet allein die aufwendige **Restaurierung** der Museumsinsel im Herzen der Stadt bis zum Jahr 2015. Im Dezember 1999 wurde das Glanzstück der Berliner Museumslandschaft von der UNESCO zum Weltkultuerbe der Menschheit erklärt.

Stiftungen

Die Neuorganisation der Trägerschaften ist bereits abgeschlossen. So sind die bedeutenden **Staatlichen Museen zu Berlin – Preußischer Kulturbesitz (SMPK)** in der Stiftung Preußischer Kulturbesitz zusammengefasst und hauptsächlich an folgenden vier großen Standorten zu finden: in Dahlem, am Kulturforum im Tiergarten, in Charlottenburg und auf der Museumsinsel. Die Eintrittskarten gelten am selben Tag für alle staatlichen Museen, montags sind sie bis auf wenige Ausnahmen geschlossen. Der an Museumskassen und in den Touristinformationen erhältliche Museumspass **SchauLUST-MuseenBERLIN** bietet für 15 €, ermäßigt 7,50 € die Möglichkeit, an drei aufeinander folgenden Tagen die Sammlungen der Staatlichen Museen preisgünstig zu besuchen. Infos erhält man unter Tel. 266 36 60. Die Website der Staatlichen Museen zu Berlin, www.smb.spk-berlin.de, bietet in Wort und Bild umfangreiche Beschreibungen der einzelnen Häuser mit Rundgängen durch die einzelnen Ausstellungen.

In der **Stiftung Staatliche Schlösser und Gärten** sind die meisten Berliner und Potsdamer Schlösser und Parks vereint, darunter Sanssouci und Charlottenburg.

Die enorme Vielzahl unterschiedlichster großer und kleiner Landesmuseen und Museen der Berliner Stadt- und Kulturgeschichte hat unter dem Dach der **Stiftung Stadtmuseum Berlin** eine Heimat gefunden.

Veranstaltungen

Ein einzigartiges Erlebnis für Museumssurfer ist seit 1997 die **Lange Nacht der Museen.** Einmal im Winter und einmal im Sommer halten über hundert bedeutende Museen von 18 bis 2 Uhr für Nachtschwärmer ihre Tore offen. Dabei wird ein Rahmenprogramm von Führungen, Lesungen, Musik und Tanz geboten. In diesen zwei festlichen, nicht ausschließlich musealen Nächten sind Shuttle-Busse der BVG und eine Schiffslinie auf den Museumsrouten eingerichtet.

Info

- **Museumspädagogischer Dienst,** Klosterstr. 68/70, 10179 (Mitte), Tel. 902 69 94 44, www.mdberlin.de. Der Museumspädagogische Dienst informiert über alle Veranstaltungen. Darüber hinaus erteilt er Auskünfte über sämtliche ständigen Ausstellungen sowie Sonderausstellungen, Öffnungszeiten, Führungen und vieles andere mehr.

Die wichtigsten Museen

- **Ägyptisches Museum und Papyrussammlung:** Die Archäologische Sammlung mit zehntausenden Papyri und Kunstwerken des alten Ägyptens, darunter die weltberühmten

Büste der Königin *Nofretete*, ist 2005 in das Alte Museum auf der Museumsinsel umgezogen (siehe „Altes Museum").

● **Alliierten-Museum:** Kriegsgerät sowie Fotos, Filme, Alltagsgegenstände und andere Dokumente zum Leben der alliierten Truppen in Berlin. 1998 zum 50. Jubiläum der Berliner Luftbrücke im ehemaligen Kino der Amerikaner „Outpost" eröffnet.

Clayallee 135, 14195 (Zehlendorf), Tel. 8 18 19 90, www.alliiertenmuseum.de, Do.–Di. 10–18 Uhr. (U3 Oskar Helene Heim, Bus X83).

● **Alte Nationalgalerie:** Der 1866–76 von *Stüler* im Stil eines korinthischen Tempels geschaffene Bau beherbergt eine ebenso umfangreiche wie bedeutende Sammlung internationaler und deutscher Skulpturen und Gemälde des 19. Jahrhunderts.

Museumsinsel, Bodestraße 1-3, 10178 (Mitte), Tel. 20 90 55 77, www.smb.spk-berlin.de, Di./Mi., Fr.–So. 10–18 Uhr, Do. 10–22 Uhr. (S Hackescher Markt, Bus 100, 200, TXL).

● **Altes Museum:** Nach Plänen *Karl Friedrich Schinkels* gebaut und 1830 als erstes Museumsgebäude auf der Museumsinsel eröffnet. Weltweit bedeutende Antikensammlung mit Skulpturen, Schmuck, Bronzen, Vasen der griechischen, etruskischen, römischen Epoche. Im Obergeschoss ist bis zu ihrem Umzug ins Neue Museum im Jahr 2009 die Sammlung des Ägyptischen Museums untergebracht: zehntausende Papyri und Kunstwerke des alten Ägyptens vorwiegend aus der Zeit *Nofretetes* und *Echnatons* um 1400 v. Chr. sowie die weltberühmte Büste der Königin *Nofretete*.

Museumsinsel, Bodestr. 1-3, 10178 (Mitte), Tel. 20 90 55 77, www.smb.spk-berlin.de, Di./Mi., Fr.–So. 10–18 Uhr, Do. 10–22 Uhr, die Sammlungen des Ägyptischen Museums zusätzlich Mo. 10–18 Uhr. (S Hackescher Markt, Bus 100, 200, TXL).

● **Bauhaus-Archiv/Museum für Gestaltung:** Dokumente und Werke der bedeutenden Architektur- und Designgruppe von 1919–33 sowie ein Teil des Walter Gropius-Nachlasses.

Klingelhöferstr. 14, 10785 (Tiergarten), Tel. 254 00 20 www.bauhaus.de, Mi.–Mo. 10–17 Uhr. (Bus 100, M29, 187, 343).

● **Berlinische Galerie – Landesmuseum für Moderne Kunst, Architektur und Photographie:** Sammlungen der Berliner Sezession, des abstrakten Expressionismus, Dada und Fluxus bis hin zu Werken der Gegenwart von *Baselitz, Libuda* u. a. in einer ehemaligen Glaslagerhalle in Kreuzberg.

Alte Jakobstraße 124-128, 10969 (Kreuzberg), Tel. 78 90 26 00, www.berlinischegalerie.de, Mo.–Sa. 10–20 Uhr, So. 10–18 Uhr. (Bus M29, 265).

● **Bodemuseum:** 1904 eröffnet, im Zweiten Weltkrieg zerstört, in den 1950er Jahren wieder aufgebaut und 2000–2005 grundlegend saniert, präsentiert das Bodemuseum seit seiner Wiedereröffnung 2006 neben dem Münzkabinett das Museum für Byzantinische Kunst und eine umfangreiche Skulpturensammlung: ältere Plastik vom frühen Mittelalter bis zum ausgehenden 18. Jahrhundert in Deutschland, frühchristliche, byzantinische und nachbyzantinische Kunst vom 3. bis 19. Jahrhundert, spätantike koptische Kunst, Skulpturen vom 3. bis 6. Jahrhundert aus Rom, Kleinasien, Syrien, Griechenland und Ägypten sowie eine Ikonensammlungen vom 6. bis 19. Jahrhundert.

Museumsinsel, Bodestr. 1-3, 10178 (Mitte), Tel. 20 90 55 77, www.smb.spk-berlin.de, Di./Mi., Fr.–So. 10–18 Uhr, Do. 10–22 Uhr. (S Hackescher Markt, Bus: 100, 200, TXL).

● **Botanischer Garten und Botanisches Museum:** Ursprünglich ein Lust- und Kräutergarten am Stadtschloss der preußischen Kurfürsten, wurde der Garten zunächst an den heutigen Kleistpark und 1910 schließlich nach Dahlem verlegt. Auf 43 Hektar geht es gewissermaßen in Concorde-Geschwindigkeit aus der afrikanischen Savanne über die Lüneburger Heide ins Gebirge. Dioramen im Botanischen Museum präsentieren die prähistorische Welt sowie gegenwärtige Pflanzengemeinschaften vom inneren tropischen Regenwald auf Sumatra über die Atlantikküste bis hin zur Vegetationszone an einem märkischen See.

Skulptur vor der Alten Nationalgalerie

023be Foto: kj

Königin-Luise-Str. 6-8, 14191 (Dahlem), Tel. 83 85 01 00 www.bgbm.org/bgbm. Der Garten ist geöffnet tgl. Mai–Juli 9–21 Uhr, Apr./Aug. 9–20 Uhr, Sept. 9–19 Uhr, März/ Okt. 9–18 Uhr, Nov.–Jan. 9–16 Uhr, Feb. 9–17 Uhr, das Museum tgl. 10–18 Uhr. Die Gewächshäuser schließen jeweils eine halbe Stunde früher. (S1 Botanischer Garten, Bus 148, X83).

- **Bröhan-Museum:** Kunsthistorische Sammlung Prof. *Karl Bröhans* mit Glas, Keramik, Gemälden, Möbeln des Jugendstil, Art Deco und Funktionalismus.

Schlossstr. 1a, 14059 (Charlottenburg), Tel. 32 69 06 00, www.broehan-museum.de, Di.–So. 10–18 Uhr. (S Westend, U2 Sophie-Charlotteplatz, U7 Richard-Wagner-Platz, Bus 109, 145, 309).

- **Brücke-Museum:** Werke der expressionistischen Künstlergruppe „Die Brücke".

Bussardsteig 9, 14195 (Zehlendorf), Tel. 831 20 29, www.bruecke-museum.de, Mi.–Mo. 11–17 Uhr. (Bus 115).

- **Deutsches Historisches Museum:** Jahrelang wurde das 1695–1730 errichtete Zeughaus umgebaut, renoviert und restauriert und im Juni 2006, zwei Jahre später als ursprünglich geplant, wieder eröffnet. In seinen Räumlichkeiten zeigt das Deutsche Historische Museum die Dauerausstellung „Zeugnisse deutscher Geschichte", die mit über 8000 ausgewählten Exponaten ein lebendiges Bild von 2000 Jahren deutscher Geschichte nachzeichnet. Durch das sehenswerte Zeughaus-Foyer (Schlüterhof) gelangt man zum an die historischen Mauern angeschlossenen Neubau des chinesisch-amerikanischen Star-Architekten *I. M. Pei*, der Wechselausstellungen beherbergt. Der Haupteingang zur neuen Ausstellungshalle befindet sich an der Nordwestecke des Zeughauses, Hinter dem Gießhaus 3.

Unter den Linden 2, 10117 (Mitte), Tel. 20 30 40, www.dhm.de, tgl. 10–18 Uhr. (S Hackescher Markt, Bus 100, 200, TXL).

•**Deutsches Technikmuseum:** Alte Automobile, Lokomotiven, Dampfmaschinen, Schiffsmodelle, Flugzeuge, Roboter u. v. m. am ehemaligen Anhalter Güterbahnhof, Ausstellungen zu Schienen- und Straßenverkehr, Schiff- und Luftfahrt, Film-, Foto-, Nachrichten-, Haushalts- und Textiltechnik. Im „Spectrum" warten 250 Experimente, darunter zehn Weltneuheiten darauf, dass die Besucherinnen und Besucher sie spielerisch technisch begreifen. Ein Spaß besonders für Kinder. Im Museumspark: Lokschuppen und Energiepark mit alter Hammerschmiede, Windmühlen, Windrädern und moderner Solaranlage. Die gesamte Museumsanlage ist behindertengerecht ausgestattet. Ein integratives Leitsystem ermöglicht auch blinden und sehbehinderten Menschen den Besuch des Freigeländes.

Trebbiner Str. 9, 10963 (Kreuzberg), www.dtmb.de, Tel. 90 25 40, Di.–Fr. 9–17.30 Uhr, Sa./So. 10–18 Uhr. (U1, U2 Gleisdreieck).

•**Erotikmuseum:** Mehrere tausend Exponate der erotischen Kunst und der erotischen Praxis.

Kantstr./Ecke Joachimstaler Str. 4, 10623 (Charlottenburg), Tel. 886 06 66, www.berlin intim.de, tgl. 9–24 Uhr. (S und U2, U9 Zoologischer Garten).

•**Ethnologisches Museum:** Aus dem Kunst- und Raritätenkabinett der brandenburgischen Kurfürsten im 17. Jahrhundert hervorgegangene, reichhaltige Sammlung vorwiegend außereuropäischer Kunst-, Kultur- und Alltagserzeugnisse. In einem Teil des Museums haben sehbehinderte Menschen die Möglichkeit, die Welt ferner Kulturen zu ertasten.

Lansstr. 8, 14195 (Dahlem), Tel. 830 14 38, www.smb.spk-berlin.de, Di.–Fr. 10–18 Uhr, Sa./So. 11–18 Uhr. (U3 Dahlem Dorf).

•**Filmmuseum:** Hundert Jahre deutsche Filmgeschichte in Kulissen, Dokumenten, Objekten, dazu rund 1000 Filme, der Nachlass von *Heinz Rühmann, Fritz Lang* und – besondere Attraktion – *Marlene Dietrich.*

Potsdamer Str. 2 (im Filmhaus im Sony Center), 10785 (Mitte), Tel. 30 09 03 13, www.filmmuseum-berlin.de, Di./Mi., Fr.–So. 10–18 Uhr, Do. 10–20 Uhr. (S und U2 Potsdamer Platz).

•**Gemäldegalerie:** Der 1998 eröffnete Neubau am Kulturforum zeigt auf rund 7000 Quadratmetern auf einem fast zwei Kilometer langen Rundgang mit 72 Sälen und Kabinetten eine der weltweit bedeutendsten Sammlungen europäischer Malerei vom 13. bis 18. Jahrhundert, darunter Gemälde von *Bruegel, Caravaggio, Canaletto, Dürer, van Eyck, Gainsborough, Pesne, Raffael, Rubens, Rembrandt, Tizian, Vermeer* und *Watteau.*

Kulturforum, Matthäikirchplatz 8, Tel. 266 29 51, www.smb.spk-berlin.de, Di.–So. 10–18 Uhr, Do. 10–22 Uhr. (S und U2 Potsdamer Platz).

•**Gipsformerei:** Gipsabgüsse insbesondere von griechischen und römischen Skulpturen.

Sophie-Charlotten-Str. 17/18, 14059 (Charlottenburg), Tel. 326 76 90, www.smpk.de, Mo./Di., Do./Fr. 9–16 Uhr, Mi. 9–18 Uhr. (S Westend, U2 Sophie-Charlotte-Platz, U7 Richard-Wagner-Platz, Bus 109, 145, 309).

•**Hamburger Bahnhof/Museum für Gegenwart:** Mit der berühmten Sammlung Marx als Grundstock glänzt das um interessante Exponate aus der Nationalgalerie und anderen staatlichen Museen ergänzte Museum für Gegenwartskunst im sehenswerten Hamburger Bahnhof. In den Räumlichkeiten sowie in der benachbarten Rieke-Halle ist seit September 2004 für die nächsten sieben

In der Gipsformerei

316be Foto: kj

Jahre außerdem die umstrittene „Flick Collection" zu sehen, die umfangreiche Privatsammlung zur Kunst des 20. und 21. Jahrhunderts des NS-Großindustriellen-Erbens *Friedrich Christian („Mick") Flick.*

Invalidenstr. 50/51, 10557 (Tiergarten), Tel. 39 78 34 39, www.smb.spk-berlin.de, Di.–Fr. 10–18 Uhr, Sa. 11–20 Uhr, So. 11–18 Uhr. (S Hauptbahnhof-Lehrter Bahnhof, U6 Zinnowitzer Str., Bus 245).

• **Helmut Newton Sammlung – Museum für Fotografie:** Die weltberühmte Fotosammlung des im Januar 2004 durch einen plötzlichen Unfalltod verstorbenen *Helmut Newton,* seit Juni 2004 in der ehemaligen Kunstbibliothek am Bahnhof Zoo.

Jebensstr. 2, 10623 (Charlottenburg), Tel. 31 86 48 25, Di./Mi., Fr.–So. 10–18 Uhr, Do. 10–22 Uhr. (S und U2, U9 Zoologischer Garten).

• **Historischer Hafen:** Zahlreiche immer noch fahrtüchtige historische Binnenschiffe im größten Museumshafen Deutschlands legen Zeugnis von 200 Jahren märkischer Binnenschifffahrt ab.

Märkisches Ufer/Ecke Inselstr., 10178 (Mitte), Tel. 21 47 32 57, www.historischer-hafen-berlin.de, Anfang Mai bis Ende Oktober Di.–Fr. 14–18 Uhr, Sa./So. 11–18 Uhr. (S und U8 Jannowitzbrücke, U2 Märkisches Museum).

• **Jüdisches Museum:** 2001 eröffneter, von Architekturkennern aus aller Welt gefeierter Museumsneubau des Architekten *Daniel Libeskind* und Liebling der Berliner Museumsbesucher. In 14 Abschnitten wird die jüdische bzw. deutsch-jüdische Geschichte und Kultur von der Vertreibung aus Judäa über das Mittelalter bis in die Gegenwart vorgestellt.

Lindenstraße 9-14, 10969 (Kreuzberg), Tel. 25 99 33 00, www.jmberlin.de, Mo. 10–22 Uhr, Di.–So. 10–20 Uhr. (U1, U6 Hallesches Tor, Bus M29, M41, 265).

• **Juniormuseum im Ethnologischen Museum:** Kleine Forscher gehen unter dem Titel „Ab durch die Wüste" auf Reisen nach Afrika und Australien. In drei Räumen sind als „Wege und Orte des Unterwegsseins" begehbare Landschaften nachgebaut, so der Lebensraum der Tuareg in der Sahara, der Aborigines in Australien und last but not least mit dem Thema „Hier bei uns“ eine Großstadtwüste.

Arnimallee 23, 14195 (Dahlem), Tel. 830 14 38, Di.–Fr. 13–18 Uhr, Sa./So. 11–18 Uhr. (U3 Dahlem Dorf).

• **Käthe-Kollwitz-Museum:** Das Museum bietet einen Überblick über das Schaffen von *Käthe Kollwitz* und stellt das bildhauerische Werk der Künstlerin aus.

Fasanenstr. 24, 10719 (Charlottenburg), Tel. 882 52 10, www.kaethe-kollwitz.de, Mi.–Mo. 11–18 Uhr. (U1 Uhlandstr.).

• **Kindermuseum Labyrinth:** Wechselnde Ausstellungen für Kinder zum Anfassen, Ausprobieren und spielend Neues entdecken in der Fabrik Osloer Straße.

Osloer Str. 12, 13359 (Wedding), Tel. 49 30 89 01, www.kindermuseum-labyrinth.de, Di.–Sa. 13–18 Uhr, So. 11–18 Uhr. (U8, U9 Osloer Straße).

• **Kunstbibliothek:** Rund 400.000 Bände Literatur zu Bildenden Kunst und Architektur vom 15. Jahrhundert bis heute.

Kulturforum, Matthäikirchplatz 6, 10785 (Tiergarten), Tel. 266 29 51, www.smb.spk-berlin.de, Di.–Fr. 10–18 Uhr, Sa./So. 11–18 Uhr. (S und U2 Potsdamer Platz).

• **Kunstgewerbemuseum:** An zwei Standorten untergebracht, am Kulturforum und im Schloss Köpenick. Im Museum am Kulturforum: europäisches Kunsthandwerk vom Mittelalter bis heute, darunter Gold- und Silberschmiedearbeiten, Glas- und Emailkunst, Porzellan und Fayencen, Möbel und Raumgetäfel sowie Tapisserien, Kostüme und Seidenstoffe. Im Untergeschoss Kunsthandwerk des 20. Jahrhunderts und ausgewähltes industrielles Design.

Kulturforum, Matthäikirchplatz 6, 10785 (Tiergarten) Tel. 266 29 51, www.smb.spk-berlin.de, Di.–Fr. 10–18 Uhr, Sa./So. 11–18 Uhr. (S und U2 Potsdamer Platz).

• **Kunstgewerbemuseum Schloss Köpenick:** Repräsentationskultur des 16. bis 18. Jahrhunderts, darunter das Spiegelkabinett aus Schloss Wiesentheid, ein Turiner Chinesenzimmer, komplett vertäfelte Salons, Silberbüffets, Porzellane, Tapisserien und vieles mehr im prachtvoll restaurierten Barockschloss Köpenick.

Schlossinsel, 12555 (Köpenick), Tel. 65 66 17 49, www.smb.spk-berlin.de, Di.–So. 10–18 Uhr. (S 47 Spindlersfeld, Bus 164, 167, Tram 27, 60, 61, 62, 67, 68)

• **Kupferstichkabinett – Sammlung der Zeichnung und Druckgrafik:** 80.000 Zeichnungen und nicht weniger als 520.000 Druckgrafiken des frühen Mittelalters bis heute von *Dürer, Rembrandt, Botticelli, Schinkel* und *Menzel* bis *Picasso* und *Giacometti.*

Kulturforum, Matthäikirchplatz 8, 10785 (Tiergarten), Tel. 266 29 51, www.smb.spk-berlin.de, Di.–Fr. 10–18 Uhr, Sa./So. 11–18 Uhr. (S und U2 Potsdamer Platz).

• **MachMitMuseum für Kinder:** Unter dem Motto „Gegenstände zum Anfassen und Ausprobieren“ erarbeiten Kinder und Jugendliche zwischen 0 und 16 Jahre in Projektwochen ihre eigenen Ausstellungen.

Senefelder Str. 5, 10437 (Prenzlauer Berg), Tel. 74 77 82 00, www.machmitmuseum.de, Di.–Do. 9–18 Uhr, Sa./So. 10–18 Uhr. (S Prenzlauer Berg, U2 Eberswalder Str.).

• **Martin-Gropius-Bau:** Wechselausstellungen.

Stresemannstr. 110, 10963 (Kreuzberg), Tel. 25 48 60, www.gropiusbau.de, Mi.–Mo. 10–20 Uhr. (S und U2 Potsdamer Platz).

• **Mauermuseum Haus am Checkpoint Charlie:** Geschichte und Ereignisse an der Mauer, Zeugnisse gelungener DDR-Fluchten sowie der weltweite Einsatz im Kampf für die Menschenrechte.

Friedrichstr. 43-45, 10969 (Kreuzberg), Tel. 253 72 50, www.mauer-museum.com, tgl. 9–22 Uhr. (U6 Kochstr.).

• **Museum Europäischer Kulturen:** Rund 270.000 Ausstellungsstücke widmen sich den europäischen Alltagskulturen vom 18. Jahrhundert bis in die Gegenwart.

Arnimallee 25, 14195 (Dahlem), Tel. 830 14 38, www.smb.spk-berlin.de, Di.–Fr. 10–18 Uhr, Sa./So. 11–18 Uhr. (U3 Dahlem Dorf).

• **Museum für Indische Kunst:** In nach längerer Umbauphase neu gestalteten Räumen werden Kunst und Kunsthandwerk aus Pakistan, Afghanistan, Sri Lanka, Nepal, Tibet, Indien, Südostasien und Zentralasien vom 2. Jahrhundert v. Chr. bis zur Gegenwart präsentiert.

Lansstraße 8, 14195 (Dahlem), Tel. 830 14 38, www.smb.spk-berlin.de, Di.–Fr. 10–18 Uhr, Sa./So. 11–18 Uhr. (U3 Dahlem Dorf).

● **Museum für Kommunikation Berlin:** Im Haus des im Jahre 1872 gegründeten, ersten Postmuseums der Welt werden die Besucher von drei Robotern begrüßt und informiert. Gezeigt werden eine Ausstellung zur Geschichte, Gegenwart und Zukunft der Kommunikation, eine Computergalerie und eine Schatzkammer mit der berühmtesten Briefmarke der Welt, der „Blauen Mauritius".

Leipziger Straße 16, 10117 (Mitte), Tel. 20 29 40, www.museumsstiftung.de, Di.–Fr. 9–17 Uhr, Sa./So. 11–19 Uhr. (U2 Mohrenstr., U2 und U6 Stadtmitte)

● **Museum für Naturkunde:** 1810 gegründet und mit 25 Millionen Objekten das größte und bedeutendste naturhistorische Museum Deutschlands. Umfangreiche mineralogische, geologische, paläontologische, zoologische Sammlungen. Das Prunkstück, ein zwölf Meter hoher *Brachiosaurus brancai*, ist zurzeit leider nicht zu sehen. Ab 2007 wird er, in einem verändert gestalteten Saal, wieder das weltweit höchste Saurierskelett in einem Museum sein.

Invalidenstr. 43, 10115 (Mitte), Tel. 20 93 85 91, www.naturkundemuseum-berlin.de, Di.–Fr. 9.30–17 Uhr, Sa./So. 10–18 Uhr. (U6 Zinnowitzer Str.)

● **Museum für Ostasiatische Kunst:** Umfassende Sammlung ostasiatischer Kunst von der Jungsteinzeit bis heute. In jeweils eigenen Galerien wird die Kunst Chinas, Japans und Koreas sowie in einem zentralen Raum die Kunst des Buddhismus gezeigt.

Lansstr. 8, 14195 (Dahlem), Tel. 830 14 38, www.smb.spk-berlin.de, Di.–Fr. 10–18 Uhr, Sa./So. 11–18 Uhr. (U3 Dahlem Dorf).

● **Museum für Vor- und Frühgeschichte:** Im Langhansbau im Schloss Charlottenburg; über 100.000 Zeugnisse der vor- und frühgeschichtlichen Bewohner der alten Welt, u. a. *Schliemanns* Troja-Ausgrabungen.

Spandauer Damm 22, 14059 (Charlottenburg), Tel. 32 67 48 40, www.smb.spk-berlin.de, Di.–Fr. 9–17 Uhr, Sa./So. 10–17 Uhr. (S Westend, U2 Sophie-Charlotte-Platz, U7 Richard-Wagner-Platz, Bus 109, 145, 309).

● **Musikinstrumentenmuseum:** 3500 Musikinstrumente und Objekte vom 16. bis 20 Jahrhundert. Immer samstags im Rahmen der Führung ab 11 Uhr erklingt Punkt 12 die „Mighty Wurlitzer", eine riesige Kinoorgel aus den 1920er Jahren.

Kulturforum, Tiergartenstr. 1, 10785 (Tiergarten), Tel. 254 88 10, www.sim-spk-berlin.de, Di.–Fr. 9–17 Uhr, Sa./So. 10–17 Uhr. (S und U2 Potsdamer Platz).

● **Neue Nationalgalerie:** 1968 als erstes Museum im Kulturforum eröffnet; Gemälde und Skulpturen von der Klassischen Moderne bis zur Kunst der 1960er Jahre sowie Wechselausstellungen der zeitgenössischen Plastik und Malerei von herausragender internationaler Bedeutung.

Kulturforum, Potsdamer Str. 50, 10785 (Tiergarten), Tel. 266 29 51, www.smb.spk-berlin.de, Di./Mi. 10–18 Uhr, Do. 10–22 Uhr, Fr.–So. 10–20 Uhr, bei besonders frequentierten Ausstellungen erweiterte Öffnungszeiten. (S und U2 Potsdamer Platz).

● **Neue Synagoge Berlin – Centrum Judaicum:** Die ständige Ausstellung in der Neuen Synagoge zeichnet die Geschichte des Hauses und die mit ihm verbundenen mannigfaltigen Formen des Berliner jüdischen Lebens nach. Die Ausmaße des ehemaligen Synagogenhauptraums lassen sich auf der Freifläche hinter den restaurierten Gebäudeteilen im Rahmen einer Führung entdecken.

Oranienburger Str. 28-30, 10117 (Mitte), Tel. 88 02 84 51, www.cjudaicum.de, Apr.–Sept. Mo./So. 10–20 Uhr, Di.–Do. 10–18 Uhr, Fr. 10–17 Uhr, Okt.–März So.–Do. 10–18 Uhr, Fr. 10–14 Uhr. (S Oranienburger Str.).

● **Pergamon-Museum:** Bis 1930 als jüngstes Gebäude auf der Museumsinsel für die weltberühmten Altertümer-Sammlungen errichtet: In der **Antikensammlung** neben griechischen und römischen Kleinplastiken und Skulpturen ist der Pergamon-Altar sowie das römische Markttor von Milet ausgestellt. Im **Vorderasiatischen Museum** sind u. a. das Ischtar-Tor und die Prozessionsstraße von Babylon zu betrachten. Im **Museum für Islamische Kunst** ist u. a. die prunkvolle Fassade des jordanischen Wüstenschlosses „Mschatta" aus dem 8. Jahrhundert zu sehen.

Museumsinsel, Bodestr. 1-3, 10178 (Mitte), Tel. 20 90 55 77, www.smb.spk-berlin.de, Di./Mi., Fr.–So. 10–18 Uhr, Do. 10–22 Uhr. (S Hackescher Markt, Bus: 100, 200, TXL).

• **Puppentheater-Museum:** Fantastische Märchenwelt in Berlins einzigem Puppentheater-Museum (nur vier deutschlandweit) mit über 300 Handpuppen und Marionetten, Stab-, Flach- und Schattentheaterfiguren aus verschiedenen Kulturkreisen Europas, Afrikas und Asiens.

Karl-Marx-Str. 135, 12043 (Neukölln), Tel. 687 81 32, www.puppentheater-museum.de, Mo.–Fr. 9–16 Uhr, So. 11–17 Uhr. (U7 Karl-Marx-Str.).

• **Sammlung Berggruen:** Die über 150 Werke der Klassischen Moderne zählende und laufend ergänzte Sammlung von *Heinz Berggruen* „Picasso und seine Zeit" ist ein Höhepunkt in der Berliner Museumslandschaft. Im westlichen Stülerbau gegenüber vom Schloss Charlottenburg.

Schlossstraße 1, 14059 (Charlottenburg), Tel. 326 95 80, www.smb.spk-berlin.de, Di.–So. 10–18 Uhr. (S Westend, U2 Sophie-Charlotte-Platz, U7 Richard-Wagner-Platz, Bus 109, 145, 309).

• **Sammlung Hoffmann:** Sammlung des Ehepaars *Hoffmann* mit Schwerpunkt auf zeitgenössischer europäischer und amerikanischer Kunst.

Sophienstr. 21, 10178 (Mitte), Tel. 28 49 91 21, www.sophie-gips.de, Sa. 11–16 Uhr, nur nach Voranmeldung. (U8 Weinmeisterstr.).

• **Schinkelmuseum – Friedrichswerdersche Kirche:** Deutsche Bildhauerkunst des frühen 19. Jahrhunderts, mit Werken insbesondere der Berliner Baumeister *Johann Gottfried Schadow* (Originalgips für die Marmorgruppe der preußischen Prinzessinnen) und *Christian Daniel Rauch*. Im Emporengeschoss eine Dokumentation zum Leben und Werk von *Karl Friedrich Schinkel*, der mit der Friedrichwerderschen Kirche ein Hauptwerk der deutschen Neugotik schuf.

Werderscher Markt, 10117 (Mitte), Tel. 208 13 23, www.smb.spk-berlin.de, tgl. 10–18 Uhr. (U2 Hauptvogteiplatz).

• **Schulmuseum:** Rund 2000 Gegenstände erzählen von Kindheit und Jugend im 19. und frühen 20. Jahrhundert, von der Geburt bis zu den Schul- und Ausbildungsverhältnissen mit Griffel und Gänsekiel.

Wallstraße 32, 10179 (Mitte), Tel. 275 03 83, Di.–Fr. 9–17 Uhr. (U2 Märkisches Museum, U8 Heinrich-Heine-Str., Bus 147, 240, 265).

• **Stadtmuseum Berlin – Märkisches Museum:** Berlins Stadt- und Kulturgeschichte von 60.000 v. Chr. bis heute.

Am Köllnischen Park 5, 10179 (Mitte), Tel. 30 86 62 15, www.stadtmuseum.de, Di., Do.–So. 10–18 Uhr, Mi. 12–20 Uhr. (U2 Märkisches Museum).

• **The Story of Berlin:** Multimediale Erlebnis-Ausstellung zur Geschichte Berlins.

Ku'damm 207-208, im Ku'damm-Karee, 10719 (Wilmersdorf), Tel. 88 72 01 00, www.story-of-berlin.de, tgl. 10–20 Uhr. (U1 Uhlandstr.)

Gedenkstätten

• **Forschungs- und Gedenkstätte Normannenstraße:** Alleine beim Anblick dieses schier endlos wirkenden, grauen Gebäudetrakts überkommt einen ein Gefühl der Trostlosigkeit. Heute wird in der ehemaligen Kommandozentrale der DDR-Staatssicherheit geforscht und dokumentiert. Im Stasi-Museum im Haus 1 werden die original erhaltene Mielke-Etage sowie Ausstellungen zur Arbeit der Staatssicherheit und über die DDR-Opposition gezeigt.

Ruschestr. 103, 10365 (Lichtenberg), Tel. 553 68 54, www.stasi-museum.de, Mo.–Fr. 11–18 Uhr, Sa./So. 14–18 Uhr. (U5 Magdalenenstr.)

• **Gedenkstätte Berlin-Hohenschönhausen:** Nach Ende des Zweiten Weltkriegs das sowjetische Internierungslager „Speziallager Nr. 3", ab 1946 zentrales sowjetisches Untersuchungsgefängnis in der SBZ/DDR und 1951–89 zentrale Untersuchungshaftanstalt des Ministeriums für Staatssicherheit (MfS) der DDR, mahnt der Ort heute diesen Teil unserer Geschichte an.

Genslerstraße 66, 13055 (Hohenschönhausen), Tel. 98 60 82 30, www.stiftung-hsh.de. Die Besichtigung der weitläufigen Gefängnisanlage ist nur im Rahmen einer Führung möglich. Öffentliche Rundgänge für Einzelpersonen ohne Voranmeldung Mo.–Fr. 11–13 Uhr, Sa./So. stdl. 10–16 Uhr; Gruppen nach Voranmeldung (Tel. 98 60 82 34) tgl. 9–18 Uhr. (Bus 256, Tram M5, M6, 16).

- **Dokumentationszentrum Berliner Mauer:** Am 37. Jahrestag des Mauerbaus 1998 an der Bernauer Straße eingeweiht, erinnert die an der Grenze zwischen dem ehemaligen Ost-Bezirk Mitte und dem ehemaligen West-Bezirk Wedding liegende Gedenkstätte an die Opfer kommunistischer Gewaltherrschaft. Im November 1999 wurde der 70 Meter lange und von den Architekten *Kohlhoff* und *Kohlhoff* kunstvoll arrangierte Mauerrest um ein Dokumentationszentrum ergänzt.

  Bernauer Str. 111, 13355 (Wedding), Tel. 464 10 30, www.berliner-mauer-dokumentationszentrum.de, Apr.-Okt. tgl. 10–18 Uhr, Nov.-März tgl. 10–17 Uhr. (S Nordbahnhof, U8 Bernauer Str., Bus 245).

- **Gedenkstätte Deutscher Widerstand:** Am historischen Ort des missglückten Umsturzes vom 20. Juli 1944 befindet sich im „Bendler-Block", dem ehemaligen Oberkommando der Wehrmacht, die Gedenkstätte und Ausstellung „Widerstand gegen den Nationalsozialismus".

  Stauffenbergstraße 13-14 (Eingang über den Ehrenhof), 10785 (Mitte), Tel. 26 99 50 00, www.gdw-berlin.de, Mo.-Mi./Fr. 8–18 Uhr, Do. 9–20 Uhr, Sa./So. 10.18 Uhr, Spiel- oder Dokumentarfilme über den Widerstand So. 11 Uhr, öffentliche Führungen So. 15 Uhr. (S und U2 Potsdamer Platz, U1 Kurfürstenstr., Bus M29, 148).

- **Gedenkstätte Haus der Wannseekonferenz:** Im Januar 1942 fand in der Villa am Wannsee die berüchtigte Wannseekonferenz statt, auf der die organisatorische Durchführung der so genannten „Endlösung der Judenfrage" verhandelt wurde. Eine Ausstellung dokumentiert die Konferenz und den Völkermord an den europäischen Juden.

  Am Großen Wannsee 56-58, 14109 (Zehlendorf), Tel. 805 00 10, www.ghwk.de, tgl. (außer an gesetzlichen Feiertagen) 10–18 Uhr. (Bus 114 ab S-Bahnhof Wannsee).

- **Gedenkstätte Plötzensee:** Ort des Gedenkens der Opfer des Nationalsozialismus in der ehemaligen Hinrichtungsstätte auf dem Gelände der früheren Strafanstalt Plötzensee.

  Hüttigpfad, 13627 (Charlottenburg), Tel. 344 32 26, www.gedenkstaette-ploetzensee.de, März–Okt. tgl. 9–17 Uhr, Nov.-Feb. tgl. 9–16 Uhr. (Bus TXL).

- **Gedenkstätte und Museum Sachsenhausen:** Rund 30 Kilometer nordwestlich von Berlin liegt bei Oranienburg das ehemalige Konzentrationslager Sachsenhausen, in dem zwischen 1936 und 1945 mehr als die Hälfte der über 200.000 Häftlinge ums Leben kam. Die meisten Gebäude wurden in den 50er Jahren abgerissen, neben einer Ausstellung sind jedoch zahlreiche authentische Zeugnisse verblieben, die den Schrecken intensiv anmahnen.

  Straße der Nationen 22, 16515 Oranienburg, Tel. (0 33 01) 20 00, www.gedenkstaette-sachsenhausen.de, 15. März–14. Okt. tgl. 8.30–18 Uhr, 15. Okt.-14. März tgl. 8.30–16.30 Uhr. Verkehrsverbindung ab Berlin-Zentrum: Regionalbahn RE 5 ab Berlin-Stadtbahn bis Bahnhof Oranienburg, oder S1 (Wannsee-Oranienburg) bis Bahnhof Oranienburg, von dort Bus 804 (fährt stdl.) oder zwanzig Minuten ausgeschilderter Fußweg.

- **Topographie des Terrors:** Auf dem „Prinz-Albrecht-Gelände", ehemals Sitz von Gestapo, SS und Reichssicherheitshauptamt, wird der Terror der NS-Zeit mit ihren Überwachungs- und Verfolgungsapparaten anhand von Ausgrabungen und Ausstellungen dokumentiert, während der Arbeiten zum Neubau open air.

  Niederkirchnerstr. 8, 10963 (Kreuzberg), Tel. 25 48 67 03, www.topographie.de, Mai–Sept. tgl. 10–20 Uhr, Okt.-Apr. tgl. 10–18 Uhr. (S Anhalter Bahnhof oder Potsdamer Platz, U2 Potsdamer Platz, U6 Kochstr., Bus 129, 248, 341).

Musik- und Konzerthallen, Jazzkeller & Co.

Selten war Berlin eine Stadt, die von Haus aus epocheschreibende Komponisten und Interpreten hervorbrachte. Dafür verstanden es königliche Mäzene und Kulturmanager stets umso besser, die brillantesten Sänger, Tonsetzer und virtuosesten Instrumentalkünstler an die Spreeufer zu locken. Seit den Anfängen der musikalischen Tradition Berlins mit der Einweihung der Hofoper 1742, heute Staatsoper Unter den Linden, genießt die Hauptstadt den Ruf eine **herausragende Aufführungsstätte** zu sein.

Nicht zu vergessen die metropolitanen Soundkreationen Neue Deutsche Welle Anfang der 1980er und Techno in den 1990er Jahren sowie ein weiteres **Urberliner Eigengewächs:** *Paul Lincke* (1866–1946), der Hauptvertreter der Berliner Operette, aus dessen „Frau Luna" mit „Das macht die Berliner Luft, Luft, Luft" die heimliche Berlin-Hymne stammt.

Klassisch

Das Angebot an **Orchestern und Chören** ist überwältigend. Neben den großen Sinfonie-Orchestern konzertieren die Klangkörper der Opernbühnen, drei renommierte und unzählige kleinere, ebenfalls hervorragende Kammerorchester, zehn Profichöre und über hundert sehr gute Laienchöre. Sie können hier nicht alle genannt werden. Die Übersicht dient lediglich als erste Orientierung durch die Berliner Orchesterlandschaft. Für ausführliche Informationen sei auf die Stadt- und Programmzeitschriften verwiesen.

- **Berliner Philharmoniker/Berliner Philharmonisches Orchester:** Das Flaggschiff unter den Klangkörpern. *Berliner Philharmoniker* nennen sich die annähernd 150 Konzertmusiker und Solisten des 1882 gegründeten, berühmtesten Berliner Orchesters bei Tonträger-Einspielungen. Konzertieren sie in ihrem Stammhaus, der Philharmonie, oder befinden sie sich auf Gastspielreise firmieren sie dagegen unter *Berliner Philharmonisches Orchester.* Mit *Herbert von Karajan* als künstlerischem Leiter 1955–89 gelangte es endgültig zu Weltruhm. Auf *Karajan* folgte für die kommenden dreizehn Jahre *Claudio Abado,* den im September 2002 der Brite *Sir Simon Rattle* als sechster Chefdirigent in der über hundertjährigen Geschichte des Orchesters ablöste.

  Herbert-von-Karajan-Str. 1, 10785 (Tiergarten), Info-Tel. 254 88-0, Programm-Tel. 25 48 81 32, Kassen-Tel. 25 48 89 99, kartenbuero@berliner-philharmoniker.de, www.berliner-philharmoniker.de. (S und U2 Potsdamer Platz, Bus M41, 148, 200).
- **Berliner Sinfonie-Orchester (BSO):** Es wurde 1952 in Berlin/Hauptstadt der DDR gegründet und entwickelte sich zur Kapazität in Sachen russischer Musik, besonders für Schostakowitsch-Interpretationen, wendete sich nach der Wiedervereinigung vermehrt auch zeitgenössischen Werken zu. Stammhaus ist das 1819–21 von *Schinkel* errichtete Schauspielhaus am Gendarmenmarkt, das seit 1984 als „Konzerthaus Berlin" firmiert.

  Gendarmenmarkt, 10117 (Mitte), Tel. 20 30 9-0, info@konzerthaus.de, www.konzerthaus.de. (U2 Hauptvogteiplatz oder Stadtmitte, U6 Französische Str. oder Stadtmitte).
- **Deutsches Symphonie-Orchester Berlin (DSO):** Zweimal wurde der 1946 von den Amerikanern in ihrer Besatzungszone als RIAS-Symphonie-Orchester gegründete Klangkörper in der Zeit nach der Wende umgetauft, bis er zu seiner derzeitigen Organisationsform und seinem gegenwärtigen Namen fand. Ab 1989 stand dem Orchester *Vladimir Ashkenazy* als künstlerischer Leiter vor, seit September 2000 dirigiert nun *Kent Nagano* (verschiedene Spielstätten).

  Besucherservice: Charlottenstraße 56, 10117 (Mitte), Karten-Tel. 20 29 87 11, Karten-Fax 120 29 87 29, tickets@dso-berlin.de, www.dso-berlin.de. (U2, U6 Stadtmitte).
- **Orchester der Komischen Oper:** Unter seinem jungen Generalmusikdirektor *Yakov Kreizberg* machte sich der Klangkörper neben Opern- und Ballettaufführungen (siehe

auch unter „Theater") hochverdient um anspruchsvolle Konzertprogramme mit großem Anteil zeitgenössischer Musik. Nachdem *Kreizberg* das Haus verlassen hatte, folgte ihm 2002 als neuer Generalmusikdirektor *Kirill Petrenko*.

Behrenstr. 55-57, 10017 (Mitte), Info-Tel. 202 60-0, Karten-Tel. 47 99 74 00, Fax 47 99 74 90, info@komische-oper-berlin.de, www.komische-oper-berlin.de. (S Unter den Linden, U2 Französische Str.).

- **Staatskapelle Berlin:** Seit 1742 der Knobelsdorff-Bau Unter den Linden eröffnete, haben dem Orchester der Staatsoper Unter den Linden im Verlauf seiner Geschichte so berühmte Namen wie *Felix Mendelssohn-Bartholdy*, *Giacomo Meyerbeer* und *Richard Strauss* vorgestanden. Neben Opern- und Ballettaufführungen (siehe auch unter„Theater") veranstaltet die Staatskapelle regelmäßig Konzerte und Liederabende. Generalmusikdirektor ist seit 1992 *Daniel Barenboim*. Im Herbst 2002 wurde er von der Staatskapelle zum Chefdirigenten auf Lebenszeit gewählt.

Unter den Linden 7, 10017 (Mitte), Info-Tel. 20 35 40, Karten-Tel. 20 35 45 55, Fax 20 35 44 80, tickets@staatsoper-berlin.de, www.staatsoper-berlin.de. (Bus 100, 200, TXL).

Jazz

Die Szene ist ebenso quecksilbrig wie vielfältig, beeindruckend groß und deshalb nahezu unüberschaubar. Neben dem alljährlich im November stattfindenden renommierten **Berliner JazzFest** haben sich illustre kleinere Festivals wie **Blue Nites** und **Jazz Units** mit Acts der Spitzenklasse einen Namen gemacht. Und während das JazzFest in der Regel teure Auslandsgäste verpflichtet und die etablierten Clubs im Stadtzentrum überwiegend den Mainstream verwalten, treffen sich Avantgarde und Improvisierte Musik in Insider-Zirkeln wie dem „RAW-Tempel", dem „Podewil" oder der „Wabe". Zahlreiche weitere namhafte Berliner Jazzinstitutionen bieten tagtäglich ein spannendes Programm. Die beliebtesten Berliner Adressen:

- **A-Trane,** Bleibtreustr. 1, 10625 (Charlottenburg), Tel. 313 25 50, www.a-trane.de. (S Savignyplatz, Bus X43, 149).
- **Badenscher Hof,** Badensche Str. 29, 10715 (Wilmersdorf), Tel. 861 00 80, www.badenscher-hof.de. (U7 Blissestr. oder Berliner Str., Bus 104, 204, 249).
- **b-flat,** Rosenthaler Str. 13, 10119 (Mitte), Tel. 283 31 23, www.b-flat-berlin.de. (U8 Weinmeisterstr.).
- **Junction-Bar,** Gneisenaustr. 18, 10961 (Kreuzberg), Tel. 69 81 74 21, www.junction-bar.de. (U7 Gneisenaustr.).
- **Kalkscheune,** Johannisstr. 2, 10117 (Mitte), Tel. 59 00 43 40, www.kalkscheune.de. (S und U6 Friedrichstr. oder U6 Oranienburger Tor).
- **Kunstfabrik Schlot,** Chausseestr. 18, 10115 (Mitte), Tel. 448 21 60, www.kunstfabrik-schlot.de. (S Nordbahnhof, U6 Zinnowitzer Str.).
- **Quasimodo,** Kantstr. 12a, 10623 (Charlottenburg), Tel. 312 80 86, www.quasimodo.de. (S und U2, U9 Zoologischer Garten).
- **Tränenpalast,** Reichstagufer 17, 10119 (Mitte), Tel. 20 61 00 11, www.traenenpalast.de. (S und U6 Friedrichstr.).
- **Yorckschlösschen,** Yorckstr. 15, 10965 (Kreuzberg), Tel. 215 80 70, www.yorckschloesschen.de. (U6, U7 Mehringdamm).
- **Wabe,** Danziger Str. 101, 10405 (Prenzlauer Berg), Tel. 902 95 38 50, www.wabe-berlin.de. (S Greifswalder Str., U2 Eberswalder Str., Tram M2, M4, M10).

Rock, Pop, Schlager, Folk, Funk, Black House, Triphop, Techno ...

Ob Garage-Punk im S-Bahn-Bogen oder Wildecker Herzbuben auf der

Bühne im Volkspark Friedrichshain, ob Rolling Stones im Olympia-Stadion oder Soundsystem-Tunes auf dem Müggelspree-Dub-Dampfer, mehrere hundert Veranstaltungen an einem durchschnittlichen Wochenende sind für einen Reiseführer zu viel. Bitte in den Stadt- und Programmzeitschriften nachschlagen, Flyer einfangen und Prospekte und Plakatanschläge beachten! Wichtige Veranstaltungsorte sind:

- **Arena,** Eichenstr. 4, 12435 (Treptow), Tel. 533 20 30, www.arena-berlin.de. (U1 Schlesisches Tor, Bus 265).
- **Fritzclub im Postbahnhof,** Straße der Pariser Kommune 3-10, 10243 (Friedrichshain), Tel. 698 12 80, www.fritzclub.com. (S Ostbahnhof).
- **Insel,** Alt-Treptow 6, 12435 (Treptow), Tel. 533 71 69, www.insel-berlin.com. (Bus 166, 265, 365).
- **Kalkscheune,** Johannisstr. 2, 10117 (Mitte), Tel. 59 00 43 40, www.kalkscheune.de. (S und U6 Friedrichstr. oder U6 Oranienburger Tor).
- **Knaack-Club,** Greifswalder Str. 224, 10405 (Prenzlauer Berg), Tel. 442 70 61, www.knaack-berlin.de. (Bus 200, 240, Tram M4).
- **KulturBrauerei,** Knaackstr. 97, 10435 (Prenzlauer Berg), Tel. 44 31 51 51, www.kulturbrauerei.de. (U2 Eberswalder Str.).
- **Maria am Ostbahnhof,** An der Schillingbrücke 33-34, 10243 (Friedrichshain), Tel. 21 23 81 90, www.clubmaria.de. (S Ostbahnhof).
- **RAW-Tempel,** Revaler Str. 99, 10245 (Friedrichshain), Tel. 27 57 14 20, www.raw-tempel.de. (S und U1 Warschauer Str.).
- **SO 36,** Oranienstr. 190, 10999 (Kreuzberg), Tel. 61 40 13 06, www.so36.de. (U1 Kottbusser Tor oder Görlitzer Bahnhof).
- **Tränenpalast,** Reichstagufer 17, 10117 (Mitte), Tel. 20 61 00 11, www.traenenpalast.de. (S und U6 Friedrichstr.).

Nachtleben – Kneipen & Co.

In Berlin gibt es **keine Sperrstunde** und über 12.500 gastronomische Einrichtungen. Man könnte es sich also wahrlich zur Lebensaufgabe machen, 24 Stunden am Tag auf die Piste zu gehen, in jedem Alter und mit welchen Ansprüchen und Vorlieben auch immer. Ein Leben wie Bacchus in Spree-Athen könnte darum wie folgt aussehen: Morgens um 8 Uhr beim Chill-Out („Abhängen") im Trend-Café der vergangenen Nacht Adieu sagen, danach in einem zweiten Café bis mittags frühstücken gehen. Anschließend ein Wechsel in Kneipe und Biergarten, danach ein gepflegtes Restaurant und hinterher bis weit nach Mitternacht ein nettes Lokal, denn das Nachtleben beginnt in der Regel sehr spät. Im Morgengrauen, nach Club oder Disco, zunächst ein Absacker in einer ruhigeren Bar, und ab morgens um 8 Uhr beim Chill-Out im Trend-Café der vergangenen Nacht Adieu sagen, dann in einem zweiten Café bis mittags frühstücken gehen ...

Ausgehviertel

Die trendy locations und „VIPstations" wechseln ebenso oft, wie das Nachtleben schnelllebig ist. Allgemein lassen sich jedoch, sofern man Klischees bemühen möchte – und es steckt in jedem Klischee ein Körnchen Wahrheit – einige typische Ausgeh-Viertel voneinander unterscheiden:

In **Mitte,** dem nach der Wiedervereinigung kurzzeitig „Wilden Osten", wo in Läden, Kellern und Bunkern eine kreative, schillernde Club-Gemeinde rauschende Parties feierte und wo „Tresor" und „E-Werk" den Ruf Berlins als World-Techno-Capital begründeten, hat sich inzwischen eine kunterbunte Gesellschaft von groovenden Szene-VIPs, Hipsters, Kultis, Yuppis, Studis und Touris etabliert. Viele der Top-Adressen befinden sich im **Bermudadreieck zwischen Oranienburger Tor, Hackescher Markt, Rosa-Luxemburg-Platz und Rosenthaler Platz:** sehr touristisch die Oranienburger, auch bei den Berlinern angesagt die Hackeschen Höfe, und in den kleineren Straßen und Höfen jede Menge Interessantes zu entdecken. Insgesamt wurden in diesem schnell durchschrittenen Areal Anfang des 3. Jahrtausends rund 140 Gaststätten mit knapp 7000 Sitzplätzen gezählt, womit inzwischen fast jeder Einwohner der Spandauer Vorstadt (ca. 7300) seinen eigenen Thekenplatz hat.

Rund um die Gedächtniskirche: überwiegend gehoben touristisch.

In **Charlottenburg** im Einzugsbereich des **Savignyplatzes** trifft sich vom Maler und Schriftsteller über den Architekten in Jeans und schwarzem Kashmir-Rolli bis zum Theatervölkchen die Kultur-Schickeria des alten Westens in unübertrieben eleganten Pinten, Bars und Restaurants.

025be Foto: ki

In der Oranienburger Straße

Der **Schöneberger Nollendorf-Kiez** bietet neben den traditionell schwulen Lokalen die legendären Musiker- und schickeren Szenekneipen des alten Westens. Die alteingesessenen „Beauty-Berger" kommen allmählich ein bisschen in die Jahre, ziehen aber immer noch mit.

In **Kreuzberg** pflegt man im **Multikultikiez zwischen Oranienplatz, Spreewaldplatz und Schlesischem Tor** nach wie vor den trashigen Outlaw-Charme der vergangenen zwei Jahrzehnte, angereichert mit einer Prise coolem 2000er-Schick.

In **Friedrichshain,** von seinen zahlreichen studentischen Bewohnern liebevoll „Friedlhain" genannt, eröffnet eine Gastwirtschaft nach der anderen im Einzugsbereich Boxhagener Platz und Simon-Dach-Straße. Rund 150 Kneipen und Restaurants sind es dort mittlerweile geworden, mit über 3400 Außenplätzen für die im Sommer beliebte gastronomische Freiluftversorgung, die allen voran bewegte Menschengruppen bis 25 Jahre anlockt.

Im **Prenzlauer Berg,** groß im Kommen, da noch nicht vollständig luxussaniert, ist der Kiez zwischen U-Bahnhof Eberswalder Straße, S-Bahnring, Prenzlauer Allee und Danziger Straße. Südlich davon flaniert man kunterbunt über die Kastanienallee, während in der Gastronomie rund um den Wasserturm und den Kollwitzplatz das saturierte linksliberale Stadtbürgertum Ausgehen pflegt.

Cafés, Kneipen, Lounges

Mitte

- **Barcomi's Deli,** Sophienstr. 21 (2. Hof Sophie-Gips-Höfe), 10178 (Mitte). American cookies, Sandwiches, Salate, dazu diverse Sorten selbstgeröstete Kaffeebohnen. Mo.–Sa. 9–22 Uhr, So. 10–22 Uhr. (U8 Weinmeisterstr.).
- **Club der polnischen Versager,** Torstr. 66, 10119 (Mitte). Auf der Bühne, an der Bar, auf den Gartenstühlen göttlicher Mix osteuropäischer Musik, Kultur, Politik. Di.–Sa. ab 21 Uhr. (U2 Rosa-Luxemburg-Platz).
- **Eschloraque Rümschrümp,** Rosenthaler Str., 10178 (Mitte). Groovy kunstschrottig im Haus Schwarzenberg, strenge Türpolitik, wer wie ein Tourist aussieht, kommt nicht rein. Tgl. ab 22 Uhr. (S Hackescher Markt, U8 Weinmeisterstr.).
- **Oxymoron,** in den Hackeschen Höfen, Rosenthaler Str. 40/41, 10178 (Mitte). Tagsüber Café/Restaurant, Do./Fr./Sa. Nacht nobelszeniger Club mit House, Rythm'n'Blues, Soul und Funk. Tgl. ab 11 Uhr. (S Hackescher Markt, U8 Weinmeisterstr.).
- **Reingold,** Novalisstr. 11, 10115 (Mitte). Cocktails nippen in edlen Leder- und Samtsesseln, mit DJ-Mischung: donnerstags House, freitags Soul, samstags Funk und Brazil. So.–Do. 19–2 Uhr. (S Hackescher Markt, U8 Weinmeisterstr.).
- **Riva Bar,** Dircksenstr. 142, 10178 (Mitte). Wer demnächst reich und berühmt werden möchte, nimmt Drinks im kunterbunt gestrichen S-Bahn-Bogen-Gewölbe. Mittwochs ist Happy-Hour-Tag. Tgl. ab 20 Uhr. (S Hackescher Markt).
- **Schokoladen,** Ackerstr. 169/170, 10115 (Mitte). Mit rohen Mauern und Samtsofas Reminiszenz an alte Hausbesetzertage, dienstags Cocktail-Lounge, freitags und sonnabends Rockmusik. Tgl. ab 20 Uhr. (S Nordbahnhof, U8 Rosenthaler Platz).

Kreuzberg

- **Bateau Ivre,** Oranienstr. 18, 10997 (Kreuzberg). Laut, sehr laut und voll, voller am vollsten, sommers auch draußen auf dem Trottoir. Tgl. 9–3 Uhr. (U1, U8 Kottbusser Tor oder U1 Görlitzer Bahnhof).
- **Freischwimmer,** Vor dem Schlesischen Tor 2, 10997 (Kreuzberg). Im Bootshaus auf Stegen über dem Wasser schweben. Im Sommer Mo.–Fr. ab 12 Uhr, Sa./So. ab 11 Uhr, im Winter Mo.–Fr. ab 16 Uhr, Sa. ab 12 Uhr, So. ab 11 Uhr. (U1 Schlesisches Tor).
- **Möbel Olfe,** im Neuen Kreuzberger Zentrum, Eingang Dresdener Str., 10999 (Kreuzberg). Dernière Crie-Trinkhalle im NKZ-Betonkoloss. Di.–So. ab 19 Uhr. (U1, U8 Kottbusser Tor).
- **Morena-Bar,** Wiener Str. 60, 10999 (Kreuzberg). Lecker frühstücken von morgens bis ultimo. So.–Do. 9–3 Uhr, Sa. 9–4 Uhr. (U1 Görlitzer Bahnhof).
- **Rote Harfe,** Oranienstr. 13, 10997 (Kreuzberg). Uralt-Institution, früher Saufaus, heute schick, im ersten Geschoss Orient Lounge. Mo.–Sa. ab 10 Uhr, So. ab 9 Uhr. (U1, U8 Kottbusser Tor oder U1 Görlitzer Bahnhof).

Chillen im Freischwimmer

218be Foto: ki

- **San Remo Upflamör,** Falckensteinstr. 46, 10997 (Kreuzberg). Absolut angesagt, zweites Wohnzimmer im tosenden Autoverkehr, dazu Livemusik von der quietschenden Hochbahn. Tgl. ab 10 Uhr. (U1 Schlesisches Tor).
- **Würgeengel,** Dresdener Str. 122, 10999 (Kreuzberg). Cocktailschlürf-Institution fürs gepflegte Versumpfen, spätestens ab 23 Uhr großes Gedrängel. Tgl. ab 19 Uhr. (U1, U8 Kottbusser Tor).

Friedrichshain

- **Astro-Bar,** Simon-Dach-Str. 40, 10245 (Friedrichshain). Auf der Friedl'hainer Ausgehmeile Nr. 1, im Hinterzimmer Raumschiff Enterprise-Schick, ab 22 Uhr kosmisches Diedschäjing. Tgl. ab 18 Uhr. (S und U1 Warschauer Str., U5 Frankfurter Tor).
- **Dachkammer,** Simon-Dach-Str. 39, 10245 (Friedrichshain), Tel. 296 16 73. Unten Kneipe, im 1. OG. Cocktailbar mit Balkon zum Hinausgucken. Glückliche Stunde für Drinks ist immer von 19 bis 20 Uhr. Mo.–Fr. ab 12 Uhr, Sa./So. ab 10 Uhr. (S und U1 Warschauer Str.).
- **Zum Feuermelder,** Krossener Str. 24, 10245 (Friedrichshain). Plasteblümchen, Kicker und Billard, dazu Molle oder Fassbier. Echt berlinerisch, und die Betreiber achten darauf, dass es so bleibt. Mo.–Do. 15–4 Uhr. (S und U1 Warschauer Str.).
- **Q3A,** Stralauer Allee 2, 10245 (Friedrichshain). Im MTV-Gebäude am Osthafen, morgens Frühstück, abends Gegrilltes, nachts Cocktails, drinnen im Club oder draußen auf Liegestühlen mit Spreeblick. Tgl. ab 10 Uhr. (S und U1 Warschauer Str.).

Prenzlauer Berg

- **8mm Bar,** Schönhauser Allee 177b, 10119 (Prenzlauer Berg). Für Filmfreaks abends Streifen im 8- und 16-Millimeter-Format an die Wand projiziert, dazu Bierchen und Wein, Indie, Rock und Elektro. Tgl. ab 21 Uhr. (U2 Senefelder Platz).
- **An einem Sonntag im August,** Kastanienallee 103, 10435 (Prenzlauer Berg). Gemütli-

ches Szenecafé mit morgens ab 9 Uhr und abends ab 17 Uhr großem Berliner Buffet von Schrippe bis Boulette. Tgl. ab 9 Uhr. (U2 Eberswalder Str.).

- **Choriner Eck,** Choriner Straße 72/Ecke Zionskirchstr., (10119) Prenzlauer Berg. Sonntag Abend viertel nach Acht „Tatort" gucken. Dazu gibt's Speisen je nach Herkunftsregion: Zwiebelkuchen beim Tatort aus Ludwigshafen, aus Hamburg Heringssalat, aus Frankfurt Kalbsbrust in Pfeffersoße und aus Berlin, natürlich!, Bulette. Samstag Nachmittag Bundesliga, Montag Abend Hörspiele. Mo.–Fr. ab 17 Uhr, Sa./So. ab 15 Uhr. (U2 Senefelder Platz).
- **Razzia in Budapest,** Oderberger Str. 38, 10435 (Prenzlauer Berg). Letzter Cocktail-Stopp vor dem Mauerpark, schummrig, gemütlich, mit 1980er und 1990er Oldies absolut angesagt. Tgl. ab 19 Uhr. (U2 Eberswalder Str.).
- **Schwarz-Sauer,** Kastanienallee 13, 10435 (Prenzlauer Berg). In wabernden Rauschwaden echte Prenz'lberger angucken, anschließend Late Night-Kampftrinken. Tgl. ab 8 Uhr. (U2 Eberswalder Str.).
- **White Trash Fast Food,** Schönhauser Allee 6-7, 10119 (Prenzlauer Berg). Riesig, komplett überfüllt, ignorante Bedienung, grässliche Mucke irgendwo zwischen Punk und Bildzeitungs-Wunschkonzert. Heiß umstritten. Cool. Tgl. ab 16 Uhr. (U2 Rosa-Luxemburg-Platz).

Schöneberg

- **Café Einstein,** Kurfürstenstr. 58, 10785 (Schöneberg). Die Jugendstilvilla mit leichter Patina ist Kultadresse bei allen, die gerne schreiben und stundenlang eng bedruckte Zeitungen lesen. Der Ableger Unter den Linden Nr. 42 im streng sachlichen Art deco. Tgl. 9–0 Uhr. (U1, U2, U3, U4 Nollendorfplatz).
- **Café M,** Goltzstr. 33, 10781 (Schöneberg). Trotz Outfit und Service einer Miniaturbahnhofshalle von Milchkaffee bis Martini in aller Munde. Mo.–Fr. ab 8 Uhr, Sa./So. ab 9 Uhr. (U1, U2, U3, U4 Nollendorfplatz und U7 Eisenacher Str.).
- **Ex'n'Pop,** Potsdamer Str. 157, (Schöneberg). Abstürzen mit Bierflasche und Tanzen zu allem, außer Techno und Punk. Mo.–Sa. ab 22 Uhr. (U7 Kleistpark).
- **Kumpelnest 3000,** Lützowstr. 23, 10785 (Schöneberg). Szenig, kitschig, plüschig und ein irres Gedrängel im ehemaligen Puff. So.–Do. 17–5 Uhr. (U1 Kurfürstenstr.).
- **Leydicke,** Mansteinstr. 4, 10783 (Schöneberg). Spirituosen total. Seit Anfang des 20. Jahrhunderts Destille und Legende zugleich. Tgl. ab 18 Uhr. (S und U7 Yorckstr.).

Charlottenburg

- **Café Aedes,** Savignyplatz, S-Bahnbogen 599, 10623 (Charlottenburg). Schick im S-Bahnbogen im zur Architekturgalerie Aedes gehörenden Café sitzen, oder draußen im Sonnenschein auf dem Pflaster, während über den Köpfen die S-Bahn vorbeirattert. Mo.–Fr. 8–0 Uhr, Sa./So. 9–0 Uhr. (S Savignyplatz).
- **Café im Literaturhaus Wintergarten,** Fasanenstr. 23, 10719 (Charlottenburg). Die Synthese von Literatur, Kunst, Architektur und gehobener Gastronomie. Auch im Garten. Tgl. 9.30–1 Uhr. (U1 Uhlandstr.).
- **Dicker Wirt,** Dankelmannstr. 43, 14059 (Charlottenburg). Echte Berliner Kneipe mit acht Fassbier und zwölf Flaschbier, als Grundlage eine wechselnde Speisenkarte. Tgl. ab 12 Uhr. (S Westend, U2 Sophie-Charlotte-Platz).
- **Schwarzes Café,** Kantstr 148, 10623 (Charlottenburg). Auf zwei Etagen rund um die Uhr Frühstücken, Kaffee, Bier oder Wein trinken. Mit dem Geburtsjahr 1978 ein Berliner Gastronomie-Opa, ungebrochen beliebt. Tgl. 24 Stunden geöffnet. (S Savignyplatz).

Biergärten

- **Schleusenkrug,** Müller-Breslau-Str. (an der Schleuse), 10623 (Tiergarten). Bier-Gärtchen plus Terrassen über der Tiergartenschleuse am Landwehrkanal. Absolut in. Tgl. ab 10 Uhr. (S und U2, U9 Zoologischer Garten).
- **Café am Neuen See,** Lichtensteinallee 2, 10787 (Tiergarten). Im Tiergarten am Neuen See. Ist er zugefroren, hat eine Eisbar für die Schlittschuhläufer geöffnet. Sonst Bootsverleih. Tgl. ab 10 Uhr. (S und U2, U9 Zoologischer Garten, Bus 200).

•**Pfefferberg,** Schönhauser Allee 176, 10119 (Prenzlauer Berg). Freiluft-Institution im Prenz'lberg mit achtbarer Auswahl deutscher und tschechischer Gerstensaftspezialitäten. Tgl. ab 12 Uhr. (U2 Senefelderplatz).
•**Prater,** Kastanienallee 7-9, 10435 (Prenzlauer Berg). Unter Kastanien in der Kastanienallee, mittwochs Sauerkraut-Polka, samstags Tanztee. Tgl. ab 12 Uhr, Restaurant Mo.–Sa. ab 18 Uhr. (U2 Eberswalder Str.).
•**Zenner (Eierschale),** Alt-Treptow 14-17, 12435 (Treptow). Traditionsreiches Ausflugslokal mit über 400-jähriger Geschichte. Umrahmt von Kuchen-, Getränke- und Würstchenbuden walzen zu Schrammelmusik oder Dixielandklängen von der Omi bis zum Mini alle durch den großen Garten am Spreeufer. Tgl. ab 10 Uhr. (S Treptower Park, Bus 166, 265, 365)

Draußen am Wasser sitzen

•**Bundespressestrand,** Kapelleufer 1, 10117 (Mitte). Den Bundestagsabgeordneten im Bikini vom Liegestuhl aus beim Regieren zugucken. Tgl. ab 10 Uhr. (S Hauptbahnhof-Lehrter Bahnhof).
•**Europabar am Oststrand,** Mühlenstr. 24-26, 10243 (Friedrichshain). Echt cool bewirtschafteter Sandstrand am Spreeufer hinter der East Side Gallery. In der schönen Jahreszeit tgl. ab 10 Uhr. S und U1 Warschauer Str.)
•**Strandbar Mitte,** Monbijoustr. 1-3,10178 (Mitte). Auch gegenüber der Museumsinsel am Spreeufer Palmen und Tonnen von Sand, mit Mittelmeeratmo bei Vollmond und Livemusik. Im Sommer tgl. ab 10 Uhr. (S Hackescher Markt).

Bars

•**Bar am Lützowplatz,** Lützowplatz 7, 10785 (Tiergarten). Cocktails, Malt Whiskies und 120 Champagnersorten ab 17 Uhr in Berlins most famous styled bar mit einem der längsten Tresen der Stadt. Bis 21 Uhr glückliche Stunde. Tgl. ab 14 Uhr. (U1, U2, U3, U4 Nollendorfplatz, Bus M29, 100, 187).
•**Gainsbourg,** Savignyplatz 5, 10623 (Charlottenburg). Entspannte, legere Atmosphäre mit Publikum aus Kunst und Kultur. Tgl. ab 16 Uhr, im Winter ab 17 Uhr. (S Savignyplatz).
•**Harry's New York Bar,** im Grand Hotel Esplanade, Lützowufer 15, 10785 (Tiergarten). Sehr vornehm, sehr elegant, mit Live-Piano im Art déco und des Öfteren internationalen Stars aus Film, Funk und Fernsehen zu Gast. Tgl. ab 12 Uhr. (U1, U2, U3, U4 Nollendorfplatz, Bus M29, 100, 187).
•**Van Gogh,** Schiffbauerdamm 6-7, 10117 (Mitte). Stilvolle Cocktails und Klaviermusik vor echten Kujau-Fälschungen nahe dem Berliner Ensemble. Mo.–Do. 18–4 Uhr, Fr.–So. 18–5 Uhr. (S und U6 Friedrichstr.).
•**Vox Bar,** Marlene-Dietrich-Platz 2 (im Hotel Grand Hyatt), 10785 (Tiergarten). Über 230 Sorten Whisky, damit eine der Bars mit der größten Whisky-Auswahl in Deutschland, Mo.–Sa. ab 22 Uhr Jazz und Blues live. Im Juni 2005 vom Magazin „Feinschmecker" zur „besten Hotelbar des Jahres" gekürt. Tgl. 18–2 Uhr. (S und U2 Potsdamer Platz).

Clubs und Dancefloor

•**Alte Kantine,** Knaackstr. 97 (in der Kulturbrauerei), 10435 (Prenzlauer Berg). Funky-Beats zwischen massigen Gewölbebögen und Backsteinsäulen. Mo./Mi./Fr./So. ab 22 Uhr, Sa. ab 20 Uhr Kantinenlesen mit wechselnden Autoren. (U2 Eberswalder Str.).
•**Ballhaus Mitte,** Auguststr. 24, 10117 (Mitte). Ob Ökolatsche oder Desinger-Sandale, hier wird das Tanzbein geschwungen, dienstags Tango, mittwochs Swing, Freitag und Samstag Schwof. Di.–So. ab 12 Uhr. (S Oranienburger Straße).
•**Berghain,** Am Wriezener Bahnhof, 10234 (Friedrichshain). Techno, Electro, House, Diedschäjing, Vocals u. v. m. auf zwei Floors im alten Heizkraftwerk in der Industriebrache am Ostbahnhof. Im Dezember 2005 eröffnet und d e r Shootingstar unter den Tanzschuppen. Fr./Sa. ab 0 Uhr. (S Ostbahnhof).
•**Delicious Doughnuts,** Rosenthaler Str. 3, 10119 (Mitte). Loungig absacken zu House, Funk und Elektrojazz. Täglich ab 21 Uhr. (U8 Rosenthaler Platz).

- **Far Out,** Kurfürstendamm 156, 10709 (Charlottenburg). Baghwan beyond time and space. Di.–So. ab 22 Uhr. (U7 Adenauerplatz, Bus 110, 119, 129, 219, N10, N19).
- **Goya,** Nollendorfplatz, 10777 Schöneberg. Clubschlösschen, Cocktailtempel für Menschen über 30, im vom Stararchitekt *Hans Kollhoff* neu gestalteten ehemaligen Metropol-Theater am Nollendorfplatz. Das Publikum: wie es gefällt, ob Anzug und Kleines Schwarzes oder Turnschuh und Jeans. Sounds: überwiegend Weltmusik. Service: exzellent. Vor dem Tanz 20–22 Uhr gemeinsames Txoko-Diner mit musikalischem Live-Programm (das baskische Drei-Gänge-Menü ist für 132 Gäste ausgelegt, dafür Reservierung erbeten, Tel. 25 75 99 74, www.goya-berlin.de). Do.–Sa. 18–5 Uhr. (U1, U2, U3, U4 Nollendorfplatz).
- **Havanna,** Hauptstr. 30, 10827 (Schöneberg). Salsa und Latino auf drei Dancefloors, Tanzkurse für jedermann/frau. Mi. ab 21 Uhr, Fr./Sa. ab 22 Uhr. (U7 Kleistpark, Bus 104, 148, 204).
- **Grüner Salon/Roter Salon,** Rosa Luxemburg-Platz 2 (in der Volksbühne), 10178 (Mitte). Elektro, Ska, Brit-Pop, Soul, Funk und Tango in der Volksbühne, fast jeden Abend irgendwann nach 22 Uhr. (U2 Rosa-Luxemburg-Platz).
- **Knaack-Klub,** Greifswalder Str. 224, 10405 (Prenzlauer Berg). Bereits zu DDR-Zeiten Urgestein der Ausgeh- und Tanzkultur. Heute auf drei Etagen Bars, Billard, Clubbing, Indie-Konzerte, mittwochs „Wide Open Party" mit Berliner Bands. Mi./Fr./Sa. ab 22 Uhr. (Tram M4).
- **Maria am Ostbahnhof,** An der Schillingbrücke, 10243 (Friedrichshain). Clubbing mit DJ-Promis, Elektro total in allen Facetten. Mo.–Do. ab 20 Uhr. (S Ostbahnhof).
- **Sage Club,** Köpenicker Str. 87, 10179 (Mitte). Vier Areas, zwei Dancefloors, Lounges, Bars, Chill-Zone und Grillgarten im umgebauten U-Bahnhof Heinrich-Heine-Straße, dazu Funk und Grunge, Rock und Elektro. Fr.–So. 23–9 Uhr. (U8 Heinrich-Heine-Str.).
- **Watergate,** Falckensteinstr. 49, 10997 (Kreuzberg). Heißester Club der Stadt, dazu der fantastische Blick auf Oberbaumbrücke und Osthafen. Do.–Sa. ab 20 Uhr. (U1 Schlesisches Tor).

Notrufe

- **Polizei/Notruf,** Tel. 110.
- **Feuerwehr/Rettungsleitstelle,** Tel. 112.
- **Ärztlicher Bereitschaftsdienst,** Tel. 31 00 31.
- **Antirassistisches Telefon:** Tel. 785 72 81.
- **Drogennotruf:** 192 37.
- **EC- und Kreditkartensperren:** 116 116.
- **Frauenkrisentelefon,** Tel. 615 42 43, Mo. und Do. 10–12 Uhr, Di./Mi., Fr. 19–21 Uhr, Sa./So. 17–19 Uhr.
- **Kindertelefon,** Tel. 61 00 61.
- **Notruf für vergewaltigte Frauen,** Tel. 216 88 88.
- **Schwules Überfalltelefon,** Tel. 216 33 36, tgl. 17–19 Uhr.
- **Telefonseelsorge,** Tel. (0800) 111 01 11.
- **Kirchliche Telefonseelsorge,** Tel. (0800) 111 02 22.
- **Zahnärztlicher Notdienst,** Tel. 89 00 43 33.

Pannenhilfe

- **ADAC Pannenhilfe,** Tel. (0180) 222 22 22.
- **ACE Pannenhilfe,** Tel. (0180) 234 35 36.

Post und Telefon

- Die **Vorwahl für Berlin** ist 030.
- Die **Vorwahl für Deutschland** ist 0049.
- Das **Info-Telefon der Deutschen Post** erreicht man unter (0180) 233 33 (6 ct/Min.).

Postamt mit längeren als den üblichen Schalterzeiten:

- **Postamt Georgenstraße,** Georgenstr. 12, 10117 (Mitte), Mo.–Fr. 6–22 Uhr, Sa./So. 8–22 Uhr. (S und U6 Friedrichstr.).

Auf der Christopher-Street-Day-Parade

Schwule

Stadtviertel

Berlin ist eine der größten Metropolen für Schwule in Europa. Es existiert ein umfassendes Kultur- und Freizeitangebot, und man lebt an der Spree vergleichsweise unbehelligt. Dennoch gibt es auch hier Diskriminierung, Neidattacken und leider manchmal auch Angriffe. Lieber **meiden** sollten sichtlich homosexuelle Männer die Gegend östlich der Vertikale S-Bahnhof Greifswalder Straße – S-Bahnhof Ostkreuz. Zu entdecken gäbe es dort ohnehin nicht viel.

Die **spannenden Kieze** sind traditionell das Viertel rund um die Kreuzberger **Oranienstraße** mit dem „SO 36" im Zentrum, der Kiez zwischen den U-Bahnhöfen **Eberswalder Straße und Schönhauser Allee** im Prenzlauer Berg sowie insbesondere das **„Rosa Dreieck"** in Schöneberg zwischen Nollendorfplatz, Fuggerstraße, Motzstraße und dem Kleistpark im Süden.

211be Foto: kj

Früher am Abend: **Lenz die Bar** (Eisenacher Str. 3), dann später, legendär in der Motzstraße: **Toms Bar** (Nr. 19), direkt nebenan die Bar **Hafen** (Nr. 19), und rechts gegenüber das historische **Eldorado** (Nr. 20), heute schwul-lesbische Musik-Bar, das als „Herrenlokal" bereits in den 1920er Jahren beliebter Treffpunkt von homo- und bisexuellen Künstlern, Bohèmiens und anderen schillernden Nachtschwärmern war. *Marlene Dietrich, Claire Waldorff* und *Wilhelm Bendow* feierten hier, bis das Lokal sofort nach der Machtergreifung durch die Nationalsozialisten geschlossen wurde. Im Schöneberger Kiez wurde 1919 der erste Aufklärungsfilm zum Thema Homosexualität gedreht, an dem der Nestor der Schwulenbewegung, der Sexualwissenschaftler *Magnus Hirschfeld,* entscheidend beteiligt war. In der Nollendorfstraße 17 lebte in einer Pension ab 1929 der englische Schriftsteller *Christopher Isherwood,* der 1933 Deutschland wieder verließ und seine Erinnerungen in „Goodbye to Berlin" niederschrieb, das später zur Vorlage für den Welterfolg „Cabaret" wurde.

Schwule House- und Trance-Institution ist das **Connection** in der Fuggerstraße 33, und fast schon als „Opi-Laden", weil bereits 1977 eröffnet und immer noch führend, zeichnet am Kleistpark das Café **Neues Ufer** (ehemals „Anderes Ufer"). Berühmt wurde es einst als „zweites Wohnzimmer" von *Rio Reiser* und *David Bowie.* Letzterer lebte in seinen fiebrigen Berliner Jahren, in denen die Alben „Low" und „Heroes" entstanden, zusammen mit *Iggy Pop* in der Hauptstraße 155, nur wenige Meter vom Neuen Ufer entfernt.

Infos

- **Mann-o-Meter,** Bülowstr. 106, 10783 (Schöneberg), Tel. 216 80 08, www.mann-o-meter.de, Mo.–Fr. 17–22 Uhr, Sa./So. 16–22 Uhr. Erste Adresse und Anlaufstelle, Info- und Kontaktladen mit vielen Tipps, Info-Datenbank und Gay-Switchboard.

Zimmervermittlung

- **ebab (enjoy bed & breakfast), Zimmervermittlung für Schwule, Lesben & Freunde,** Postanschrift: Nollendorfplatz 5, Haus B, 10777 Berlin (Schöneberg), Kontakt: Tel. 23 62 36 10, Fax 23 62 36 19, (tgl. 16.30–21.30 Uhr), info@ebab.de, http://ger.ebab.com, KundInnenfiliale: c/o Mann-o-Meter, Bülowstr. 106, 10783 (Schöneberg), Tel. 216 80 08. (U1, U2, U3, U4 Nollendorfplatz).

Museum

- Das **Schwule Museum** in Kreuzberg widmet sich mit vielen tausend Exponaten der Erforschung und öffentlichen Darstellung schwulen Lebens und der Geschichte der Homosexuellen in Deutschland. Mehringdamm 61, 10961 (Kreuzberg), Tel. 69 59 90 50, www.schwulesmuseum.de, tgl. außer Di. 14–18, Sa. 14–19 Uhr.

Zeitschriften

- In zahlreichen Kneipen, Bars und Clubs liegen gratis das schwule **Szene-Magazin „Sergej"** und Berlins schwullesbisches **Stadtmagazin „Siegessäule"** aus. Beide monatlich erscheinenden Zeitschriften bieten neben vielen Programmadressen und Ausgehtipps einen umfassenden Überblick über die schwulen und schwullesbischen Veranstaltungen des Monats.
- Einmal jährlich erscheint im Jackwerth-Verlag in Kooperation mit der Berlin Tourismus Marketing GmbH (BTM) der deutsch-englische Queerguide zu Berlins schwullesbischer Szene, **Out in Berlin.** Auf 64 Seiten listet er

Hotels, Bars, Cafés und Restaurants, Shopping-Tipps sowie die besten Partys und Gay-Events auf. Er liegt kostenlos in den Touristinformationen aus oder kann direkt bei der BTM bestellt werden (siehe „Informationsstellen").

Stadtrundfahrten, Rundgänge

Bus-Stadtrundfahrten

Bus-Stadtrundfahrten im 15- bis 30-Minuten-Takt mit Stadtbilderklärer im **klassischen Sightseeing-Sinn** bieten verschiedene Unternehmen an. Sie dauern in der Regel zwei Stunden und kosten um die 20 € für Erwachsene und 10 € für Kinder bis 13 Jahre. Sind sie mit dem „City-Circle-Tour"-Logo gekennzeichnet, bedeutet dies, dass an allen angefahrenen Sehenswürdigkeiten die Möglichkeit zum Aussteigen, Verweilen und späteren Wiederzusteigen besteht.

- **BBS-Berliner Bären Stadtrundfahrt,** tgl. 10–18 Uhr im 15-Minuten-Takt ab Kurfürstendamm 200/Ecke Meinekestr. (U1, U9 Kurfürstendamm), Ein- und Ausstieg an 12 Sehenswürdigkeiten möglich, Gesamtdauer der Rundfahrt ca. 2 Stunden; Tel. 35 19 52 70, www.sightseeing.de.
- **BvB-Stadtrundfahrten,** im Sommerhalbjahr tgl. 10–18 Uhr, im Winterhalbjahr tgl. 10–17 Uhr im 15-Minuten-Takt ab Kurfürstendamm 225/Ecke Meinekestr. (U1, U9 Kurfürstendamm), Ein- und Ausstieg an 14 Sehenswürdigkeiten möglich, Gesamtdauer der Rundfahrt ca. 2 Stunden; Tel. 683 89 10, www.bvb.net.
- **Severin + Kühn,** Apr.–Okt. tgl. 10–18 Uhr im 15-Minuten-Takt ab Kurfürstendamm 216/Ecke Fasanenstr. (U1 Uhlandstr.), Ein- und Ausstieg an 15 Sehenswürdigkeiten möglich, Gesamtdauer der Rundfahrt ca. 2 Stunden, Tel. 880 41 90, www.severin-kuehn-berlin.de.

Linien 100 und 200

Eine der an Aussicht reichsten Möglichkeiten, sich einen ersten Überblick über Berlin zu verschaffen, ist eine Sightseeing-Partie mit dem **Doppeldeckerbus der Linien 100 und 200** der Berliner Verkehrsbetriebe (BVG). Die Spree-Metropole für Einsteiger sozusagen, denn die Busse fahren im Fünf-Minuten-Takt an zahlreichen Sehenswürdigkeiten vorbei. Aussteigen, sich umschauen und mit dem nächsten 100er oder 200er weiterfahren ist möglich, sofern man über eine Tageskarte, 7-Tage-Karte, Gruppenkarte, CityTourCard (siehe „Unterwegs in Berlin, Mit dem ÖPNV") oder eine WelcomeCard (siehe „Informationsstellen") verfügt.

Top-Tour-Berlin

An zahlreichen ausgesuchten Haltepunkten mit besonderen Sehenswürdigkeiten, Museen, bekannten Berliner Unternehmen, Einrichtungen mit Überraschungen und vielen anderen Attraktionen zwischen Kurfürstendamm und Alexanderplatz, Schloss Charlottenburg, Checkpoint Charlie und Nikolaiviertel kann man den ganzen Tag über beliebig oft in die Cabrio-Doppeldecker-Busse der Berliner Verkehrsbetriebe ein- und aussteigen. Nach 30 bis 60 Minuten folgt der nächste Bus mit Stadtführer. Bei Regen wird das Freiluft-Oberdeck per Rollverdeck zugeklappt. Die Tour ohne Unterbrechung dauert etwa zwei Stunden.

Sightseeing mit den Linien 100 und 200

Start der Linie 100 ist der Hardenbergplatz vor dem **Bahnhof Zoologischer Garten.** Sobald der Bus seine Türen öffnet, empfiehlt es sich, rasch die Treppe zum Oberdeck hinaufzusteigen und die besten Plätze vorn am Panoramafenster zu besetzen. Sie garantieren einen einmaligen Ausblick. Vom Bahnhof aus fährt der Bus mit Blick auf die Ruine der **Kaiser-Wilhelm-Gedächtniskirche,** das vielgeschossige **Europa-Center** und das chinoise Elefantentor am **Zoo Berlin** in den Tiergarten hinein. An der goldenen **Siegessäule** am Großen Stern, dem Bundespräsidialamt, dem **Schloss Bellevue** als Sitz des Bundespräsidenten und dem geschwungenen Dach der alten Kongresshalle, heute **Haus der Kulturen der Welt,** vorbei, geht die Fahrt quer durch den Tiergarten zum **Reichstag,** dem von *Norman Foster* mit einer gewaltigen Glaskuppel überwölbten neuen Sitz des Bundestages, zum **Brandenburger Tor.**

Das in seiner jetzigen Form Ende des 18. Jahrhunderts errichtete Tor, einst eines von vierzehn Stadttoren und ab 1961 wie kein anderes Bauwerk Symbol für die tödliche deutsch-deutsche Grenze, ist heute das Wahrzeichen schlechthin für das ungeteilte Berlin. Obenauf thront die Quadriga mit der Siegesgöttin Viktoria, die nach ihrer Restaurierung wieder das eherne Viergespann lenkt. Den Reichstag zu ihrer nördlichen Seite, ruht der Blick der geflügelten Dame auf der östlichen Prachtstraße Unter den Linden, an der Preußenkönig *Friedrich der Große* im 18. Jahrhundert die ersten prunkvollen Bauten errichten ließ. Ein Schüler des Baumeisters *Schadow* fertigte das **Reiterstandbild** Seiner preußischen Majestät, das vor der Humboldt-Universität steht. Es folgen Baumeister *Knobelsdorffs* 1741–43 errichtete **Staatsoper unter den Linden,** *Schinkels* **Neue Wache,** seit 1969 Mahnmal für die Opfer von Faschismus und Gewaltherrschaft, sowie das prachtvolle **Zeughaus,** einer der wenigen Barockbauten Berlins. Jenseits der Schlossbrücke schließen sich Lustgarten und **Museumsinsel** an sowie der gründerzeitliche **Berliner Dom** und diesem gegenüber bis zu seienem Abriss der **Palast der Republik,** in dem bis 1990 die DDR-Volkskammer tagte. Dahinter erheben sich am östlichen Spreeufer kurz vor dem Alexanderplatz der Turm der **St. Marienkirche,** ihr zur Seite der Backsteinturm des **Roten Rathauses,** Sitz des Berliner Senats, und dahinter die silberne Kugel des **Fernsehturms** am Alexanderplatz. Mit 365 Metern ist er das höchste Bauwerk der Stadt mit einem Café-Restaurant und einer Aussichtsplattform in 200 m Höhe.

Die Doppeldecker der **Linie 200** starten ebenfalls am Hardenbergplatz vor dem **Bahnhof Zoo.** Vorbei an der Kaiser-Wilhelm-Gedächtniskirche, Europacenter und Zoo Berlin geht die Fahrt Richtung **Botschaftsviertel, Kulturforum** mit Neuer Nationalgalerie und Gemäldegalerie über die gelb leuchtende **Philharmonie** zum **Potsdamer Platz,** unverkennbar durch die markante Glas-Stahlkonstruktion des Sony Centers und den orangefarbenen debis-Turm in der Daimler City. Von dort schwenkt der Bus ein via **Brandenburger Tor** und folgt fortan wie die Linie 100 der **Prachtstraße Unter den Linden.**

029be Foto: ki

Top-Tour-Bus der BVG

- **BVG „Top-Tour-Berlin“,** Apr.–Okt. tgl. ab 10 Uhr ab Kurfürstendamm 19/Ecke Joachimsthaler Str. (U1, U9 Kurfürstendamm), Erwachsene 20 €, Kinder 15 €, Tel. 25 62 55 69, www.bvg.de.

Zille-Bus

75 Minuten zuckelt der nostalgische **Zille-Bus** mit Stadtbilderklärer wie zu Großvaters Zeiten durch das Berliner Zentrum: Unter den Linden entlang, am Gendarmenmarkt vorbei durch das Brandenburger Tor zur Siegessäule, dem Schloss Bellevue und vielen Sehenswürdigkeiten mehr.

- **Zille-Bus der BVG-Stadttouristik,** ab Karfreitag bis Spätherbst Mo.–Fr. 10, 11.30, 13, 14.30, 16 Uhr, Sa./So. alle 45 Minuten 10–16.45 Uhr ab Brandenburger Tor/Ecke Ebertstr. (S Unter den Linden), die Tour dauert gut 75 Minuten, Erwachsene 10 €, Kinder 7 €, Tel. 25 62 55 69, www.bvg.de.

Panorama-S-Bahn

Auf dreistündiger Schienenfahrt geht es mit der Panorama-S-Bahn über den S-Bahnring und quer durch die Innenstadt. Durch große Panorama-Glasflächen genießt man einen fantastischen Ausblick, während zur Stadtbilderklärung die Sehenswürdigkeiten der Metropole an einem vorüberziehen. Drehbare Sessel, Klimaanlage, Snack- und Getränkeservice sowie eine behindertengerechte Ausstattung sorgen für den Komfort. Die Queen zu Gast in Berlin war vom S-Bahn-Sightseeing entzückt.

•**Panorama-S-Bahn,** Start Sa./So. 11.06 Uhr ab Ostbahnhof, Erwachsene 15,50 €, Kinder bis 13 Jahre 9 €, Ticketverkauf in den S-Bahn-Kundenzentren Zoologischer Garten, Friedrichstraße, Hauptbahnhof (ab Ende Mai 2006), Alexanderplatz und Ostbahnhof sowie online. Aufgrund des halbjährlichen Fahrplanwechsels empfiehlt es sich, die Abfahrtzeit vorher noch einmal nachzufragen. Kundenhotline der S-Bahn Berlin, Tel. 29 74 33 33, Online-Tickets und aktueller Fahrplan unter www.s-bahn-berlin.de.

Mit dem Trabi

Auf **Trabi-Safari** mit 26 PS durch die Großstadt knattern ... Nach Auswahl seines Lieblingsmodells aus der Fahrzeugflotte - Standard-Stinkerchen, fetziges Cabriolet oder auch Stretch-Trabi - und kurzer Einweisung in die Viergang-Revolver-Handschaltung, geht es bei bis zu 30 km/h Spitze, mit dem Gästeführer im ersten Kult-Autochen vorneweg, im Konvoi auf anderthalbstündige Stadtrundfahrt. Während der Tour erläutert der City-Guide die Sehenswürdigkeiten über Funkverbindung, die man kopfhörerfrei aus den Stereolautsprechern in den einzelnen Wagen empfängt.

•**Trabi-Safari,** zwei Touren zur Auswahl: „Berlin Classic“ und „Berlin Wild East“, Tagesfahrten 10–18 Uhr, Nachtfahrten 20–0 Uhr ab Gendarmenmarkt/Ecke Markgrafenstr. (U2 Stadtmitte oder Hauptvogteiplatz, U6 Stadtmitte oder Französische Str.), pro Person 20 €, Voranmeldung erforderlich, Tel. 27 59 22 73, www.trabi-safari.de.

Mit dem Fahrrad

In der warmen Jahreszeit lässt sich Berlin besonders schön mit dem Drahtesel erkunden. Die Stadtführer von „Zweitrad-Touren“ stehen dafür mit Rad und Tat zur Seite und lenken ihre Gäste abseits der ausgetretenen Pfade zu den Highlights im Großstadtdschungel.

•**Zweitrad-Touren,** Fehrbelliner Str. 82, 10119 (Mitte), Tel. 53 64 82 89, www.zweit rad.touren.de.

Thematische Stadtführungen

StattReisen und das Kulturbüro veranstalten themenspezifische Stadtrundgänge und Rundfahrten mit S-Bahn und U-Bahn, Fahrrad oder zu Fuß beispielsweise auf den Spuren von *Brecht* und *Fontane*, Spaziergänge am alten Mauerstreifen entlang, Touren für Kinder, Wege in das jüdische Berlin, Führungen zu Kunst und Kultur, Architektur, Gegenwart und Geschichte in Berlin und vieles andere mehr.

•**Kultur Büro Berlin – Zeit für Kunst e.V.,** Malmöer Str. 6, 10439 (Prenzlauer Berg), Tel. 440 09 36, www.stadtverfuehrung.de.
•**StattReisen Berlin e.V.,** Malplaquetstraße 5, 13347 (Wedding), Tel. 4 55 30 28, www. stattreisen.berlin.de.

Theater

Die Programme und Veranstaltungen der Berliner Sprech-, Musik-, Kabarett- und Kleinkunstbühnen sowie von Varieté, Comedy, Zirkus und anderem mehr lassen sich in zahlreichen Publikationen nachlesen. In den Touristinformationen und vielen Hotels liegen kostenlose Stadtmagazine, Programmprospekte verschiedener Bühnen, Flyer und die Broschüre **„Culture Map - Berliner Bühnen auf einen Blick"** aus sowie gegen Entgelt das Magazin **„Berlin Programm"** und das **„Berlin Magazin"** der BTM.

Detaillierte Auskünfte über das tägliche Programmangebot von A bis Z findet man darüber hinaus in den Stadtzeitschriften **„Zitty"** und **„Tip"** (siehe unter „Medien").

Sprechtheater

Berlin blickt auf eine lange, **glänzende Theatertradition** zurück. Sie beginnt mit dem 1786 gegründeten Deutschen Nationaltheater am Gendarmenmarkt, das sich unter der Leitung des Schauspielers, Dramatikers und Theaterprinzipals *August Wilhelm Iffland* (1759–1814) rasch zu einer der bedeutendsten deutschsprachigen Bühnen entwickelte. Ende des 19. Jahrhunderts zählte die Stadt über 400 Theater, darunter manche Bühne von legendärem Ruf, wie die 1914 gegründete Volksbühne oder das bereits 1883 in der Schumannstraße 13a festlich eröffnete Deutsche Theater. 1905 übernahm *Max Reinhardt* (1873–1943) die Leitung des Deutschen Theaters und machte es mit seinen bahnbrechenden Neugestaltungen der antiken Dramen, Shakespeare-Inszenierungen und Aufführungen zeitgenössischer Autoren zum viel diskutierten Mittelpunkt der internationalen Theatergemeinde. *Erwin Piscator* (1893–1966) gründete 1922 das Proletarische Theater und wirkte 1924–27 ebenso kurz wie umstritten erst an der Volksbühne am Rosa-Luxemburg-Platz und 1962–66 dann an der Freien Volksbühne im Westteil der Stadt. 1954 gründete *Bertolt Brecht* (1898–1956) im Haus am Schiffbauerdamm in Ostberlin das weltberühmte Berliner Ensemble. Die große Zeit der Schaubühne begann 1970 mit *Peter Stein*.

Heute werben immer noch rund 30 große Bühnen und über 500 freie Theatergruppen, Klein- und Off-Theater um die Gunst des Publikums. Von Schauspiel über Kabarett, Kleinkunst und Revue, von Avantgarde bis Boulevard, von experimentell bis traditionell und spartanisch bis opulent reicht das Spektrum im Programmangebot.

- **Berliner Ensemble:** Die 1954 nach der Rückkehr aus dem Exil von *Bertolt Brecht* im Theater am Schiffbauerdamm gegründete, renommierte Staatsbühne wurde 1991 in eine GmbH umgewandelt, an der zunächst ein Fünfer-Direktorium herrschte, anschließend bis zu seinem Tod 1995 *Heiner Müller* allein triumphierte. Seit 1999 steht einer nunmehr vierköpfigen Direktion als berühmtestes Mitglied *Claus Peymann* vor. Wie lange noch ist ungewiss, da er wegen der Berliner Sparpolitik „bis es quietscht" (der Regierende Bürgermeister *Wowereit)* am Theatermachen in der Spree-Metropole allmählich die Lust verliert.

  Bertolt-Brecht-Platz 1, 10117 (Mitte), Tel. 28 40 80, www.berliner-ensemble.de, theaterkasse@berliner-ensemble.de. (S und U6 Friedrichstr.).
- **carrousel Theater an der Parkaue:** Größtes Kinder- und Jugendtheater Deutschlands. Neben Märchen und klassischen Kinderstücken stehen zahlreiche neue und aktuelle Inszenierungen auf dem Spielplan, viele davon sind Ur- oder deutsche Erstaufführungen.

Parkaue 29, 10367 (Lichtenberg), Tel. 55 77 52 52, www.carrousel.de, besucherservi ce@parkaue.de. (S und U5 Frankfurter Allee).

Deutsches Theater und Kammerspiele: Das 1883 in der Schumannstraße eröffnete Theater ist Inbegriff der Regie- und Schauspielkunst von internationalem Rang. Ab 1905 feierte es erstmals unter *Max Reinhardt* Erfolge. Unter der Leitung von *Thomas Langhoff* wurde es seit 1991 zweimal zum „Theater des Jahres" gewählt, und seit September 2001 steht ihm *Bernd Wilms* als künstlerischer Leiter vor, der zuvor sechs Jahre lang erfolgreich das Maxim-Gorki-Theater führte.

Schumannstr. 13a, 10117 (Mitte), Tel. 28 44 12 21, Karten-Tel. 28 44 12 25, Fax 282 41 17, www.deutsches-theater.berlin.net, service@ deutsches-theater.de. (S und U6 Friedrichstr., Bus 147).

Grips Theater: Seit dreißig Jahren ist der Klassiker unter den Kindertheatern pfiffig und aktuell. Der konsequente Spielplan wie die hohe künstlerische Qualität der Inszenierungen wurden vielfach ausgezeichnet.

Altonaer Str. 22, 10557 (Moabit), Tel. 39 74 74 77, www.grips-theater.de, info@grips-thea ter.de. (U9 Hansaplatz).

Hebbel am Ufer (HAU): Mit internationalen zeitgenössischen Coproduktionen und Avantgarde-Gastspielen hat sich das Hebbel-Theater seit seiner Wiedereröffnung 1989 zu einer der führenden europäischen Bühnen für modernes Sprech- und Tanztheater entwickelt. Heute mit drei Spielstätten: HAU 1: Stresemannstr. 29, HAU 2: Hallesches Ufer 32, HAU 3: Tempelhofer Ufer 10, alle in 10963 (Kreuzberg).

Theaterkasse im HAU 2, Hallesches Ufer 32, 10963 (Kreuzberg), Tel. 25 90 04-0, Karten-Tel. 25 90 04 27, info@hebbel-am-ufer.de, www.hebbel-theater.de. (U1 Möckernbrücke oder Hallesches Tor).

Maxim-Gorki-Theater und Studiobühne: Im 1823–27 nach Schinkel-Plänen von *Karl Theodor Ottmer* errichteten Gebäude der Berliner Singakademie bilden Autoren des 20. Jahrhunderts sowie russische Dramatiker den Schwerpunkt im Spielplan.

Am Festungsgraben 2, 10117 (Mitte), Tel. 20 22 10, Karten-Tel. 20 22 11 15, ticket@ gorki.de, www.gorki.de. (S und U6 Friedrichstr., S Hackescher Markt, Bus 100, 200, Tram M1, 12).

Renaissance-Theater: Im 1922 eröffneten Theater wird vor überwiegend jungem Publikum von glänzenden Schauspielern eher leicht Verdauliches präsentiert.

Knesebeckstr. 100, 10623 (Charlottenburg), Tel. 312 42 02, tickets@renaissance-theater.de, www.renaissance-theater.de. (U2 Ernst-Reuter-Platz).

Die Schaubude – Puppentheater Berlin: Das 1954 gegründete Puppentheater spielt morgens und nachmittags Puppen- und Figurentheater für Kinder ab 4 Jahre, abends für Erwachsene im Marionetten- und Handpuppenspiel klassische Stoffe wie *Goethes* „Faust", Puppenopern und auch experimentelle, zeitgenössische Stücke.

Greifswalder Str. 81-84, 10450 (Prenzlauer Berg), Tel. 423 43 14, ticket@schaubude-berlin.de, www.schaubude-berlin.de. (S Greifswalder Str.).

Schaubühne am Lehniner Platz: Unter *Peter Stein* feierte das Haus in den 70er Jahren erstmals Triumphe, an die nach dem Umzug vom Halleschen Tor an den Kurfürstendamm 1981 insbesondere mit Inszenierungen von Botho-Strauß-Stücken durch Regiestars wie *Luc Bondy, Peter Stein* und *Robert Wilson* angeknüpft werden konnte. Die 1926–28 ursprünglich als Kino errichtete Bühne steht seit 2000 unter der künstlerischen Leitung von *Thomas Ostermeier.*

Kurfürstendamm 153, 10709 (Wilmersdorf), Karten-Tel. 89 00 23, www.schaubuehne.de, ticket@schaubuehne.de. (U7 Adenauerplatz, Bus M19, M29).

Theater und Komödie am Kurfürstendamm: 1921 gegründet, 1928–32 unter der Leitung von *Max Reinhardt,* 1971–74 vom Betonkloß des Ku'damm-Karrees umbaut, sind die beiden Urgesteine unter den Berliner Boulevardtheatern die Heimspielstätten von *Winfried Glatzeder, Herbert Herrmann* oder auch *Johannes Heesters* und – unvergessen – *Brigitte Mira* und *Harald Juhnke.* Nun hat eine Fondsgesellschaft der Deutschen Bank das

Am Gendarmenmarkt

317be Foto: kj

Ku'damm-Karree gekauft, und die zwei Traditionsbühnen sollen Shopping-Passagen weichen. Also hingehen und einen lustigen Abend verbringen, solange es sie noch gibt!

Kurfürstendamm 206-209, 10719 (Charlottenburg), Tel. 88 59 11 88, karten@komoedie-berlin.de, www.theater-am-kurfuerstendamm.de. (U1 Uhlandstr.).

- **Tiyatrom – Türkisches Theater Berlin:** Das 1984 gegründete, einzige professionelle türkische Theater in der Spreemetropole spielt für Erwachsene und Kinder in türkisch und deutsch.

Alte Jakobstr. 12, 10969 (Kreuzberg), Tel. 615 20 20, www.tiyatrom.de, tiyatrom@t-online.de. (U1 Hallesches Tor, Bus M29, 265).

- **Volksbühne am Rosa-Luxemburg-Platz:** 1914 mit den Spargroschen von Mitgliedern des Volksbühnenvereins gegründet, sieht sich das Theater unter der Intendanz *Frank Castorfs* in der Tradition *Erwin Piscators* als Ort des politischen Denkens, der Kontroverse und der Innovation.

Rosa Luxemburg-Platz, 10178 (Mitte), Tel. 24 06 55, Karten-Tel. 24 06 57 77, www.volksbuehne-berlin.de, ticket@volksbuehne.de. (U2 Rosa-Luxemburg-Platz).

Kabarett, Kleinkunst und Varieté

In den **Goldenen Zwanzigern** trieb die Brettlbühne als ureigenes Berliner Gewächs ihre höchste Blüte. Stolze 167 Varieté-Theater zählte man in der Stadt. Für *Max Reinhardts* berühmtes literarisches Kabarett „Schall und Rauch" und die avantgardistische „Tribüne" spitzten Autoren wie *Kurt Tucholsky, Erich Kästner* und *Walter Mehring* die Feder. Im bereits 1887 als

„vornehmstes Etablissement" Berlins im Hotel Central am Bahnhof Friedrichstraße eröffneten „Wintergarten" gaben sich Akrobaten, Schlangenmenschen und Clowns ein Stelldichein, darunter der „Akrobat schöön" *Charlie Rivel*. Im Kabarett „Linden" trällerte die „kesse Röhre" *Claire Waldorff* die Großstadtchansons von *Tucholsky*. *Trude Hesterbergs* „Wilde Bühne", *Rosa Valettis* „Größenwahn" und die Haller-Revuen im „Admiralspalast" standen an Verruchtheit dem „Kit Cat Club" nicht nach, der berühmt-berüchtigten Varieté-Bühne, der mit dem Musical „Cabaret" und ganz besonders in dessen Verfilmung mit *Liza Minelli* ein Denkmal gesetzt wurde.

In der bald **nach dem Krieg geteilten Stadt** stichelte im Osten die „Distel" gegen die Herrschenden an. Im Westen wurde das Nachkriegskabarett von der „Dachluke", den „Stachelschweinen" und den „Wühlmäusen" geprägt, nicht zu vergessen das legendäre Funkkabarett „Die Insulaner", das der RIAS Berlin bis weit in die „Zone" hinein ausstrahlte, sowie der „Mann mit der Pauke", der satirische Anarcho-Kabarettist *Wolfgang Neuss*.

Im Zuge der Wiedervereinigung erlebt die Stadt seit nun über einem Jahrzehnt weit mehr als nur eine Renaissance, nämlich geradezu einen Siegeszug dieser urberlinischen Brettlkunst, dieser Mischung von Artistik und Akrobatik, Tanz und Revue, Couplet und Chansons, Klugem, Frechem und Frivolem mit einer ordentlich respektlosen Portion politisch-satirischer Berliner Schnauze und Herz.

- **Bar jeder Vernunft:** Seit 1992 ist das Spiegelzelt in der Schaperstraße eine erste Adresse für Kleinkunst und Kabarett. Anspruchsvolles und Innovatives geben sich mit Comedy, Quatsch und Klimbim ein Stelldichein. Die Berliner Lieblings-Geschwister *Pfister* sind hier beinahe zu Hause, *Max Raabe* mit seinem Palastorchester und auch die begnadete, stets champagnertrunkene Diseuse *Georgette Dee* feiern hier ihre Heimspiele. Zum zehnten Geburtstag der Bar jeder Vernunft eröffnete Mitte 2002 die Dependance Tipi-Zelt nahe dem Kanzleramt – Brettln im Schatten der Macht.

Tipi-Zelt, Große Querallee (zwischen Kanzleramt und Haus der Kulturen der Welt), 10557 (Tiergarten), Tel. (0180) 327 93 58 (0,09 €/Min.), www.tipi-das-zelt.de (S Unter den Linden, Bus 100), und **Spiegelzelt,** Schaperstraße 24, 10719 (Wilmersdorf), Tel. 883 15 82, www.bar-jeder-vernunft.de. (U9 Spichernstr.).

- **Berliner Kabarett Anstalt (BKA):** Heiß unter einem Kreuzberger Dach, seit 1971 der Spielort der Satire-, Komödianten- und Brettl-Elite.

BKA-Theater, Mehringdamm 32-34, 10961 (Kreuzberg), Tel. 22 22 00 44, www.bka-luftschloss.de. (U6, U7 Mehringdamm).

- **Die Distel:** Der Stachel am Regierungssitz mit aktuellem politisch-satirischen Kabarett am Bahnhof Friedrichstraße.

Friedrichstr. 101, 10117 (Mitte), Tel. 204 47 04, www.distel-berlin.de. (S und U6 Friedrichstr.).

- **Die Stachelschweine:** 1949 gegründetes Urgestein des politischen Kabaretts rund um den Multimeckerer *Wolfgang Gruner*, der 2002 verstarb.

Tauentzienstr. 6-9 (Europa-Center), 10789 (Charlottenburg), Tel. 261 47 95, www.die-stachelschweine.de. (S und U2, U9 Zoologischer Garten oder U1, U2, U3 Wittenbergplatz).

- **Wintergarten Varieté:** Entertainment in der Tradition der 20er Jahre im Outfit des neuen Jahrtausends mit Akrobatik, Trapez-Artistik, Jonglage, Schlangenmenschen und Schattenspielern im Theatersaal in der Potsdamer Straße.

Potsdamer Straße 96, 10785 (Tiergarten), Tel. 25 00 88 88, www.wintergarten-variete.

de. (U1 Kurfürstenstr., Bus 119, 129, 148, 187, 341, 348).

•**Die Wühlmäuse:** Das Kabarett-Theater von *Didi Hallervorden* ist Spielort der deutschen Satire-Prominenz, z. B. *Hans Scheibner, Ingo Apelt, Bruno Jonas* und *Mathias Richling*.

Pommernallee 2-4, 14052 (Charlottenburg), Tel. 30 67 30 11, www.wuehlmaeuse.de. (U2 Theodor-Heuss-Platz).

Musiktheater

Oper

Berlin ist Opernstadt. Weltweit einmalig, verfügt die Stadt gleich über vier bedeutende Opernhäuser, in denen allabendlich über 4500 Plätze für Musiktheater- und Ballettvorstellungen, Sinfonie- und Kammermusikkonzerte reserviert sind. Für Auskünfte rund um das Thema, Ticket-Buchung und bei Bedarf das passende Hotelangebot steht Opernfreunden die Service-Hotline Tel. 20 00 23 23 zur Verfügung.

•**Deutsche Oper:** Unter dem langjährigen, im Dez. 2000 verstorbenen Generalintendanten *Goetz Friedrich* profilierte sich die Westberliner Oper in der Bismarckstraße mit Programmschwerpunkten auf klassischen Werken italienischer und französischer Meister sowie *Wagners* „Ring der Nibelungen".

Bismarckstr. 35, 10627 (Charlottenburg), Tel. 343 84 01, Karten-Tel. (0700) 37 23 75 46, www.deutscheoperberlin.de, info@deutscheoperberlin.de. (U2 Deutsche Oper).

•**Komische Oper:** 1947 von *Walter Felsenstein* (1901–75) gegründet. Fast 28 Jahre leitete der berühmte österreichische Regisseur das Musiktheater in der Tradition der französischen Opéra Comique. Die Werke werden in Deutsch aufgeführt. Zu den Konzerten des Orchesters der Komischen Oper siehe auch unter „Musik- und Konzerthallen, Jazzkeller & Co".

Behrenstr. 55-57, 10017 (Mitte), Info-Tel. 202 60-0, Karten-Tel. 47 99 74 00, Fax 47 99 74 90, info@komische-oper-berlin.de, www.komische-oper-berlin.de. (S Unter den Linden, U6 Französische Str.).

•**Neuköllner Oper:** Der Benjamin unter den Berliner Opernbühnen mit dem Geburtsjahr 1977 spielt von klassisch über volkstümlich bis experimentell. Die begrenzten Räumlichkeiten und infolge dessen die Einrichtung der Stücke für kleine Instrumentalensembles machen die Aufführungen zum hautnahen Erlebnis.

Karl-Marx-Straße 131-133, 12043 (Neukölln), Tel. 688 90 70, Karten-Tel. 68 89 07 77, www.neukoellneroper.de, info@neukoellneroper.de. (U7 Karl-Marx-Str.).

•**Staatsoper Unter den Linden:** Das 1742 nach Plänen des Baumeisters *Knobelsdorff* eingeweihte Haus ist gleichermaßen das Schmuckkästchen wie der Uropa der Berliner Musikbühnen. Weltberühmte Tonkünstler wie *Giacomo Meyerbeer, Felix Mendelssohn-Bartholdy* und *Richard Strauss* wirkten hier. Unter der Musikdirektion von *Daniel Barenboim* bilden neben dem klassischen Repertoire die Werke von *Richard Wagner* sowie vormozartäische Opern einen Schwerpunkt (zu den Konzerten der Staatskapelle Berlin siehe auch unter „Musik- und Konzerthallen, Jazzkeller & Co.").

Unter den Linden 7, 10017 (Mitte), Info-Tel. 20 35 40, Karten-Tel. 20 35 45 55, Fax 20 35 44 80, tickets@staatsoper-berlin.de, www.staatsoper-berlin.de. (Bus 100, 200, TXL).

Leichte Muse

Für die Verbreitung von **Pop-Musicals** wurde manche vormals schwer subventionierte staatliche Berliner Bühne mittlerweile veräußert und umfunktioniert. Jedoch besitzt Berlin keine Musical-Tradition, Thalias historische Wurzeln liegen an der Spree vielmehr in Kabarett, Varieté, Kleinkunst und Satire, musikalisch sind sie in den **Zwanziger-Jahre-Revuen** sowie den Liedern und Couplets von *Paul Lincke* (1866–1946), *Walter Kollo*

(1878–1940) oder *Friedrich Hollaender* (1896–1976) zu finden, an die heute vorzugsweise die Kleinkunst-Szene wieder anknüpft. Folgende Tempel der Leichten Muse finden sich in Berlin:

- **Friedrichstadtpalast:** In Deutschlands einzigem Revuetheater glänzt neben einer farbenfrohen Ausstattung und schillernden Kostümen besonders die steppende, Jazztanz und klassisches Ballett aufführende Girlreihe, die einen Abend im Friedrichstadtpalast zum Augenschmaus macht.

  Friedrichstr. 107, 10117 (Mitte), Tel. 23 26 22 03, Karten-Tel. 23 26 23 26, www.friedrichstadtpalast.de, info@friedrichstadtpalast.de. (U6 Oranienburger Tor).
- **Musical Theater am Potsdamer Platz:** Im Juni 1999 mit dem Musical „Der Glöckner von Notre Dame" eröffnet, bietet das Musiktheater im Daimler-Benz-Areal 1800 Sitzplätze zwischen 24 und 69 €.

  Marlene-Dietrich-Platz (am Potsdamer Platz), Tel. (01805) 44 44, www.stageholding.de. (S und U2 Potsdamer Platz).
- **Theater des Westens:** Just reif für das Altenteil, kam der Erfolg am 65. Geburtstag 1961 mit der deutschsprachigen Erstaufführung von „My Fair Lady". Das prunkvoll ausgestattete Gebäude an der Kantstraße wartet mit oft eigenwilligen künstlerischen Interpretationen von Genre-Klassikern sowie spannenden Eigenproduktionen auf.

  Kantstraße 12, 10623 (Charlottenburg), Tel. (01805) 44 44, www.stageholding.de. (S und U2, U9 Zoologischer Garten).

Unterkunft

Großstädte sind nirgends ein billiges Pflaster. Bedenkt man aber, dass Berlin Deutschlands Reiseziel Nr. 1 und mit der Zahl registrierter Übernachtungen pro Jahr zusammen mit London und Paris zu den Top-Drei-Städten Europas zählt, noch vor Rom, Wien, Madrid und Prag, ist die Spree-Metropole mit Preisen von 50 bis 100 € für ein attraktives Doppelzimmer pro Nacht mit allem Komfort in zentraler Lage sogar **relativ günstig.** Zurzeit verfügt die Stadt über ein Übernachtungsangebot von gut 84.000 Hotelbetten, und es werden jedes Jahr mehr.

Berlin Tourismus Marketing Gesellschaft (BTM)

Eine große Anzahl von ihnen kann über die Berliner Tourismus Marketing Gesellschaft gebucht werden, deren **Touristinformationen** auch Zimmer vermitteln. Um die Unterkunft nicht als Katze im Sack mieten zu müssen, gibt die BTM jährlich einen **Bild-Katalog** mit Berliner Hotels und Pensionen heraus, den man schriftlich oder telefonisch anfordern kann. Für die Information und Reservierung per Telefon ist dort im Haus Mo.–Fr. 8–19, Sa./So. 9–18 Uhr ein **Info-Call-Center** eingerichtet. Auf der Website der BTM, Stichpunkt „Unterkunft" sind mit Foto, Adresse, Preis und Informationen zur Ausstattung über 400 Hotels notiert, die man online reservieren kann.

- **Berlin Tourismus Marketing GmbH (BTM),** Am Karlsbad 11, 10785 Berlin, Reservierung von Tickets und Unterkunft Tel. 25 00 25, reservation@btm.de, www.berlin-tourist-information.de (siehe auch unter „Informationsstellen").

Kategorien

1998 wurde der Berliner Herbergshimmel um viele Sternchen bereichert.

Mancher Hotelier trat beim Deutschen Hotel- und Gaststättenverband (Dehoga) zur freiwilligen **Sterne-Klassifizierung** in den fünf Kategorien Tourist (1 Stern), Standard (2 Sterne), Komfort (3 Sterne), First Class (4 Sterne) und Luxus (5 Sterne) an, wobei jedoch nicht etwa ein Dehoga-Mitarbeiter undercover die betreffende Räumlichkeit inspizierte. Nein, ein Fragebogen, den die Hoteliers zugesandt bekamen, wurde vom Computer ausgewertet, der punktete, wenn z. B. ein Bad vorhanden ist, aber nicht, ob es sich in einem blitzsauberen oder verschimmelten Zustand befindet. So regnete es viele, viele Sterne auf die Berliner Hotellandschaft nieder. Lassen Sie sich nicht davon irritieren!

Viel hilfreicher ist die **Orientierung am Preis,** wobei wie überall auf der Welt die Faustregel gilt: je teurer, desto besser. Günstige Herbergen gibt es in Berlin natürlich auch.

Unterkunfts-Tipps

Die aufgeführten Unterkünfte (außer Campingplätzen, Jugendherbergen und Jugendgästehäusern) befinden sich alle in zentraler Innenstadtlage; die angegebenen Preise sind Richtpreise und gelten **für zwei Personen im Doppelzimmer mit Dusche/WC und Frühstück** in den Hochreisezeiten.

Unter **„Hochreisezeiten"** versteht sich in Berlin nicht die übliche touristische Sommerhochsaison. Sie verteilen sich vielmehr über das ganze Jahr je nach Event, internationalem Messetermin oder Massenveranstaltung, wie beispielsweise „Grüne Woche" (zehn Tage im Januar), Internationale Filmfestspiele (zwei Wochen im Februar), Internationale Tourismusbörse (fünf Tage im März), Karneval der Kulturen (Pfingsten), Christopher Street Day (an einem Wochenende im Juli), Berlin-Marathon (im September) und vieles andere mehr.

Außerhalb dieser stark frequentierten Termine gewähren die Hotels die unterschiedlichsten **Nachlässe,** Arrangements und Wochenendangebote, weshalb es sich immer lohnt, einen Preisvergleich anzustellen. Wer auf der Suche nach der Unterkunft seiner Wahl bei der BTM (www.btm.de) noch nicht fündig geworden ist, für den halten die offiziellen Seiten der Hauptstadt www.berlin.de, Stichwort „Tourismus & Hotels", zahlreiche weitere Angebote zum Anschauen, Vergleichen und Reservieren parat.

Luxus

Himmlische Preise **ab 200 € bis zu 500 €** als höchstes Entgelt, das man in Berlin für ein Dach über dem Kopf in der Nacht loswerden kann, lassen bei den meisten nicht einmal die Quartiernahme in einer dortigen Besenkammer in den Bereich der Vorstellung treten. Macht nichts! Folgende atemberaubend elegante Hotels sind Sehenswürdigkeiten für sich und lohnen zum Schauen und Atmosphäreschnuppern mindestens für einen ausgedehnten Espresso in der Hotelbar.

- **Hotel Adlon,** Unter den Linden 77, 10117 (Mitte), Tel. 22 61 0, Fax 22 61 22 22, www.hotel-adlon.de, adlon@kempinski.com. High Society im nach alten Plänen wiedererbauten Fünf-Sterne-Hotel am Brandenburger Tor. 2005 wurde das Adlon von der Hotelvereinigung „The Leading Hotels of the World" zum besten Hotel in Europa gewählt. (S Unter den Linden).

318be Foto: kj

- **Hotel Grand Hyatt,** Marlene-Dietrich-Platz 2, 10785 (Tiergarten), Tel. 25 53 12 34, Fax 25 53 12 35, www.berlin.hyatt.com, berlin@hyatt.com. Am Potsdamer Platz trifft sich seit 1998 die sachlich-kühle Noblesse. (S und U2 Potsdamer Platz).
- **Hilton Hotel,** Mohrenstr. 30, 10117 (Mitte), Tel. 20 23 0, Fax 20 23 42 69, www.hilton.de, info.berlin@hilton.de/berlin. Am schönsten Berliner Platz gelegen, dem Gendarmenmarkt. (U2, U6 Stadtmitte).
- **Hotel InterContinental,** Budapester Str. 2, 10787 (Tiergarten), Tel. 26 02-0, Fax 26 02 26 00, www.interconti.com, berlin@interconti.com. Das beliebteste Schloss (1000 Betten) nicht des Geldadels, sondern der Film-, Show- und Sport-Prominenz. (S und U2, U9 Zoologischer Garten, Bus 200).
- **Hotel Ritz Carlton,** Potsdamer Platz 3, 10785 (Tiergarten), Tel. 33 77 77, Fax 33 77 75 555, www.ritzcarlton.com/hotels_de/berlin. Im Nobelhochhaus des Beisheim Centers am

Potsdamer Platz steigen alljährlich zur Berlinale die Hollywoodstars ab. Auch sonst hoher Promi-Auftrieb. (S und U2 Potsdamer Platz).

- **Regent Hotel,** Charlottenstr. 49, 10117 (Mitte), Tel. 203 38, Fax 20 33 61 19, www.regenthotels.com, info.berlin@rezidorregent.com. Prachtvoll verführerisch am Gendarmenmarkt. Logieren wie zur Zeit Louis XIV. (U6 Französische Str.).

100–200 €

- **Hotel Art Nouveau,** Leibnizstr. 59, 10629 (Charlottenburg), Tel. 327 74 40, Fax 32 77 44 40, www.hotelartnouveau.de, info@hotelartnouveau.de. Schöne Synthese aus Alt (Stuckdecken und Antiquitäten) und Neu (sachliche Eleganz und luftige südliche Farben), die individuell ausgestatteten Zimmer (Nichtraucher) sind großzügig bemessen. (110–165 €; S Savignyplatz, Bus 101).
- **Hotel Askanischer Hof,** Kurfürstendamm 53, 10707 (Charlottenburg), Tel. 881 80 33, Fax 881 72 06, www.askanischer-hof.de, info@askanischer-hof.de. Sehr vornehm, sehr exklusiv; wenn er in Berlin weilt, logiert *David Bowie* inmitten der ausgesuchten Antiquitäten. (107–185 €; U7 Adenauerplatz, Bus M29).
- **Golden Tulip Residenz Hotel,** Meinekestr. 9, 10719 (Charlottenburg), Tel. 88 44 30, Fax 882 47 26, www.hotel-residenz.com, info@hotel-residenz.com. Schön restauriertes Jugendstilhaus in zentraler, dennoch ruhiger Lage in einer der schicken Ku'damm-Seitenstraßen. (138–170 €; S und U2, U9 Zoologischer Garten).
- **Hotel Hackescher Markt,** Große Präsidentenstr.8, 10178 (Mitte), Tel. 28 00 30, Fax 28 00 31 11, www.loock-hotels.com, hackescher-markt@loock-hotels.com. Direkt am Hackeschen Markt, unscheinbar von außen, innen um so eleganter, die Zimmer mit schönen Pinewood-Möbeln und feinen englischen Stoffen ausgestattet, die Bäder mit Fußbodenheizung, außerdem zählt die Lage. (140–160 €; S Hackescher Markt).

Das Adlon –
Fünf-Sterne-Hotel am Brandenburger Tor

100–140 €

- **Hotel Allegra,** Albrechtstr. 17, 10117 (Mitte), Tel. 30 88 60, Fax 30 88 61 00, www.hotel-allegra.de, allegra@albrechtshof-hotels.de. Außen klassizistisch, innen stilvoll, komfortabel, modern, wenige Minuten von Friedrichstraße und Reichstag entfernt, zwei Etagen für Nichtraucher. (109–130 €; S und U6 Friedrichstr. oder U6 Oranienburger Tor).
- **Hotel Kastanienhof,** Kastanienallee 65, 10119 (Mitte), Tel. 44 30 50, Fax 44 30 51 11, www.hotel-kastanienhof-berlin.de, info@hotel-kastanienhof-berlin.de. Sehr beliebt, da herzliche Atmosphäre kombiniert mit gepflegtem Ambiente und Altbaubehaglichkeit, jeweils fünfzehn Spazierminuten von den Ausgehmeilen rund um den Hackeschen Markt, den Kollwitzplatz und die Eberswalder Str. entfernt. (103–138 €; U2 Rosenthaler Platz, Tram M1).
- **Hotel Künstlerheim Luise,** Luisenstr. 19, 10117 (Mitte), Tel. 28 44 80, Fax 28 44 84 48, www.kuenstlerheim-luise.de, info@luise-berlin.com. Klassizistisches Stadtpalais von 1825 mit elegantem Erweiterungsbau aus dem Jahr 2003 in Sichtweite von Reichstag und Spree, jedes Zimmer jeweils von einem anderen namhaften Künstler gestaltet. (99–128 €, in der Mansarde mit Dusche/WC auf dem Gang 69–79 €; S und U6 Friedrichstr.).

80–110 €

- **Frauenhotel Artemisia,** Brandenburgische Str. 18, 10707 (Wilmersdorf), Tel. 873 89 05, Fax 861 86 53, www.frauenhotel-berlin.de, artemisia@frauenhotel-berlin.de. Schönes Komforthotel in Ku'damm-Nähe, nur für Frauen. (98–104 €; U7 Konstanzer Str.).
- **Hotel Bogota,** Schlüterstr. 45, 10707 (Charlottenburg), Tel. 881 50 01, Fax 883 58 87, www.bogota.de. Gediegene Eleganz mit nostalgischem Grandhotel-Flair, wenige Minuten vom Ku'damm entfernt. (89–118 €; U2 Uhlandstr., U7 Adenauerplatz, Bus M29).
- **Hotel Intermezzo,** Gertrud-Kolmar-Str. 5, 10117 (Mitte), Tel. 22 48 90 96, Fax 22 48 90 97, www.hotelintermezzo.de, frauen@hotelintermezzo.de. Nur für Frauen, die Zimmer behaglich im Landhausstil, männliche Kinder bis

12 Jahre erlaubt. (DZ mit Bad 85 €, ohne Bad 75 €, Frühstück 6 €; S und U2 Potsdamer Platz oder U2 Mohrenstraße).

- **Hotel-Pension Wittelsbach,** Wittelsbacher Str. 22, 10707 (Wilmersdorf), Tel. 864 98 40, Fax 862 15 32, www.hotel-pension-wittelsbach.de, info@hotel-pension-wittelsbach.de. Stilvoll und persönlich zugleich, für seine besondere Kinderfreundlichkeit ausgezeichnet. (92 €; U7 Konstanzer Str.)
- **Hotel am Scheunenviertel,** Oranienburger Str. 38, 10117 (Mitte), Tel. 282 21 25, Fax 28 30 83 10, www.hotelamscheunenviertel.de, info@hotelas.com. Mittendrin im Geschehen, nahe Dom und Museumsinsel reiht sich hier ein angesagtes Lokal ans andere. (Ab 80 €; S Hackescher Markt).
- **Hotel-Pension Seifert,** Uhlandstr. 162, 10719 (Wilmersdorf), Tel. 884 19 10, Fax 884 19 13 30, www.hotel-seifert.de, info@hotel-seifert.de. Schöner Altbau mit Komfortzimmern im Herzen der West-City in Ku'dammnähe. (85–110 €; U1 Uhlandstr., Bus 249)

40–80 €

- **Berliner City-Pension,** Proskauer Str. 13, 12407 (Friedrichshain), Tel. 42 08 16 15, Fax 42 08 16 14, www.berliner-city-pension.de, info@berliner-city-pension.de. Schlicht und preisgünstig, fünf Minuten zu Fuß bis zum „Boxi", der Ausgehmeile in „Friedlhain". (40 €; U5 Samariterstr.).
- **City Hotel Lenz,** Xantener Str. 8, 10707 (Wilmersdorf), Tel. 88 91 79 24, Fax 88 91 79 25, www.cityhotellenz.de, cityhotellenz@aol.com. Gediegener Altbau im alten Westen in einer Seitenstraße vom Kurfürstendamm, ruhig, familiär. (ab 65 €; U7 Adenauerplatz).
- **Hotel-Pension Eden am Zoo,** Uhlandstr. 184, 10623 (Charlottenburg), Tel. 881 59 00, Fax 881 57 32, www.hotels-berlin-mitte.de. Reizende kleine Gründerzeitherberge im Zentrum der West-City. (65 €; U1 Uhlandstr.).
- **Hotel am Potsdamer Platz,** Potsdamer Str. 82-84, 10785 (Tiergarten), Tel. 262 63 55, Fax 26 66 23 27, www.hotel-am-potsdamer-platz.de. Mit flottem Schritt fünf Minuten vom Potsdamer Platz entfernt, funktional ausgestattete Zimmer. (76 €, Frühstück 7 €; U1 Kurfürstenstr., Bus M29)
- **Pension Trautenau,** Trautenaustr. 14, 10717 (Wilmersdorf), Tel. 861 35 14, Fax 86 31 36 80. (Gemütliche Zimmer, je nach Wahl 39 bis 84 €, mit Dusche/WC auf dem Gang 25 bis 30 €; U9 Güntzelstr.).

Hostels und Gästehäuser

- **Eastern-Comfort hostelboat berlin,** Mühlenstraße 73-77, 10243 (Friedrichshain), Tel. 66 76 38 06, Fax 66 76 38 05, www.eastern-comfort.com. 2005 eröffnetes, erstes und einziges Hostelschiff, vertäut an der Oberbaumbrücke im In-Kiez an der Spree in Friedrichshain-Kreuzberg. (Kleine Zimmer mit Bullauge 50 €, doppelt so große Komfortzimmer mit Spreeblick 72 €; S und U1 Warschauer Str.).
- **Meininger City Hostel,** Hallesches Ufer 30, 10963 Kreuzberg), Tel. 66 63 61 00, Fax 66 63 62 22, www.meininger-hostels.de, welcome@meininger-hostels.de. In Kreuzbergs schönem Westen, zehn Minuten zum Potsdamer Platz. Frühstückbüffet, und alle Zimmer mit Dusche/WC. (Schlafsaal 13,50 €, DZ 33 € pro Person). (U1, U6 Hallesches Tor).
- **Mitte's Backpacker Hostel Berlin,** Chausseestr. 102, 10115 (Mitte), Tel. 28 39 09 65, Fax 28 39 09 35, www.backpacker.de, info@backpacker.de. Echt cool, wenige Minuten von der Oranienburger Straße. (7-8-Bett-Zimmer 16 €, DZ mit Dusche/WC 24 € pro Person). (U6 Zinnowitzer Str.).
- **Circus The Hostel,** Rosa-Luxemburg-Straße 39-41, 10178 (Mitte), Tel. 28 39 14 33, Fax 28 39 14 84, www.circus-berlin.de, info@circus-berlin.de. (6-, 7-, 8-Bett-Zimmer 15 €, Bettwäsche 2 €). (U2 Rosa-Luxemburg-Platz).

Jugendherbergen und -gästehäuser

Die Häuser, die das DJH in Berlin betreibt, sind meist bis unter das Dach belegt, weshalb es sich dringend empfiehlt rechtzeitig anzufragen. Bis zwei Wochen vor dem geplanten Abreisetermin richtet man seine Reservierungswünsche an das

- **Deutsches Jungendherbergswerk Berlin-Brandenburg e.V.,** Schulstr. 9, 14482 Potsdam, Tel. (0331) 581 30, Fax 581 34 44. www.jugendherberge.de, info@jugendherberge.de

In den letzten 14 Tagen vor der Abreise wendet man sich für die Buchung direkt an die Häuser, erfahrungsgemäß ist es dann aber meistens zu spät. Voraussetzung für die Übernachtung ist die Mitgliedschaft im deutschen oder einem internationalen Jugendherbergswerk.

- **Jugendherberge Berlin International,** Kluckstr. 3, 10785 (Tiergarten), Tel. 261 10 97, Fax 265 03 83, www.jugendherberge.de, jh-berlin@jugendherberge.de, 354 Betten in Vier- bis Fünf-Bett-Zimmern. (Junior/Familie 21 €.)
- **Jugendherberge Ernst Reuter,** Hermsdorfer Damm 48-50, 13467 (Hermsdorf), Tel. 404 16 10, Fax 404 59 72, www.jugendherberge.de, jh-ernst-reuter@jugendherberge.de. Am Rande des Tegeler Forstes nahe der nördlichen Stadtgrenze, mit Bus und U-Bahn ca. eine Stunde in die Innenstadt. 111 Betten in Vier- bis Sechs-Bett-Zimmern. (Junior/Familie 17 €.)
- **Jugendgästehaus am Wannsee,** Badeweg 1, 14129 (Zehlendorf), Tel. 803 20 34, Fax 803 59 08, www.jugendherberge.de, jh-wannsee@jugendherberge.de, 288 Betten in 72 Vier-Bett-Zimmern unmittelbar am Großen Wannsee im Südwesten Berlins, knapp eine Stunde mit der S-Bahn in die Innenstadt. (Junior/Familie 21 €.)
- **Jugendgästehaus des CVJM Berlin,** Einemstr. 10, 10787 (Schöneberg), Tel. 26 49 10 88, Fax 26 49 10 99, www.cvjm-berlin.de/jgh, jgh@cvjm-berlin.de (Gruppen 21 €, Einzelgäste 30 €.)

Mitwohnzentralen

Sie vermitteln gegen eine Gebühr Gästezimmer, Apartments oder Wohnungen für die Nacht, ein Wochenende, mehrere Wochen und auch für längere Zeit.

- **fine+mine Internationale Mitwohnagentur,** Neue Schönhauser Straße 20, 10178 (Mitte), www.fineandmine.de, office@fineandmine.de, Tel. 235 51 20, Fax 23 55 12 12.
- **freiraum Wohnagentur,** Wiener Str. 14, 10999 (Kreuzberg), www.freiraum-berlin.com, info@freiraum-berlin.de, Tel. 618 20 08, Fax 618 20 06.

Campingplätze

Die Campingplätze des Deutschen Campingclubs (DCC) in Berlin befinden sich in attraktiver Lage im Grünen, aber auch recht abgelegen. Die Fahrt in die Innenstadt dauert lange (ca. 1–1½ Std.).

- **Deutscher Camping-Club e. V.,** Mandlstr. 28, 80802 München, Tel. 089 380 14 20, Fax 33 47 37, www.camping-club.de, info@camping-club.de.
- **Campingplatz Am Krossinsee,** Wernsdorfer Str. 38, 12527 (Schmöckwitzwerder), Tel. 675 86 87, Fax 675 91 50, ganzjährig, Ver-/Entsorgung für Wohnmobile. An der südöstlichen Stadtgrenze in schöner Kiefernheide direkt am Ufer des Sees.
- **Campingplatz Gatow,** Kladower Damm 207-213, 14089 (Gatow), Tel. 365 43 40, Fax 36 80 84 92, ganzjährig, Ver-/ Entsorgung für Wohnmobile. Im Westen Berlins am Waldrand nahe der Havel gelegen.
- **Campingplatz Kladow,** Krampnitzer Weg 11-117, 14089 (Kladow), Tel. 365 27 97, Fax 365 12 45, ganzjährig. Schöner Waldplatz im Südwesten der Stadt am Sacrower See.
- **Campingplatz Dreilinden,** 14109 (Albrechts Teerofen), Tel. 805 12 01, März–Okt. Kleiner Platz nur für Zelte am alten Grenzkontrollpunkt „Dreilinden" im Südwesten der Stadt.

Unterwegs in Berlin

Auto

Es ist die teuerste und oft auch die langsamste aller Fortbewegungsmöglichkeiten durch Berlin. Während in der **Rushhour** die Fußgänger auf dem Bürgersteig lächelnd an der Blechlawine vorüberziehen, braucht der eingekeilte Automobilist Nerven wie Stahlseile. An der Tagesordnung sind Umleitungen, Be- und Entladen in zweiter

Spur, Hupkonzerte auf verstopften Straßenkreuzungen sowie Schneiden, Ausbremsen und Stinkefingerzeigen, gelegentlich auch eine Beule im Blech.

Allgegenwärtig sind auch die knöllchenschreibenden Damen und Herren im Auftrag der Polizei. Wo der **Parkraum** im Innenstadtbereich nicht bewirtschaftet wird, ist Parken in der Regel verboten. Die Parkgebühr beträgt je nach Lage 25 bis 50 Cent pro angefangene Viertelstunde, in viel frequentierten Zonen wie dem Potsdamer Platz sogar 75 Cent alle fünfzehn Minuten.

Taxi

Berliner Motordroschken dürfen die eigens für Radfahrer und den öffentlichen Nahverkehr eingerichteten Busspuren mitbenutzen. Insofern gelangen sie **zu Stoßzeiten** besser durch die Stadt als der motorisierte Privatverkehr.

An Taxen herrscht in Berlin **kein Mangel.** Bis auf wenige Ausnahmen wie Großveranstaltungen, die Silvesternacht oder außergewöhnliche Fahrzeiten ist es im Innenstadtbereich deshalb nicht nötig, ein Taxi vorzubestellen oder zu einem Taxistand zu laufen. Auf die Straße gehen und winken genügt.

Funk-Taxi

Über die Funkzentralen können Tag und Nacht Taxen gerufen werden.

- **Funk Taxi Berlin:** 26 10 26
- **TaxiFunk:** (0800) 443 32 22
- **Würfelfunk:** (0800) 222 22 55

Velo Taxi

„Mobilität dank Muskelkraft" lautet die Attraktion unter den Berliner Personenbeförderungsdienstleistungen. Alljährlich radeln die **Fahrrad-Rikschas** von Velo Taxi von Frühjahr bis Herbst die stattliche Anzahl von 350.000 Menschen durch die Stadt. Die flotten Umwelt-Flitzer kutschieren von März bis Oktober 12–20 Uhr. Man ordert sie unter (0800) 83 56 82 44 und www.velotaxi.de, oder man steigt einfach ein an den Anfangs- und Endstationen der folgenden vier Sightseeing-Routen:

- Adenauerplatz – Kurfürstendamm – Breitscheidplatz (Europacenter)
- Breitscheidplatz (Europacenter) – Tiergarten – Brandenburger Tor
- Brandenburger Tor – Straße Unter den Linden – Alexanderplatz
- Bahnhof Friedrichstraße – Friedrichstraße – Potsdamer Platz

Fahrrad

In Hinblick auf die Autoschlangen zu manchen Tageszeiten ist das Fahrrad das ideale Fortbewegungsmittel in Berlin. Die Stadt verfügt über ein gut ausgebautes **Radwegenetz.** Leider jedoch müssen „Radweg" und „Sicherheit" keineswegs Synonyme sein, weshalb 1998 die generelle Fahrradwege-

Rikscha-Fahrer

032be Foto: kj

Benutzungspflicht aufgehoben wurde. Man darf also auch die **Straßen beradeln,** hat mithin die Wahl, je nachdem wo man sich besser gesehen glaubt. Benutzungspflichtig sind nur die mit einem Radwegeschild gekennzeichneten Fahrstreifen, und das sind nicht viele.

ADFC

Ansprechpartner schlechthin für alle Belange rund um das Veloziped ist auch in Berlin der Allgemeine Deutsche Fahrrad-Club (ADFC). Er bietet **geführte Fahrrad-Ausflugstouren** an und gibt Touren- und Routenplaner heraus. Sie können über den **Buch- und Infoladen** des ADFC bezogen werden. Neben einer großen Auswahl an Literatur zum Thema Fahrradfahren stehen dort die ADFC-Mitarbeiterinnen und -Mitarbeiter den Pedalrittern bei allen Fragen mit Rat und Tat zur Seite.

- **ADFC:** Brunnenstr. 28, 10119 (Mitte), Tel. 4 48 47 24, www.adfc-berlin.de, kontakt@adfc-berlin.de, Mo.–Fr. 12–20 Uhr, Sa. 10–16 Uhr.

Radverleih

Die **Fahrradstation** verleiht Räder ab 10 € pro Tag. Sie sind ausgezeichnet in Schuss, da jährlich fabrikneu. Info- und Reservierungshotline: Tel. (0180) 510 80 00.

Ausleihstellen befinden sich:

- **Bahnhof Friedrichstraße,** Eingang Dorotheenstraße 30, 10117 (Mitte), Mo.–Fr. 10–19 Uhr, Sa. 10–15 Uhr. (S und U6 Friedrichstr.).
- **Auguststraße 29a,** 10119 (Mitte), Mo.–Fr. 10–19 Uhr, Sa. 10–15 Uhr. (U8 Weinmeisterstr. oder Rosenthaler Platz).

- **TrekProShop,** Leipziger Str., 56, 10117 (Mitte), Mo.–Fr. 10–19 Uhr, Sa. 10–15 Uhr. (U2 Hausvogteiplatz, Bus 148).
- **Bergmannstraße 9,** 10961 Kreuzberg, Mo.–Fr. 10–19 Uhr, Sa. 10–16 Uhr. (U7 Gneisenaustr.).
- **Goethestraße 46,** 10625 (Charlottenburg), Mo.–Fr. 10–19 Uhr, Sa. 10–16 Uhr. (U2, U7 Bismarckstr.).

Call a bike

Fahrräder per Handy mieten kann man mit „Call a bike". Rund um die Uhr stehen die silber-roten Drahtesel der Deutschen Bahn an jeder größeren Kreuzung in der City bereit. Anruf genügt, und los geht die Fahrt (7 Cent/Minute, maximal 15 € am Tag). Kreditkarteninhaber können sofort losradeln, wer mit Bankeinzug seine Rechnung begleichen möchte, muss sich eine Woche vorher unter Tel. 07000 522 55 22 oder www.callabike.de registrieren lassen.

Mit dem ÖPNV

Das Netz des Öffentlichen Personennahverkehrs in und um Berlin herum ist deutschlandweit einzigartig und vergleichsweise günstig. Es besteht ein gemeinsamer Tarif für Berlin und Umland, den die Berliner Verkehrsbetriebe (BVG), die S-Bahn Berlin GmbH, die Deutsche Bahn (DB), der Verkehrsbetrieb Potsdam (ViP) und zahlreiche weitere Verkehrsgesellschaften im **Verkehrsverbund Berlin-Brandenburg (VBB)** miteinander ausgehandelt haben.

Die **Tarifbereiche** im Großraum Berlin sind in drei Zonen aufgeteilt:

- **A:** Innerer S-Bahnring, der die Innenstadtbezirke umschließt.
- **B:** Äußerer S-Bahnring, der der Berliner Landesgrenze folgt.
- **C:** Brandenburger Umland.

Das Verkehrsnetz ist feinmaschig. **S-Bahnen** (Schnellbahnen) fahren im Allgemeinen im Zehn-Minuten-Takt von morgens 4 Uhr bis nachts 1 Uhr, sonn- und feiertags im Zwanzig-Minuten-Takt. **U-Bahnen** fahren ebenfalls zwischen 4 Uhr morgens und 1 Uhr nachts, in den Hauptverkehrszeiten meist alle dreieinhalb Minuten, sonn- und feiertags alle fünf Minuten. Darüber hinaus sind sie in den Nächten von Freitag auf Samstag und Samstag auf Sonntag unterwegs (außer U3 und U4).

Auf wichtigen Strecken, auf denen es keine S- oder U-Bahn gibt, sind die **Metrolinien** von Bus und Tram unterwegs. Die mit einem „M" und einer zweistelligen Ziffer gekennzeichneten Linien verkehren täglich mindestens zwanzig Stunden im Zehn-Minuten-Takt, häufig auch öfter. Die schnellen **ExpressBus-Linien,** die weniger Haltestellen als üblich anfahren, tragen die Kennzeichnung „X"; der JetExpressBus TXL befördert die Fahrgäste in zwanzig bis vierzig Minuten je nach Verkehrsdichte vom Alexanderplatz zum Flughafen Tegel. Die noch verbliebenen Lücken füllen zahlreiche weitere **Busse** und **Straßenbahnen.** Über die Flüsse und Seen setzen **BVG-Fähren** über.

Fahrkarten

Die Fahrkarten werden entweder **am Automaten** in den S- und U-Bahnhöfen oder der Tram gezogen, in den **Kundenzentren** der BVG und der S-Bahn erworben oder beim **Schaffner** gelöst (Bus, Fähre). Münzgeld parat zu halten ist in jedem Fall besser als sich seine Banknote von einer Maschine auffressen zu lassen oder gar einen Busfahrer zu ärgern.

Vor Fahrtantritt müssen die Fahrkarten an einem **Stempelautomaten entwertet** werden.

Neben verschiedenen Angeboten für Wochen-, Monats-, Jahres- und Abonnementkarten gelten folgende allgemeine Fahrausweise.

033be Foto: ki

- **Einzelfahrausweis für die Kurzstrecke:** 1,20 €, ermäßigt 1 €, für drei S- bzw. U-Bahnstationen oder sechs Bus- bzw. Straßenbahnhaltestellen.
- **Einzelfahrausweis:** 2,10 € (erm. 1,40 €) für den Tarifbereich A/B, 2,30 € (erm. 1,60 €) für B/C und 2,60 € (erm. 1,90 €) für den Tarifbereich ABC. Das Ticket berechtigt zu einer Fahrt mit Umsteigen auf direktem Weg Richtung Fahrziel.
- **Tageskarte:** Sie kann nach der Entwertung bis 3 Uhr des Folgetags für eine beliebige Anzahl von Fahrten genutzt werden und kostet für den Tarifbereich A/B 5,80 € (erm. 4,20 €), für B/C 5,70 € (erm. 4,30 €) und für ABC 6 € (erm. 4,50 €). Kinder unter sechs Jahre fahren umsonst auf dem Ticket mit.
- **7-Tage-Karte:** Sie gilt ab dem Tag der Entwertung für sieben aufeinander folgende Kalendertage; ihre Gültigkeit endet am siebten Tag um 0 Uhr. Sie beinhaltet die Mitnahme von einem Erwachsenen und bis zu drei Kindern vom vollendeten 6. bis zum vollendeten 14. Lebensjahr werktags ab 20 Uhr; samstags und sonntags ganztägig. Die Kosten betragen für die Tarifbereiche A/B 25,40 €, B/C 26,20 € und ABC 31,30 €.
- **Kleingruppenkarte:** Gruppen von drei bis fünf Personen können mit diesem Fahrausweis ab Entwertung bis zum Folgetag 3 Uhr neben S- und U-Bahnen, Bussen, Straßenbahnen und Fähren auch Regionalbahnen und Regionalexpresszüge benutzen. Kinder bis zum vollendeten sechsten Lebensjahr sowie ein Hund fahren unentgeltlich mit. Kostenpunkt: Tarifbereich A/B 14,40 €, B/C 14,30 €, ABC 15 €.
- **WelcomeCard:** Zwei bzw. drei Tage freie Fahrt für sich selbst und drei Kinder bis zum vollendeten 14. Lebensjahr mit allen öffentlichen Verkehrsmitteln des VBB inklusive Regionalbahnen und Regionalexpresszügen. Zusätzlich ermöglicht die WelcomeCard Preisnachlässe bis zu fünfzig Prozent für Stadtrundfahrten, Museen, Bühnen, Ausstellungen, Veranstaltungen und vieles mehr. Für 16 € (48 Stunden) bzw. 22 € (72 Stunden) ist sie erhältlich in den Verkaufsstellen der Verkehrsbetriebe, in zahlreichen großen Hotels sowie in den Touristinformationen (siehe „Informationsstellen").
- **CityTourCard:** 48 Stunden (14,90 €) oder 72 Stunden (19 €) freie Fahrt auf allen Linien des VBB inklusive Regionalbahn und Regionalexpresszüge im Tarifbereich A/B sowie bis zu fünfzig Prozent Eintrittsrabatt bei vielen touristischen Sehenswürdigkeiten und Angeboten. Kinder bis zum vollendeten sechsten

Lebensjahr und ein Hund fahren unentgeltlich mit. Zu erwerben ist die CityTourCard an den Ticketautomaten, in den Verkaufsstellen der Verkehrsbetriebe und in zahlreichen großen Hotels.

- Auf den **Fährlinien** der BVG gelten die normalen BVG-Tarife. Auf den **Omnibus-Ausflugslinien** der BVG gilt für Fahrgäste ohne Zeitkarte ein Sondertarif.

Sämtliche Preisangaben entsprechen dem Stand im Frühjahr 2006. Leichte Aufwärtsbewegungen sind jederzeit möglich, da die Verkehrsbetreibe die Tarife in der Regel einmal jährlich zu erhöhen pflegen.

Achtung! Grundsätzlich müssen **alle Ticket-Variationen vor Antritt der ersten Fahrt am Stempelautomaten entwertet** werden. Die Kontrolleure sind unerbittlich und betrachten eine nicht gestempelte Karte als ungültig.

Info

- **BVG-Verkaufs- und Informationsstellen:** Fahrplan- und Tarifauskünfte rund um die Uhr erhält man unter Tel. 194 49 sowie online unter www.bvg.de.

Verkaufs- und Informationsschalter der Berliner Verkehrsbetriebe (BVG) befinden sich in der Regel in den großen U-Bahn-Umsteigebahnhöfen, dort außerdem in den Reisemärkten und gegebenenfalls Bahnsteigkiosken. Service-Punkte für weiterführende Informationen, Fahrplan- und Tarifauskünfte betreibt die BVG in zentraler Lage im

BVG-Pavillon Zoo, vor der Bahnhofhalle am Hardenbergplatz, tgl. 6–22 Uhr. (S und U2, U9 Zoologischer Garten).

Bahnhof Alexanderplatz, in der Vorhalle Richtung Weltzeituhr, tgl. 6–22 Uhr. (S und U2, U5, U8 Alexanderplatz).

- **S-Bahn-Verkaufs- und Informationsstellen:** Fahrplan- und Tarifauskünfte erteilt die S-Bahn-Kundenhotline, Tel. 29 74 33 33. Im Netz lassen sie sich unter www.s-bahn-berlin abrufen.

Verkaufs- und Informationsschalter der S-Bahn Berlin findet man in der Regel bei den großen Umsteigebahnhöfen. Darüber hinaus befinden sich Kundenzentren in zentraler Lage in den Bahnhöfen

Alexanderplatz, Mo.–Fr. 7–21 Uhr, Sa./So. 9.15–18.30 Uhr. (S und U2, U5, U8 Alexanderplatz).

Friedrichstraße, Mo.–Fr. 6–22 Uhr, Sa./So. 8–21 Uhr. (S und U6 Friedrichstr.).

Ostbahnhof, Mo.–Fr. 6–22 Uhr, Sa./So. 8–21 Uhr. (S Ostbahnhof)

Bahnhof Zoo, Mo.–Fr. 6–22 Uhr, Sa./So. 8–21 Uhr. (S und U2, U9).

Hauptbahnhof-Lehrter Bahnhof (ab Ende Mai 2006, die genauen Öffnungszeiten standen bei Drucklegung des Reiseführers noch nicht fest, werden aber in etwa denen der Kundenzentren in den anderen Bahnhöfen entsprechen.).

Schiff

Viele Hunderte Kilometer Wasserstraßen führen durch Berlin, von denen drei Wasserfahrgebiete touristisch äußerst sehens- und erlebenswert sind: die **Innenstadt** aus der Spree- und Landwehrkanal-Perspektive sowie die **Müggelspree und die Havel mit ihren jeweiligen Seen.**

Zwischen den Bezirken setzen verschiedene **Personenfähren** der Berliner Verkehrsbetriebe (BVG) zu den regulären BVG-Tarifen über Dahme, Havel und Spree über.

Stern und Kreis Schifffahrt

Die Flüsse, Kanäle und Seen befährt ferner die mehr als 30 Schiffe zählende Flotte der Stern und Kreis Schifffahrt, die 1998 ihren 110. Geburtstag feierte. Ein **kombiniertes Tagesticket** BVG/Stern und Kreis berechtigt am

Entwertungstag neben beliebig vielen Fahrten im gesamten Tarifgebiet zu Fahrten auf allen Linienschiffen von Stern und Kreis. Sämtliche **Innenstadtfahrten** mit den Schiffen von Stern und Kreis über die Spree und den Landwehrkanal starten von April bis Oktober.

- **Brückenfahrt** ab Jannowitzbrücke, Potsdamer Platz, Corneliusbrücke, Schlossbrücke Charlottenburg, Haus der Kulturen der Welt, Friedrichstraße, Hotel Estrel.
- **Cityfahrten** ab Heimathafen Treptow, Jannowitzbrücke, Schlossbrücke Charlottenburg.
- **historische Stadtrundfahrt** ab Nikolaiviertel, Haus der Kulturen der Welt, Friedrichstraße.

Auf der Havel kann man ebenfalls viele schöne Kreuzfahrten unternehmen. **Havelfahrten** führen z. B. ab Spandau/Lindenufer über den Grunewaldturm nach Wannsee, ab Wannsee nach Potsdam, ab Tegel/Greenwichpromenade in die Innenstadt oder zum Müggelsee.

- **Stern und Kreis Schifffahrt,** Puschkinallee 15, 12435 (Treptow), www.sternundkreis.de, info@sternundkreis.de, Info-Tel. 53 63 60 88, Fax 53 63 60 88.

Reederverband

Mit neun Schiffen auf Spree und Landwehrkanal kreuzt von März bis Oktober **durch die Innenstadt** außerdem die Reederei Riedel mit den Hauptabfahrtsstellen Hansabrücke, Jannowitzbrücke (Märkisches Ufer), Kottbusser Brücke, Corneliusbrücke, Potsdamer Brücke und Haus der Kulturen der Welt.

- **Reederei Riedel,** Planufer 78, 10967 (Kreuzberg), Info-Tel. 693 46 46, www.reederei-riedel.de, info@reederei-riedel.de.

Vorverkaufsstellen

Folgende **Konzert- und Theaterkassen** befinden sich gut erreichbar in der Innenstadt:

- **Ars Scribendi,** Arcaden Einkaufszentrum am Potsdamer Platz, Alte Potsdamer Str. 7, 10785 (Tiergarten), Tel. 25 29 69 87. (S und U2 Potsdamer Platz).
- **ARTicket,** Hardenbergstr. 29d, 10629 (Tiergarten), Tel. 23 09 93 33. (S und U2, U9 Zoologischer Garten).
- **Berliner Theater- und Konzertkasse,** Kaufhof am Alexanderplatz, Alexanderplatz 9, 10178 (Mitte), Tel. 24 74 33 27. (S und U2, U5, U8 Alexanderplatz).
- **Medienkaufhaus Dussmann,** Friedrichstr. 90, 10115 (Mitte), Tel. 20 16 60 93. (S und U6 Friedrichstr.).
- **Showtime,** Theaterkasse im Kaufhaus des Westens (KaDeWe), Tauentzienstr. 21-24, 10789 (Tiergarten), Tel. 217 77 54. (U1, U2, U3).

Eintrittskarten in letzter Minute zum halben Preis gibt's bei Hekticket, entweder online unter www.hekticket.de, telefonisch über das Last-Minute-Tel. 230 99 30 oder in den Vorverkaufsstellen am Zoo und am Alex.

- **Hekticket am Zoo,** Hardenbergstr. 29d (im Foyer der Deutschen Bank), 10623 (Tiergarten), Tel. 23 09 93 33, Fax 23 09 93 32, Mo.–Sa. 10–20 Uhr, So. 14–18 Uhr. (S und U2, U9 Zoologischer Garten).
- **Hekticket am Alexanderplatz,** Karl-Liebknecht-Str. 12 (Kiosk an der S-Bahnhof-Brücke Alexanderplatz vis à vis BerlinCarree), 10178 (Mitte), Tel. 24 31 24 31, Fax 24 31 24 32, Mo.–Sa. 12–20 Uhr. (S und U2, U5, U8 Alexanderplatz).

621be Foto:kj

Berlin und seine Bewohner

319be Foto: kj

217be Foto: kj

Auf dem Christopher Street Day

Leierkastenfrau im Park

Farbenfroh und ausgelassen: Karneval der Kulturen

Politisches

Berlin ist ein **Bundesland**, zugleich **Hauptstadt** der Bundesrepublik Deutschland und **Sitz des Bundespräsidenten.** Seit dem Zusammentreten der Bundesversammlung zur Wahl des Bundespräsidenten am 50. Jahrestag des Grundgesetzes, dem 23. Mai 1999, ist die Hauptstadt **Regierungssitz.** Bundestag, Bundesregierung und Bundesrat arbeiten in Berlin.

Die **Verfassung des Landes Berlin** aus dem Jahr 1950 gilt seit dem 1. Januar 1991 nicht mehr nur für West-, sondern für ganz Berlin. Sie wurde 1995 überarbeitet und per Volksabstimmung mit 75,1 Prozent Zustimmung bestätigt. Zu den wesentlichen Neuerungen gehören u. a. die Möglichkeit der Bürger zum Volksbegehren und die Gleichstellung der Frau.

Die Berliner Volksvertretung ist das **Abgeordnetenhaus von Berlin** mit mindestens 130 Abgeordneten. Die Ausschüsse tagen öffentlich.

Das Abgeordnetenhaus wählt den **Regierenden Bürgermeister** (RBm) und auf dessen Vorschlag die Senatoren. Die Zahl der Mitglieder des **Senats** ist durch die Berliner Verfassung vorgegeben und beträgt ab der 14. Legislaturperiode neun Senatsmitglieder einschließlich RBm. Der RBm als Oberbürgermeister der Stadt und zugleich Ministerpräsident des Landes überwacht die Richtlinien der Regierungspolitik, verfügt aber über keine Richtlinienkompetenz. Die Senatoren führen ihre Ressorts als Landesminister und kommunale Dezernenten in Personalunion in eigener Verantwortung, im Streitfall entscheidet der gesamte Senat.

Bis Ende 2000 oblag dem Senat die ständige „Fachaufsicht“ über die Bezirke. Seit Inkrafttreten der Verwaltungsreform am 1. 1. 2001, mit der eine Zusammenlegung der 23 Berliner Bezirke auf nunmehr 12 selbstverwaltete Großbezirke einherging, besitzt der Senat nur noch ein „Eingriffsrecht“ bei Beeinträchtigung der Gesamtinteressen Berlins. Die zwölf Bezirke arbeiten mit eigenem Teilhaushalt und eigener Verwaltung. Die **Bezirksverordnetenversammlung** wählt den **Bezirksbürgermeister** und die **Stadträte.**

Das Berliner Wappen ist der **Bär.**

Geographisches

Größe

„Berlin ist schön, Berlin ist groß.“ So sah der Schriftsteller und Theaterkritiker *Alfred Kerr* die deutsche Hauptstadt im Jahr 1896. Das darauf folgende Jahrhundert brachte zwei Weltkriege, Teilung, Wiedervereinigung und zahlreiche städtebauliche Experimente. So

Die Havel, vom Großen Fenster aus

lässt es sich heute trefflich darüber streiten, ob Berlin das Prädikat „schön" noch verdient. Aber groß ist es in der Tat. Bei maximal 38 Kilometern Länge und 45 Kilometern Breite dehnt sich das Bundesland auf rund 890 Quadratkilometer aus. Das entspricht etwa der neunfachen Größe von Paris. Zusammen mit dem brandenburgischen Speckgürtel jenseits der 234 Kilometer langen Stadtgrenze bildet die deutsche Hauptstadt den drittgrößten europäischen Ballungsraum.

Natur

Reichlich die Hälfte Berlins ist mit Häusern, Betriebs- und Verkehrsflächen versiegelt, bei den anderen fünfzig Prozent **Fläche** handelt es sich um Parks und Grünanlagen, Felder, Wälder, Flüsse und Seen. Allein ein knappes Fünftel der Berliner Gesamtfläche ist von Wald bedeckt und jeder, der einmal mit dem Flugzeug in Tegel, Tempelhof oder Schönefeld gestartet oder gelandet ist, wird bestätigen, dass es kaum eine andere vergleichbar grüne europäische Metropole gibt.

Von den Berliner **Flüssen** ist die bei Spandau in die **Havel** mündende **Spree** mit 45 Kilometern der längste Fluss im Stadtgebiet, gefolgt von der Havel mit gut 27 Kilometern, der Panke mit 21 Kilometern sowie der Dahme und der Wuhle mit 16 Kilometern und 15 Kilometern.

Spree und Dahme folgen dem Verlauf des **Warschau-Berliner-Urstrom-**

tals, einem gewaltigen Flussbett, das mit dem Abschmelzen der Gletschergebirge am Ende der letzten Eiszeit vor rund 10.000 Jahren entstand und in jener fernen Zeit auch die Wassermassen von Oder und Weichsel zur Elbe führte. Als die beiden großen östlichen Ströme später einen weniger umständlichen Weg nach Norden hin fanden, hinterließen sie in dem trockengefallenen Bett neben einigen Dünen vor allem Sümpfe und riesige Sanderflächen. Die gesamte heutige Berliner Innenstadt liegt im Urstromtal und ist bei einem extrem hohen Grundwasserspiegel überwiegend auf Sand gebaut.

Havel, Dahme und Spree bilden mit ihren Ausbuchtungen neben einigen Grundwasserseen den größten Teil der Berliner **Seen.** Nach dem Müggelsee folgen der Tegeler See, der Lange See und an vierter Stelle der vielbesungene Wannsee als die größten Gewässer im Stadtgebiet. Sie sind weitgehend von **Wäldern** umgeben, meist in Form einer **Kiefernheide,** einem auf den Sandböden gedeihenden, mit Birken und Eichen durchsetzten, sehr lichten, knorrigen Kiefernwald, dessen wundervoll duftender, dichter Nadelteppich bis auf Wacholder oder das bedürfnislose Heidekraut kaum Unterholz hochkommen lässt.

Größere Buchenbestände finden sich auf den ton- und kalkhaltigen Mergelböden der beiden **Hochflächen,** die im Norden und Süden sanft gewellt das Urstromtal begrenzen: nördlich der Barnim mit einer Höhe zwischen 50 und 60 Metern und südlich, mit dem Grunewald und den meisten Havelseen, der 45 bis 55 Meter hohe Teltow. Die Hochebenen und auch die höchsten natürlichen Erhebungen – die Müggelberge (114,7 m), der Schäferberg (103 m) und der Havelberg (97 m) – tragen wesentlich dazu bei, dass Berlin insgesamt auf einen stattlichen Durchschnitt von immerhin 35 Metern über dem Meeresspiegel kommt.

Lage

Geographisch liegt die deutsche Bundeshauptstadt mit den **Koordinaten** des Roten Rathauses auf 52° 31′ 12″ nördlicher Breite und 13° 24′ 23″ östlicher Länge. Die **Ortszeit** liegt nur 6 Minuten 22 Sekunden hinter der Mitteleuropäischen Zeit, die quasi einen Katzensprung von der Spree-Metropole entfernt im polnischen Trzęsacz auf dem 15. Meridian östlicher Länge eingestellt wird.

Klima

Es herrscht ein **kontinental beeinflusstes, recht trockenes Klima** vor. So kann sich die berühmte Berliner Luft, Luft, Luft bei allgemein schöner **Großwetterlage** im Sommer sehr stark erwärmen. Heiße Tage, an denen das Thermometer im Schatten über die 30 °-Marke hinaufklettert, sind keine Seltenheit. Die Antwort ein halbes Jahr später können klirrend kalte Wintermonate mit Temperaturen bis gelegentlich –10 °C sein.

Schöner Wohnen am Wasser in Köpenick

003be Foto: kj

Administratives und Städtebauliches

Bezirke

Berlin ist in Ausdehnung und Einwohnerzahl die größte Stadt Deutschlands. Sie ist in zwölf politisch und administrativ selbstständige Bezirke aufgeteilt, deren **Grenzen** im Wesentlichen auf das „Gesetz über die Bildung einer neuen Stadtgemeinde Berlin" im Jahr 1920 zurückgehen. Seinerzeit wurden die Städte Charlottenburg, Köpenick, Lichtenberg, Neukölln, Schöneberg, Spandau und Wilmersdorf sowie 59 Landgemeinden und 27 Gutsbezirke mit Berlin zum damals 878,35 km² zählenden Groß-Berlin zusammengelegt.

Ein jeder Bezirk ist eine selbstständige Stadt, die jeweils über ein Rathaus, Bürgermeister, Bezirksamt und Bezirksverordnetenversammlung, Behörden, Schulen, Krankenhäuser, Dienstleistungszentren, Einkaufsboulevards und zentrale Märkte verfügt. Wenn beispielsweise der Spandauer sagt, er fährt in „die Stadt", hat er damit nicht etwa den Ku'damm oder die Friedrichstraße, sondern die Spandauer Altstadt im Sinn, ebenso wie der Schöneberger seine Hauptstraße oder der Neuköllner seine Karl-Marx-Straße meint.

Die Berliner Bezirke müssen den **Vergleich mit anderen deutschen Großstädten** nicht scheuen. So nimmt Neukölln – mit 305.000 Einwohnern größer als Bonn, Bielefeld oder Karlsruhe – Rang 18 unter den deutschen Großstädten ein. Der gut 226.000 Köpfe zählende Bezirk Spandau kann sich mit Städten wie Kassel oder Erfurt messen. Berliner Spitzenreiter bei der Einwohnerzahl ist der Bezirk Pankow, in dem über 350.000 Menschen leben, die Plätze 2 und 3 nehmen die Bezirke Tempelhof-Schöneberg mit über 334.000 Einwohnern und Mitte (rund 321.000 Einwohner) ein, Schlusslichter bilden die Bezirke Treptow-Köpenick mit knapp 234.000 und Spandau mit „nur" 226.000 Einwohnern.

Am dichtesten ist die **Besiedlung** im Stadtteil Kreuzberg, wo sich 14.600 Menschen auf einem Quadratkilometer drängeln, gefolgt von Prenzlauer Berg mit 12.700 Köpfen pro Quadratkilometer und an dritter Stelle Schöneberg mit 12.300 Einwohnern pro Quadratkilometer. Den größten Freiraum genießen die Zehlendorfer im grünen Südwesten (1400 Einwohner/qkm) und noch mehr die Köpenicker im grünen Südosten, die mit nur 900 Menschen je Quadratkilometer die Gegend rund um den Großen Müggelsee bevölkern.

Kiez

Die kleinste berlinische Einheit ist der Kiez, das **Wohnviertel** mit dem Einkaufsladen, dem Wochenmarkt und der Stammkneipe um die Ecke, in dem man zu Hause ist und fast jeden kennt und das man deshalb nur notwendigerweise verlässt. Oder würde ein Frankfurter etwa unaufgefordert nach Wiesbaden fahren?

Städtebauliche Zonen

Entsprechend der geschichtlichen Stadtentwicklung lassen sich trotz Teilung und Wiedervereinigung bis heute drei städtebauliche Zonen voneinander unterscheiden: die **Innenstadt** mit dem Tiergarten und dem historischen Stadtkern Altberlin/Alt-Cölln sowie den ihn ringsum umgebenden, bis Mitte des 19. Jahrhunderts erbauten Vorstädten. Hier befindet sich der größte Teil der Berliner Sehenswürdigkeiten.

Die Innenstadt wird umschlossen von einem in wilhelminischer Zeit in Form von Mietskasernen nahezu kreisförmig entstandenen **Großstadtgürtel** mit dem Arbeiterviertel Wedding und Prenzlauer Berg im Norden, Friedrichshain im Osten, Kreuzberg und Schöneberg im Süden sowie den überwiegend gutbürgerlichen Bezirken Wilmersdorf und Charlottenburg im Westen.

Um den Großstadtgürtel legt sich wiederum das grüne Band der **Außenbezirke** mit Villenvierteln, Gartenstädten, Dörfern, Wäldern und Seen.

Die Berliner

Einwohnerzahl

Fast 3,4 Millionen offiziell registrierte Menschen leben in der Spree-Metropole, womit sie mehr Einwohner als

Das Leben ist eine Baustelle – Potsdamer Platz vor der Jahrtausendwende

004be Foto: kj

Schleswig-Holstein oder Sachsen-Anhalt zählt, ein bisschen weniger als Rheinland-Pfalz und etwa die Hälfte der Bevölkerung Niedersachsens. Allerdings sinkt die Einwohnerzahl entgegen früheren Annahmen seit der Wiedervereinigung beständig. Trotz Regierungsumzug geht man inzwischen von einem noch in den kommenden Jahren anhaltenden **Bevölkerungsschwund** aus. Wer es sich leisten kann, zieht hinaus aus der Stadt ins brandenburgische Umland, und auch die „Bonner" bevorzugen ein Häuschen im Grünen.

Dagegen besitzt Berlin für **Hunde** eine hohe Anziehungskraft. Die Anzahl der „Frauchen" und „Herrchen" steigt parallel mit der Zunahme der Singlehaushalte, wobei die Faustregel gilt: Je kleiner die Bude, desto größer der Hund. Für über 100.000 Vierbeiner wird alljährlich Hundesteuer gezahlt, die Dunkelziffer an steuerhinterziehenden Kötern lässt sich anhand ihrer Hinterlassenschaften allenfalls schätzen. Bei 55 Tonnen Hundekot täglich kommt man auf eine Zahl zwischen 30.000 und 40.000.

Bevölkerungsstruktur

Insgesamt ist Berlin ein **Stadt der jungen bis mittelalten Erwachsenen.** Die Altersgruppe der 25- bis 35-Jährigen ist mit 15,3 Prozent am zweitstärksten vertreten, nur überboten von der Gruppe der 35- bis 45-Jährigen mit 17,8 Prozent Bevölkerungsanteil.

Zur Freude des starken **Geschlechts** überwiegt der Anteil der holden Weiblichkeit, die zumal öfter geschieden oder verwitwet ist. Bei den Ledigen dominieren die Männer, womit auf dem Heiratsmarkt insgesamt Pari herrscht.

Religionen

Leere Gotteshäuser findet man an der Spree wie allerorts. Da verblüfft eher, dass dennoch knapp ein Viertel aller Berliner – 756.800 genau – Mitglied der **Evangelischen Landeskirche** ist. Immerhin 307.000 Schäfchen hütet die **römisch-katholische Kirche** an der Spree, über 210.000 Berliner gehören **islamischen Religionsgemeinschaften** an und nur noch 11.200 Mitglieder zählt die **Jüdische Gemeinde.** Vor 1933 waren es 160.000.

Einwanderungen

Zwölf Jahre nationalsozialistischen Terrors 1933–45 mit Vernichtungskrieg und dem Völkermord an den Juden wollen so gar nicht zu den Spree-Athenern passen, die traditionell eher **tolerant und multikulti** eingestellt sind, da von Haus aus selbst ein kunterbuntes Bevölkerungsgemisch.

1685 strömten nach dem „Edikt von Potsdam" Glaubensverfolgte aus halb Europa in das unfruchtbare östliche Sandland, in welchem ein im europäischen Machtpoker äußerst unwichtiger Kurfürst „jottwede" (janz weit draußen) über eine Handvoll Menschen regierte: Böhmer und Holländer, Salzburger und **französische Hugenotten.** Die in Frankreich verfolgten protestantischen Glaubensanhänger machten um 1700 ein Fünftel der Berliner Bevölkerung aus, d. h. jeder fünfte Berliner war ein Franzose. Bereits 1671 wurde die Jüdische Gemeinde gegründet.

Im Zeitalter der Industrialisierung bereicherten diese märkische Melange ungezählte deutsche und polnische Arbeitskräfte aus Pommern, Ostpreußen und insbesondere aus Schlesien sowie im Zuge der **russischen Revolution** Emigranten aus dem entstehenden Sowjetreich. Nach dem Ersten Weltkrieg zählte die russische Ge-

Fast 3,4 Millionen Menschen können heute von sich behaupten: „Ick bin ein Berliner."

320be Foto: ki

meinde mit ihrem Brennpunkt in „Charlottengrad“ annähernd 300.000 Mitglieder. Zur **Zeit der deutschen Teilung** wanderten nach Westberlin vornehmlich Südeuropäer, Kurden, Palästinenser und vor allem Türken und Schwaben ein, in Berlin/Hauptstadt der DDR kamen Thüringer, Vietnamesen und Sachsen hinzu.

Berliner heute

Heute leben über 462.000 **ausländische Mitbürger** aus 183 Staaten der Welt in der Bundeshauptstadt. Den Löwenanteil unter ihnen stellen die Türken – sagt die Statistik und behauptet damit schlichtweg Unsinn, denn gut die Hälfte dieser nur qua deutschem Recht so titulierten „Ausländer“ ist bereits in der dritten Generation an der Spree geboren.

Summa summarum gibt es in Berlin also sehr viele Berliner. Gebürtige Berliner, echte Berliner, Neuberliner, Wahlberliner, Berliner mit oder ohne Wahlrecht, genau so, wie sie *Wilhelm Lehmann* in seiner mutigen Charakterstudie „Die schrecklichen Berliner“ beschreibt: Geborene, Gestorbene, Hiesige, Auswärtige und Sonstige. Sie alle eint das Einzigartige, Einmalige, welchem selbst Präsident *John F. Kennedy* 1963 erlag: „Vor zweitausend Jahren“, bemerkte er, „war der stolzeste Satz, den ein Mensch sagen konnte, der: Ich bin ein Bürger Roms. Heute ist der stolzeste Satz, den jemand in der freien Welt sagen kann: Ich bin ein Berliner.“

Eene kleene Abschweifung zu't Jemüt vonne balinüsche Einjesessene

„Es lebt aber, wie ich in allem merke, in Berlin ein so verwegener Menschenschlag beisammen, dass man mit der Delikatesse nicht weit reicht, sondern dass man Haare auf den Zähnen haben und mitunter etwas grob sein muss, um sich über Wasser zu halten."

Nee, hamwa det mit Bejeisterung uffjenommen, watter olle Joethe da üba uns Einjeborne vazappt hat!!! Nich dass wa mit unsere jottjejebene Muttawitz desterwejen gleich von Balin zu Prahlin übajewechselt wärn. Aba et schmeichelt doch zurückblicklich uff det Scheniale, wat wa nu ehmt ma ham. Un wie de Burchtheatadirex Laube anno 1837 noch eens drufforjelt mit die Aussaache „der Berliner ist grob", sachta, „zanksüchtig, ohne Sentimentalität, eitel," – da musset eem doch vor lauta Komplimentiererei direkt de Schamesröte inne Oochen treibn.

Nu, ohne det Eijenlob schtinkt, möcht ick doch saachen, de Balina träächt schließlich allet Menschenmöchliche mit bei, um sein miesen Charakta zu vafestijen. Woruff, wenn ick mir so zu behauptn erlaubn derf, zujejeben de janze Erdkujel neidisch uff unsaeens is. Wat ja janz im Eijentlichen vonne wahre balinüsche Jröße zeucht ... un wat bloß die uffällich jeistetzerüttete Indewiedjums nich direktemang inne Bulljongjlocke jehn will.

Ehr'nsache, uns kann keena! Oda, um mir vaständlich uff jut deutsch auszedrickn: „Ick sitz am Tisch un esse Klops. Uff eenmal klopt's.
Ick staune und verwundre mir. Uff eenmal jeht se uff, de Dier.
Ick stehe uff un denk: nanu? Jetzt isse uff, erst war se zu.
Ick jehe raus un kieke. Wer steht draußen: Icke!"

Wat unsre olle Muse Berolina hia damit „unta Jänsekrätzchen" auseinanderposamentiern will, meint nüscht jeringeret als unsre uffet balinüsche Jemüt bezüchliche Filosofie: „Erst komm icke. Denn komm ick nochma. Denn kommt ne janze Weile jar nüscht, un denn kommste noch lange nich", wie et unlängst oochm Vizeprotokollheini von et Auswärtije Amt unta seine entzündeten Oochen jetreten is. „Ich erlebe es", sachta mitn vaärjerten Jesichtsfaltenwurf neunzehnsiebnneunzich bein Besuch von sone ausländischen Staatskopp, wofür se disswejens eijens 'n Damm für abjesperrt ham, sachta: „dass Berliner Autofahrer, die durch unsere protokollarischen Wagenkolonnen gestoppt werden, mit Hupkonzerten reagieren oder schimpfend aussteigen und uns einen Vogel zeigen. Das geht doch nicht!" Echt knorke!

Wat üban Daumen jepeilt vonne Welt nu aba die jrößte Lobdudelei an uns Balina is, is von die italienische Aasgeige Cagliostro: „Berlin – ekelhafte Stadt! Kein Mensch glaubt einem was."

Nee, Jott, die Freude! Bei soville Blümekins wird eem ja jleich zweema menschenfreundlicha umme Zwirbeldrüse. Oda, wie wia jerüat uff balinüsch zu saachen pflejen: da wirds eem janz melanchlöterisch inne Herzjejend.

Sehnse, all det is Balin. Se müssn nur ma den Kaviar aus Ihre Oochen puhlen un orntlich hinkieken un denn wer'n Se mit sehr jroßer Jewißheit ebenfalls zu diese oben anjefihrten vaninftije Übazeujungen jelangen.

● **Buchtipp:** Entdecken Sie die erfrischende, humorvolle Mentalität der Berliner mit dem Kauderwelsch Band 139 **„Berlinerisch – das Deutsch der Hauptstadt"** aus dem Reise Know-How Verlag.

Geschichte

Praeludium

Erste Siedler

Um die Gezeitenwende siedelt im Gebiet zwischen mittlerer Elbe und Oder der **germanische Stamm** der *Semnonen*. Nach 178 n. Chr. verlieren sich seine Zeugnisse für diesen Raum, denn zur Zeit der **Völkerwanderung** verlassen die Germanen die Regionen östlich der Elbe. In diese Gebiete wandern etwa ab Mitte des 6. Jahrhunderts **slawische Völker** ein: in den Havel-Spree-Raum westlich vom heutigen Berlin vor allem die *Heveller* mit ihrem Hauptort Brennabor (Brandenburg) und östlich die *Sprewanen*, deren Stammesfürst in einer um 825 erbauten Burg auf der Schlossinsel Köpenick residiert. Bereits anno 750 wird die vermutlich hevellische Burg Spandow (Spandau) errichtet, wohingegen von einem Ort namens „Berlin" zu dieser Zeit noch nirgends die Rede ist. Mit großer Wahrscheinlichkeit ist „Berlin" jedoch ebenfalls ein ursprünglich elbslawischer Name, genauer ein Gewässer- oder Flurname, der auf ein feuchtes, sumpfiges Gelände hindeutet.

Sieg über die Slawen

928/29 zieht der **deutsche König** *Heinrich I.* (um 875–936) mit seinem Heer gegen die Elbslawen, erobert Brennabor an der Havel und weitere slawische Gebiete im Osten. Sein Sohn *Otto I., der Große* (912–973) richtet 936/37 zwei Grenzmarken gegen die Besiegten ein, macht sie bis zur Oder hin zinspflichtig und leitet ihre Christianisierung ein. Nur wenig später, im Jahr 948, werden die **Bistümer Havelberg und Brandenburg** gegründet, ab 968 sind sie dem Erzbistum Magdeburg unterstellt. Die slawischen Stämme antworten mit Aufständen.

Insgesamt wird über drei Jahrhunderte um das karge, sumpfige Sandland gerungen, bis im 12. Jahrhundert unter dem Harzer Grafen von Ballenstedt, *Albrecht dem Bären* (1100–1170) aus dem Haus der Askanier, die **ostdeutsche Kolonisation** ihren Anfang nimmt. 1134 belehnt Kaiser *Lothar III.* den Bären mit der Nordmark (der heutigen Altmark). 1136 gewinnt er die Prignitz hinzu und sichert sich durch eine freundschaftliche Verbindung mit dem Hevellerfürsten *Pribislav von Brandenburg* außerdem die Erbfolge im Havelland. Ein Waffengang nach *Pribislavs* Tod bleibt dennoch nicht aus: 1157 nimmt *Albrecht* die Brandenburg ein und nennt sich daraufhin Markgraf von Brandenburg.

Stadtluft macht frei

Entstehung von Cölln und Berlin

Die genauen Gründungsjahre der Orte Berlin und Cölln zu beiden Seiten der Spree (auf Höhe der heutigen Mühlendammbrücke) sind unbekannt. Man datiert diese Ereignisse jedoch auf die Zeit um 1230. 1237 wird **Cölln** auf der Spreeinsel erstmals in einer Urkunde erwähnt, sieben Jahre später taucht der Name **Berlin** das erste Mal in einem Schriftstück auf.

Ab 1251 genießt Berlin nachweislich Zollfreiheit und „andere gewöhnliche Rechte unserer Städte", Cölln wird 1261 erstmalig als „civitas", als **Stadt** bezeichnet. Gemeinsam kontrollieren sie die Spree-Furt und fungieren als Handelskontor am Kreuzpunkt wichtiger Handelsstraßen zwischen Flandern und Polen, der Ostsee und dem Mittelmeerraum.

Weitere Entwicklung

Kommunale Selbstverwaltung, die Freiheit der Bürger vom Fron und nicht zuletzt die Einrichtung einer Münzprägeanstalt 1280 fördern das **Wachstum.** Ende des 13. Jahrhunderts ist Berlin/Cölln der Hauptstapel- und Handelsplatz in der Mark und mit 3000 bis 4000 Einwohnern bereits größer als die älteren Nachbarstädte Spandau oder Köpenick.

1307 kommt es mit Verbindungen im Gerichtswesen, der kirchlichen Organisation sowie einer gemeinsam geregelten Landesverteidigung zur **Union zwischen den Städten.** Nur die Verwaltung der jeweils inneren Angelegenheiten und auch das jeweilige Stadtsiegel bleiben weiter bestehen.

Brandenburgische Kurfürsten

Friedrich I.

Nach dem Aussterben der Askanier gerät die Mark Brandenburg 1320 als „erledigtes Reichslehen" zunächst an die bayerischen Wittelsbacher und danach an das luxemburgische Herrschergeschlecht. Dessen herausragender Exponent, König *Sigismund,* in Personalunion zugleich Markgraf von Brandenburg, bestellt 1411 den Nürnberger Burggrafen *Friedrich VI. von Hohenzollern* (1371–1440) zum „rechten obersten und gemeinen Verweser und Hauptmann" in der Mark. 1415 ernennt er ihn zum Kurfürsten und zwei Jahre später erfolgt mit viel Pomp und Zeremoniell *Friedrichs* feierliche Belehnung. Als *Friedrich I. von Brandenburg* wird er der **Stammvater** aller brandenburgischen Markgrafen und Kurfürsten, preußischen Herzöge und Könige und deutschen Kaiser bis 1918.

Friedrich II., „Eisenzahn"

Um ihre bürgerlichen Freiheiten gegen die neuen Landesherren zu wahren, kommt es 1432 zur **Vereinigung der beiden Städte Berlin und Cölln.** Indes, schon *Friedrich II.* (1413–71), *„Eisenzahn"* genannt und entschlossen, die Privilegien der Bürger zu brechen, kann die Berlin-Cöllner Ratsmitglieder entmachten. Die Bürger antworten 1447/48 mit dem **Berliner Unwillen,** doch dem „Eisenzahn" gelingt es den Aufstand niederzuwerfen. Zum Zeichen seines Herrschaftsanspruchs veranlasst er auf der Cöllner Seite der Spree den **Bau eines Schlosses.**

Um 1450 zählt Berlin 724 **Häuser** und Hausbuden und Cölln 312 Wohngebäude plus besagtes in Bau befindliche Schloss, das der Kurfürst 1451 bezieht. 1470 wird Berlin zur Residenzstadt der brandenburgischen Kurfürsten.

Joachim II.

Gut 80 Jahre später, unter der Regentschaft *Joachims II. Hektor* (1505–71), gehören zur Residenzstadt Berlin-Cölln bereits 1322 Feuerstellen. Der Kurfürst mit Hang zu Prunk und Festlichkeit lässt das alte Schloss seiner Vorgänger niederreißen und durch den Baumeister *Kaspar Theiß* einen **prachtvollen Neubau** errichten. Dieses Schloss wird später vielmals umgebaut und erweitert und schließlich als Kriegsruine 1950 auf Anordnung der DDR-Führung abgerissen. 1539 erfolgt der Übertritt *Joachims II.* zum protestantischen Glauben. Zahlreiche **Kirchen** entstehen, darunter die St. Nikolai- und die Marienkirche. 1569 wird *Joachim II.* mit dem Herzogtum Preußen (dem späteren Ostpreußen) mitbelehnt, 1618 erlangen die brandenburgischen Kurfürsten offiziell den **Titel „Herzog von Preußen".**

Im gleichen Jahr beginnt der **Dreißigjährige Krieg,** der erste furchtbare Krieg in der Neuzeit, der das Gebiet des heutigen Deutschlands und besonders Norddeutschlands in ein riesiges Schlachtfeld verwandelt. Die Verheerungen sind fürchterlich. Berlin-Cölln beklagt den Verlust der Hälfte seiner Einwohnerschaft. Nunmehr leben wieder nur 6000 Menschen im Residenzdorf an der Spree.

Friedrich Wilhelm

1640, acht Jahre vor Ende des Krieges, tritt *Friedrich Wilhelm* (1620–1688), der „Große Kurfürst", die Regentschaft an. Er zentralisiert die Verwaltung, schafft ein stehendes Heer und legt damit den Grundstein für den Aufstieg Brandenburg-Preußens zur europäischen Großmacht. In seine Zeit fällt die **erste große Erweiterung Berlins.** Die Straße Unter den Linden und der Marstall entstehen, vor der Stadt wird der Tiergarten angelegt.

Unter Leitung *Gregor Memhardts* (von dem auch der erste bekannte Berliner Stadtplan stammt) wird Berlin nach den leidvollen Erfahrungen des Krieges ab 1658 **zur Festung ausgebaut.** In den folgenden 25 Jahren entsteht rund um Berlin-Cölln ein gewaltiges Wehrsystem mit insgesamt 13 Bastionen. Sogar Friedrichswerder, die erste der kurfürstlichen, von Berlin-Cölln unabhängigen Neustädte, wird in das Befestigungswerk mit einbezogen.

1685 erlässt *Friedrich Wilhelm* das **Edikt von Potsdam,** das Glaubensflüchtlingen aus aller Welt bei freier Religionsausübung ein Niederlassungsrecht in Brandenburg gewährt. Die in Frankreich verfolgten Hugenotten stellen bald darauf ein Fünftel der Berliner Bevölkerung. Bereits 1671 wird die Jüdische Gemeinde gegründet. Insgesamt wächst die Stadt ab 1650 von 6000 auf stolze 55.000 Einwohner im Jahr 1700 (zum Vergleich: London zählt in jener Zeit über 700.000 Menschen).

Preußische Könige

Erste Krönung

Der Friede von Oliva 1660 bestätigt die Souveränität des brandenburgischen Kurfürsten im Herzogtum Preußen, womit die Geschichte Preußens und damit der **Aufstieg Berlins zur europäischen Metropole** ihren Anfang nimmt. 1696 wird die Akademie der Künste gegründet, 1700 die Societät der Wissenschaften, 1701 beginnt man mit dem Bau des Deutschen und des Französischen Doms.

Im selben Jahr krönt sich *Friedrich III.* (1657–1713), Sohn des Großen Kurfürsten, in Königsberg zu **Friedrich I., König in Preußen.** Da die ostpreußische Hauptstadt formell nicht zum Deutschen Reich gehört, kann der Kaiser in Wien gegen die Krönung keinen Widerspruch einlegen.

1709 geht aus Berlin-Cölln und den Neugründungen Friedrichswerder, Dorotheenstadt und Friedrichsstadt die zentralisierte Einheitsgemeinde und **königlich-preußische Residenzstadt Berlin** hervor.

Soldatenkönig

König *Friedrich Wilhelm I.* (1688–1740), der „Soldatenkönig", vollendet den Aufbau Brandenburg-Preußens zur absoluten Monarchie. Calvinistisch-fromm, streng und sparsam, schafft er in rastloser Arbeit einen **effizient verwalteten Militär- und Beamtenstaat,** saniert die Staatsfinanzen und erzieht seine Untertanen zu unbedingtem Gehorsam. 1717 werden der Tiergarten der Öffentlichkeit zugänglich gemacht und die Schulpflicht eingeführt. Drei Jahre später findet erstmals eine Volkszählung statt: Berlin hat 64.000 Einwohner. Abermals wandern Ausländer zu, nun besonders Protestanten aus Böhmen.

Erste Textilmanufakturen entstehen und die sechs Meter hohe **Akzisemauer** (Zollmauer) wird errichtet, die nicht nur die Zollabgaben gewährleisten, sondern auch das Desertieren von Soldaten unterbinden soll. Im Todesjahr *Friedrich Wilhelms I.* 1740 zählt Berlin 100.000 Einwohner, ein Fünftel davon sind Soldaten mit ihren Familien.

Friedrich der Große

Sein Sohn *Friedrich II., der Große* (1712–86), nutzt diese militärische Schlagkraft, um kurz nach seinem Regierungsantritt 1740 gegen Schlesien zu ziehen, die reichste Provinz der österreichischen Habsburger. Nach dem Zweiten Schlesischen und dem Siebenjährigen Krieg (1756–63) ist das Haus Habsburg entschieden geschwächt und **Preußen endgültig Großmacht.**

Friedrich II. ist Feldherr, Staatsmann und Schöngeist zugleich, betrachtet sich als „erster Diener des Staates" und führt das Land im Sinne eines auf das Heer gegründeten, aufgeklärten Absolutismus. Die brandenburgischen Sümpfe werden urbar gemacht, Straßen und Kanäle gebaut und rund 300.000 Menschen angesiedelt.

1742 eröffnet in Berlin das Opernhaus Unter den Linden als der erste Bau des vom König und seinem Architekten *Knobelsdorff* geplanten **Forum Fridericianum,** zu dem sich bis 1780 noch die Hedwigskirche, die Bibliothek und das Prinz-Heinrich-Palais hinzugesellen. Ab 1770 wird die Straße Unter den Linden mit vornehmen Herrenhäusern zum Prunkboulevard ausgebaut.

Die **sozialen Spannungen** nehmen zu. 1774 öffnet das Berliner Armenhaus seine Tore. In den Seidenmanufakturen kommt es zu Streiks. Im Todesjahr *Friedrichs II.* zählt Berlin 147.388 Einwohner.

Reformen

In die Regierungszeit *Friedrich Wilhelms II.* (1744–1797), seit 1786 König von Preußen, fällt der Bau des Brandenburger Tors, heute Wahrzeichen par excellence von Berlin, die Inbetriebnahme der ersten Berliner Dampfmaschine und die Französische Revolution, die 1789 mit dem Sturm auf die Pariser Bastille beginnt. 1806 besetzt *Napoleon* mit seinen Truppen die preußische Hauptstadt, in der ein

Der Flötenspieler von Sanssouci – Friedrich der Große

Im armen Preußen, einem der zu jener Zeit rückständigsten deutschen Staaten, erblickt am 24. Januar 1712 in Berlin, der Residenzstadt dieses erst elf Jahre vorher gegründeten Königreichs, Baby *Friedrich von Hohenzollern* das Licht der Welt. Im Jahr darauf, 1713, besteigt sein Vater als König *Friedrich Wilhelm I.* den preußischen Thron. Fortan auch Landesvater, lehrt der „Soldatenkönig", wie man ihn bald nennt, den Sohn wie das Volk gleichermaßen „Zucht und Ordnung" sowie „unbedingten Gehorsam" und baut das kleine Preußen zur viertstärksten Militärmacht Europas auf. Um seinen Sohn Friedrich in „wahrer Liebe zum Soldatenstand" zu erziehen, ehrlich, reinlich und mit der Gesinnung, dass ein König „der erste Diener seines Staates" sei, hagelt es zu jeder Gelegenheit Hiebe auf den Rücken des Kindes. Das ist oft mit größten Demütigungen verbunden, da der Vater bevorzugt, Stockschläge und Beschimpfungen öffentlich vor Ministern, Generälen und Diplomaten auf den Kronprinzen niedergehen zu lassen. Dieser entwickelt sich indes zum zartgliedrigen Schöngeist, der sich dem Spiel auf der Querflöte, der Philosophie, der Literatur und der französischen Sprache verschreibt. Die Vater-Sprache, das Deutsche, beherrscht er zeitlebens nur „wie ein Kutscher".

1730 misslingt dem mittlerweile 18-jährigen Thronfolger eine mit Hilfe seiner Freunde *Katte* und *Keith* geplante Flucht nach England. Er wird verhaftet und auf Befehl seines Vaters als Deserteur in die Festung Küstrin verbracht. Keith kann entkommen, für den geliebten Katte gibt es dagegen kein Pardon. Vor den Augen Friedrichs wird er in Küstrin hingerichtet.

Der Widerstand gegen den brutalen Vater ist damit gebrochen, Friedrich schwört, künftig „blindlings den väterlichen Willen zu befolgen". Auf dessen Befehl hin erfolgt 1732 die Verlobung mit *Elisabeth Christine von Bevern-Braunschweig*, welche ihm die Entlassung aus der Küstriner Verbannung einbringt, und ein Jahr später die Heirat, wobei Friedrich zu diesem Zeitpunkt schon entschlossen ist, die ungeliebte Prinzessin nach dem Tode des Vaters zu verstoßen. Die Jahre von 1736 bis 1740 verlebt er unbeschwert im Freundeskreis auf Schloss Rheinsberg in der nördlichen Mark, wo auch die von einem vierzigjährigen Briefwechsel begleitete Freundschaft mit dem französischen Dichter und Philosophen *Voltaire* beginnt.

1740 stirbt der Soldatenkönig und hinterlässt seinem Sohn neben einer schlagkräftigen Armee ein effizientes, geordnetes Staatswesen mit randvoll gefüllten Truhen. Friedrich, nun König *Friedrich II.* von Preußen, führt das gestrenge Aufbauwerk seines Vaters fort, fortan um die Ideen der Aufklärung und die Schönen Künste bereichert. Freund *Knobelsdorff* beauftragt er mit dem Bau eines Opernhauses Unter den Linden und beruft Gelehrte aus aller Welt nach Berlin. Die Todesstrafe wird abgeschafft und die Zensur aufgehoben. In religiösen Fragen herrscht Toleranz, „denn hier muss ein jeder nach seiner Fasson selig werden," wie Friedrich erklärt.

Im gleichen Jahr stirbt in Wien der deutsche Kaiser *Karl VI.* ohne männlichen Nachfolger und halb Europa schickt sich an, seiner Tochter *Maria Theresia* die habsburgische Erbfolge streitig zu machen. Ohne Not und bar jeder Rechtsgrundlage marschiert Friedrich mit seinen Truppen in die Habsburgerprovinz Schlesien ein und entfesselt mit diesem Ersten Schlesischen Krieg (1740–42) die österreichischen Erbfolgekriege. Im Zweiten Schlesischen Krieg (1744/45) verteidigt der König seine Eroberung mit Erfolg. Preußen unter *Friedrich dem Großen,* wie man ihn nun nennt, ist damit als europäische Militärmacht anerkannt.

Die folgenden zehn Friedensjahre gehören der Innenpolitik und der Kultivierung des Landes. Friedrich befiehlt den Anbau der Kartoffel, lässt die Sümpfe entwässern, Deiche und Kanäle bauen, das Land urbar machen und Dörfer errichten. Nach einer selbstgefertigten Skizze entsteht unter der Leitung von Knobelsdorff in Potsdam das verspielte Sommerschloss Sanssouci, „ohne Sorge", in dem sich der König dem vertrauten Gespräch mit Voltaire, dem Flötenspiel, Komponieren und Verseschmieden hingibt. 1756, am Morgen des Siebenjährigen Krieges, hat er seine eleganten Röcke nach neuestem Pariser Schick seit Jahren längst abgelegt und durch einen „Sterbekittel", eine schlichte blaue Uniform ersetzt, wie sie ähnlich schon der Vater trug. Der Krückstock ist der ständige Begleiter des 1,65 Meter kleinen Mannes aus Berlin, der inzwischen europaweit ein mächtiger und gefürchteter Herrscher ist.

Um dem Angriff seiner Feinde auf Preußen zuvorzukommen, marschiert Friedrich ohne Kriegserklärung 1756 überraschend in Sachsen ein. Der Siebenjährige Krieg gegen Frankreich, Österreich und Russland beginnt, der Preußen nach anfänglichen Siegen endlich an den Rand des Untergangs führt. Das „Wunder von Preußen" geschieht, als nach dem Tod der Zarin *Elisabeth* der glühende Friedrich-Verehrer *Peter von Holstein-Gottorf* als *Peter III.* den russischen Thron besteigt und zu Gunsten Preußens das Bündnis wechselt. Nach dem Frieden von Hubertusburg 1763 ist Preußen endgültig Großmacht.

Den letzten ungeheuerlichen Landraub begeht König Friedrich II. neun Jahre später gemeinsam mit Russland und Österreich. Mit Zarin *Katharina II.* und seiner ehemaligen Erzfeindin *Maria Theresia* im Bund verleibt er sich im Zuge der Ersten Polnischen Teilung 1772 Westpreußen, das Ermland und den Netzedistrikt ein. *„Fridericus Rex",* der große Friedrich, ist mit 51 Jahren einer der populärsten Herrscher Europas. Insgesamt 350.000 Menschen aus aller Herren Länder wandern während seiner Regentschaft nach Preußen ein, in diesen in jener Zeit beispiellos aufgeklärten, modernen und zugleich merkwürdig altertümlichen Staat, der sich innerhalb eines Menschenlebens aus völliger Bedeutungslosigkeit zur europäischen Großmacht erhoben hat. Zugleich ist Friedrich der Große auch zum störrischen, misanthropen „Alten Fritz" geworden. Von greisenhafter Statur und auf den Krückstock gestützt, die Uniform abgewetzt, die Weste vom Priemen bekleckert und der Zopf bis fast auf den Allerwertesten gewachsen, zeigt sich dieser verlotterte, früh gealterte Mann seinem Volk nur noch selten.

Einsam stirbt der kinderlose Friedrich, mit einer verschlissenen Uniform bekleidet, am 17. August 1786 in den Armen seines Dieners *Strützki* in Sanssouci.

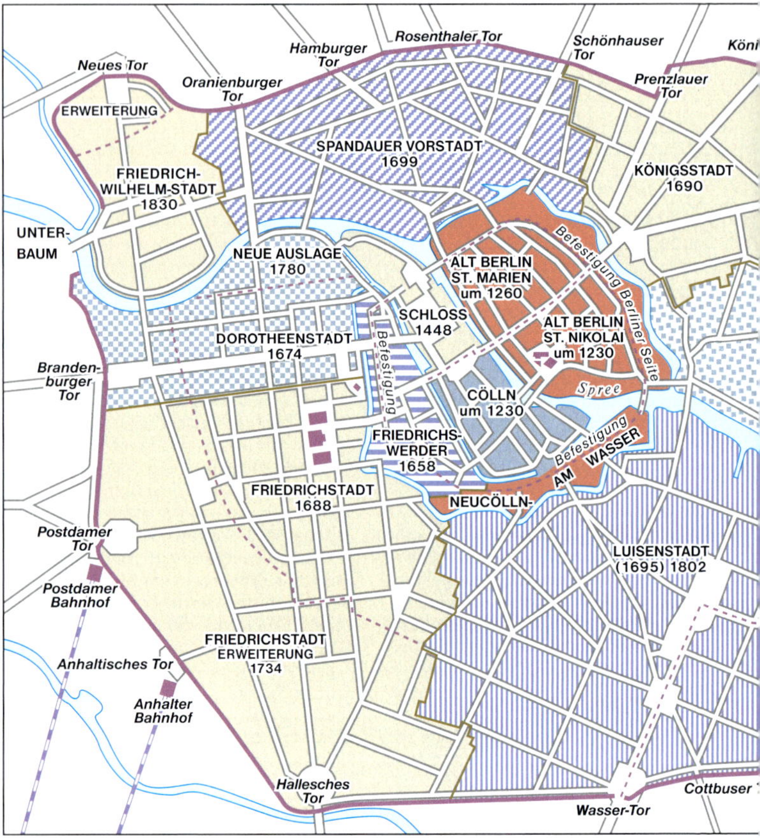

Jahr darauf der liberale Reichsfreiherr *Karl von und zum Stein* weitgreifende Reformen für Preußen einleitet: unter anderem das Edikt zur **Bauernbefreiung,** das eine massive Landflucht und die ungebremste Ausdehnung Berlins nach sich zieht. Unter *Steins* Nachfolger *Fürst von Hardenberg* erfolgt 1810 die Eröffnung der Berliner **Universität,** 1812 die **„Judenemanzipation",** mit der die jüdischen Einwohner Preußens zu preußischen Staatsbürgern erklärt werden, und 1814 die Einführung der allgemeinen Wehrpflicht.

Sieg über Napoleon

1813 wird Berlin zum Brennpunkt der **„nationalen Erhebung"** gegen die Besetzung Preußens durch napoleonische Truppen. Im März ziehen russische Soldaten in die Stadt und verjagen die bereits versprengte französische Nachhut. Generalleutnant *Blücher* bringt die von *Napoleon* geraubte **Quadriga** aus Paris nach Berlin an ihren angestammten Platz auf dem Brandenburger Tor zurück, nun um den preußischen Adler und das von

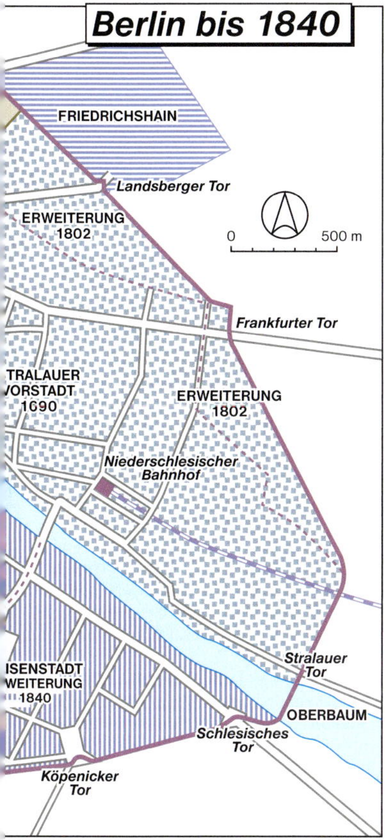

Baumeister *Schinkel* entworfene Eiserne Kreuz bereichert.

Die europäischen Großmächte beschließen 1814/15 auf dem Wiener Kongress die Neuordnung des nachnapoleonischen Europas, die vornehmlich aus der Wiederherstellung der alten Ordnung besteht. Die **Restaurationspolitik** mit Pressezensur, Überwachung, Vereins- und Versammlungsverbot bringt eine Zeit äußerer Ruhe (Biedermeierzeit).

Architektur und Wirtschaft

Karl Friedrich Schinkel (1781–1841) stellt als ersten bedeutenden Bau in Berlin 1818 die Neue Wache fertig. Es folgen das Schauspielhaus, das Alte Museum, die Bauakademie, die Werdersche Kirche und vieles andere mehr. Der berühmte Park- und Gartenarchitekt *Peter Josef Lenné* (1789–1866) zeichnet verantwortlich für zahlreiche Grünanlagen, darunter 1819 für die Neugestaltung des Tiergartens.

Bereits 1816 wird in Berlin die erste deutsche **Lokomotive** fertig gestellt. Im selben Jahr findet auf der Spree die Jungfernfahrt des ersten deutschen **Dampfschiffs** statt. 1820 werden vor dem Hamburger und dem Oranienburger Tor außerhalb der Stadtmauern Berlins erste **Mietskasernen** hochgezogen. 1844 eröffnet der **Zoologische Garten,** 1845–50 wird nach *Lennés* Planung der **Landwehrkanal** erbaut, 1846 geht die erste **Pferde-Omnibuslinie** in Betrieb.

Berlin hat inzwischen über 400.000 **Einwohner,** nach den Eingemeindungen von Wedding, Gesundbrunnen, Moabit und dem Norden von Schöneberg und Tempelhof 1861 sind es schließlich über eine halbe Million.

Revolutionen

Infolge der **Julirevolution 1830** in Paris kommt es auch in Berlin zu Ausschreitungen, woraufhin 1831 eine Städteordnung „zur Erhaltung der Ruhe in Deutschland" in Kraft tritt.

Im Revolutionsjahr 1848 wird Berlin zum Zentrum der **„Märzrevolution".** Nach einem heißen Sommer zieht General *von Wrangel* am 10. November mit seinen Truppen in die preußische Hauptstadt ein. Zwei Tage später wird für die nächsten acht Monate der Belagerungszustand verhängt.

Deutsche Kaiser

Gründerjahre

1862 wird der erzkonservative Altmärker *Otto von Bismarck* (1815–98) zum preußischen Ministerpräsidenten ernannt. Nach dem letzten der Deutschen Einigungskriege, 1870/71 gegen Frankreich, erfolgt am 18. Januar 1871 in Versailles die **Proklamation des**

Deutschen Reiches mit dem preußischen König *Wilhelm I.* (1797–1888) als deutschem Kaiser an seiner Spitze. Das fast 830.000 Einwohner zählende Berlin wird **Hauptstadt** des Deutschen Reiches.

Beschleunigt durch die milliardenhohen „Kriegsschuldzahlungen" Frankreichs brummt die deutsche Wirtschaft in den Gründerjahren. **Berlin boomt.** Hunderte neue Firmen und ganze Stadtviertel mit Mietskasernen entstehen. 1873 wird die Siegessäule auf dem Königsplatz (Platz der Republik) aufgestellt. 1877 überschreitet Berlin, auch durch den starken Zuzug aus dem verarmten Schlesien, die Millionenmarke. Die erste elektrische Straßenbahn der Welt, von *Siemens & Halske* entwickelt, unternimmt ihre Jungfernfahrt 1881 in der Reichshauptstadt. Ein Jahr später nimmt die Stadtbahn auf ihrer Hauptstrecke zwischen Charlottenburg und dem Schlesischen Bahnhof den regelmäßigen Verkehr auf und 1886 wird der Kurfürstendamm zum Prachtboulevard ausgebaut. Seit dem Austritt aus der Provinz Brandenburg 1883 ist Berlin ein selbstständiger Verwaltungsbezirk.

Im „Dreikaiserjahr" 1888 übernimmt nach dem Tod *Wilhelms I.* und *Friedrichs III.* schließlich *Wilhelm II.* (1859–1941) die Regierungsgeschäfte. Die pompöse Epoche des **Wilhelminismus** spiegelt sich im Bau des überdimensionierten Berliner Doms (1893–1905), der 1895 eingeweihten Kaiser-Wilhelm-Gedächtniskirche und nicht zuletzt des 1894 nach dem Entwurf *Paul Wallots* fertig gestellten Reichstags wider.

Groß-Berlin

1902 eröffnet die erste U-Bahn-Linie ihren Betrieb, 1905 zählt die Hauptstadt zwei Millionen **Einwohner.** Sie ist die am dichtesten besiedelte Metropole Europas. Am 1. April 1912 tritt das Gesetz zur Schaffung des „Zweckverbandes Groß-Berlin" in Kraft, zu dem neben Berlin die Städte Charlottenburg, Wilmersdorf, Neukölln, Lichtenberg und Spandau sowie die Landkreise Niederbarnim und Teltow mit nun insgesamt 4,1 Millionen Einwohnern gehören.

Im Sommer 1914 beginnt der **Erste Weltkrieg,** an dessen Ende 1918 der Zusammenbruch des deutschen Kaiserreichs steht.

Republikaner und Nationalsozialisten

Novemberrevolution

Im November 1918 kommt es zur Revolution. Der Kaiser dankt ab, *Philipp Scheidemann* (1865–1939) ruft vom Balkon des Reichtags die **Republik** aus, während *Karl Liebknecht* (1871–1919) vom Stadtschloss eine „Freie sozialistische Republik" proklamiert. Unruhen und Arbeitsniederlegungen sind an der Tagesordnung, Arbeiter- und Soldatenräte bilden sich. Wegen der zahlreichen Ausschreitungen auf den Berliner Straßen eröffnet im Februar 1919 die Nationalversammlung in Weimar.

Zwanziger Jahre

1920 wird die Hauptstadt durch das „Gesetz über die Bildung einer neuen Stadtgemeinde Berlin" mit den Städten Charlottenburg, Köpenick, Lichtenberg, Neukölln, Schöneberg, Spandau, Wilmersdorf sowie 59 Landgemeinden und 27 Gutsbezirken zur 878,35 Quadratkilometer großen Stadtgemeinde **Groß-Berlin** zusammengelegt. In 20 Bezirken leben nun insgesamt 3,85 Millionen Menschen.

Es folgen die Jahre einer kurzen, aber nachhaltigen kulturellen Blüte in Berlin – die **Goldenen Zwanziger.** Währenddessen steuern Wirtschaftskrise und **Inflation** auf ihren Höhepunkt zu. 1923, als der Flughafen Tempelhof in Betrieb geht und im Vox-Haus die erste Sendung des Berliner Rundfunks erklingt, kostet 1 Dollar 40 Milliarden Mark. Trotz galoppierender Inflation findet 1924 die erste „Große Deutsche Funkausstellung Berlin" in den Messehallen statt und eine Volkszählung ergibt 4.024.165 Berliner, davon 2,3 Millionen Berufstätige.

Die Siegessäule mit Victoria auf der Spitze wurde 1873 aufgestellt

321be Foto: ki

Nazis an der Macht

Mit dem Ausbruch der **Weltwirtschaftskrise** 1929 verschärfen sich die Zusammenstöße und Schießereien zwischen Rechts- und Linksradikalen und der Polizei. 1932 sind in Berlin 636.000 Arbeitslose registriert, jeder dritte Berliner lebt von öffentlichen Zuwendungen.

Bei den Reichstagswahlen erhält die faschistische NSdAP knapp 38 Prozent der Stimmen. Ende Januar 1933 wird **Adolf Hitler** von Reichspräsident *Hindenburg* zum Reichskanzler ernannt. Am 27. Februar brennt der Reichstag, am 15. März wird in Oranienburg-Sachsenhausen wenige Kilometer nördlich von Berlin das erste Konzentrationslager eingerichtet. Neun Tage später erfolgt mit dem Ermächtigungsgesetz die **nationalsozialistische Gleichschaltung Deutschlands.** Der Boykott jüdischer Geschäfte beginnt. Auf dem Opernplatz verbrennt die SA „undeutsche Bücher". Im Sommer 1936 eröffnen auf dem eigens dafür angelegten Reichssportfeld die XI. Olympischen Sommerspiele. Kurz nach dem von *Goebbels* organisierten Judenpogrom, der „Reichskristallnacht" am 9. November 1938, erfolgt die Beschlagnahmung allen jüdischen Eigentums.

Mit dem Einmarsch der deutschen Wehrmacht in Polen beginnt am 1. September 1939 der **Zweite Weltkrieg.** Zu diesem Zeitpunkt hat Berlin mit rund 4.354.000 Menschen seine jemals höchste Einwohnerzahl erreicht. Zwei Jahre später nehmen die Massendeportationen der Berliner Juden in die Konzentrations- und Vernichtungslager ihren Anfang. Ende Januar 1942 organisieren NS-Spitzenvertreter auf der Wannseekonferenz die „Endlösung der Judenfrage". Den Aufruf *Goebbels* im Berliner Sportpalast im Februar 1943 zum „Totalen Krieg" beantworten die Alliierten mit verstärkten Luftangriffen. Ab November des Jahres beginnt „The Battle of Berlin", die Flächenbombardierung der Hauptstadt des Dritten Reichs, die mit Unterbrechungen bis zum Frühjahr 1945 anhält. Am 2. Mai 1945 kapituliert das von sowjetischen Truppen besetzte, zerstörte Berlin.

Frontstadt – Geteilte Stadt

Teilung der Stadt

Während der Potsdamer Konferenz im Sommer 1945 im Schloss Cecilienhof teilen die Siegermächte Deutschland in vier Besatzungszonen und Berlin in **vier Sektoren** auf: französisch der Nordwesten der Stadt, britisch der Westen, amerikanisch der Südwesten und sowjetisch der Osten. Der **Kalte Krieg** beginnt. 1946 vereinigen sich in der sowjetischen Besatzungszone SPD und KPD zur Sozialistischen Einheitspartei Deutschlands (SED), die bei den Gesamt-Berliner **Wahlen** knapp 20 Prozent der Stimmen erhält. Die SPD gewinnt diese Wahl mit beinahe 49 Prozent aller Stimmen. 1947 wird der Sozialdemokrat *Ernst Reuter* (1889–1953) zum Oberbürgermeister gewählt, der sein Amt jedoch erst 1948 antreten kann, da der sowjetische Stadtkommandant sein Veto einlegt.

Wenige Tage nach der **Währungsreform** in den drei Westzonen Deutschlands und den drei Westsektoren Berlins im Juni 1948 führen die Sowjets in ihrer Zone die Ost-Mark ein und riegeln sämtliche Zufahrtswege nach Westberlin ab. Die **Blockade** beginnt, während der die Westberliner Bevölkerung bis Mitte Mai 1949 mit „Rosinenbombern" aus der Luft versorgt wird.

Am 23. Mai 1949 erfolgt die Gründung der **Bundesrepublik Deutschland mit (West)berlin** als einem Bundesland unter maßgeblichem Vorbehalt durch die Alliierten; am 7. Oktober gründet sich die **Deutsche Demokratische Republik mit (Ost) berlin** als Hauptstadt der DDR. Diese wird am 17. Juni 1953 zum Zentrum des Volksaufstands gegen das SED-Regime, der durch sowjetisches Militär niedergeschlagen wird. Der UdSSR-Ministerpräsident *Nikita Chruschtschow* stellt 1958 das **„Berlin-Ultimatum"** mit der Forderung, West-Berlin zu einer „Freien Stadt" zu erklären. Im August 1961 beginnt die DDR mit dem **Bau der Mauer,** die Berlin (West) bis auf wenige Übergänge hermetisch einschließt.

Jahre mit der Mauer

1967 wird in Berlin (West) bei Protesten gegen den Besuch des Schahs von Persien (Iran) der Student *Benno Ohnesorg* erschossen, 1968 wird der Anführer der **Außerparlamentarischen Opposition,** *Rudi Dutschke*, durch ein Attentat von einem Rechtsextremisten schwer verletzt.

Am Alexanderplatz entsteht 1969 mit dem damals 365 Meter hohen **Fernsehturm** in der DDR das seinerzeit höchste deutsche Gebäude.

Das **Viermächteabkommen** 1971 bringt Einreiseerleichterungen von Berlin (West) nach Berlin (Ost) sowie Erleichterungen im zivilen Transitverkehr von der Bundesrepublik nach Berlin (West), betont gleichzeitig aber auch, dass der Westteil der Stadt kein „konstitutiver Teil" der BR Deutschland ist.

1976 wird anstelle des 1950 abgerissenen Stadtschlosses der **Palast der Republik** als Tagungsort der DDR-Volkskammer eingeweiht. **Neue Berliner Bezirke** entstehen im Osten der Stadt: Ab 1979 bildet Marzahn den 21. Berliner Bezirk, 1986/87 kommen Hohenschönhausen und Hellersdorf als 22. und 23. Bezirk hinzu. 1987 findet in beiden Hälften der geteilten Stadt jeweils eine 750-Jahr-Feier statt.

Nach den Wahlfälschungen durch die SED bei der Kommunalwahl im Spätfrühling **1989** kommt es in der Hauptstadt der DDR verstärkt zu Protesten. Ungarn reißt seine Grenzzäune nieder. Viele DDR-Bürger/innen „stimmen mit den Füßen ab" und setzen sich in den Westen ab. Elf Tage nach den Feierlichkeiten zum 40. Jahrestag der DDR am 7. Oktober 1989 tritt *Erich Honecker* als

Die Mauer

Auf rund 155 Kilometern verlief die unüberwindbare innerstädtische Grenze, die aus zirka 45.000 Betonelementen à 1,20 Meter Breite und 3,60–4,10 Meter Höhe aufgebaut war. Hinter der auf Westberliner Seite mit allerlei Malereien verzierten und verhältnismäßig harmlos wirkenden Vorlandsmauer erstreckten sich auf der DDR-Seite die tödlichen Sperranlagen: der Todestreifen mit Metallgitterzäunen, Signaldrähten und Beobachtungstürmen, ein etwa zehn Meter breiter, hell erleuchteter Kontrollstreifen mit Hundelaufanlagen, auf dem bewaffnete Grenzsoldaten in Jeeps patrouillierten und gelegentlich auch Panzer postiert wurden, dahinter die zweite, kleinere Hinterlandsmauer sowie ein gut 100 Meter breiter Sperrgürtel. So präsentierte sich der so genannte „Antifaschistische Schutzwall", den die DDR-Regierung mit dem Einverständnis der Warschauer Paktstaaten gegen die von ihr ausgemachten westlichen Störaktionen 1961 hatte errichten lassen und der auch der bis dato anhaltenden Massenauswanderung aus der DDR einen Riegel vorschob. Seit der zunehmenden Sicherung der DDR-Grenzen zur BRD ab 1952 war Berlin zu einem „Fluchtloch" geworden. Gemäß dem Vier-Mächte-Status musste die innerstädtische Sektorengrenze offen gehalten werden, was bis zum 13. August 1961 knapp anderthalb Millionen Menschen zur Flucht über Berlin in den Westen nutzten.

Sonntag um 2 Uhr am 13. August sperrten Einheiten der Volkspolizei und Nationalen Volksarmee die Sektorengrenze nach Westberlin ab. Panzer, Soldaten und bewaffnete Betriebskampfgruppen bezogen Stellung. Im Morgengrauen waren bereits Straßensperren mit Stacheldraht und Spanischen Reitern errichtet, die Pflaster aufgerissen, Gräben gezogen und Betonpfähle aufgestellt. Den Bewohnern Ostberlins und der DDR wurde das Betreten Westberlins untersagt, binnen weniger Stunden wurden Familien und Freunde für die kommenden fast dreißig Jahre voneinander getrennt. Man unterbrach unverzüglich den U- und S-Bahnverkehr, ab 15. August wurden neben provisorischen Ziegelmauern die ersten Betonplatten aufgestellt und ab 21. August die Eingänge und Fenster der unmittelbar an Westberliner Gebiet angrenzenden Häuser zugemauert. Vorher war es zu spektakulären Fluchtaktionen gekommen: Mit zusammengebundenen Laken seilten sich die Menschen aus den Fenstern zum „Sprung in die Freiheit" ab, schwammen durch die Flüsse und Kanäle, nutzten unterirdische Versorgungsverbindungen oder gruben sich einen Tunnel.

Fortan waren die Westberliner eingemauert, wurden aber moralisch und finanziell aus dem Westen unterstützt, wie die nicht eingemauerten Ostberliner Hauptstädter der DDR durch den Osten moralische und finanzielle Unterstützung erfuhren. Schon ein gutes Jahrzehnt später spielte die Mauer keine bemerkenswerte Rolle mehr. Die Tragödie war der Gewohnheit gewichen. Für die Hauptstädter war Westberlin mittlerweile wörtlich zu einem weißen Fleck auf der Landkarte geworden, Ostberlin für die Einwohner des Westteils der Stadt zur Hauptstadt der belächelten „Täterä", wie man die DDR nannte, und der man seit 1971 – mit den entschiedenen Reiseerleichterungen durch das Viermächte- und Transit-Abkommen – auf seiner Fahrt nach „Wessiland" demonstrativ seine Rücklichter zeigte.

Spätestens Anfang der 70er-Jahre vollzog sich die Teilung über das Räumliche hinaus auch psychologisch und kulturell. Während es im Westteil der Stadt seit den Studentenunruhen 1968 schrittweise zum Aufbruch der verkrusteten politischen und gesellschaftlichen Verhältnisse gekommen war, erfüllten sich auf der anderen Seite der Mauer die Hoffnungen nicht, die viele DDR-Bürger 1971 an den Wechsel vom Mauerbauer *Walter Ulbricht* zu *Erich Honecker* als Erster Sekretär des Zentralkomitees der SED geknüpft hatten. Anschließend igelte man sich ein in Ostberlin, zog sich in die „Innerlichkeit" zurück, wogegen die Westberliner „Insulaner" als üppig alimentierter Vorposten der freien Welt immer eingebildeter wurden und ihre Maueridylle wie den Umstand genossen, dabei gleichzeitig eine berühmte Weltstadt zu sein. Ja, dank dieser in der Tat einmaligen Wohnsituation galt man als Westberliner in aller Welt automatisch als Attraktion. Zumal: In keiner Stadt lebte es sich vergleichsweise ungeniert und frei wie im eingemauerten Westteil der Stadt.

Dann öffneten sich nach dem Sommer 1989, als Zehntausende DDR-Bürger über Ungarn und die Tschechoslowakei in den Westen geflohen waren, am 9. November nach 28 Jahren plötzlich die innerstädtischen Grenzen. Über eine halbe Million Ostdeutsche erstürmten mit oder ohne „Trabi" in den darauffolgenden Tagen den Westteil der Stadt. „Wahnsinn" war das Wort der Stunde, das die Ereignisse zwar in keiner Weise darstellen konnte, aber sie dennoch mit Abstand am besten beschrieb. Die Sektkorken knallten, die Tränen flossen in Strömen, und Westberliner und Ostberliner lagen einander in den Armen.

Das Problem war nun, dass keine Zeit mehr bestand, die Mauer, dieses heillose Bauwerk gebührend zu würdigen. Nicht nur ihre Öffnung, auch der Abriss der Mauer geschah wie ihr Bau über Nacht. „Berlin, nun freue dich!" lautete der Imperativ, und welcher Berliner hätte angesichts der weltbewegenden Ereignisse gewagt, um der Erinnerung halber für ein kleines Stückchen Mauer und Todesstreifen zu bitten?

Ebenso rasch, wie er damals errichtet wurde, verschwand der Betonwall wieder. Nur in der **Niederkirchnerstraße** am Martin-Gropius-Bau erheben sich, streng geschützt, noch wenige hundert Meter original und unverfälscht erhaltene Vorderlandsmauer, an der Spree in Friedrichshain stehen noch 1300 Meter 1990 nachträglich angemalte Hinterlandsmauer, die „Eastside-gallery". Am Mauerpark Bernauer Straße/ Ecke Eberswalder Straße haben nach '89 Graffitikünstler hinter der Grünanlage auf dem ehemaligen Todesstreifen einen kleinen Betonrest besprüht, und ebenfalls in der Bernauer Straße/Höhe Ackerstraße wurde zum 37. Jahrestag des Mauerbaus 1998 die „Gedenkstätte Berliner Mauer" eingeweiht. Zusätzlich begann man an stark von Fußgängern frequentierten Straßen zwischen den Bezirken Mitte und Kreuzberg mit der Markierung des ehemaligen Mauerverlaufs durch doppelläufige Großsteinpflasterreihen. In Abständen sind gusseiserne Platten mit der Inschrift „Berliner Mauer 1961–1989" in das Pflaster eingelassen, die Einheimischen wie Besuchern auf der Spurensuche behilflich sein sollen. Damit dieses obszöne Bauwerk nicht vollends in Vergessenheit gerät und mehr bleibt als nur der Gedanke: Stimmt ja, da war doch mal was.

008be Foto: kj

Staatsoberhaupt von allen seinen Ämtern zurück. Am 9. November **fällt die Berliner Mauer.**

Wiedervereinigung

Das Ende der DDR

Am Tag der **Einführung der D-Mark** in der DDR am 1. Juli 1990 werden die Grenzkontrollen zwischen den beiden deutschen Staaten und den beiden Teilen Berlins eingestellt. Am 2. Oktober erfolgt die Suspendierung der alliierten Hoheitsrechte und am 3. Oktober der **Beitritt der DDR in den Geltungsbereich des Grundgesetzes.** Das auf einer Fläche von rund 890 Quadratkilometern somit wiedervereinigte Berlin zählt 3,46 Millionen Einwohner, die in insgesamt 23 Bezirken leben.

Berlin wird Regierungssitz

Im Juli 1991 beschließt der Deutsche Bundestag mit hauchdünner Mehrheit den Umzug des Bundestags, des Bundesrats und der Bundesregierung mit den wichtigsten Ministerien von Bonn nach Berlin. Das **Umzugsgesetz Berlin-Bonn** tritt am 10. März 1994 in Kraft, womit die Hauptstadt zum Regierungssitz im Wartezustand und ihr Zentrum in die größte Baustelle Europas verwandelt wird. Nach jahrelangen hitzigen Debatten ver-

Letzte Mauerstückchen am Potsdamer Platz

Nach 28 Jahren fiel die Mauer: Ost und West trennt nur noch ein Schritt

009be Foto: cp

packen *Christo* und seine Frau *Jeanne-Claude* 1995 den Reichstag, auf dem Kurfürstendamm findet mit rund 300.000 Ravern die erste Love-Parade statt. Im Jahr darauf sind es schon 750.000, die fröhlich durch den Tiergarten hotten. 1998 beschließt das Abgeordnetenhaus umfangreiche Reformen, darunter die Verringerung der Berliner Bezirke von 23 auf 12 ab dem 1. Januar 2001. Ein Jahr später wird die Bundeshauptstadt mit dem Zusammentreten der Bundesversammlung zur Wahl des Bundespräsidenten am 50. Jahrestag des Grundgesetzes, dem 23. Mai 1999, **Regierungssitz.** Bundestag, Bundesregierung und Bundesrat nehmen in Berlin ihre Arbeit auf, knapp zwei Jahre später wird am 20. April 2001 feierlich das neue Bundeskanzleramt im Tiergarten eröffnet.

Neben den Herausforderungen, die der längst noch nicht abgeschlossene Bundes-Umzug für die Stadt mit sich bringt, stehen auch für das Land Berlin zentrale Zukunftsprojekte an. Dazu zählen Ausbau und Inbetriebnahme des Flughafens Berlin-Brandenburg International in Schönefeld und darüber hinaus eine weitere Wiedervereinigung: die für den Sankt-Nimmerleinstag geplante Länderfusion Berlin-Brandenburg.

Wirtschaft und Arbeit

Wohl nirgends sind das Ausmaß und die Widersprüche des oft dramatischen **Strukturwandels,** den die Wirtschaft seit der Wiedervereinigung bis heute durchläuft, besser und eindringlicher zu studieren als in der „Werkstatt der Einheit", wie Politiker in ihren Sonntagsreden die deutsche Bundeshauptstadt gerne nannten.

War Berlin vor dem Zweiten Weltkrieg einer der wichtigsten Wirtschaftsplätze und die größte Industriemetropole Deutschlands, und war später Ostberlin das bedeutendste Industriezentrum der DDR, so erwischte es nach der Wiedervereinigung vor allem das verarbeitende Gewerbe. Seit dem Mauerfall war ein drastischer **Abbau von Produktionskapazitäten und Arbeitsplätzen** in der Industrie zu beklagen, nicht nur in der ehemaligen Hauptstadt der DDR, sondern gleichermaßen hüben wie drüben.

Die Gründe für den ökonomischen Abbau Ost sind sattsam bekannt: Wegfall der osteuropäischen Absatzmärkte nach der Einführung der D-Mark, steinalte Fertigungsanlagen und nicht konkurrenzfähige Produkte. Sie kosteten in nur einem Jahrzehnt über 150.000 Arbeitsplätze im Ostteil der Stadt von vormals 187.000 Industriearbeitsplätzen.

Die Ursachen für den Abbau West sind in der jahrzehntelangen isolierten Lage zu suchen. Infolge des Funktionsverlustes der eingemauerten Teilstadt bei gleichzeitig unsicherer Insellage mitten im kommunistischen „roten Meer", wanderten die großen Betriebe nach Westdeutschland ab. Dem versuchte die BRD mit Steuervorteilen für Westberliner Unternehmen und Beschäftigte zu begegnen, ein letztes Mal 1990 mit 13 Mrd. DM Bundeshilfe und 9 Mrd. DM Berlinförderung – wodurch die Mauerstadt allmählich zur „verlängerten Werkbank" Westdeutschlands wurde; d. h. hier ließ man, oft mittels vorsintflutlicher Technologie, nur schrauben und löten, sofern saftige Prämien winkten. Nach dem **Wegfall der Westberlin-Subventionen** verlagerten viele Firmen ihre Herstellung folgerichtig in billiger produzierende europäische Regionen oder wanderten auch nur zu den neuen ergiebigen Fördertöpfen nach Ostberlin oder ins brandenburgische Umland ab.

So halbierte sich von 1991 bis 2001 die Zahl der Beschäftigten im verarbeitenden Gewerbe. Dazu gesellt sich ein anhaltender Stellenabbau in Behörden, Ämtern und Dienststuben. Die **Arbeitslosenquote** lag im Frühjahr 2006 bei knapp 18 Prozent, die Anzahl der Arbeitslosengeld II- und Sozialhilfebezieher ist eine der höchsten in Deutschland. Von ihnen leben die meisten in den Bezirken Mitte und Neukölln, gefolgt von Friedrichshain-Kreuzberg.

Nun aber zu den guten Nachrichten: Es gibt sie noch, die **traditionsreichen Unternehmen** des Berliner Maschinen- und Schienenfahrzeugbaus, der Elektrotechnik und chemischen Industrie, Namen wie Siemens und Borsig, DeTeWe, Schering und Schwartzkopff. Wenn manche von ihnen auch nicht mehr unter dem angestammten Firmennamen und nur noch mit erheblich geschrumpfter Belegschaft produzieren, dürfen sich andere wiederum rühmen, umso tüchtiger auf dem internationalen Markt zukunftsweisender Schlüsseltechnologien mitzumischen, allen voran Siemens und Schering. Insbesondere in den forschungsintensiven Industriezweigen wie Pharmazie und Biotechnologie, Elektro-, Medizin- und Nachrichtentechnik sind zahlreiche neue Unternehmen mit einem hohem Anteil an Forschungs-Dienstleistungsarbeitsplätzen entstanden.

Ebenfalls günstig verlief die Entwicklung in den produktionsnahen **Dienstleistungsbranchen,** die gegenüber 1991 heute rund zwei Drittel mehr Menschen beschäftigen. Vor allem Beratungsdienste und Reinigungsfirmen sichern in Berlin Arbeitsplätze. Dazu gesellten sich über 100.000 Gewerbeneugründungen seit 1990, von denen sich manche am ruppigen Markt zu behaupten verstanden, von der Imbissbude bis zur Softwareschmiede.

Als **Wissenschaftsstandort** kann die Stadt neben 16 Hochschulen mit über 140.000 Studenten auf rund 250 Forschungs- und Entwicklungseinrichtungen verweisen. Medizin- und Biotechnologie made in Berlin sind weltweit führend, und auch als **Medienstandort** bietet die Hauptstadt Superlative: Nirgends werden deutschlandweit mehr Rundfunk- und Fernsehsender gezählt. Mit knapp 400 Verlagen ist Berlin nach München die zweitgrößte deutsche Verlagsmetropole.

Führende Unternehmen und Spitzenverbände verlagerten ihre **Firmensitze nach Berlin:** Die Deutschlandzentralen von Coca Cola, IBM, Universal, MGM, MTV und die Deutsche Bahn haben ihre Koffer gepackt und sind an die Spree umgezogen, der Daimler-Chrysler-Konzern verlegte seine Vertriebszentrale nach Berlin und seine Dienstleistungstochter debis residiert am Potsdamer Platz, wo auch der japanische Medien- und Elektrogigant Sony seine Deutschland- und Europazentrale bezogen hat. Womit Global Player und Big Bussiness Einzug in das märkische Sandkastenland halten.

Für die anderthalb Millionen Berliner Beschäftigten, von denen stolze 81 Prozent im Dienstleistungsbereich tätig sind (bei 18,5 Prozent im produzierenden Gewerbe), sind zwischenzeitlich mehr als 150.000 neue Arbeitsplätze entstanden. **Dienstleistung** lautet das Zauberwort der Stunde. Dazu zählen Handel, Gastronomie, der expandierende Tourismussektor sowie die aufgeblähte öffentliche Verwaltung, und natürlich wollen auch die zahllosen Fenster der neuen Bürotürme geputzt werden. Dieser Trend hat sich nicht zuletzt durch den Umzug der Regierung fortgesetzt. In ihrem Windschatten wechselten Botschaften, Ländervertretungen, Institutionen, Gesellschaften und Verbände von Bonn an die Spree und werden am weiteren Ausbau der Berliner Dienstleistungsgesellschaft mitwirken.

034be Foto: kj

Berlin-Mitte

322be Foto: kj

323be Foto: kj

Karl-Liebknecht-Brücke mit Berliner Dom

Drachentöter Georg im Nikolaiviertel

Der Fernsehturm mit Lichtkreuz – im Volksmund „Die Rache des Papstes“

Überblick

In Mitte schlägt das Herz der Stadt. Hier befindet sich **Berlins historischer, politischer und kultureller Mittelpunkt,** in dem sich vom Alexanderplatz bis zum Brandenburger Tor, von der Oranienburger Straße bis zur südlichen Friedrichstraße auf engstem Raum eine Fülle an bedeutenden Sehenswürdigkeiten dicht aneinanderdrängt.

In Mitte liegt die **Keimzelle Berlins.** Auf der Spreeinsel und gegenüber am östlichen Flussufer begann im 13. Jahrhundert mit den Städten **Cölln und Berlin** die Geschichte der Stadt. Diesseits und jenseits einer Furt durch die Spree bildeten sie den innersten Kern, um den sich im Verlauf der Jahrhunderte eine in unregelmäßigen Sprüngen beinahe ringförmig wachsende Stadt legte: zunächst im Westen die kurfürstlichen Neugründungen **Friedrichswerder** unmittelbar westlich der Spreeinsel, **Dorotheenstadt** rund um die Straße Unter den Linden und **Friedrichstadt** im Einzugsbereich der Friedrichstraße südlich der Linden. Sie wurden 1709, acht Jahre nach der Gründung des Königreichs Preußen, von *Friedrich I.* (1657–1713) mit der Doppelstadt Berlin-Cölln zur königlich-preußischen Residenzstadt Berlin zusammengefasst.

Außerhalb der Befestigungsanlagen wuchsen derweil die Vorstädte: im Norden Berlin-Cöllns die **Spandauer Vorstadt** und, weiter im Uhrzeiger-

324be Foto: kj

sinn, nordöstlich die **Königsstadt,** östlich die **Stralauer Vorstadt** sowie südöstlich die **Köpenicker Vorstadt (Luisenstadt).** Zusammen mit Friedrichswerder, Dorotheen- und Friedrichsstadt im Westen schlossen sie den ersten Ring um den Altberliner Stadtkern.

Der Soldatenkönig *Friedrich Wilhelm I.* (1688–1740) ließ ihn 1734–36 unter Einbeziehung weiter unbebauter Flächen von einer sechs Meter hohen Zollmauer, einer **„Akzisemauer"** umziehen. Diese aus Ziegelsteinen aufgebaute Besteuerungslinie beschrieb noch bis weit ins 19. Jahrhundert hinein die Berliner Stadtgrenze: Sie verlief vom Brandenburger Tor über das Rosenthaler und Schönhauser Tor im Norden der Stadt nach Osten zum Frankfurter Tor und von dort weiter nach Süden zum Schlesischen und Halleschen Tor, um über das Potsdamer Tor zum Ausgangspunkt zurückzukehren. Ihr Verlauf deckt sich größtenteils mit den derzeitigen Stadtteilgrenzen von Mitte (nicht zu verwechseln mit dem Großbezirk Mitte, zu dem außerdem die Stadtteile Tiergarten und Wedding gehören). Abgesehen vom Westen Friedrichshains und dem Norden von Kreuzberg entspricht Mitte in seiner Ausdehnung mithin etwa der historischen kurfürstlichen, später königlich-preußischen Residenzstadt Berlin. Bis 1861 war die Mitte von heute identisch mit ganz Berlin. Erst danach legte sich mit den Eingemeindungen der Orte Wedding, Gesundbrunnen, Moabit, dem Norden Schönebergs und Tempelhofs ein zweiter Ring um den ersten.

So wundert es nicht, dass es im alten Herzen der Stadt den **größten Reichtum an Sehenswertem und Interessantem** zu entdecken gibt, an historischen und kulturhistorischen Sehenswürdigkeiten ebenso wie an momentan im Entstehen Begriffenem, an klassischen Kultur-Hochgenüssen wie Avantgardistischem oder Szenigem, an geballter Scheußlichkeit wie vollendeter Schönheit, an Vergangenem ebenso wie an dem Zukünftigen, das Anfang des dritten Jahrtausends gerade Gestalt annimmt. Weshalb es sich zum Berlin-Kennenlernen auf jeden Fall lohnt, direkt in medias res, mittenmang in die Dinge hineinzugehen.

Die Spreeinsel

Wie alt die beiden Siedlungen Cölln auf der Spreeinsel und Berlin am jenseitigen Flussufer wirklich sind, kann niemand sagen. Nur soviel ist verbürgt: 1237 wird **Cölln** auf der Insel erstmals in einer Urkunde erwähnt, sieben Jahre später taucht der Name **Berlin** das erste Mal in einem Schriftstück auf, womit Cölln der älteste nachgewiesene Teil Berlins ist. Eingedenk seiner ersten Erwähnung feierten 1987 die beiden Berlins – hüben Westberlin, drüben die Hauptstadt der DDR – mit großem Pomp jeweils ihre eigene 750-Jahr-Feier.

Berliner Bär auf der Hanf-Parade

Friedrichsbrücke

Zur Spreeinsel – der Museumsinsel mit ihren weltberühmten Sammlungen, dem Schlossplatz im Zentrum der Insel und der Fischerinsel im Süden – führt ein gleichermaßen schöner wie kurzer und direkter Weg. Vom S-Bahnhof Hackescher Markt schwenkt man südlich in die Spandauer Straße ein, folgt der Burgstraße nach rechts und geht über die kleine, nur für Fußgänger geöffnete Friedrichsbrücke über die Spree zur Museumsinsel hinüber.

Von der Brücke aus eröffnet sich ein schöner kleiner **Rundumblick auf das alte Herz Berlins,** der bei der ersten Orientierung behilflich sein kann. Flussaufwärts nach Süden geht die Sicht auf den mächtigen Berliner Dom und dahinter die weite Schutt- und Ruinenfläche, die bis Frühjahr 2006 der Palast der Republik einnahm, danach, wie unmittelbar aus der Spree gewachsen, den klotzig wilhelminischen Neuen Marstall, alsdann den Panzerglas gesicherten Gemeinschaftsneubau von Deutschem Industrie- und Handelstag (DIHT), Bundesverband der deutschen Industrie (BDI) und Bundesvereinigung der deutschen Arbeitgeberverbände (BDA) und abschließend die mausgrauen Hochhäuser auf der Fischerinsel, die dort nach dem Abriss der verschlungenen dunklen Gassen, Häuser und Höfe Alt-Berlins in sozialistischer Zeit in Plattenbauweise hochgezogen worden sind. Ihnen links zur Seite erheben sich über dem östlichen Spreeufer die beiden Türme der Nikolaikirche, und dreht man seinen Kopf noch weiter nach Osten sind der Kirchturm von St. Marien und der Fernsehturm am Alexanderplatz zu erkennen; spreeaufwärts blinken die goldenen Kuppeln der Neuen Synagoge im Licht.

Museumsinsel und Dom

Verkehrsanbindung

- S Hackescher Markt
- Bus 100, 200, TXL
- Tram M1

Museumsinsel

Den nördlichen Teil der Spreeinsel, den das breite Asphaltband der Straße Unter den Linden zum Schlossplatz hin begrenzt, bildet die berühmte Museumsinsel, die von Wasser umgebene Akropolis von Spree-Athen. In über hundert Jahren (1824–1930) entstanden auf der von *Friedrich Wilhelm IV.* zur „Freistätte für Kunst und Wissenschaft" erklärten Inselspitze **fünf herausragende Museumsbauten,** die bis zu ihrer Zerstörung im Zweiten Weltkrieg von der Kunst des alten Ägyptens und der klassischen Antike bis zur Malerei des 19. Jahrhunderts **weltweit einzigartige Sammlungen** bargen. Die Museumsbauten wurden bis auf das Neue Museum schon in den fünfziger Jahren wiedererrichtet. Die 1944 vor den Bombenangriffen deutschlandweit in Bunker und Salzstöcke ausgelagerten Sammlungen wurden dagegen mit der deutschen Teilung für vierzig Jahre auseinander gerissen. Ihre Zusammenführung ist seit der Wiedervereinigung im Gang und wird noch einige Jahre andauern, erschwert durch den Umstand, dass sich kostbare Bestände wie Teile der Ausgrabungen *Heinrich Schliemanns* in Troja oder der Schatz von Eberswalde noch als „Beutekunst" in Russland befinden.

Mehr als 1,5 Milliarden Euro wird die **aufwendige Restaurierung** der Museumsinsel verschlungen haben, bis 2010 alle Musentempel saniert und die einzelnen Gebäude nach den Vorbildern des Pariser Louvre und der Vatikanischen Museen in Rom zu einem gemeinsamen Museumskomplex zusammengefasst sind. Nichtsdestoweniger wurde die Museumsinsel bereits 1999 von der UNESCO als „einzigartiges Ensemble von Museumsbauten" gewürdigt und zum **Weltkulturerbe der Menschheit** erklärt.

Altes Museum (52)

Das erste und älteste Bauwerk des Museen-Ensembles ist das mit seinen ionischen Säulen der Straße Unter den Linden zugewandte Alte Museum. Das ab 1951 wieder aufgebaute Meisterwerk des großen Baumeisters Preußens, *Karl Friedrich Schinkel* (1781–1841), war zu seiner **Eröffnung 1830,** damals als „Neues Museum", neben dem Kasseler Fridericianum und der Münchner Pinakothek **einer der ersten der Öffentlichkeit zugänglichen Museumsbauten in Deutschland.** Schinkel selbst bezeichnete es als seine „beste Arbeit".

Die Räumlichkeiten beherbergen im Hauptgeschoss die **Antikensammlung** mit Skulpturen, Waffen, Goldschmuck und Silberschätzen der griechischen, etruskischen und römischen Antike. Im Obergeschoss ist bis zu ihrem Umzug ins Neue Museum im Jahr 2009 die **Sammlung des Ägyptischen Museums** untergebracht: zehntausende Papyri und Kunstwerke des alten Ägypten vorwiegend aus der Zeit *Nofretetes* und *Echnatons* um 1400 v. Chr., mit ihrem Prunkstück: der weltberühmten Büste der Königin Nofretete.

Lustgarten

Vor der 87 Meter langen Front des klassizistischen Museentempels dehnt sich bis zur Straße Unter den Linden der Lustgarten aus. Seit Gärtner 1998 im Zuge seiner Restaurierung den ersten Rasen ausrollten, hat der Name endlich auch wieder Berechtigung: Ursprünglich ein **Lust- und Kräutergarten am Stadtschloss,** wurde das Areal erstmals auf Befehl des Soldatenkönigs *Friedrich Wilhelm I.* (1620–1688) kahl rasiert und zum öden Exerzierplatz umfunktioniert. Noch 1822, zwei Jahre vor Baubeginn des (damals Neuen) Alten Museums fragte *Heinrich Heine* ironisch: „Wo aber ist der Garten?" – Er feierte bei Fertigstellung des Alten Museums als streng geometrische Anlage nach Plänen des renommierten Gartenbaumeisters *Peter Joseph Lenné* (1789–1866) seine Wiedererstehung, wurde jedoch ein gutes Jahrhundert später, 1935, abermals abgeräumt. Diesmal von den Nazis, die das Lustgarten-Gelände für **pompöse Aufmärsche** benötigten. Seit 1998 gedeiht in Anlehnung an den Lenné-Entwurf nun anstelle von Pflasterstein zum dritten Mal Grün.

Die Museen auf der Museumsinsel

- **Altes Museum,** Weltweit bedeutende Antikensammlung mit Skulpturen, Schmuck, Bronzen, Vasen der griechischen, etruskischen, römischen Epoche; Papyri und Kunstwerke des alten Ägyptens vorwiegend aus der Zeit um 1400 v. Chr., darunter die Büste der *Nofretete*.
- **Neues Museum,** Wegen Wiederaufbau bis voraussichtlich 2009 geschlossen.
- **Alte Nationalgalerie,** Ebenso umfangreiche wie weltweit bedeutende Sammlung internationaler und deutscher Malerei des 19. Jahrhunderts.
- **Bodemuseum,** Münzkabinett mit Münzserien vom 7. bis zum 20. Jahrhundert, Byzantinisches Museum und Skulpturensammlung mit Objekten vom frühen Mittelalter bis 18. Jahrhundert in Deutschland, frühchristlicher, byzantinischer und nachbyzantinischer Kunst 3.–19. Jahrhundert, spätantiker koptischer Kunst und Ikonensammlungen 6.–19. Jahrhundert.
- **Pergamon-Museum,** Weltberühmte Sammlungen orientalischer Altertümer und antiker Großarchitekturen, darunter der Pergamon-Altar (2. Jh. v. Chr)., Ischtartor und Prozessionstraße aus Babylon (6. Jh.) und die Fassade des Wüstenschlosses Mschatta (8.Jh.).

Öffnungszeiten: Die Museen sind Di., Mi., Fr., Sa., So. 10–18 Uhr und Do. 10–22 Uhr geöffnet, Ägyptisches Museum und Papyrussammlung im Alten Museum zusätzlich Mo. 10–18 Uhr.

Neues Museum (53)

Nachdem das Alte Museum bereits dreizehn Jahre nach seiner Eröffnung aus allen Nähten zu platzen drohte, machte man sich **1843–59** an den Bau des Neuen Museums. Das von *Friedrich August Stüler* (1800–1865) entworfene Gebäude schließt sich unmittelbar nördlich an das Schinkelsche Alte Museum an. Nach seiner **Zerstörung im Zweiten Weltkrieg** trotzte es lange als Ruine den Zeiten, wird zurzeit unter Leitung des Londoner Architekten *David Chipperfield* bis 2009 wieder aufgebaut und soll nach seiner Wiedereröffnung einen Teil des Museums für Vor- und Frühgeschichte sowie das Ägyptische Museum und die Papyrussammlung aufnehmen.

Alte Nationalgalerie (54)

Als dritter Bau folgte **1866–76** die in Form eines korinthischen Tempels ebenfalls von *Stüler* konzipierte Nationalgalerie, heute die Alte Nationalgalerie. Bis zum nationalsozialistischen Bildersturm beherbergte sie neben Malerei des 18. und 19. Jahrhunderts eine der weltweit bedeutendsten Sammlungen der Moderne. Deren Exponate wurden teils zur unheilvollen Ausstellung „Entartete Kunst" nach München verbracht und nachfolgend billig verschleudert, ein anderer Teil ging während der Auslagerung im Krieg in Flammen auf. Der große Bestand **deutscher und internationaler Malerei des 19. Jahrhunderts** – darunter zahlreiche Werke der deutschen Romantik und des französischen Impressionismus – konnte dagegen gerettet werden und ist seit 2001 an seinem angestammten Ort wieder vereint.

Bodemuseum (56)

Das vierte Museumsgebäude, das **1898–1904** vom Berliner Hofarchitekten *Ernst von Ihne* (1848–1917) geschaffene Bodemuseum, hockt neubarock unter einer mächtigen Kuppel auf der Inselspitze. Ursprünglich Kaiser-Friedrich-Museum genannt, wurde es nach seiner Wiedereröffnung in den 50er-Jahren nach dem international hochgeachteten Berliner „Museenpapst", dem engagierten Generaldirektor der Berliner Museen 1905–20, *Wilhelm v. Bode*, in Bodemuseum umbenannt. 2000–2005 grundlegend restauriert und modernisiert, präsentiert es seit seiner Wiedereröffnung 2006 neben dem **Münzkabinett** das **Museum für Byzantinische Kunst** mit einer umfangreichen Skulpturensammlung der Spätantike, byzantinischen und nachbyzantinischen Kunst.

Pergamon-Museum (55)

Dem Einsatz *Bodes* ist schließlich das fünfte und jüngste Museum der Insel zu verdanken. Um die zahlreichen **Ausgrabungen deutscher Altertumsforscher** aufnehmen zu können, drängte er auf die Errichtung eines weiteren Gebäudes. So entstand mit mehrfachen Unterbrechungen **1909–30** unter den Architekten *Wessel* und *Hoffmann* zwischen Neuem Museum und Bodemuseum das Pergamon-Museum. Zu seinen großartigsten Exponaten zählen in der Antikensammlung der Zeusaltar von Pergamon und das römische Markttor von Milet, im Vorderasiatischen Museum das Ischtartor und die Prozessionsstraße aus Babylon sowie im Museum für Islamischen Kunst die prunkvolle Fassade des jordanischen Wüstenschlosses Mschatta aus dem 8. Jahrhundert.

Dom (51)

Der Berliner Dom, mit seiner Hauptfassade dem Lustgarten zugewandt, fungierte sinnbildhaft als **Bindeglied zwischen hie Kunst und dort Kaisertum** – der Kirche gegenüber am Schlossplatz stand bis zu seiner Sprengung 1950 das gigantische Stadtschloss der Hohenzollern. Der Herrlichkeit und übertriebenen Kunstauffassung von „SM", wie die Berliner Seine Majestät Kaiser *Wilhelm II.* (1859–1941) abkürzten, kann man dagegen immer noch ansichtig werden. Nach Abriss des Vorgängerbaus wurde das monumentale Gotteshaus 1894–1905 nach Plänen *Julius Carl Raschdorffs* als dreiteiliger Granit- und Sandsteinbau im überbordenden **Neubarock** errichtet, der im Inneren mit goldverbrämtem Zierrat und Bijouterien besticht. Die 74 Meter hohe Kuppel der Predigtkirche ist mit acht eindrucksvollen Mosaiken des Lieblingsmalers Kaiser *Wilhelms* und Hauptrepräsentanten der wilhelminischen Malerei, *Anton von Werner,* geschmückt. Zur wertvollen Innenausstattung gehören die vergoldete Altarwand mit den 12 Aposteln nach einem Entwurf *Karl Friedrich Schinkels,* der Marmoraltar von *Stüler,* das Marmortaufbecken von *Christian Daniel Rauch* (1777–1857), die Särge des Großen Kurfürsten und seiner Gemahlin *Dorothea* unterhalb der Orgelempore sowie die von *Andreas Schlüter* (um 1660–1714) geschaffenen Prunksarkophage *Friedrichs I.* und Königin *Sophie Charlottes* unterhalb der Südempore. Sie sind allerdings leer, die königlichen Gebeine und die vie-

ler weiterer Hohenzollern sind im Dom in über 90 Särgen in der ebenfalls sehenswerten **Hohenzollerngruft** untergebracht.

Die 1300 Quadratmeter große Krypta in der einstigen Hofkirche der Hohenzollern steht den Dom-Besuchern seit 1999 wieder zur Besichtigung offen.

• **Domkirche mit Predigtkirche und Tauf- und Traukirche,** Kaiserliches Treppenhaus, Hohenzollerngruft Apr.-Sept. Mo.-Sa. 9-20 Uhr, So. 12-20 Uhr, Okt.-März Mo.-Sa. 9-19 Uhr, So. 12-19 Uhr. Keine Besichtigungen bei Gottesdiensten und Veranstaltungen. Kuppelumgang Apr.-Sept. tägl. 9-20 Uhr, Okt.-März 9-17 Uhr. Gottesdienste So. 10 Uhr.

Detail am Dom

Der Schlossplatz

Stadtschloss und Palast der Republik

„Das Schloss bildet den Mittelpunkt für Berlins wichtigste historische und politische Erinnerung." So schrieb *Robert Springer* 1876 in seinem Reiseführer „Berlin. Die deutsche Kaiserstadt" über die seit nunmehr einem halben Jahrhundert heißest umstrittene Fläche im historischen Stadtzentrum; und mancher, der sich heute für den Wiederaufbau des Stadtschlosses einsetzt, hätte Springers Erörterung anno 1876 sicher sofort unterschrieben.

Das Stadtschloss war das Maß aller Dinge. Über 500 Jahre lang war es die Koordinate, an der die Geschicke Berlins zusammenliefen und von wo aus Berlin in die Welt ausstrahlte. Über 500 Jahre stand es an der Stelle, wo bis vor Kurzem - zurzeit im Abriss befindlich - der Palast der Republik vor sich hindämmerte.

Den Grundstein legte **1443** der zweite Hohenzollerngraf über die Mark, *Friedrich II. Eisenzahn* (1413–71), im Herzen der Insel Cölln. Danach mehrfach vergrößert und umgebaut, bedeckte das Schloss nach seiner letzten Erweiterung 1706–13 mit beinahe 200 Metern Länge und 120 Metern Breite fast die gesamte Fläche der Insel. Und so stand es, als **größter weltlicher Barockbau nördlich der Alpen,** und sah Könige und Kaiser Kommen und Gehen, bis es **im Zweiten Weltkrieg zerbombt** wurde.

Die Entscheidung, ob die Ruine wieder aufgebaut oder vollends abgerissen werden sollte, fällten nach Gründung der DDR die neuen Machthaber in Ostberlin, so wie sie der SED-Generalsekretär *Walter Ulbricht* 1950 verlautbaren ließ: „Das Zentrum unserer Hauptstadt, der Lustgarten und das Gebiet der jetzigen Schlossruine, müssen zu dem **großen Demonstrationsplatz** werden, auf dem der Kampfwille und Aufbauwille unseres Volkes Ausdruck findet."

Trotz anhaltender internationaler Proteste wurde das Stadtschloss als Inbegriff des preußischen Militarismus **1950 in monatelanger Arbeit gesprengt.** Auf dem nun großen, weiten, öden Geviert baute man anschließend eine gewaltige Tribüne auf, vor der die Volksmassen mit „Winkelementen" aufmarschieren und ihren obersten Einheitsparteigenossen zujubilieren sollten. **Ab 1973** entstand dann in nur zwei Jahren Bautätigkeit der **Palast der Republik,** das Sinnbild par excellence für den Aufstieg wie auch den Niedergang der Deutschen Demokratischen Republik: bis 1990 Sitz der DDR-Volkskammer und zugleich multifunktionales Kulturzentrum mit Tanz- und Konzertvergnügen, Gastronomie und zahlreichen weiteren Freizeiteinrichtungen. **Im Frühjahr 2006 wurde mit seinem Abriss begonnen,** 2007 soll der „Rückbau" beendet sein.

Gemäß einem Bundestagsbeschluss von 2002 wird an seiner Stelle das so genannte **„Humboldt-Forum"** entstehen. In der weitläufigen Kubatur des alten Stadtschlosses soll es außen dessen historische Barockfassade tragen und innen, auf 135.000 Quadratmetern

Palast der Republik – Zwischennutzungen als Kontinuitätsprinzip

Erichs Lampenladen nannte man den 180 Meter langen, mit orangefarbenen Glasfronten geschmückten Betonkoloss wegen seiner illustren Innenbeleuchtung. Nach der Wiedervereinigung 1990 gingen die Lichter aus, und die ästhetisch wie politisch hochgradig symbolgeladene Frage lautete: Dekonstruktion oder Rekonstruktion? Abriss oder Instandsetzung, denn wie so viele der 1970er-Jahre-Gebäude war auch der Palast der Republik massiv asbestbelastet.

Im Anschluss an die darum unvermeidliche Sanierung – 720 Tonnen Spritzasbest wurden entfernt – blieb von ihm nicht viel mehr als sein Stahlskelett und rohes Mauerwerk übrig. Und so stand er denn da, als schaurig-schöne Ruine über der Spree, und stieg in dieser Gestalt zum heiß umstrittenen Kultobjekt auf.

Während die Köpfe von Architekten und Stadtplanern in Kommissionen über Bebauungsplänen und Nutzungskonzepten zu rauchen begannen und der „Förderverein Berliner Schloss" den Palast nach Christo-Manier ringsum in eine Barockfassade aus Plastikbahnen verpackte, bliesen die Gegner des Stadtschloss-Wiederaufbaus zum Sturm. Junge Künstler, Architekten, Schriftsteller, Film- und Musikschaffende zogen ein und kreierten ein Zwischennutzungskonzept, das Erichs alten Lampenladen, zwischen freiliegenden Stahlträgern und blinden Fensterscheiben, zu einer der angesagtesten **Off-Spielstätten für Ausstellungen, Theater, Musik und Performances** machte. Für den Erhalt des Palasts der Republik wurde zur letzten Bundestagswahl sogar eigens eine Partei gegründet.

Doch ihr Kampf um die symbolische Besetzung der Mitte von Deutschland ist vergeblich geblieben. Anknüpfend an den Bundestagsbeschluss von 2002 bestätigte im Januar 2006 die große Mehrheit der Parlamentarier, gegen die Stimmen lediglich von Grünen und Linkspartei, den Wiederaufbau des historischen Stadtschlosses. Und damit den Abriss der asbestsanierten Palast-Ruine im Herzen Berlins.

Für die Ewigkeit bauen hat sich somit einmal mehr als Trugschluss erwiesen. Kaum eine Stadt verkörpert das deutlicher als die deutsche Hauptstadt Berlin, in der Aufbau, Umbau und Abriss seit Jahrhunderten an der Tagesordnung sind. Zwischennutzungen sollte man also nicht mehr länger nur als Interimslösung verstehen, sondern sie vielmehr zum Kontinuitätsprinzip schlechthin in der Spree-Metropole erklären. Denn offensichtlich ist nicht das Vollkommene, das Vollendete, sondern die Zwischennutzung der vitale Zustand, die Lebensader Berlins.

Grundfläche ... ja das weiß man noch nicht. Ginge es nach der Stiftung Preußischer Kulturbesitz in Zusammenarbeit mit der Humboldt-Universität, würde der Gebäudekomplex zum Tempel für Museen und Wissenschaft werden, während andere wiederum ein Luxushotel mit Tiefgaragen präferieren. 1,5 Milliarden Euro sind für den Bau anvisiert, zwei Drittel davon soll der Bund, ein Drittel das Land Berlin tragen, und die Gelder für die Rekonstruktion der Barockfassade will der „Förderverein Berliner Schloss" unter der Führung *Wilhelm von Boddiens* aus Spenden auftreiben.

Palast der Republik kurz vor dem Abriss

Doch das ist alles Zukunftsmusik. Solange bis das neue alte Stadtschloss steinerne Wirklichkeit geworden ist, wird dort, wo die Archäologen nicht nach alten Grundmauern graben oder die riesige Betonwanne des versunkenen Palasts der Republik verfüllt werden muss - damit nebenan der Dom nicht im Sumpf versinkt - solange wird erst einmal Gras über den Schlossplatz auf der Spreeinsel wachsen und den Berlinern wie ihren Gästen eine weitere schöne Stätte zum in-der-Sonne-auf-die-Spree-Gucken bescheren.

Ein Bild von dem, was da als „Humboldtforum" einmal entstehen soll, kann man sich anhand eines 1:200-Modells im **Info-Center Wiederaufbau Berliner Schloss** des Fördervereins am Hauptvogteiplatz 3 machen, tgl. 9.30–18 Uhr.

Marstall, Ribbeck-Haus (49)

Dem ehemaligen Palast der Republik schließen sich spreeaufwärts in der Breiten Straße der 1898–1900 erbaute **Neue Marstall** und mit ihm verbunden der **Alte Marstall** an, gefolgt von der Renaissance-Front des Ribbeck-Hauses, in dem das **„Zentrum für Berlin-Studien"** untergebracht ist.

325be Foto: kj

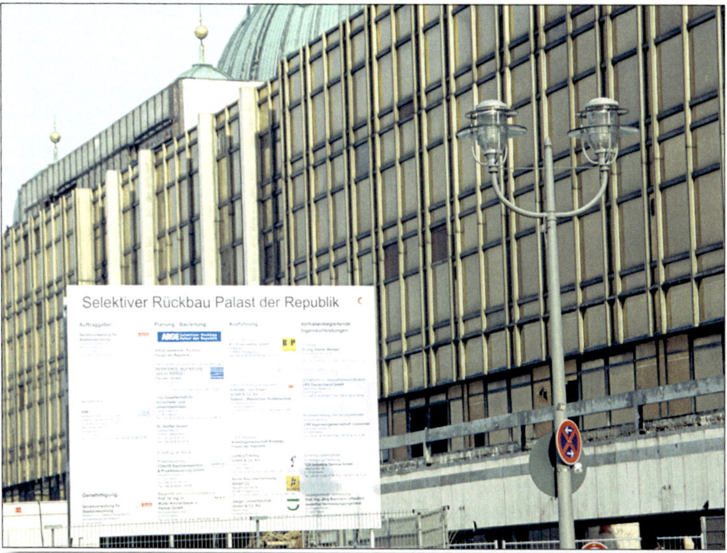

Staatsratsgebäude

An der Südflanke des Schlossplatzes erhebt sich das **ehemalige Staatsratsgebäude der DDR.** In das 1964 eingeweihte Gebäude ist das Portal IV des Berliner Stadtschlosses eingefügt, von dem aus *Karl Liebknecht* am 9. November 1918 die sozialistische Republik Deutschland ausrief. Bis zur Fertigstellung des Neubaus im Tiergarten diente das Staatsratsgebäude als provisorisches Bundeskanzleramt und beherbergte den Bundeskanzler und sein Kabinett.

Friedrichswerdersche Kirche (46)

Das dritte Gebäude im sozialistischen Bund mit Palast und Staatsratsgebäude war das ausnahmslos hässliche DDR-Außenministerium, das bereits 1995 abgerissen wurde und seitdem den Blick auf *Karl Friedrich Schinkels* (1781–1841) backsteinrote Friedrichswerdersche Kirche westlich des Spreegrabens nicht mehr versperrt. Das grazile, **1824–31 im neugotischen Stil** erbaute Gotteshaus beheimatet das **Schinkel-Museum** mit dem zeichnerischen und grafischen Werk des großen preußischen Baumeisters und seiner Freunde und Schüler.

- **Schinkelmuseum in der Friedrichswerderschen Kirche,** tgl. 10–18 Uhr.

Bauakademie (47)

Vor der Kirche, am Platz des abgerissenen DDR-Außenministeriums, zeichnete bis Sommer 2004 eine Grünanlage den Grundriss der berühmten **Schinkelschen Bauakademie** nach. Das 1832–36 hier errichtete, in seiner Verbindung von Funktionalität, Konstruktion und Materialästhetik für die moderne Architektur richtungsweisende Backsteingebäude, wurde im Zweiten Weltkrieg stark beschädigt, anschließend rekonstruiert und musste schlussendlich, ungeachtet weltweiter Proteste, 1962 dem Neubau des Außenministeriums weichen.

Als Werbung für den originalgetreuen Wiederaufbau ließ der „Bildungsverein Bauwerk" auf der ehemaligen Nordostecke der Bauakademie bis Herbst 2002 eine Musterfassade wiedererstehen. Auf Initiative des „Fördervereins Bauakademie" ist sie seit Sommer 2004 um **eine komplette Attrappe des historischen Gebäudes** ergänzt, die eindrucksvoll dokumentiert, um welches architektonische Glanzstück Berlin heute ärmer ist.

Auswärtiges Amt

Der Friedrichswerderschen Kirche gegenüber befindet sich südlich am Werderschen Markt das mit Natursteinplatten verkleidete alte Reichsbankgebäude. **1934–39 für die Reichsbank erbaut,** diente es ab 1958 als Sitz des Zentralkomitees der SED. Um einen davorgesetzten Neubau erweitert, beherbergt es seit dem Regierungsumzug das Auswärtige Amt der Bundesrepublik Deutschland. Das neue Gebäude nach Plänen der Architekten *Thomas Müller* und *Ivan Reimann* entstand in zweijähriger Bauzeit für umgerechnet etwa 85 Millionen Euro und ist der größte Ministeriumsneubau.

Unter den Linden

„Solang noch Untern Linden die alten Bäume blühn, kann nichts uns überwinden. Berlin bleibt doch Berlin!" Diesen Gassenhauer nach einer Weise von *Walter Kollo* aus der Revue „Drunter und drüber" sang man Mitte der 1920er-Jahre, während man wie anno dunnemals hutlüpfend und kopfnickend den repräsentativen Prachtboulevard im Schatten der Lindenbäume hinauf- und hinabflanierte.

Dabei hätten es ursprünglich **eigentlich Nussbäume** sein sollen. 1647 ließ der Große Kurfürst den schmalen Reitweg, der damals vom Stadtschloss durch den urwaldähnlichen Tiergarten über die Feldmark Lietzow (Charlottenburg) zur Festung Spandau führte, mit mehreren Reihen Nussbäumen und Linden bepflanzen. Doch mit „Unter den Nüssen" wollte es nichts Rechtes werden. Die Nussbäume vertrugen den märkischen Sandboden nicht und gingen bald darauf ein, nur die Linden gediehen.

Nach der Konstituierung des Königsreichs Preußen 1701 machte man sich dann daran, die Straße für den königlichen Pendelverkehr auszubauen, denn eine Preußische Meile (rund 7,5 km) entfernt von Berlin entstand in Lietzow das großartige Schloss, das König *Friedrich I.* für seine Frau *Sophie Charlotte* in Auftrag gegeben hatte. Im Zuge dessen entwickelte sich rund um die Linden die **Dorotheenstadt** (nach der zweiten Gemahlin des Großen Kurfürsten so genannt) zum „Quartier des Nobles", dem vornehmen Wohnviertel des Adels.

Unter *Friedrich II.* (1712–86) begann schließlich der Ausbau der Straße Unter den Linden zum **prunkvollen Boulevard.** Ein beeindruckender Reigen preußischer Architektur entstand, der im Verlauf der nächsten Jahrhunderte vom Barock über den Schinkelschen Klassizismus bis zum wilhelminischen Historismus der Gründerzeit alle möglichen Baustile in sich vereinte – und nach seiner Zerstörung im Zweiten Weltkrieg in einer unglaublichen Aufbauleistung der DDR in den 1950er- und 60er-Jahren größtenteils wiedererstand – ergänzt um die sozialistische Spielart und die zeitgenössische Architektur unserer Tage. Ein Bummel Unter den Linden ist heute also ein Defilee vorbei an 300 Jahren preußischer und deutscher Geschichte und Baugeschichte, die am barocken Zeughaus an der Schlossbrücke ihren Anfang nimmt und am just wiedererstehenden „Salon der Republik" am Pariser Platz in die Gegenwart einmündet.

Von der Schlossbrücke zum Bebelplatz (37)

Verkehrsanbindung

- S Hackescher Markt
- Bus 100, 200, TXL
- Tram M1

Schlossbrücke

„Hundebrücke" hieß die hölzerne Verbindung zwischen Spreeinsel und Festland in den Tagen des *Großen Kur-*

fürsten, da dieser hier seine Hundemeute für die Hetzjagd im Tiergarten versammelte. Und „Hundebrücke" hieß sie noch bis ins 19. Jahrhundert hinein, bis sie einem steinernen Nachfolger weichen musste. Nach einem Entwurf von *Schinkel* entstand 1821–24 an ihrer Stelle die Schlossbrücke. Die sie zierenden acht Figurengruppen aus strahlend weißem Carrara-Marmor wurden 1845–57 ebenfalls nach Schinkel-Plänen gefertigt.

Zeughaus (42)

Das der Schlossbrücke benachbarte Zeughaus ist das **bedeutendste erhaltene Barockgebäude** Berlins. Sein Bau 1695–1730 wurde von den in jener Zeit wichtigsten preußischen Architekten geplant und betreut: *Johann Arnold Nehring*, der zugleich für den Schlossbau in Lietzow zuständig war, nach dessen Tod *Martin Grünberg*, dann der berühmte Bildhauer *Andreas Schlüter* (um 1660–1714) – den man nach einem Jahr Bautätigkeit allerdings hinauswarf, nachdem nahebei der von ihm entworfene Münzturm am Stadtschloss wieder eingestürzt war – und schließlich ab 1706 *Jean de Bodt*.

Vom glücklosen *Andreas Schlüter* stammen die **22 Masken sterbender Krieger** im Zeughaus-Lichthof, die schmerzlich die Verwundbarkeit des Menschen anmahnen und einen dabei zugleich in Staunen versetzen. Denn Bauplastiken dieser dergestalt den Krieg anklagenden Ausführung an einem Zeughaus, das von seinen ersten Tagen an immerhin bis 1875 durchgehend als Waffen- und Munitionsdepot diente, sind gewiss nicht der Regelfall. Von Berliner Bürgern während der Märzrevolution 1848 gestürmt, wurde die Waffenkammer im Anschluss an die Reichsgründung im Auftrag Kaiser *Wilhelms I.* zur nationalen Weihehalle für Militarismus und Monarchie umgebaut; später ließ *Hitler* seine braunen Horden im Hof aufmarschieren.

Ab 1952 war nach seinem Wiederaufbau im Zeughaus das „Museum für deutsche Geschichte" untergebracht. Pünktlich zur Wiedervereinigung am 3. Oktober 1990 wurde in seinen Mauern die westdeutsche Interpretation der Geschichte, das **Deutsche historische Museum,** untergebracht, das nach jahrelangen Umbau- und Restaurierungsarbeiten ab Juni 2006 nun wieder seine Tore geöffnet hat. In seinen Räumlichkeiten zeigt es die Dauerausstellung „Zeugnisse deutscher Geschichte", die mit über 8000 ausgewählten Exponaten ein lebendiges Bild von 2000 Jahren deutscher Geschichte nachzeichnet.

An seiner Nordflanke befindet sich zwischen Zeughaus und Palais am Festungsgraben der lichtdurchflutete **Erweiterungsbau** des chinesischstämmigen New Yorker Stararchitekten *Ieoh Ming Pei* (geb. 1917), zu dessen spektakulären Arbeiten die Glaspyramide im Hof des Louvre und der Ostflügel der National Gallery of Art in Washington zählen. 2003 eröffnet, ergänzt der Neubau die Dauerausstel-

Zeughaus Unter den Linden

212be Foto: kj

lung im Zeughaus auf über 10.000 Quadratmeter um weitere 2700 Quadratmeter für Sonderausstellungen.

Vor dem Zeughaus findet am Kupfergraben jeden Samstag und Sonntag ein **Kunst- & Nostalgiemarkt** statt.

• **Deutsches historisches Museum** (Zeughaus und Pei-Bau), tgl. 10–18 Uhr. Zum Pei-Bau mit Wechselausstellungen gelangt man von der Straße Unter den Linden entweder durch das sehenswerte Zeughaus-Foyer (Schlüterhof), oder durch den Haupteingang der neuen Ausstellungshalle an der Nordwestecke des Zeughauses, Hinter dem Gießhaus 3.

Neue Wache (43)

In direkter Nachbarschaft befindet sich *Schinkels* 1816–18 **nach dem Vorbild eines römischen Kastells** entstandene Neue Wache. Genau hundert Jahre lang (bis 1918) war dort die königliche Wache untergebracht, danach begann die Karriere des zierlichen Häuschens mit den sechs dorischen Säulen als Mahnmal: zunächst Ehrenmal der Gefallenen im Ersten Weltkrieg, ab 1960 Mahnmal für die Opfer des Faschismus und Militarismus und seit 1993, abermals umgewidmet, **zentrale Gedenkstätte der Bundesrepublik für die „Opfer von Krieg und Gewaltherrschaft".** Seitdem nimmt das Zentrum des leeren Raumes eine vergrößerte Kopie der Pietà von *Käthe Kollwitz* ein. Zwei 1969 in den Boden eingelassene Urnen enthalten die sterblichen Überreste eines unbekannten Soldaten und ei-

301be Foto: kj

nes unbekannten Antifaschisten. Um die Urnen sind kleine Behältnisse mit Erde von neun europäischen Schlachtfeldern und neun Konzentrationslagern gruppiert.

• **Neue Wache,** Zentrale Mahn- und Gedenkstätte der Bundesrepublik für die Opfer von Krieg und Gewaltherrschaft, tgl. 10–18 Uhr.

Palais am Festungsgraben

Von der Straße Unter den Linden aus kaum zu erkennen, liegt hinter der Neuen Wache das 1751 bis 1753 erbaute, später klassizistisch umgestaltete und nach dem Zweiten Weltkrieg wiedererrichtete Palais am Festungsgraben. Es diente als Wohnstätte des preußischen Finanzministers, und auch der große Staatsmann und Reformer Preußens, *Heinrich Friedrich Karl Freiherr von und zum Stein* (1757–1831), lebte hier von 1804 bis 1808 (sein Denkmal steht schräg gegenüber neben dem Kronprinzenpalais am

Spreegraben). Das Palais dient heute als **Kulturzentrum** und beherbergt u. a. das **Theater im Palais,** das Heimatmuseum Mitte, die „Tadschikische Teestube“ (Mo.–Fr. 17–0 Uhr, Sa./So. 15–0 Uhr) und den Künstlerklub „Die Möwe“, der dort ein Restaurant mit gehobener französisch-internationaler Küche unterhält (Mo.–Sa. 18–0 Uhr).

Essen und Trinken:
• **Restaurants Die Möwe** und **Tadschikische Teestube,** Am Festungsgraben 1, Tel. 20 61 05 40.

Maxim-Gorki-Theater (40)

Dem Palais westlich zur Seite, ebenfalls hinter der Neuen Wache und zusätzlich vom Kastanienwäldchen verdeckt, steht die klassizistische „Singakademie“, heute das Maxim-Gorki-Theater. Goethefreund *Carl Friedrich Zelter* (1758–1832), seit 1800 Leiter der Singakademie, veranlasste den Bau durch *Karl Theodor Ottmer.* 1827 eröffnet, stieg es als **ältester Konzertsaal Berlins** schnell zu einem Zentrum des Berliner Kultur- und Geisteslebens auf. *Liszt* und *Mendelssohn-Bartholdy* konzertierten hier, die Pianistin *Clara Schumann* und der Teufelsgeiger *Paganini* waren zu Gast, *August Wilhelm Schlegel* hielt in den Räumlichkeiten der Singakademie Vorlesungen, und *Alexander von Humboldt* berichtete von seinen Forschungsreisen. Seit dem Wiederaufbau nach dem Krieg 1952 ist das Haus die Spielstätte des Maxim-Gorki-Theaters.

Erweiterungsbau am Deutschen Historischen Museum

Stadtkommandantur (48)

Unmittelbar dem Zeughaus gegenüber entstand an der vornehmen Adresse Unter den Linden 1 die Berlinrepräsentanz des **Bertelsmann-Konzerns** nach historischem Original. Es ist der Standort der um 1750 errichteten Stadtkommandantur, von der nach zahllosen Umbauten und schließlich den Kriegszerstörungen 1945 kein Stein übrig blieb. In ihrer klassizistischen Ansicht von 1873/74 wurde sie nun als Domizil für den Gütersloher Medienkonzern rekonstruiert.

Kronprinzenpalais (44)

An die neue alte Stadtkommandantur schließt sich als zweites Gebäude Unter den Linden das Kronprinzenpalais an. In dem 1663 als Wohnsitz für einen Kabinettssekretär erbauten, 1732 für den damaligen Kronprinzen *Friedrich* zur Stadtresidenz umgewandelten Palais wurde mehrfach Geschichte geschrieben. 1859 kam hier der letzte deutsche Kaiser, *Wilhelm II.,* zur Welt. 1920 zog die Abteilung Moderne Kunst der Nationalgalerie mit ihren Gemälden in das Gebäude ein, die die Nazis später als „entartet“ verhöhnten, verramschten oder gänzlich vernichteten. Da von dem im Zweiten Weltkrieg völlig zerstörten Palais keine Baupläne mehr existierten, wurde es 1968–69 von *Richard Paulick* nach alten Stichen mühevoll rekonstruiert und als Gästehaus des DDR-Ministerrats wiedererrichtet. 1990 kam es im Kronprinzenpalais zur **Unterzeichnung des deutsch-deutschen Einigungsvertrags.**

Opernpalais (45)

Seit 1811 ist das Kronprinzenpalais durch einen Übergang über die Oberwallstraße hinweg mit dem **ehemaligen Prinzessinnenpalais,** heute Opernpalais, verbunden. 1733–37 errichtet, wurde es nach seiner Zerstörung im Zweiten Weltkrieg 1961–63 von *Richard Paulick* komplett wiederaufgebaut und erlangte als **„Operncafé“** einen sehr hohen Bekanntheitsgrad über die Hauptstadt der DDR-Grenzen hinaus. Heute wartet das Operncafé mit einer unerhörten Auswahl verführerischer Torten und Patisserien auf. Im Tiefgeschoss offeriert die **„Schinkelklause“** gut bürgerliche deutsche Küche, im **„Operntreff“** spielt zu Cocktails der Pianist, und draußen auf den Lindenterrassen kommt blonder Gerstensaft frisch gezapft auf den Tisch. Mit angeschlossenem Imbissbetrieb und Selbstbedienungsbereich kommt so bei Sonnenschein und Blick auf die Schinkelsche Neue Wache auf der anderen Straßenseite sogar im klassizistischen Herz Preußens ein wenig bayerische Biergartenatmosphäre auf.

Essen und Trinken:
- **Operncafé,** tgl. 8–0 Uhr.
- **Schinkelklause,** tgl. 11–1 Uhr.
- **Operntreff,** Do.–So. ab 14 Uhr, Samstagabend Piano-Livemusik ab 20 Uhr.

Bebelplatz und St.-Hedwigs-Kathedrale

Das Forum Fridericianum

Verkehrsanbindung
- Bus 100, 200, TXL

Nur durch die kleine Rasenfläche des Prinzessinnengartens (östlicher Bebelplatz) vom Opernpalais getrennt, erhebt sich die Deutsche Staatsoper Unter den Linden als erstes und ältestes Bauwerk des Forums Fridericianum. Das Forum entstand nach dem Regierungsantritt *Friedrichs II.* ab 1741 als neues **Geisteszentrum wie künstlerischer Mittelpunkt des preußischen Königreichs.** Zur Oper gesellten sich als weitere Bauten des Forum-Ensembles die St.-Hedwigs-Kathedrale, die Alte Bibliothek und auf der nördlichen Straßenseite der Linden das ehemalige Prinz-Heinrich-Palais, die heutige Humboldt-Universität.

Deutsche Staatsoper (38)

Mit der **einem korinthischen Tempel nachempfundenen** Deutschen Staatsoper Unter den Linden, damals die Königliche Oper, schuf *Georg Wenzeslaus von Knobelsdorff* (1699–1753) in dreijähriger Bautätigkeit 1741–43 einen Superlativ: Sein Opernhaus war die erste nicht in ein Schloss integrierte, sondern als Baukörper freistehende Spielstätte Deutschlands, ferner war die Oper eine der größten, modernsten und meistbewunderten jener Zeit in Europa. Hundert Jahre nach ihrer Fertigstellung brannte sie 1843 bis auf die Grundmauern aus und wurde von *Carl Ferdinand Langhans* (1782–1869) wie-

041be Foto: ki

der aufgebaut. Im Krieg restlos zerstört, ist ihre originalgetreue Rekonstruktion 1952–55 *Richard Paulick* zu verdanken. 1955 konnte sie feierlich wiedereröffnet werden.

St.-Hedwigs-Kathedrale

Die St.-Hedwigs-Kathedrale ist unschwer an ihrer imposanten, 40 Meter im Durchmesser messenden Kuppel zu erkennen. 1747–73 erbaute *Johann Boumann d. Ä.* nach Knobelsdorff-Plänen das Gotteshaus **im Stil des römischen Pantheons** für die nach den Schlesischen Kriegen einwandernden katholischen Schlesier. St. Hedwig ist seit 1930 **Kathedrale des Bistums Berlin.** Das schlichte Innere stammt aus der Zeit nach dem Wiederaufbau 1952–63.

Durch die rückwärtige Fassade der ehemaligen **Dresdner Bank,** die seit 1889 den Bebelplatz im Süden beschließt, wirkt die Kathedrale trotz ihrer imposanten Kuppel förmlich in die Ecke gedrängt. Die 1923 auf die Bank aufgesetzten Geschosse, die den Eindruck zusätzlich verstärkten, entfernte man 1952 bei ihrer Rekonstruktion wieder; anschließend zog die DDR-Staatsbank in das Gebäude ein. 2004–06 aufwendig umgebaut und luxussaniert – der alte Tresorraum nun Wellnessbereich mit Swimmingpool, die ehemalige Kassenhalle ein Ballsaal und in der Vorstandsetage vornehme Suiten –, eröffnet voraussichtlich im Spätsommer 2006 in seinen Mauern das **Fünf-Sterne-Quartier Hôtel de Rome.**

Alte Bibliothek (36)

Dass die Alte Bibliothek an der Westflanke des Bebelplatzes wie der Michaelertrakt der Wiener Hofburg erscheint, ist kein Zufall. Das neubarocke Gebäude – von den Berlinern wegen seiner geschwungenen Form „Kommode“ genannt – wurde 1775–80 nach dem Entwurf von *Georg Christian Unger* unter Zugrundelegung eines um 1725 entstandenen Planes des österreichischen Baumeisters *Joseph Emanuel Fischer von Erlach* (1656–1723) errichtet. Kurioserweise war die Berliner Kopie sogar weitaus früher fertig gestellt als das Wiener Original. Der Bau beherbergte die über 150.000 Bände umfassende königliche Bibliothek. Heute ist in ihm die **juristische Fakultät der Humboldt-Universität** untergebracht.

Versunkene Bibliothek (37)

Inmitten des kopfsteingepflasterten westlichen Bebelplatzes befindet sich seit 1995 die Versunkene Bibliothek des israelischen Künstlers *Micha Ullmann*. Eine in den Boden eingelassene, einen Quadratmeter große Glasscheibe und darunter ein leerer weißer Raum mit leeren weißen Regalen, in denen 20.000 Bücher Platz finden könnten, erinnern an die unheilvolle **Bücherverbrennung,** die die SA und nationalsozialistische Studentenorganisationen am 10. Mai 1933 auf dem damals noch „Opernplatz“ genannten Geviert abhielten. Die Werke von *Alfred Döblin, Sigmund Freud, Heinrich Heine, Erich Kästner, Heinrich* und *Thomas Mann, Karl Marx, Carl von Ossietzky, Erich Maria Remarque, Kurt Tucholsky, Arnold Zweig* und vieler anderer als „undeutsch“ verfemter Autoren gingen in Flammen auf. Roheit und Barbarei hatten damit nicht nur symbolhaft Einzug gehalten.

Altes Palais (35)

An die Alte Bibliothek schließt sich, den Linden zugewandt, das Alte Palais an. Vor dessen Portikus steht mitten auf der Straße verkehrsumtost das 13 Meter hohe **Reiterstandbild Friedrichs des Großen (39).** Der von *Christian Daniel Rauch* (1777–1857) in den Jahren 1839 bis 1851 geschaffene, mit Krückstock auf seinem Lieblingspferd dahinreitende „Alte Fritz“ machte im Verlauf eines Jahrhunderts allerlei mit: Die Tauben erwiesen Seiner Majestät nicht den geringsten Respekt und bekleckerten munter seinen ehernen Dreispitz, die Steigbügel klaute man ihm und 1950 landete Friedrich schließlich, samt Pferd in Einzelteile zerlegt, im Potsdamer Schlosspark von Sanssouci. Erst mit der Rückbesinnung der DDR-Führung auf Berlins preußische Tradition fand er 1980 auf seinen nun um einige Meter verschobenen Sockel zurück. Dem 600 Kilogramm schweren Reiterstandbild zu Hufen bevölkern vorneweg des Königs Ge-

Wilhelm von Humboldt gab der ersten Berliner Universität ihren Namen

042be Foto: ki

neräle das Postament, die zeitgenössischen preußischen Dichter und Denker, darunter *Lessing* und *Kant*, müssen dagegen mit einem Platz unter dem Pferdeschweif Vorlieb nehmen.

Humboldt-Universität

Der Blick des bronzenen Alten Fritz ist dem **Prinz-Heinrich-Palais,** heute die Humboldt-Universität, auf der Nordseite Unter den Linden zugewandt. 1748–53 entstand das Gebäude unter der Leitung *Johann Boumanns d. Ä.* nach einem Knobelsdorff-Entwurf als Stadtresidenz für *Friedrichs II.* Bruder *Heinrich*. 1766 endgültig fertig gestellt, wurde es auf Initiative des Sprachforschers *Wilhelm von Humboldt* (1767–1835) ab 1809 zur Universität umgebaut und **eröffnete 1810 als „Friedrich-Wilhelm-Universität".** Erster Direktor war der bedeutende Philosoph des deutschen Idealismus, *Johann Gottlieb Fichte* (1762–1814).

Zahlreiche weitere berühmte Wissenschaftler und Philosophen lehrten und forschten hier: *Hegel, Schelling, Schleiermacher, Feuerbach* und die *Brüder Grimm*, die Mediziner *Rudolf Virchow, Robert Koch* und *Ferdinand Sauerbruch*, die Physiker *Max Planck* und *Albert Einstein*. 1946 wurde die Gelehrtenstätte nach ihrem Gründer in Humboldt-Universität umbenannt und einer streng marxistisch-leninistischen Ausrichtung unterworfen. Als Antwort darauf gründete sich zwei Jahre später in Dahlem die Freie Universität. 1990 wurden Ideologie und führende Köpfe abermals ausgetauscht und kein Mensch muss nun mehr in „ML" (Marxismus-Leninismus) Erörterungen über die Vorhut der Arbeiterklasse anstellen. Auch die restaurierten **Skulpturen der Brüder Humboldt** strahlen wieder in weißem Marmor weit über die vor antiquarischen Büchern berstenden, kunterbunten Tapeziertische der Fliegenden Händler im Hof der Humboldt-Uni hinweg.

Staatsbibliothek

Unmittelbar nebenan thront mächtig über der Straße Unter den Linden die 1903–14 von *Ernst von Ihne* errichtete ehemalige Preußische Staatsbibliothek, mit den Beständen der Staatsbibliothek West am Kulturforum heute zur **Staatsbibliothek preußischer Kulturbesitz zu Berlin** vereint.

Gouverneurshaus (34) und Deutsche Guggenheim Berlin (33)

Gegenüber, auf der Südseite der Linden, schließt sich an das Alte Palais das ehemalige Gouverneurshaus an. 1721 erbaut, handelt es sich bei dem Gebäude (heute Institut der Humboldt-Universität) um eine Kopie der Fassade vom ursprünglichen Standort König-/Ecke Jüdenstraße, die anstelle des kriegszerstörten Niederländischen Palais 1963–64 eingefügt wurde. Im angrenzenden Gebäudetrakt der Deutschen Bank ist im Lichthof (Eingang Ecke Charlottenstraße) eine **Dependance des New-Yorker Guggenheim-Imperiums,** die Deutsche Guggenheim Berlin, mit stets interessanten Wechselausstellungen beheimatet.

- **Deutsche Guggenheim Berlin,** Unter den Linden 13–15, tgl. 11–20 Uhr, Do. bis 22 Uhr.

Von der Friedrichstraße zum Pariser Platz

Verkehrsanbindung

- S und U6 Friedrichstraße
- S Unter den Linden

Waren die Linden im östlichen Teil stets durch höfische Bauten, Paläste, Residenzen und militärische Institutionen geprägt, so bestimmten den westlichen Teil von jeher **repräsentative bürgerliche Gebäude.** Im Zuge der Reichsgründung 1871 und dem damit einsetzenden Bau-Boom wich freilich auch Unter den Linden die gemütliche Lebensart einer hektischen Betriebsamkeit. Man mauerte und zimmerte, was die Statik und der Berliner Sandboden hielten, stockte auf oder baute gleich neu, größer, höher, pompöser. Rund um die Leipziger und die südliche Friedrichstraße entstanden großzügige Kaufläden, Passagen und Warenhäuser, südlich der Linden und dort vornehmlich in der Behrenstraße wuchsen die Bankpaläste in Windeseile in den Himmel empor, in der nördlichen Friedrichstraße und Unter den Linden reihten sich Cafés und vornehme Hotels.

Der Verkehr brauste, **das Leben pulsierte** tagsüber und auch in den Abend- und Nachtstunden, wenn sich in den Amüsierbetrieben ein reges Vergnügungsleben entfaltete. Der Emporkömmling Berlin schickte sich an zu den traditionsreichen Weltstädten aufzuschließen, und die Linden/Ecke Friedrichstraße wurden zum Sinnbild dafür. „Hier ist der Brennpunkt des vornehmen Verkehrs in Berlin. Zwischen den zwei Ufern von prachtvollen Häusern, Palästen und Hotels, auf der eigentlichen Promenade in der Mitte, auf den Reit- und Fahrwegen und den beiden Trottoirs treibt die heitere Muße der Bevölkerung in unaufhaltsamem Strome dahin," beschrieb 1876 *Robert Springer* die quecksilbrige Atmosphäre.

Unter den Linden/ Ecke Friedrichstraße

Diese Atmosphäre herrscht dreizehn Jahrzehnte später nicht minder, zeitgemäß noch bereichert um eine tüchtige Blechlawine. Von den Vorkriegsbauten steht Unter den Linden/Ecke Friedrichstraße dagegen kein einziger mehr, bis auf das 1936 erbaute **Haus der Schweiz (28),** das unbeschadet die Zeit überstand.

Umbauarbeiten

Eigentlich hätte alles bis zur Fußball-WM 2006 fertig sein sollen. Aber Berlin wäre nicht Berlin, und seine Gäste würden die Stadt womöglich gar nicht mehr wiedererkennen, würde sie sich ihnen auf einmal so ganz ohne Großbaustelle präsentieren. Also entschloss man sich, den Spaten diesmal gleich dort anzusetzen, wo sich die allermeisten Berlin-Besucher bewegen: **auf dem Prachtboulevard Unter den Linden.**

2004/05 wurde der Bebelplatz aufgewühlt, um rund um die Versunkene Bibliothek Autostellplätze unter die Erde zu legen. Zwischenzeitlich sind die Arbeiten abgeschlossen, doch der Umbau geht weiter. Vor dem Forum Fridericianum werden unter den Augen des „Alten Fritz" der Fahrdamm verengt, die Bürgersteige auf bis zu elf Meter verbreitert und auch der Mittelstreifen komplett umgestaltet.

Am anderen Ende des Boulevards Richtung Pariser Platz gräbt man zurzeit den ersten Abschnitt der „Kanzler-U-Bahn" ins Erdreich ein. Damals noch unter Kanzler *Kohl* als Projekt durchgesetzt, wird die U55 ab 2010 den neuen Hauptbahnhof über Reichstag, Brandenburger Tor und Unter den Linden mit dem Alexanderplatz verbinden. Pünktlich zur WM sollte dafür wenigsten die „gute Stube" Berlins, **der Pariser Platz** am Brandenburger Tor, keine Baustelle mehr sein. Doch daraus wird wohl nichts, denn einmal mehr hatten die Planer die Tücken des Berliner Sandbodens zu wenig berücksichtigt. Die Folge war, dass bei den Ausschachtungsarbeiten zuerst das Brandenburger Tor ins Wanken geriet und im Herbst 2005 die Grube am Pariser Platz mit Wasser vollief.

Rechtzeitig zur Fußball-WM gelang immerhin, das gähnende Loch liebevoll abzudecken. Und darüber hinaus wird die U55, solange der Ball rollt, schon mal als Stummel-U-Bahn zwischen Reichstag und Hauptbahnhof pendeln.

Ihm auf der Südostseite quer gegenüber erhebt sich das **Lindencorso (32)** anstelle des im Krieg zerstörten, legendären Cafés Bauer, das ab 1878 Wiener-Kaffehaus-Charme versprühte. Nachdem ab den 1960er-Jahren das DDR Lindencorso mit fast 1000 Plätzen in Restaurants, Cafés und Tanzbars im Plaste-Look die Massen anlockte, befindet sich dort heute ein neuer, kühler BRD-Lindencorso. Wo sich das 1828 vom österreichischen Zuckerbäcker Kranzler eröffnete Tortenparadies Café Kranzler befand, schmückt das prominente **Hotel Westin Grand (30)** seine bis 1987 errichtete, historisierende DDR-Platte sorgsam mit den typischen Accessoires weltläufiger Nobelherbergen.

Im Gebäude neben dem Haus der Schweiz hat sich das **ZDF-Hauptstadtstudio (27)** einquartiert, und abermals nebenan hält der **Buchladen Berlin Story (26)** ein großes Sortiment an Artikeln mit Berlin-Bezug parat: von Büchern und historischen Stadtplänen über Filme, Poster, Shirts und Souvenirs bis hin zu Alte-Fritz-Büsten und Nachbildungen der Schadowschen Prinzessinnengruppe aus Marmorstaub und Alabastergips.

- **Berlin Story,** Unter den Linden 40, Tel. 20 45 38 42, tgl. 10–19 Uhr.

Ecke Neustädtische Kirchstraße lädt ein Ableger des namhaften **Café Einstein (24)** zu kleinen Speisen und Drinks – sachlich, cool, schick und nicht zu verwechseln mit dem morbiden Charme des Schöneberger Originals. Die Neustädtische Kirchstraße selbst, mit der streng bewachten **Amerikanischen Botschaft (25)** mittendrin, ist seit den Anschlägen vom 11. September für den Auto- und Personenverkehr gesperrt und wird erst wieder geöffnet, sobald der Botschaftsneubau am Brandenburger Tor fertig gestellt ist.

Bundestag – Nebengebäude (22)

Die gesamte Straßenfront zwischen Neustädtischer Kirchstraße und Schadowstraße nimmt der **Neubaukomplex des Deutschen Bundestags** ein **(Sitzungssäle, Abgeordnetenbüros, Verwaltung).** In der Schadowstraße um die Ecke lebte im Haus Nr. 10/11 der Berliner Bildhauer und Hauptmeister des preußischen Klassizismus, *Johann Gottfried Schadow* (1764–1850), von dessen Hand u. a. die Quadriga auf dem Brandenburger Tor stammt.

Russische Botschaft (23)

Die Südseite der Linden dominiert kurz vor dem Brandenburger Tor das **Botschaftsgebäude der russischen Föderation.** 1950–53 errichtete es ein Architekten-Kollektiv um *A. Stryshewski* im typischen stalinistischen Zuckerguss-Stil anstelle der alten, 1765 erbauten und im Krieg zerstörten Russischen bzw. Sowjetischen Botschaft.

Im Zentrum des „Salons der Republik" – das Brandenburger Tor

Der Pariser Platz

Verkehrsanbindung

- S Unter den Linden

Brandenburger Tor

Auch wenn es mittlerweile nur noch eines unter vielen Bauwerken am Pariser Platz ist – die erste Erwähnung gebührt nach wie vor dem Brandenburger Tor. Im Zuge der Stadterweiterung ließ *Friedrich Wilhelm I.* (1688–1740) die Plätze „Quarré" (Pariser Platz), „Oktogon" (Leipziger Platz) und „Rondell" (Mehringplatz) anlegen und 1734–36 zusammen mit dem Rest von Berlin von einer sechs Meter hohen Zollmauer umziehen, wobei das Brandenburger Tor, das das Quarré nach Westen hin zum Tiergarten abschloss, in jener Zeit nicht mehr als ein schmuckloses Loch in der Mauer war. In seiner jetzigen Form – **nach Art der Propyläen auf der Athener Akropolis** als monumentaler Sandsteinbau mit fünf Durchfahrten errichtet – entstand es 1788–91 als bedeutendstes Werk des Baumeisters *Carl Gotthard Langhans* (1732–1808). Die das Tor krönende **Quadriga** mit der Siegesgöttin Viktoria als Wagenlenkerin obenauf schuf 1789–93 der herausragende Berliner Bildhauer *Johann Gottfried Schadow* (1764–1850).

Eine **Touristeninformation (15)** ist im Südflügel vom Brandenburger Tor untergebracht, Mo.–Sa. 10–19, So.

Berlin-Mitte

326be Foto: kj

Das Brandenburger Tor

Dank seiner bevorzugten Lage zwischen den Linden und dem Tiergarten war das Brandenburger Tor - das einzig erhaltene von ursprünglich vierzehn Berliner Stadttoren - schon immer nicht nur von hervorragender städtebaulicher Funktion, sondern hatte stets auch eine immense symbolhafte Bedeutung inne. „Friedenstor" nannte man es nach seiner Fertigstellung 1791 und krönte es 1793 mit Johann Gottfried Schadows ehernem, von einer Friedensgöttin gelenktem Viergespann. Den Blick ostwärts zum Stadtschloss gewandt, wachte die Wagenlenkerin über die Linden und den betriebsamen Verkehr zu ihren Füßen, wo, von zwei Flügelhäuschen für Wache und Zoll eingerahmt, die Fuhrwerke der Händler ebenso wie die Equipagen der feinen Gesellschaft links und rechts durch die vier Durchfahrten zwischen den dorischen Säulen hindurchrollten. Die mittlere, fünfte, etwas breitere Durchfahrt war ausschließlich der königlichen Familie vorbehalten.

Der Frieden sollte jedoch nicht lange währen. Nach der Eroberung Berlins durch napoleonische Truppen wurde Madame samt Gespann 1806 als Siegesbeute nach Paris entführt und kehrte erst 1814, nach der Niederlage Napoleons, auf ihren angestammten Platz zurück; bereichert um einen Preußischen Adler und das von Schinkel entworfene Eiserne Kreuz als den beiden Insignien, die rasch zum Inbegriff des preußisch-deutschen Militarismus aufstiegen. Die wohlgesonnene Friedensgöttin war zu einer Siegesgöttin mutiert - der stolzen Viktoria.

Vor den Augen Viktorias spielten sich zahlreiche Highlights und ebenso die finstersten Stunden deutscher Geschichte ab: Truppen paradierten zur Reichsgründung, zu Kaisers Geburtstag und marschierten unter dem Jubel der Bevölkerung 1914 in den Ersten Weltkrieg hinaus. Am 30. Januar 1933 zogen anlässlich Hitlers Ernennung zum Reichskanzler braune SA-Horden im Gleichschritt mit brennenden Fackeln durch das Brandenburger Tor, und der Maler *Max Liebermann* (1847–1935), der das nördlich an das Tor grenzende Palais bewohnte und dem gespenstischen Spektakel von seinem Atelierfenster aus beiwohnte, kommentierte: „Ich kann gar nicht soviel fressen, wie ich kotzen möchte", zog die Vorhänge zu und öffnete sie bis zu seinem Tod zwei Jahre später nicht mehr.

Schon 1942 machte man vorsorglich einen Gipsabguss von der Quadriga, mit dessen Hilfe man 1956–58 das im Krieg zerstörte Original neu in Kupfer treiben konnte. Wie das meiste historische Bauwerk im Herzen Berlins ist auch die Quadriga eine Rekonstruktion. 1958 wurde die neue alte Dame auf das wiederaufgebaute Brandenburger Tor verbracht - ohne Eisernes Kreuz und Preußischen Adler.

Drei Jahre später wurde die Mauer gebaut. Mitten im Todesstreifen, vom Tiergarten durch das Betonmauermonster abgesperrt und der gesamte Pariser Platz rundum in Schutt und Asche versunken, avancierte das Brandenburger Tor in dieser Erscheinung 1961 innerhalb weniger Wochen für die nächsten 28 Jahre zum Symbol für die tödliche deutsch-deutsche Grenze, für die Teilung Deutschlands, ja für die Teilung der Welt überhaupt.

Seit dem Mauerfall gilt es umgekehrt wie kein anderes Bauwerk als das Wahrzeichen schlechthin für das ungeteilte Berlin. Die Bilder der im November 1989 vor dem Brandenburger Tor auf der Vorlandsmauer tanzenden Menschen gingen rund um die Erdkugel und am 3. Oktober 1990 fanden hier die Feierlichkeiten zur Wiedervereinigung statt. Dabei entgingen der wagenlenkenden Kupferlady zwar die dicken Krokodilstränen, die der deutscher Einheitskanzler dazu vergoss - sie befand sich bis 1991 in Restaurierung -, doch hat die Viktoria seitdem viele weitere bunte Feste und Feuerwerke gesehen. Sie trägt auch wieder den Preußischen Adler und den Siegerkranz mit dem Eisernen Kreuz. Wollen wir hoffen, dass sie diesmal besser damit umzugehen versteht.

327be Foto: kj

10–18 Uhr, April–Oktober erweiterte Öffnungszeiten.

Nach den Befreiungskriegen gegen Napoleon wurde das Quarré, unterdessen längst eine schicke Adresse für Adel und hohe Militärs, im Jahr 1814 in „Pariser Platz" umbenannt. Wer auf sich hielt, baute an dieser exponierten Stelle, und die berühmtesten preußischen Baumeister wirkten hier.

Mit dem „kritischen" Wiederaufbau des kriegszerstörten Platzes zum **„Salon der Republik"** seit Mitte der 1990er-Jahre knüpfte man an diesen Punkt wieder an. Die Namen der Beteiligten lesen sich wie die V.I.P.-Liste der international renommierten Architektengilde: *Frank O. Gehry, Gerkan, Behnisch, Kleihues & Co.* Ein jeder entwarf unter dem Deckmantel der „kritischen Rekonstruktion" sein eigenes Schlösschen, nichts will sich recht in das andere fügen, weshalb die Kritiker dieser „kritischen Rekonstruktion" heute bereits von den „Bausünden der 1990er-Jahre" sprechen.

Die Quadriga mit der Siegesgöttin Viktoria als Wagenlenkerin krönt das Brandenburger Tor

Berlin-Mitte

Hotel Adlon (20)

Am konservativsten ist gewiss das beinahe originalgetreu wieder aufgebaute, legendäre Hotel Adlon geraten. Ursprünglich 1905 war die Luxusherberge in der Südostecke des Platzes anstelle eines Schinkelschen Palais' entstanden und sorgte fortan für die Unterbringung der europäischen Vornehmen, Schönen und Reichen zu Gast in Berlin. Das wiedererrichtete Adlon führt diese Tradition mit großem Erfolg weiter. Genau im hundertsten Jahr seiner Eröffnung wurde es **2005** von der Vereinigung „The Leading Hotels of the World" **zum besten Hotel in Europa gekürt.**

Akademie der Künste (19)

Unmittelbar an das Adlon schließt sich die Glasfront der neuen Akademie der Künste an. Am Ort der kriegszerstörten alten Akademie der Künste errichtete der Stuttgarter *Günther Behnisch* den Neubau im Sinne einer „antiberlinischen Störung". Was auch immer der Stararchitekt damit gemeint haben wollte – ob die gestrenge Berliner Bestimmung über die Traufhöhe oder die Knebelvorschrift über das Verhältnis von Glas zu festen Werkstoffen, die jedem fantasievollen Entwurf unverzüglich ein enges Korsett anlegen – findet der volkstümliche Berliner zumindest, mit der **luftig transparenten Akademie** sei Behnisch eines der hübscheren Häuser am Platz gelungen. Im Mai 2005 übergab man sie mit großem Staatsakt ihrer Bestimmung, die Schönen Kunst zu fördern und zu unterstützen.

DZ-Bank (18)

Auf die Akademie der Künste folgt das 1996–99 errichtete DZ-Bank-Gebäude des gefeierten Kaliforniers *Frank O. Gehry*. Die für Gehrys Entwürfe ungewöhnlich **unspektakuläre Außenfassade** verdankt sich, wie die der meisten Bauwerke am Platz, den verklemmten Berliner Bauvorschriften. Im Kontrast dazu steht das **bewegte Innenleben mit über hundert gekrümmten Edelstahlplatten,** die sich im Foyer über zwei Geschosse erstrecken und die Empfangshalle des Geldinstituts wie einen riesigen Wal aussehen lassen.

Amerikanische Botschaft (17)

Die letzte noch bestehende Lücke vor dem Brandenburger Tor soll bis zum Frühjahr 2008 geschlossen werden. Nach Plänen des kalifornischen Architekturbüros *Moore, Rubell, Yudell* wird in der Südwestecke die **neue Amerikanische Botschaft** mit einem gläsernen Konferenzdach als Blickfang entstehen.

West- und Nordseite

Links und rechts flankieren das Brandenburger Tor die unter der Ägide von *Joseph Kleihues* wieder auferstandenen historischen Häuser **„Sommer" (16)** und **„Liebermann" (14);** Bauherr war die Rheinische Hypothekenbank. Im Nordwestwinkel beschließt das Bürogebäude **„Palais am Pariser Platz" (13)** das alte Quarré, gefolgt von der vom Büro Gerkan entworfenen **Dresdner Bank (12),** dann der **Französischen Botschaft (11)** und dem Gebäude der **AGB-Immobilien (10)** sowie einem den Platz im Nordosten abschließenden Bauwerk der Unternehmensgruppe Stoffel.

So steht sie da, die doch recht nüchtern wirkende **Banken- und Botschaftsansammlung** rund um das Brandenburger Tor; ein Ensemble, für das die Hauptstadtplaner das repräsentable Prädikat „Salon der Republik" kreiert haben; ein Salon, der aber eher die Begriffe von Politik und Finanzwelt spiegelt, als dass er der vielfältigen bundesrepublikanischen Zivilgesellschaft Ausdruck verliehe.

„Hier und nicht am Stadtschloss", schrieb die Fachzeitschrift „Bauwelt" 1995 zu Baubeginn, „werden die Grundsteine für das Bild dieser Stadt zwischen gestern und morgen gelegt." Und folgt man diesem Gedanken, lässt sich mit Freude feststellen, dass das weite Kopfsteinpflaster dazwischen – gewissermaßen das Parkett im Salon – längst **kunterbunte Menschenscharen aus aller Welt** zu ihrem „peoples place" umstaffiert haben. Und damit den **Pariser Platz** wieder zu dem machen, was er auch ist: **die Gute Stube Berlins.**

328be Foto: kj

„Der Wal am Brandenburger Tor" – in der DZ-Bank

Von der Spreeinsel zum Alex

„Auferstanden aus Ruinen und der Zukunft zugewandt." – Nirgendwo wurde die DDR-Nationalhymne augenfälliger in Szene gesetzt als östlich der Spreeinsel zwischen Karl-Liebknecht-Straße und Karl-Marx-Allee. Im Krieg nahezu vollständig ausgelöscht, entstand hier das **neue Berlin – Hauptstadt der DDR.** Das Gebiet von der Spree bis zum Alexanderplatz wurde im Gegensatz zur Museumsinsel und den Linden nicht rekonstruiert, sondern blieb nahezu unbebaut, von „Objekten" flankiert, die die moderne Zeit repräsentierten, „mit einer großzügigen Verkehrslösung für die Berliner Innenstadt" umgeben, wie man es in der damaligen Planer-Sprache formulierte. De facto bedeutete das vielspurige Asphaltbänder und vielgeschossige Plattenbauten, für die romantische Seele noch kurz vor dem Ende der DDR um ein wiedererstandenes, idyllisches Stückchen Altberlin bereichert, das kleine Nikolaiviertel.

Vom Marx-Engels-Forum zum Fernsehturm

Verkehrsanbindung

- S Alexanderplatz
- Bus 100, 200, TXL

DomAquarée (5)

Funkelnagelneu erhebt sich unmittelbar hinter dem Berliner Dom, nur durch die Spree getrennt, das 2004 eröffnete DomAquarée. Mit vornehmem Radisson-Hotel, obligatorischen Büroetagen und einer Gastronomie-Galerie birgt der Gebäudekomplex außerdem eine besonders für Kinder spannende Attraktion. Im **AquaDom** heißt es Abtauchen auf einer Rundreise durch **über dreißig naturgetreue Süß- und Salzwasserbecken,** die, bevölkert von Tausenden Fluss- und Meeresbewohnern, den Weg des Wassers von den Spreequellen über den Wannsee und die Elbe bis hin zu Nordsee und Atlantik aufzeigen.

- **DomAquarée mit AquaDom & SeaLife Center Berlin,** Eingang: Spandauer Str. 3, tgl. ab 10 Uhr.

Marx-Engels-Forum

Auf der anderen Straßenseite dehnt sich gegenüber der Abrissfläche am Palast der Republik am östlichen Spreeufer eine zunächst recht unscheinbar wirkende Grünfläche aus. Ihre Anlage in Form sternenartig auf einen zentralen Kreis zulaufender Wege erschließt sich eigentlich nur aus der Vogelperspektive, ebenso wie die Gesamtkonzeption der augenscheinlich ziemlich verstreut umherstehenden Denkmale. Es handelt sich um das erst drei Jahre vor dem DDR-Zusammenbruch 1986 fertig gestellte Marx-Engels-Forum mit den **Standbildern der beiden Begründer des wissenschaftlichen Kommunismus** und gewissermaßen Urgroß-

045be Foto: kj

Berlin-Mitte

vätern der Deutschen Demokratischen Republik, *Karl Marx* (1818–83) und *Friedrich Engels* (1820–95). Ihre bronzenen Abbilder (Marx sitzt, Engels steht) sind vorwärts nach Osten gewandt und von jeweils zwei mal zwei Metallstelen umkränzt, in die Motive aus dem sozialistischen Arbeiterleben eingearbeitet sind.

Rotes Rathaus (30)

Folgt man ihrem Blick über die Spandauer Straße hinweg, eröffnet sich das bis zum U- und S-Bahnhof Alexanderplatz reichende, allüberall vom Fernsehturm überragte, weitläufige **Geviert ohne Namen,** an dem sich rechts zur Seite unübersehbar das Rote Rathaus erhebt. 1861–69 erbaute man es nach Plänen von *Hermann Friedrich Waesemann* im oberitalienischen Neorenaissance-Stil **in rotem Klinkerstein.** Der Name „Rotes Rathaus" ist also keineswegs ideologischer, sondern rein materieller Natur. Von Inbetriebnahme an war es bis zu seiner Zerstörung im Zweiten Weltkrieg Sitz des Berliner Magistrats, nach seinem Wiederaufbau 1950–58 wurde es Wirkungstätte des Magistrats der Hauptstadt der DDR und ist seit der Wiedervereinigung **Sitz des Gesamtberliner Senats,** das ist die Berliner Landesregierung. Sehenswert ist der an den Balkonbrüstungen des Hauptgeschosses entlanglaufende, über 200 Meter lange Relieffries, die **„Steinerne Chronik",** die mit 36 Terracottatafeln aus der Geschichte Berlins von der Stadtgründung bis 1871 erzählt.

Vor der Hauptfront des Roten Rathauses, schon auf dem Platz ohne Namen, stehen rechts und links die 1953/54 von *Fritz Cremer* entworfenen Bronzestandbilder **Aufbauhelferin** und **Aufbauhelfer,** die man 1958 unter dem Titel „Weg mit den Trümmern I und II" hier aufgestellt hat.

Neptunbrunnen (29)

Davor plätschert und gurgelt der knapp siebzig Jahre ältere Neptunbrunnen von *Reinhold Begas* (1831–1911). Das 1891 vollendete Hauptwerk des Berliner Bildhauers und Rauch-Schülers Begas stand ursprünglich vor dem Stadtschloss am Schlossplatz und wurde erst nach seiner Restaurierung 1969 hierher verbracht. In poliertem Granit spucken Tritonen, Putten und allerlei Meeresgetier Wasserfontänen, über denen dick und bräsig Neptun mit seinem Dreizack thront. Den Beckenrand um die stolze Gottheit herum flankieren vier ebenso üppig barocke wie knapp bekleidete Damen, die die vier Hauptflüsse des damaligen Deutschen Reiches vorstellen (Rhein, Oder, Elbe und Weichsel) und zwischen denen heute im Sommer vor allem kleine Kinder nach den ausufernden Strapazen einer Berliner Besichtigungstour ein erfrischendes kurzes Kneipp-Bad nehmen.

St.-Marien-Kirche (28)

Die einsam auf weiter Pflasterflur emporragende St.-Marien-Kirche gibt ein sichtachsenbezüglich recht schräges Bild auf dem Platz ab, egal aus welchem Blickwinkel man sie betrachtet. Einst stand der lang gestreckte Backsteinbau inmitten eines dichten Gassengewirrs rund um die in der zweiten Hälfte des 13. Jahrhunderts gegründete Neustadt von Alt-Berlin. Seit den Bombennächten im Zweiten Weltkrieg gibt es diese Neustadt jedoch nicht mehr und stattdessen drei- bis vierspurige Straßenfluchten, die den jungen Platz ohne Namen umziehen – was auch die verquere, isolierte Stellung der überkommenen St.-Marien-Kirche erklärt. Um 1270 wurde mit ihrem Bau begonnen, damit ist sie **zusammen mit der Nikolaikirche** südlich des Marx-Engels-Forums (siehe der nächste Abschnitt) **die älteste noch erhaltene Berliner Kirche.** 1893–94 umfassend umgebaut, sind dennoch zahlreiche Stücke ihrer wertvollen Innenausstattung erhalten. So die Marmorkanzel (1702/03) von *Andreas Schlüter* und im nördlichen Joch der Turmhalle die um 1485 auf die Wand gebrachte Totentanz-Darstellung, ein rund 22 Meter langes Fresko, das in 28 Szenen den Sensenmann zeigt, wie er die geistlichen und weltlichen Stände zum tödlichen Reigen bittet.

- **St.-Marien-Kirche,** geöffnet außerhalb von Gottesdiensten und Veranstaltungen Nov.–März tgl. 10–16 Uhr, Apr.–Okt. tgl. 10–18 Uhr.

Bei Kindern im Sommer sehr beliebt – der Neptunbrunnen

047be Foto:ki

Fernsehturm (27)

Den wortwörtlichen Höhepunkt auf dem namenlosen Platz bildet der Berliner Fernsehturm. 1969 fertig gestellt, ist er mit **368 Metern das höchste Bauwerk der Stadt** und zugleich einer der höchsten Funktürme der Welt. „Telespargel" oder auch „Rache des Papstes" wird er genannt, da bei Sonnenschein über seine gesamte Silberkugel hinweg ein strahlendes Christenkreuz erscheint, was der Sozialistischen Einheitspartei zu DDR-Zeiten gar nicht gefiel. Vom Sockel aus saust der Fahrstuhl in 40 Sekunden zum Café-Restaurant in 200 Meter Höhe hinauf. Das **Tele-Café dreht sich zweimal pro Stunde** um seine eigene Achse, sodass man sich in dreißig Minuten ohne einen einzigen Schritt laufen zu müssen einen hervorragenden Überblick über die Millionenstadt verschaffen kann. Im Stockwerk über dem Café befindet sich eine Aussichtsplatt-

048be Foto: ki

form mit Münzfernrohren, die sich bei klarem Wetter absolut lohnt: Die Sicht reicht dann beinahe vierzig Kilometer weit. Im Fuß ist eine Touristeninformation untergebracht.

- **Berliner Fernsehturm,** Alexanderplatz, 10178 (Mitte), Tel. 2 42 33 33. Panorama-Etage geöffnet März–Okt. tgl. 9–0 Uhr, Nov.–Feb. 10–0 Uhr, letzter Einlass jeweils 30 Minuten vor Schluss.
- **Telecafé,** tgl. 10–0 Uhr, letzter Einlass jeweils eine Stunde vor Schluss.
- **Touristinformation,** tgl. 10–18 Uhr, Apr.–Okt. erweiterte Öffnungszeiten.

Alt-Berlin um St. Nikolai

Verkehrsanbindung

- U2 Klosterstraße
- Bus 100, 200, TXL

Nikolaiviertel

Vom Nikolaiviertel kann man sich gegenwärtig nur noch mit viel Fantasie vorstellen, dass das kleine Karree zwischen Spree, Rotem Rathaus und Molkenmarkt bis Mitte der 1980er-Jahre eine öde Trümmerwüste war. Das von Berlinern wie Touristen gleichermaßen für putzig befundene, **aus nur fünf Kopfsteinpflastergässchen bestehende Viertelchen** gab es bis zu diesem Zeitpunkt nicht – wenngleich es heute hier oder da aussieht, als trüge es bald ein halbes Jahrtausend auf dem Buckel. Die größtenteils im 18. Jahrhundert für gut situierte Bürger erbauten Wohnhäuser rund um die Poststraße und den Nikolaikirchplatz wurden im Zweiten Weltkrieg völlig zerstört und erst zur Berliner 750-Jahr-Feier 1987 wiedererrichtet. Man rekonstruierte die schönsten Gebäude originalgetreu, die Lücken dazwischen füllte man mit auf antik getrimmten Plattenbauten aus, pflasterte die Sträßlein und versah sie mit schmiedeeisernen Kandelabern. So stellte sich der Sozialismus Romantik vor und lag damit vollkommen richtig.

In den letzten verbliebenen DDR-Jahren avancierte das Nikolaiviertel rasch zur beliebten Touristenattraktion – und blieb es bis heute. Von Antik über Souvenirs bis Kitsch und auch Kunsthandwerklichem wie KPM-Porzellan, Bunzlauer Keramik und Plauener Spitze bieten die Geschäfte eine bunte Auswahl an Mitbringseln an. Die zahlreichen Restaurants und Lokale tischen von Altberliner Küche über Pasta und Pizza bis Neu-international alles auf, was Herz und Magen begehren, und mit ein bisschen Glück gerät einem sogar ein echter Berliner Traditionsverein vor die Linse, der in historischen Kostümen und mit Pickelhauben bewehrt vor der Nikolaikirche zum Platzkonzert aufspielt.

Nikolaikirche (10)

Die 1981–87 rekonstruierte Nikolaikirche ist **das älteste Bauwerk Berlins.** Schon vierzehn Jahre, bevor die Stadt erstmals Erwähnung fand, begann man um **1230** an dieser Stelle mit der Errichtung einer spätromanischen Feldsteinbasilika, die noch im

Der „Telespargel“
ist einer der höchsten Funktürme der Welt

13. Jahrhundert zu einer frühgotischen Hallenkirche ausgebaut wurde. Gegen 1380 entstand das Gotteshaus als spätgotische, backsteinerne Hallenkirche fast schon in der Form, wie wir sie heute vor Augen haben. Nur der Turm wurde während der Restaurierung 1876–78 noch durch einen neugotischen Backsteinaufsatz erhöht und mit zwei Helmspitzen versehen. In den Jahren 1657 bis 1666 wirkte hier *Paul Gerhardt* (1607–1667) als Pastor. Seinen Namen kennt heute kaum jemand mehr, aber seine Lieder – viele sagen, die schönsten der evangelischen Kirchenlieddichtung – werden noch immer gesungen: „Nun ruhen alle Wälder", „Befiehl du deiner Wege", „Geh aus mein Herz und suche Freud, in dieser schönen Sommerzeit ..." Seit seinem Wiederaufbau beherbergt das Gotteshaus **eine Abteilung des Stadtmuseums,** das Wechselausstellungen Berliner und Brandenburger Künstler sowie insbesondere seine eigenen historischen Kostbarkeiten präsentiert. Darunter Fragmente des 1876 eingerissenen Hochaltars und das lange Zeit verloren geglaubte Zinntaufbecken von 1563.

• **Stadtmuseum Berlin – Nikolaikirche,** Nikolaikirchplatz, Di.–So. 10–18 Uhr.

Zum Nußbaum (9)

An der Nordflanke der Nikolaikirche duckt sich an der Propststraße/Ecke Am Nußbaum das gleichnamige Restaurant. Bis es 1943 im Bombenhagel versank, war Zum Nußbaum **eine der ältesten Gaststätten Berlins.** Um 1571 ursprünglich in Cölln auf der Fischerinsel errichtet, baute man sie 1986–87 im Nikolaiviertel originalgetreu wieder auf. Seitdem wird im „Nußbaum" – für die exponierte touristische Lage zu vernünftigen Preisen (Hauptgericht um 12 €) – Berliner Hausmacherküche serviert.

• **Gaststätte Zum Nußbaum,** Am Nußbaum 3, Tel. 242 30 95, tgl. ab 12 Uhr.

Gerichtslaube (8)

Etwas teurer, das gutbürgerliche Gericht kostet um 15 €, speist man im **historischen Kreuzgewölbe** der Gerichtslaube wenige Schritte entfernt in der Poststraße. Gegen 1270 an der Spandauer/Ecke Rathausstraße errichtet, musste das alte Rats- und Gerichtsbarkeitsgebäude gleich mehrmals umziehen: Um 1865 trug man es im Zusammenhang mit dem Neubau des Roten Rathauses ab, baute es 1871 im Park des Schlosses Babelsberg in Potsdam wieder auf und rekonstruierte nach diesem wiederum die 1985–87 im Nikolaiviertel entstandene neue, alte Gerichtslaube.

• **Restaurant Zur Gerichtslaube,** Poststr. 28, Tel. 241 56 97, tgl. ab 11.30 Uhr.

Knoblauchhaus (11)

Rechter Hand vom Kirchenportal ist im Knoblauchhaus (Poststraße/Ecke Nikolaikirchplatz) eine weitere Abteilung des Stadtmuseums untergebracht. In der 1760 erbauten Stadtvilla wird

Café Ephraim's

050be Foto: ki

die Geschichte der Hausherren, der über viele Generationen hoch angesehenen Familie *Knoblauch* präsentiert. Anhand ihrer kostbar ausgestatteten Wohnräume werden **Zeugnisse einer vergangenen großbürgerlichen Lebenskultur** bewahrt. Neben der Stadtgeschichte Berlins im 18./19. Jahrhundert gibt es die Ausstellung „Bürgerliches Wohnen im Biedermeier" sowie wechselnde Präsentationen zur Kulturgeschichte des 19. Jahrhunderts zu sehen.

• **Stadtmuseum Berlin – Museum im Knoblauchhaus,** Poststr. 23, Di.–So. 10–18 Uhr.

Ephraim-Palais (12)

Am Spreeufer, an der Ecke zum verkehrsumtosten Mühlendamm, steht das 1762–66 im zierreichen Rokoko vom Bankier *Friedrichs II., Veitel Heine Ephraim*, erbaute, sich mit vergoldeten schmiedeeisernen Balkonen schmückende Ephraim-Palais. Es gilt als **eines der schönsten Palais in Berlin** und wurde deshalb für die Erweiterung des Mühlendamms 1935 auch nicht abgerissen, sondern nur in seine Einzelteile zerlegt und in Westberlin eingelagert. In dieser Form überdauerte es den Krieg als eines von wenigen Gebäuden gewissermaßen „original". 1983 wanderten die knapp 2500 Palais-Einzelteile im Rahmen einer spektakulären Austauschaktion zwischen Westberliner Senat und Ostberliner Magistrat nach langem Streit über die Mauer nach Osten zurück und konnten – um etwa zwanzig Meter versetzt – an (fast) alter Stelle wieder aufgebaut wurden. Heute bildet das Ephraim-Palais den Rahmen für wechselnde Ausstellungen zur Berliner Kunst- und Kulturgeschichte. Am Spreeufer lädt das **Café Ephraim's** mit schöner Terrasse zu Kaffee und Kuchen sowie bürgerlicher bis neu-internationaler Küche ein.

•**Stadtmuseum Berlin – Ephraim-Palais,** Postr. 16, Di.–So. 10–18 Uhr.

Von der geschwungenen, balkonverzierten Südostecke des Ephraim-Palais aus hat man eine schöne Sicht auf die Spree mit der Mühlendammschleuse und das jenseitige Ufer, über dem sich der backsteinrote, trutzige Turm des Märkischen Museums erhebt (siehe nächster Abschnitt „Das Märkische Ufer"). Direkt auf der gegenüber liegenden Straßenseite befinden sich am Mühlendamm Nr. 1-3 das barocke **Palais Schwerin** und die alte **Staatliche Münze.** Das DDR-Kulturministerium war in diesem Gebäudetrakt untergebracht, dem 1954–58 der Schriftsteller *Johannes R. Becher* (1891–1958), der Dichter der DDR-Nationalhymne, vorstand.

Essen und Trinken:
•**Café Ephraim's,** Spreeufer 1, Tel. 24 72 59 47, tgl. 12–22 Uhr.

Molkenmarkt

Inzwischen donnert hier am Molkenmarkt ein aberwitziger Verkehr, und es erscheint beinahe grotesk, dass ausgerechnet an der großräumigen, öden Verkehrskreuzung, wo die acht Spuren des Mühlendamms mit der sechsspurigen Spandauer Straße zusammenstoßen, die Berliner Geschichte ihren Anfang nahm: **Rund um den Molkenmarkt entwickelte sich im 13. Jahrhundert die Stadt.**

Altes Stadthaus

Östlich ragt an der Jüdenstraße der gut achtzig Meter hohe Kuppelturm des muschelkalkgrauen Alten Stadthauses auf. 1902–11 wurde das voluminöse Gebäude nach Plänen von *Ludwig Hoffmann* zur Entlastung des Roten Rathauses gebaut. Nach dessen Zerstörung im Zweiten Weltkrieg tagte hier bis 1948 der Gesamtberliner Magistrat, danach zogen die demokratischen Parteien im Anschluss an den von der SED inszenierten „Stadthausputsch" nach Westberlin in das Schöneberger Rathaus aus. Später war das mächtige Haus Sitz des DDR-Ministerrats und hat inzwischen die **Senatsverwaltung für Inneres** aufgenommen.

Podewilsches Palais (20)

Nahebei steht in der Kloster-/Ecke Parochialstraße das Podewilsche Palais, 1701–04 von *Jean de Bodt* errichtet. Es trägt den Namen des Staatsministers *Podewil*, der den barocken Putzbau 1732 bezog. Zu DDR-Zeiten diente es als „Haus der jungen Talente", bis Ende 2004 war in ihm das „Podewil" untergebracht, eine Veranstaltungsstätte für zeitgenössischen Tanz, Konzerte und experimentelle Kunst. Heute befindet sich hier das **Labor „Tesla"** für mediale Performance, Musik, Klang- und Medienkunst.

Klosterkirche (21)

Ihm schließt sich zur Grunerstraße hin der bescheidene Überrest der Klosterkirche an, **eine der ältesten noch vorhandenen Ruinen der Stadt.** Die Kirche war Bestandteil des in der ersten Hälfte des 13. Jahrhunderts gegründeten Franziskanerklosters, in dessen Mauern 1574 das erste Gymnasium in der Mark Brandenburg seine Tore öffnete. Nach der grauen Tracht der Franziskaner-Mönche hieß es „Gymnasium zum Grauen Kloster".

Justizpalast (22)

Dahinter setzt sich in der Littenstraße 12-17 imposant der 1896–1904 erbaute Justizpalast in Szene, heute **das Landgericht und das Amtsgericht Mitte.** Man müsste zwar nicht extra dort hinpilgern, aber wenn man schon einmal da ist, lohnt sich ein kurzer Blick auf die hoch überwölbte Empfangshalle mit den prachtvollen, doppelläufigen Jugendstiltreppenaufgängen, die mittlerweile mancher beliebten Fernseh-Gerichtsserie als eindrucksvolle Kulisse dienen.

In der sich parallel zur Littenstraße erstreckenden Waisenstraße sind neben Resten der mittelalterlichen Stadtumwallung einige wenige **Häuser der alten inneren Stadtmauerbebauung** erhalten. Darunter befindet sich die traditionsreiche (aus dem Jahr 1621), nach dem Krieg originalgetreu rekonstruierte **Gaststätte Zur letzten Instanz (19),** in der man gutbürgerlich genießt, und zwar vom herzhaften „Anwalts-Frühstück" über die „Zeugenaussage" in Form von Berliner Eisbein mit Sauerkraut und Erbspüree bis hin zum „Kreuzverhör", einem deftigen Rindergulasch.

Essen und Trinken:

- **Gasthaus Zur letzten Instanz,** Waisenstr. 14-16, Tel. 2 42 55 28, Mo.–Sa. 12–1 Uhr, So. 12–23 Uhr.

Das Märkische Ufer

Verkehrsanbindung

- U2 Märkisches Museum

Nicht zu verwechseln mit dem Bezirk Neukölln im Süden Berlins, entstand die Gegend um das Märkische Ufer – **früher Neucölln am Wasser genannt** – schon im Mittelalter und unterstand dem Magistrat der Stadt Cölln auf der Spreeinsel. An die einst grachtenartige Bebauung des westlichen Spreearms erinnert eine Zeile spätbarocker und klassizistischer Häuser aus dem 18. Jahrhundert, die das Märkische Ufer südlich der Fischerinsel schmückt.

Unter ihnen zählt das 1969 von der Breiten Straße hierher in eine Kriegslücke umgesetzte **Ermelerhaus (15)** mit seiner prunkvollen Rokoko-Innenausstattung nicht nur zu den schönsten Gebäuden. In der Bel Etage beheimatet es zugleich einen der führenden Gourmet-Tempel Berlins, der die Feinschmecker mit neu-internationaler Küche im aufwendig restaurierten friderizianischen Rokokoambiente verwöhnt.

Essen und Trinken:
• **Ermelerhaus,** Märkisches Ufer 10, Tel. 24 06 20, Di.–Sa. 18–1 Uhr.

• **Historischer Hafen Berlin,** Märkisches Ufer/Ecke Inselstraße, Tel. 21 47 32 57, Anfang Mai–Ende Okt. Di.–Fr. 14–18 Uhr, Sa./So. 11–18 Uhr.

Historischer Hafen (16)

Unter dem Motto „Berlin ist aus dem Kahn gebaut" schaukeln wenige Schritte flussaufwärts zahlreiche altertümliche Binnenschiffe im Historischen Hafen (Eingänge zum Museumshafen befinden sich auf der Fischerinsel und östlich der Inselbrücke). Seite an Seite sind die immer noch fahrtüchtigen Dampf- und Motorschlepper, Fahrgastschiffe, Maßkähne und Stoßboote am Spreeufer vertäut und geben ein **Zeugnis von 200 Jahren märkischer Binnenschifffahrt** ab.

Märkisches Museum (17)

Von dort ebenfalls nur einen Steinwurf entfernt, schaut am Köllnischen Park der trutzige rote Backsteinturm des Märkischen Museums in den Himmel hinauf. Halb malerische Raubritterburg, halb altehrwürdiger Sakralbau, sind Ähnlichkeiten des 1901–07 von *Ludwig Hoffmann* in norddeutscher Backsteingotik errichteten, recht kuriosen Gebäudes mit anderen Bauwerken in der Mark Brandenburg beabsichtigt. Der Bergfried der Wittstocker Bischofsburg diente als Vorbild

052be Foto: kj

für den Turm, und für die gotischen Maßwerkgiebel stand die Katharinenkirche in Brandenburg/Stadt Pate. Unter dem riesigen Walmdach sind umfangreiche **Sammlungen zur Stadtgeschichte** untergebracht. Das Märkische Museum – heute mit den anderen Berlin-, Bezirks- und Freilichtmuseen in der Stiftung Stadtmuseum Berlin zusammengefasst – ist mit dem Gründungsjahr 1874, damals im Podewilschen Palais, die **Urgroßmutter aller Berlinmuseen** und war früher das größte Heimatmuseum der DDR.

- **Stiftung Stadtmuseum Berlin – Märkisches Museum,** Am Köllnischen Park 5, Di.–So. 10–18 Uhr.

Köllnischer Park

Im kleinen Köllnischen Park hinter dem Museum befindet sich ein **Lapidarium** – steinerne Putten, Vasen und der „Wusterhausensche Bär", ein letzter verbliebener Backsteinstummel aus der im 19. Jahrhundert geschleiften Stadtmauer. Aus Bronze ist das 1965 auf dem Rasen aufgestellte **Denkmal für den berühmten Charlottenburger Zeichner und Fotograf Heinrich Zille** (1858–1929). Während ihm ein Gassenjunge über die Schulter linst, scheint er mit Stift und Skizzenblock noch immer den Fischerkiez auf der Fischerinsel festzuhalten zu wollen, dessen enge, ärmliche Gassen und lichtlosen Hinterhöfe er einst für seine „Milljöh"-Studien durchstreifte.

Schließlich und endlich waschecht und leibhaftig lebendig sind die drei Braunbären Schnute, Maxi und Tilo, die den **Bärenzwinger** im Köllnischen Park bevölkern. Einen ersten Meister Petz machte 1937 eine Berliner Tageszeitung der Stadt mit dem Bären im Wappen zum Geschenk, ein zweiter folgte im selben Jahr als Präsent der Schweizer Hauptstadt Bern, die ebenfalls den Bären im Wappen führt. Ihre Nachkommen scheinen sich trotz der beengten Verhältnisse recht wohl zu fühlen, zumindest wenn sie sich gemütlich auf dem Stein räkelnd die Sonne auf den Pelz brennen lassen und, wie jüngst der lendenstarke Tilo und seine zwei zotteligen Freundinnen, tüchtig für Nachwuchs sorgen.

Im Historischen Hafen

Am Alexanderplatz

Verkehrsanbindung

- S und U2, U5, U8 Alexanderplatz

Welche Enttäuschung wird dem bereitet, der sich von dem legendären Namen mehr verspricht als eine von vielspurigen Autorennpisten und schnöden Hochhäusern umzingelte, mit Currybuden und einer plastebestuhlten Freilichtbierschwemme versehene Fläche, über die stets ein schneidender Wind fegt. Zumal sich der Alexanderplatz bis zum Sommer 2007, nicht zum ersten Mal in seiner Geschichte, wieder in eine riesige Baustelle verwandelt hat. Das war also das viel besungene **Zentrum der Hauptstadt der DDR,** der zukunftszugewandte Weltstadtplatz, mit dessen Architektur das SED-Regime die Überlegenheit des Sozialismus für die Ewigkeit in Beton gießen ließ – und auf eben diesem Platz am 4. November 1989 mit der größten Demonstration, die die DDR je gesehen hatte, kurzerhand weggespült wurde.

Seit seinem Bestehen ist der Alexanderplatz ein sperriges, schwierig handhabbares Gebilde, das sich bislang jedem Versuch mit Erfolg widersetzte, es repräsentativ aufzuhübschen. „Ochsenplatz" hieß der von Manufakturen und planlos errichteten Häusern umgebene Viehmarkt und Exerzierplatz bis zum Jahr 1805, als er anlässlich einer Visite von **Zar Alexander I.** beim Preußenkönig *Friedrich Wilhelm III.* in „Alexanderplatz" umgetauft wurde. Anfang der 1870er-Jahre schüttete man den alten Festungsgraben zu und errichtete das Viadukt, auf dem fortan die Berliner Stadtbahn fahren sollte. 1882 wurde sie zusammen mit dem Bahnhof Alexanderplatz eingeweiht, und der **„Alex"** entwickelte sich zum herausragenden Verkehrsknotenpunkt für den Osten der Stadt. Fernbahnen und S-Bahnen, Omnibusse sowie die „Elektrische" mit zahlreichen Linien kreuzten die Wege. Von 1904 bis 1911 wuchs das Warenhaus Tietz aus dem Boden empor, mit der auf 250 Metern damals längsten Kaufhausfassade der Welt. Zwei Jahre später ging unterirdisch die U-Bahn-Linie A in Betrieb, bis 1928 kamen weitere Untergrundbahnen hinzu.

Es entstand eine abgründige, irrgartene, flirrend verwirrend über- und untereinander geschichtete Szenerie mit treppauf, treppab verborgenen Schmuddelecken hinter blasskühl gekachelten Fluchten, durch die sich die Menschenmassen hektisch von Bahnhof zu Umsteigebahnhof drängten, so wie sie der Berliner Armenarzt und Schriftsteller *Alfred Döblin* (1878–1957) in seinem Roman „Berlin Alexanderplatz" von 1929 beschrieb. Eine glücklose, halbseidene Welt. Endstation für Gestrandete, zwischen Hurenwinkeln, Jazzrhythmen und Schlachthausgeruch in den fadenscheinigen Glanz Tausender Großstadtlichter getaucht. Umgürtet von den Wohnvierteln der Armen und Ärmsten, und ständig dem drohenden Verkehrsinfarkt ausgesetzt. Weshalb man sie zum Ausklang der 1920er-Jahre durch eine „radikale Abwrackung" wegräumte.

Streng nach den Vorgaben des Stadtbaurats *Wagner,* der für den Alexanderplatz ein weltstädtisches Rondell mit sternenförmig einmündenden Straßen und rundum Einheitsbebauung vor seinen Augen sah, wurde ein beschränkter Architekturwettbewerb ausgeschrieben, aus dem der Entwurf von *Peter Behrens* (1868–1940) erfolgreich hervorging. *(Ludwig Mies van der Rohe,* der sich nicht an die Auflagen hielt, belegte den letzten Platz.) Bereits Anfang der 1930er-Jahre waren das **Alexanderhaus und das Berolinahaus (24)** im Südwesten des Platzes fertig gestellt – die beiden einzigen Gebäude aus jener Zeit, die bis heute noch stehen.

Die Weltzeituhr am Alexanderplatz

053be Foto: kj

Nach dem Krieg wagte man abermals einen radikalen Neuanfang, nun buchstabengetreu nach den „Grundsätzen für die Neugestaltung der Berliner Innenstadt", dem so genannten „Aufbaugesetz" aus dem Jahr 1950. Unter Einbeziehung des alten Behrens-Plans entstand so hufeisenförmig, nach Osten geöffnet, unter Federführung verschiedener Architekten-Kollektive im Großen und Ganzen bis 1970 der neue DDR-Alexanderplatz, mit 80.000 Quadratmetern Fläche mehr als vier Mal so groß wie der Vorkriegsplatz. 1969 wurden an seiner Nordwestflanke das **Centrum-Warenhaus (26)** (heute Kaufhof) und dahinter das 123 Meter hohe **Interhotel „Stadt Berlin" (26)** (heute Hotel „Park Inn Berlin Alexanderplatz") eröffnet. Ebenfalls 1969 erfolgte die Einweihung von *Erich Johns* **Urania-Weltzeituhr (26)** und *Walter Womackas* **Brunnen der Völkerfreund-**

schaft (25) im südlichen bzw. nördlichen Zentrum des Platzes. „Nuttenbrosche" wird die Weltzeituhr, die keiner je wirklich entziffern konnte, von den Berlinern zärtlich genannt, und sie wird den abermaligen Umbau am Alexanderplatz überstehen; ebenso wie das frisch restaurierte, heute denkmalgeschützte **Haus des Lehrers (23)** östlich am Alexanderplatz, dessen umlaufendes Bilderfries aus den Händen Walter Womackas stammt.

Rundum wird der Platz seit 2005 nun einmal mehr aufgewühlt. Denn einen „Vorposten der Mongolei", wie ihn nach der Wiedervereinigung der führende Städteplaner *Dieter Hoffmann Axthelm* konstatierte, oder gar eine „mongolische Steppe" (der Zeit-Redakteur *Klaus Hartung),* will man in der neuen Hauptstadt natürlich nicht sehen. Die Pläne von *Kollhoff & Timmermann,* die aus dem Städtebauwettbewerb 1993 siegreich hervorgingen und dreizehn Wolkenkratzer in „klarer strenger Ordnung" vorsahen, sind wegen Finanzmangel bei mittlerweile reichlich leer stehenden Büroflächen Gott sei Dank wieder vom Tisch. Stattdessen werden nun um so mehr **Einkaufsflächen entstehen.** Und womöglich wird sich der Alex auch dieser radikalen Neuerung erfolgreich entziehen. Denn er ist, wie er ist, sperrig und widerborstig. Ein „ewiger Jahrmarkt ... durch das Karussell der Schuhe, durch die Würfelbuden und Bijouterien. Dinge, die wir längst vergessen glaubten, sind noch am Leben." *(Otto Alfred Palitsch,* Vossische Zeitung, 1928).

Spandauer Vorstadt

Weithin sichtbar strahlen die goldenen Kuppeln der Neuen Synagoge über der Spandauer Vorstadt, die im 18. Jahrhundert im Gebiet nördlich Alt-Berlins zwischen Spree und Oranienburger, Rosenthaler und Schönhauser Tor entstand. Die **ersten Siedler** auf dem sumpfigen Boden waren Bauern und Tagelöhner, später Dienstboten und kleine Handwerker, gefolgt von Arbeitern, die sich in den Textilmanufakturen verdingten.

1820 wurden vor den Toren bereits die ersten der berüchtigten Berliner **Mietskasernen** mit ihren engen, dunklen, dicht hintereinander gestapelten Hinterhöfen hochgezogen, und sie füllten sich schnell, sehr schnell. Mit einsetzender Industrialisierung und schließlich in der Gründerzeit errichtete man für die aus der Provinz in die Reichshauptstadt strömenden Menschen Mietskasernen im Großmaßstab. In den lichtlosen, feuchten Ein-Raum-Küche-Klo-auf-halber-Treppe-Ritzen im dritten oder vierten Hinterhof drängelten sich häufig zehnköpfige Proletarierfamilien. Oft war Schmalhans Küchenmeister in dem Stadtviertel, das die in der glänzenden Residenzstadt wenig Gelittenen aufnahm: Minderbemittelte, Arme, Kranke, Katholiken und Juden.

Die Volksbühne –
das erste moderne Theater Berlins

Armut war das Charakteristikum der Gegend im **Sophienviertel** rund um die Sophienkirche, in dem viele hauptsächlich jüdische Wohlfahrtseinrichtungen entstanden, Armenhäuser und Suppenküchen, Schulen und Hospitäler. Eine Ausnahme bildete die Oranienburger Straße, die Anfang des 19. Jahrhunderts zu einer vornehmen Adresse ausgebaut wurde.

Östlich der Rosenthaler Straße wanderten im Kiez zwischen Tor- und Karl-Liebknecht-Straße nach den Judenpogromen in Ost- und Südosteuropa Anfang des 20. Jahrhunderts bis in die 20er-Jahre Zehntausende meist bitterarmer orthodoxer **Juden** in die niedrigen Häuschen und schmalen Gassen des **Scheunenviertels** ein. Auf ihrer Flucht in die USA oder in das Gelobte Land strandeten viele in diesem Berliner Viertel, das seinen Namen einer Feuerordnung von 1672 verdankt: Zur Eindämmung der Brandgefahr mussten seinerzeit sämtliche Scheunen und Lagerschuppen mit brennbaren Materialien vor die Stadttore verlegt werden.

Mit anbrechendem 20. Jahrhundert vernahm man im Scheunenviertel dann überwiegend Jiddisch, gemischt mit dem Rotwelsch der ballonmützenbeschirmten Hehler, Schieber und Kleingauner und dem deftigen berlinischen Platt aus dem Mund der Zuhälter und Huren. Im zwielichtigen Schummer der **Rotlichtlokale** waren die Münz- und die Mulackstraße die Zentren der käuflichen Liebe, wie sie

Charlotte von Mahlsdorf (1928–2002) beschrieb: „Hier war Armut, hier war Enge, aber auch Schönheit, Menschlichkeit und ein Hauch von Poesie. Hier trug das Leben keine Schminke (...). Das Leben trieb – vorwärts, rückwärts, kreuzte und staute sich, schwirrte und hetzte, stolperte und taumelte, trottete gemächlich: Die Menschen schwatzten, beteten, hurten, tranken, lästerten, balgten, juchzten, atmeten."

In dieser Art gibt es das Scheunenviertel heute freilich nicht mehr. Die engen, niederen Häuschen sind alle längst abgerissen und wichen größtenteils bereits Ende der 1920er-Jahre neuen, größeren, höheren Gebäuden. Eine der verbliebenen Attraktionen am Rosa-Luxemburg-Platz und mittlerweile wieder in aller Munde, ist die 1913/14 nach einem Plan von *Oskar Kaufmann* errichtete **Volksbühne (46),** das erste moderne Theater Berlins. Dank der an den Theaterkassen entrichteten Obuli und den Spargroschen der Mitglieder des Volksbühnenvereins (ein als Zweig der Arbeiterbildungsvereine gegründeter Theaterbesuchsverein) konnte die Spielstätte 1914 eröffnen. Zehn Jahre später stand ihr bis 1927 ebenso kurz wie umstritten der legendäre *Erwin Piscator* (1893–1966) vor, an dessen quasidokumentarischen, politisch kontroversen Stil der von der Kulturprominenz bejubelte Intendant *Frank Castorf* heute wieder anknüpft.

Anders als zahlreiche andere Quartiere blieb die Spandauer Vorstadt von den Bomben im Zweiten Weltkrieg weitgehend verschont, zählte aber bis zum Ende der DDR zu den vernachlässigten Innenstadtvierteln. **Nach der Wiedervereinigung** konnte es – kriegszerschossen und über Jahrzehnte dem Verfall preisgegeben – dank der Billig- oder Garnicht-Mieten kurzzeitig zum „Wilden Osten" aufblühen, wo in ehemaligen Einkaufsläden, Kaufhauskellern und Kriegsbunkern eine schillernde, kreative Kunst-Klub-Kultur-Kommune sehr viel kiffte, rauschende Feste feierte und gelegentlich ein paar Kupferrohre zu einem Kunstwerk zusammenschweißte. Auch das gibt es heute nicht mehr.

Der Trash ist inzwischen einer kunterbunten Szene aus sachlich-kühlen Lokalen gewichen, in denen sich eine Gesellschaft von groovenden Szene-VIPs, TV- und Polit-Promis, Hipsters, Yuppis, Kultis, Studis und Touris trifft. Bereits Ende 1998 war in der Spandauer Vorstadt für bis dato 162 Millionen Euro rund die Hälfte der **Altbauten saniert,** wobei auf den wiederhergestellten Häusern in dieser herausragenden Wohnlage und Touristenzone Nr. 1 ein gewaltiger finanzieller Verwertungsdruck lastet. Bei einer in etwa gleich bleibenden Bevölkerungszahl wechselte in den letzten Jahren über ein Drittel der Einwohner.

Und weil kein Gemüsehändler eine Pacht wie ein deutschlandweit führendes Anwaltsbüro zahlen kann, findet man in der Spandauer Vorstadt kaum noch einen Lebensmittelladen, aber stattdessen eine gewaltige **Konzentration von Kneipen und Restaurants.** Anfang des dritten Jahrtausends wurden in nicht einmal zwei Dutzend Straßen rund 140 Gaststätten mit knapp 7000 Sitzplätzen gezählt, womit inzwischen fast jeder der ca. 7300 Einwohner der Spandauer Vorstadt seinen eigenen Thekenplatz hat.

Ein Spaziergang durch das Sophienviertel

Verkehrsanbindung

- S Hackescher Markt oder Oranienburger Straße
- U6 Oranienburger Tor
- U8 Weinmeisterstraße
- Tram M1, M6

Die **Geschichte des jüdischen Berlins** lebt im Sophienviertel westlich der Rosenthaler Straße fort, sei es in der engagierten Arbeit der Jüdischen Gemeinde oder auch nur in gelegentlich jüdisch anklingenden Namen manch neuer Trendy-Bar von Gastwirten nicht selten schwäbischer Provinienz – es ist halt schick, so wie das ganze quirlige Sophienviertel mit seinen vielen Kneipen, Cafés, Bars, Galerien und Veranstaltungsorten eine der schicksten innerstädtischen Adressen ist.

Hackesche Höfe (37)

Nach dem Schleifen der alten Befestigungswerke ließ der damalige Stadtkommandant *Graf von Hacke* um 1750 vor dem abgetragenen Spandauer Tor einige kleine Straßen anlegen: Neben der Kleinen und der Großen Präsidentenstraße die Neue Promenade, auf die man noch heute trifft, wenn man den S-Bahnhof Hackescher Markt Richtung Rosenthaler Straße verlässt, um durch die Hackeschen Höfe zu spazieren, **Deutschlands größtes geschlossenes Hofareal.**

Als der Bau der **acht Wohn-, Geschäfts- und Gewerbehöfe** im späten 19./frühen 20. Jahrhundert fertig gestellt war, handelte es sich um eine kleine Sensation. Zwar folgte die 9200 Quadratmeter umfassende Gewerbe-, Fabriketagen- und Wohnhofanlage der seinerzeit üblichen Berliner Mischung aus Wohnen und Arbeiten unter einem Dach. Doch neu an den Hackeschen Höfen war, dass man die Arbeiterfamilien nicht länger in dunkle enge Hinterhofbutzen pferchte, sondern achtzig beheizbare Wohnungen mit sogar Innentoiletten für sie baute. Darüber hinaus standen den Menschen im Viertel im ersten Hof Festsäle für Vereins- und Familienfeiern zur Verfügung.

Mit Abschluss der Sanierung 1997 wurde an das **Berlin-typische Mischkonzept** mit großem Erfolg angeknüpft, nun in zeitgenössischer Art mit Läden, Boutiquen, Kino, Theater und Gastronomie neben Wohnungen, Instituten, Galerien und Ateliers in den acht Hackeschen Höfen.

Der **Haupteingang** befindet sich nur wenige Schritte vom S-Bahnhof Hackescher Markt entfernt in der Rosenthaler Straße 40/41. Hinter der großen Tordurchfahrt begrüßt einen gleich im ersten Hof eine von farbigen Glasursteinen geschmückte Fassade in Anklängen an Jugendstil und Art Déco. Das Chamäleon-Varieté spielt hier auf, und das Oxymoron, tagsüber Café/Restaurant, verwandelt sich

054be Foto: kj

nachts in einen nobelszenigen Club. In den weiteren Höfen sind Hoftheater, Bücherläden, Werkstätten, eine Fahrradstation, Boutiquen, Schmuckläden und vieles mehr untergebracht. Zahlreiche Galerien und Cafés laden zum Verweilen ein, und sind die Hackeschen Höfe endlich durchwandert, ist man bereits in der Sophienstraße angelangt.

Essen und Trinken:
- **Café/Restaurant/Club Oxymoron** und **Café Aedes East** in den Hackeschen Höfen, Rosenthaler Str. 40/41.

Haus Schwarzenberg (38)

Unverkennbar dank seines **verfallenen Zustands,** schließt sich unmittelbar an die Hackeschen Höfe zur Sophienstraße hin das Haus Schwarzenberg an (Rosenthaler Straße 39). Es ist eines der letzten Relikte in der Spandauer Vorstadt, wie sie vor der großen Sanierung ab Mitte der 1990er-Jahre einmal war: kleinteilig parzelliert, mit schmaler Tordurchfahrt durch das Vorderhaus hindurch zu weiteren verwinkelten Höfen mit Wohn- und Fabrikgebäuden. Das für Berlin typische Nebeneinander von Wohnen und dichter Gewerbeüberbauung zeigt sich im Haus Schwarzenberg noch in seiner mittlerweile selten gewordenen authentischen Form, seit 1995 ergänzt um eine Vielzahl von alternativen Kultur- und Freizeiteinrichtungen.

Wie lange es in dieser Form noch erhalten bleiben würde, war lange Zeit ungewiss. Da sich die Grundstückseigner nicht einigen konnten, stand die Zwangsversteigerung an, nach der das Haus Schwarzenberg voraussichtlich den Weg vieler anderer Immobilien in der Spandauer Vorstadt gegangen wäre: erst die Sanierung, dann die Kommerzialisierung, wie man sie seit nun einem Jahrzehnt nebenan in den Hackeschen Höfen besichtigen kann. Im Sommer 2004 erwarben schließlich eine Berliner Wohnungsbaugesellschaft und die Stiftung Deutsche Klassenlotterie den Gebäudekomplex, um, in Zusammenarbeit mit den Bewohnern, seinen Fortbestand als **alternatives Kulturzentrum** sicherzustellen.

Neben zahlreichen Galerien und Ateliers haben hier ein Programmkino, das Monsterkabinett der Künstlergruppe Dead Chickens und der angesagte Club „Eschloraque Rümschrümp" ihr zuhause. Das **Anne Frank Zentrum,** Partnerorganisation des Anne Frank Hauses in Amsterdam, widmet sich mit einer multimedialen Ausstellung dem Leben der Anne Frank. Das Museum **Blindenwerkstatt Otto Weidt** zeichnet in den Originalräumlichkeiten das mutige Engagement des Kleinfabrikanten Otto Weidt nach, der im Nationalsozialismus jüdische und nichtjüdische Gehörlose und Blinde vor der Deportation rettete.

• **Anne Frank Zentrum,** Di.–So. 10–18 Uhr.
• **Museum Blindenwerkstatt Otto Weidt,** Mo.–Fr. 12–20 Uhr, Sa./So. 10–10 Uhr.

Der erste der acht Hackeschen Höfe

Sophienstraße

Die Sophienstraße entstand ab 1712 als „Kirchhofgasse" in Verbindung mit dem Bau der Sophienkirche. Für die 750-Jahr-Feier hatten die **zierlichen Wohnhäuser aus dem 18. und 19. Jahrhundert** Anteil an dem gewaltigen Sanierungsprogramm, das die SED bis 1987 auflegte. Nach dem Motto „Kunst, Handwerk, Tradition" wurden die Gebäude auf reizend altmodische Art wieder hergestellt und herausstaffiert und beherbergen heute Kunsthandwerkliches, Musikalien- oder Rauchwarenhandlungen und Galerien.

Handwerkervereinshaus (39)

Am Anfang der Sophienstraße stand Ecke Rosenthaler das Handwerkervereinshaus des 1844 gegründeten Handwerkervereins, einer Keimzelle der Berliner Arbeiterbewegung. 1903 musste es dem von *Alfred Messel* errichteten Kaufhaus Wertheim weichen (Nr. 12-15), der Verein wurde für den Abriss entschädigt und baute sich wenige Hausnummern weiter eine komfortablere Heimstatt. 1905 konnte das nachfolgende **Handwerkervereinshaus mit den Sophiensälen** in Nr. 18 bezogen werden. 1918 sprachen in den Sälen *Karl Liebknecht* und *Wilhelm Pieck*.

Auf der anderen Straßenseite liegt hinter der Rückfront der **Sophienkirche (29)** der **alte Kirchhof** mit den Grabmalen des Komponisten und Leiters der Singakademie, *Carl Friedrich Zelter* (1758–1832), und des Historikers *Leopold von Ranke* (1795–1886). Das schmiedeeiserne Tor ist jedoch meistens verschlossen, weshalb es sich empfiehlt, den Kirchhof von seinem Haupteingang in der Großen Hamburger Straße her zu besuchen und diesen Besuch zugleich mit einer Besichtigung der Sophienkirche zu verbinden.

Sophie-Gips-Höfe (40)

Hinter dem Eingang Haus Nr. 21 verbirgt sich eine Attraktion der zeitgenössischen Art. Es handelt sich um die Sophie-Gips-Höfe, die mit einem alten Fabrikgebäude und drei Bürgerhäusern vom Ende des 19. Jahrhunderts von der Sophien- bis zur Gipsstraße hinüberreichen. 1995 ließ das Kunstsammlerehepaar *Hoffmann* die denkmalgeschützten Gebäude sanieren und quartierte in ihren Privaträumen im ausgebauten Dachgeschoss im zweiten Hof ihre spektakuläre Kollektion der Gegenwartskunst, die **Sammlung Hoffmann,** ein: Werke von *Nan Goldin, Frank Stella, Andy Warhol,* natürlich, und anderen bedeutenden Künstlern warten auf ihre Hochschätzung. Und nach der Kunst wartet angemessen stilvoll **Barcomi's Deli** mit gerösteten Kaffeebohnen aus aller Welt auf, dazu bagels, American cookies, sandwiches, salads.

- **Sammlung Hoffmann,** Sophie-Gips-Höfe/Hof 2, Sophienstraße 21. Nach telefonischer Anmeldung (Tel. 28 49 91 21) Führungen Sa. 11–16 Uhr.

Essen und Trinken:
- **Barcomi's Deli,** Sophie-Gips-Höfe/Hof 2, Mo.–Sa. 9–22 Uhr, So. 10–22 Uhr.

St.-Hedwigs-Krankenhaus und Sophienkirche (29)

In der **Großen Hamburger Straße** liegen auf dem Weg zur Oranienburger Straße mehrere ebenso denkwürdige wie erschütternde Sehenswürdigkeiten. Die Straße, in der Juden, Katholiken und Protestanten einst einträchtig nebeneinander ihre Einrichtungen unterhielten und die deshalb „Toleranzstraße" hieß, wandelte sich im Nationalsozialismus wie kaum eine andere zum Inbegriff für die Gräuel der Deutschen.

Einen großen Teil der Straße im oberen Ende nimmt der im Kern 1851–54 errichtete **rote Klinkerbau des katholischen St.-Hedwigs-Krankenhauses** ein. Wenige Meter danach ragt auf der anderen Straßenseite, zwischen den neubarocken Häusern Nr. 30 und Nr. 29 leicht nach hinten versetzt, der **barocke Kirchturm der evangelischen Sophienkirche** auf. Der Sakralbau wurde von *Königin Sophie Luise* 1712 als Pfarrkirche für die Spandauer Vorstadt gestiftet. Mit dem krönenden Turm wurde jedoch erst zwanzig Jahre später begonnen (1732–34), und als **berlinweit einzig verbliebener Barockturm** ist er eine besondere Zierde. Das Innere der Sophienkirche zeigt sich dagegen vergleichsweise schlicht, so wie es sich – selbst im Barock – für eine protestantische Kirche gehört. Auf dem kleinen, der Sophienstraße zugewandten Kirchhof befindet sich der einfache Grabstein des Komponisten und Leiters der „Berliner Singakademie" *Carl Friedrich Zelter* (1758–1832).

- **Sophienkirche,** So. 10 Uhr Gottesdienst.

Jüdische Knabenschule (30)

Nebenan war in Haus Nr. 27 mit der Fertigstellung des Baus ab 1906 die

Knabenschule der Jüdischen Gemeinde untergebracht. An der Fassade des seit 1993 wieder bestehenden Jüdischen Gymnasiums und Realschule ist eine Gedenktafel für den Philosophen und Aufklärer *Moses Mendelssohn* (1729–86) angebracht, der in Berlin die erste jüdische Schule gründete. „Nach Wahrheit forschen, die Schönheit lieben, Gutes wollen, das Beste tun" ist sie überschrieben.

The Missing House (31)

Gegenüber klafft zwischen den Häusern Nr. 15 und 16 anstelle eines Hauses **eine Lücke.** Die Installation von *Christian Boltanski* aus dem Jahr 1990 heißt The Missing House. An die wie amputiert dastehenden Seitenflügel sind vom Erdgeschoss bis unter die Dachluke gut lesbar **weiße Namensschilder** montiert: Der Sprengmeister *Feldhaus* wohnte hier, die Direktrice *M. Thomas,* der Amtsrat *W. Jordan,* der Statistenführer *A. Kunze,* die Pensionärin *M. Müller* und andere - bis 1945.

Jüdisches Altenheim

In südlicher Nachbarschaft zur Knabenschule befand sich, wo sich heute eine Grünfläche ausdehnt, das erste Altenheim der Jüdischen Gemeinde. 1942 verwandelte es die Gestapo in ein **Sammellager zum Abtransport in die Vernichtungslager.** Insgesamt 55.000 Berliner wurden von der Sammelstelle in der Großen Hamburger Straße aus zum Bahnhof Grunewald transportiert, dort in Viehwagen gesperrt und in die Todeslager nach Theresienstadt und Auschwitz deportiert. Ein der Straße zugewandter Gedenkstein und daneben eine 1985 von *Will Lammert* geschaffene Figurengruppe gemahnen und erinnern daran.

Jüdischer Friedhof (32)

Unter der nach 1945 zur Grünanlage umgestalteten Fläche verbirgt sich der 1692 angelegte, **älteste jüdische Friedhof Berlins.** 1943 wurde er von der Gestapo geschändet und zerstört, von den vormals 3000 Grabstätten blieben drei in die südliche Grundstücksmauer eingelassene Grabtafeln und wenige, zerstörte Überreste von Grabsteinen erhalten. Für *Moses Mendelssohn,* der 1786 im alten Friedhof beigesetzt wurde, errichtete man ein schlichtes Gedenkgrab.

Jüdisches Krankenhaus

Ein weiterer stummer Zeuge der Vernichtung jüdischen Lebens befindet sich in der Auguststraße Nr. 14-16. Es ist das 1856–60 zeitgleich mit der Neuen Synagoge von den Architekten *Knoblauch* und *Hähnel* im Auftrag der Berliner Jüdischen Gemeinde erbaute ehemalige Jüdische Krankenhaus. Bis 1914 diente das Gebäude als Krankenhaus, ab 1915 fanden in ihm zahlreiche jüdische Flüchtlinge aus Osteuropa Unterkunft, schließlich wurde daraus ein Kinderheim, die Ahawah (Hebräisch für „Liebe"). 1941 machte die Gestapo ein **Sammellager für alte und kranke Menschen** daraus, 15.000 jüdische Männer und Frauen, im Nazi-Jargon so genannte „Alterstransporte", wurden von hier aus in die Vernichtungslager verschleppt. Zu

056be Foto: kj

Die Neue Synagoge

DDR-Zeiten war in der Ahawah eine Schule untergebracht, heute steht das Gebäude leer und verfällt, doch hat es die Jüdische Gemeinde inzwischen zurückerhalten und möchte es nach seiner Sanierung wieder sozialen Zwecken zuführen.

Um die Ecke in der Tucholskystraße Nr. 40 lädt im **Gemeindezentrum** der orthodoxen israelitischen Synagogengemeinde zu Berlin (Adass Jisroel) das Beth-Café zu koscher zubereiteten Speisen ein.

Essen und Trinken:

- **Beth-Café,** Tucholskystr. 40, So.–Do. 12–20 Uhr, Tel. 281 31 35.

Neue Synagoge und Centrum Judaicum (19)

Wenige Schritte entfernt erhebt sich mit weithin sichtbaren, maurisch geschwungenen Goldkuppeln in der Oranienburger Straße die Neue Synagoge. **Ab 1859** wurde das prachtvolle Gotteshaus von *Eduard Knoblauch* erbaut und nach dessen Erkrankung 1862 von *Friedrich August Stüler* bis 1866 vollendet. Eine erste Planung beabsichtigte zunächst, das Bauwerk etwa 90 Meter hinter der Straße freistehend zu errichten, doch die Gemeinde wollte keine Synagoge im Hinterhof, weshalb *Knoblauch* zusätzlich zu der prunkvollen Hauptsynagoge eine mit Eingangshalle, Herrenvestibül und Trausaal versehene, repräsentative Vorsynagoge an der Straßenfront schuf. 1943 wurde das Gotteshaus durch Bomben stark beschädigt, 1958 sprengte man die Hauptsynagoge, und nur die unmittelbar an der Straße gelegenen Gebäudeteile blieben bestehen.

1988 begann nach der Gründung der Stiftung **„Neue Synagoge Berlin – Centrum Judaicum"** der Wiederaufbau der Ruine, wobei eine vollständige Rekonstruktion nicht vorgesehen war. Die Hauptsynagoge wurde nicht wieder aufgebaut, an ihrer Stelle klafft heute eine mit weißem Kies gestaltete leere Fläche, hinter der sich im Halbrund dort, wo einst der Thoraschrein stand, schlichte Marmorstelen erheben. Am 7. Mai 1995 erfolgte die feierliche Eröffnung des Centrum Judaicum, das in den Räumen der Vorsynagoge mit einer ständigen Ausstellung, die die

Geschichte des Hauses und das mit ihm verbundene jüdische Leben in Berlin nachzeichnet. Im Obergeschoss befinden sich der Repräsentantensaal, die Jüdische Galerie und Räumlichkeiten für Wechselausstellungen.

• **Neue Synagoge und Ausstellung im Centrum Judaicum,** Oranienburger Str. 28-30, Tel. 88 02 84 51, Apr.–Sept. Mo./So. 10–20 Uhr, Di.–Do. 10–18 Uhr, Fr. 10–17 Uhr, Okt.–März So.–Do. 10–18 Uhr, Fr. 10–14 Uhr.

Hauptpostfuhramt (17)

Einen Katzensprung entfernt, wartet Ecke Tucholskystraße das **Ehemalige Hauptpostfuhramt** mit einer für einen Behördenbau ebenso zierreichen wie kuriosen Formgebung auf. Der 1875–81 errichtete Klinkerpalast mit achteckiger Kuppel und reich geschmückter Fassade wirkt wie eine überdimensionale wilhelminische Hutschachtel. Im Innenhof in den Stallungen waren einst über 200 Postkutschenpferde untergebracht. Zurzeit ist es geschlossen.

Künstlerruine Tacheles (3)

Auf der anderen Straßenseite, zur Friedrichstraße hin, thront die allenthalben bekannte Künstlerruine Tacheles. Das 1908/09 von *Franz Ahrens* gebaute Passagen-Kaufhaus nahm mit 14 Eingängen, 9 Höfen und 10 Treppenhäusern einst das gesamte Karree Oranienburger 53-57/Friedrichstraße 110-112 ein. Ab 1928 diente es der AEG als „Haus der Technik" (Ende der 30er-Jahre wurde von hier die erste Fernsehübertragung der Welt ausgestrahlt) und NS-Dienststellen quartierten sich in den Gebäudekomplex ein. Im Krieg wurde er völlig zerbombt. Die Sprengung der verbliebenen traurigen Ruine verhinderten Besetzer 1990 zu einem Zeitpunkt, als schon die Bäumchen aus ihr hervorwuchsen. Sie richteten in den zugigen, damals teils wand-, decken- und/oder bodenlosen Räumlichkeiten das **internationale alternative Kulturkampfprojekt „Tacheles"** (jiddisch „Klartext") ein. Mit dem neuen Besitzer, der Kölner Fundus-Gruppe, einigten sich 1998 die mehr als fünfzig Künstler im Haus nach jahrelangem Streit über eine weitere Nutzung. So blieb ihnen die Kulturruine bei einer monatlichen symbolischen Miete von 0,51 € erhalten. Rundherum wird der Investor auf dem Areal vierzig Neubauten errichten. Im Haus selbst sind neben zahlreichen

058be Foto: kj

Oranienburger Straße Höhe Tacheles

Die mutigen Frauen in der Rosenstraße

Es gibt keinen Grund mehr von der Rosenstraße zu sprechen. Sie ist ein unscheinbares Stückchen Innenstadt, eingeklemmt zwischen den zur DDR-Zeit in Plattenbauweise errichteten Häuserschluchten, von wo aus die Läden an der Karl-Liebknecht-Straße beliefert werden.

Aber es gibt viele Gründe sich an die Rosenstraße zu erinnern. Auf der kleinen Grünfläche, dort wo sich einst eine Synagoge befand, steht heute ein Denkmal aus Stein, mehrteilig und zur Hälfte Skulptur, zur anderen Relief, das berührt. Von *Ingeborg Hunzinger* geschaffen und zum 50. Jahrestag der Ereignisse 1993 der Öffentlichkeit übergeben, erinnert es an die so genannte „Fabrikaktion" am 27./28. Februar 1943, mit der die SS-Schergen die deutsche Hauptstadt endgültig „judenfrei" machen wollten. Die Deportationen aus Berlin in die Konzentrationslager hatten bereits im Oktober 1941 begonnen, und schon im Januar 1942 war auf der berüchtigten „Wannseekonferenz" die „Endlösung der Judenfrage" organisiert worden. Insgesamt 55.000 jüdische Berlinerinnen und Berliner wurden in den Lagern ermordet. Doch gab es noch die Juden aus den „privilegierten Mischehen", so der Nazijargon, die „nur" zur Zwangsarbeit verpflichtet waren. Aber auch damit war es im Februar 1943 vorbei. Es begann die Zeit der großen Razzien, während derer die Menschen direkt aus den Betrieben geholt und bis zu ihrem Abtransport in die Vernichtungslager eingesperrt wurden. So auch in der Rosenstraße im Gebäude der Sozial-Verwaltung, vor dessen Tür dann jedoch etwas für diese Zeit sehr Ungewöhnliches geschah: Auf der Straße protestierten die christlichen Ehefrauen und Mütter tagelang lauthals gegen die Internierung ihrer Männer und Söhne.

„Wir wurden in das Lager Rosenstraße gebracht", ist in den Erinnerungen von *Ernst Gross* (Berlin 1905–84 Jerusalem) nachzulesen, „dort waren wir eine Woche und niemand wusste, was mit uns werden würde. Sie wollten uns offenbar auch abtransportieren. Aber damals haben die Frauen gemeutert. Das ist wohl das einzige Mal, dass sowas vorgekommen ist. Da haben die christlichen Frauen tagelang vor dem Gebäude der Rosenstraße Skandal gemacht, und schließlich haben sie es erreicht, und sie haben uns wieder freigegeben."

Weshalb die Nazis nichts gegen den Straßenprotest unternahmen, bleibt den Historikern ein Rätsel. Vielleicht hatte es mit Stalingrad zu tun, das einen Monat vorher „verloren" gegangen war, und wahrscheinlich mit den verheerenden alliierten Bombardierungen Berlins, die am 1. März einsetzten. Beides ließ die Moral der Bevölkerung unter den Nullpunkt sinken. Am 6. März 1943 notierte der Propagandaminister *Goebbels* in sein Tagebuch, dass man die Unruhe in der Rosenstraße momentan nicht gebrauchen könnte und deshalb die Deportation der Gefangenen verschoben hätte.

Die Erinnerungen eines Opfers und die Tagebuchnotiz eines Massenmörders und Verbrechers gegen die Menschlichkeit – bis zu *Ingeborg Hunzingers* Denkmal war es das einzige, was an die mutigen Frauen in der Rosenstraße erinnerte. 2003 wurde ihre Geschichte unter dem Titel „Rosenstraße" von *Margarethe von Trotta* schließlich verfilmt.

Ateliers unter anderem mehrere Galerien, ein Programmkino sowie die gebührlich trashige Bier- und Konzertlokalität Zapata untergebracht.

Oranienburger Straße

Eine ganze Reihe **kunterbunter Gaststätten, Kneipen und Restaurants** hat sich in der Oranienburger

Straße etabliert, die als Wirtschafts-Parade ihresgleichen sucht: Gegenüber vom Tacheles Ecke Linienstraße das indonesische Restaurant „Mirchi", nebenan die Bar „O & G" mit morgens Kaffee, abends Cocktails, anschließend die „Mitte Bar" von Frühstück bis Absacker, gefolgt von hot caribian drinks im „QBA" und Ecke Auguststraße dem indischen Restaurant „Amrit" (der Ableger in der Oranienburger Straße ist selbstverständlich ein bisschen teurer als das Original in der Kreuzberger Oranienstraße).

In der Auguststraße Ecke Tucholskystraße empfiehlt sich das etwas ruhigere Café „keyzers soze", gegenüber in der Tucholskystraße das „Beth-Café" mit koscherer Küche, die „Salumeria Culinaria" mit italienischen Leckereien und für Livemusik-Fans die Bierkneipe und Kellerbar „Zosch". Für Sonnenanbeter hat das „Strandbad Mitte" auf halber Höhe in der Auguststraße neben Tischen und Stühlen auch einen Strandkorb auf dem Pflaster platziert, und direkt gegenüber kann man zu Standard, Latein oder Tango im „Ballhaus Mitte" das Tanzbein schwingen.

Zurück auf der Oranienburgerstraße Ecke Auguststraße folgen nach der „Bellini Bar" (kühl, sachlich, en vogue) bis zum Hauptpostfuhramt zahlreiche weitere Bars, Clubs und Restaurants, darunter das für seine köstlichen Nachos, Tacos, Enchiladas bekannte „Las Cucarachas".

Heckmann-Höfe (20)

Gegenüber lohnt Ecke Tucholskystraße ein kleiner Spaziergang durch die zu Unrecht von Touristen oft übersehenen Heckmann-Höfe. Neben Cafés, Designerläden und Boutiquen lohnt dort für weibliche Fans von glitzerndem **Second-Hand-Fummel** der Laden Sterling Gold (Mo.–Fr. 12–20 Uhr, Sa. 12–18 Uhr), und für Kinder die **Bonbonmacherei.** Immer dem Duft nach, befindet sich die Bonbonerie gleich im ersten Hof im Kellergeschoss. Bei einer verführerischen Leckerli-Auswahl ist es besonders für Kinder ein Spaß, dort in der Küche beim Bonbonmachen, traditionell über dem Feuer gekocht, einmal zuschauen zu können.

- **Bonbonmacherei in den Heckmann-Höfen,** Mi.–Sa. 12–20 Uhr, die Süßigkeiten werden gemacht gegen 14, 16 und 18 Uhr.

Eine weitere **Fülle an Cafés, Kneipen und Restaurants** befindet sich rund um den Hackeschen Markt (dort donnerstags 10–18 Uhr Viktualienmarkt) sowie in den S-Bahnbögen zwischen Hackeschem Markt und **Monbijou-Park.** Die drei Hektar kleine Grünanlage mit Bolzplätzen und Kinderplanschbad, die die Oranienburger Straße vom Spreeufer trennt, funktionieren die Spandauer Vorstädter in der schönen Jahreszeit zu ihrem zweiten Wohnzimmer um. Es wird gekickt, gegrillt und sonnengebadet, und wenn Helios einmal wunderbar mediterran vom Himmel scheint, lässt man sich, mit Blick gegenüber auf die Museumsinsel und die Füße im warmen Sand, in den Liegestühlen der „Strandbar Mitte" nieder, tagsüber mit Kaffee und Eistüte

213be Foto: kj

und abends Turntables oder auch Livemusik.

Essen, Trinken und Unterhaltung:

- **Zapata,** Oranienburger Str. 54-56a, tgl. ab 12 Uhr.
- **Mirchi,** Oranienburger Str. 50, So.–Do. 12–1 Uhr, Fr./Sa. 12–2 Uhr.
- **O & G,** Oranienburger Str. 48/49, tgl. ab 10 Uhr.
- **Mitte Bar,** Oranienburger Str. 47, Mo.–Fr. ab 10 Uhr, Sa./So. ab 11 Uhr.
- **QBA,** Oranienburger Str. 46, tgl. ab 12 Uhr.
- **Amrit,** Oranienburger Str. 45, So.–Do. 12–0 Uhr, Fr./Sa. 12–1 Uhr.
- **Bellini,** Oranienburger Str. 42/43, Mo.–Fr. 18–2 Uhr, Sa./So. 15–5 Uhr.
- **Las Cucarachas,** Oranienburger Str. 37, tgl. ab 12 Uhr.
- **Zosch,** Tucholskystr. 30, tgl. ab 16 Uhr.
- **Café keyzer soze,** Tucholskystr. 33, tgl. 8–3 Uhr.
- **Beth-Café,** Tucholskystr. 40, So.–Do. 12–20 Uhr.
- **Salumeria Culinaria,** Tucholskystr. 34, tgl. 10–0 Uhr.
- **Strandbad Mitte,** Kleine Hamburger Str. 16, tgl. ab 9 Uhr.
- **Ballhaus Mitte,** Auguststr. 24, Di.–So. ab 12 Uhr.
- **Strandbar Mitte,** Monbijoustr. 1-3, im Sommer, tgl. ab 10 Uhr.

Sonnenbaden in der Strandbar Mitte

Die nördliche Friedrichstraße

Verkehrsanbindung
- S Friedrichstraße

Die Geschichte des Friedrich-Wilhelm-Stadt genannten Stadtviertels zwischen Spree, Humboldthafen und Invalidenstraße beginnt im Jahr 1738, als der Soldatenkönig *Friedrich Wilhelm I.* den Schiffbauern die Erlaubnis erteilte, westlich der Weidendammbrücke ihre Werkstätten einzurichten. Der Name **Friedrich-Wilhelm-Stadt** geht jedoch nicht auf den Soldatenkönig zurück, sondern auf *Friedrich Wilhelm III.* (1770–1840), unter dem ab 1827 die planmäßige Bebauung ihren Anfang nahm.

Charité

Von herausragender Bedeutung für die Entwicklung der Friedrich-Wilhelm-Stadt erwies sich die Gründung eines Pestkrankenhauses 1710 außerhalb der damaligen Stadt (in Brandenburg wütete der Schwarze Tod), aus dem sich im 18. Jahrhundert die Charité entwickelte. In dem **berühmtesten deutschen Universitätsklinikum und Krankenhauskomplex** wirkten als Ärzte und bahnbrechende Medizinpioniere *Christoph Martin Hufeland* (1762–1836), *Rudolf Virchow* (1821–1902), *Robert Koch* (1843–1910) und *Ferdinand Sauerbruch* (1875–1951). Die Charité nimmt ein gutes Drittel der gesamten Friedrich-Wilhelm-Stadt ein, und der 1981/82 errichtete, 86 Meter hohe Charité-Neubau überragt als ihr alles beherrschendes neues „Wahrzeichen" den ganzen Komplex.

IHZ (32)

Ein weiteres, von zwei Neubauten flankiertes Hochhaus bestimmt das Erscheinungsbild am südlichen Eingang zur Friedrich-Wilhelm-Stadt: der weiße Riese des **Internationalen Handelszentrums,** 1975 von der Nippon-Steel-Corporation am Bahnhof Friedrichstraße errichtet.

Bahnhof Friedrichstraße

Der Name des Bahnhofes Friedrichstraße ist für viele **mit dunklen DDR-Stunden verbunden.** Bis zum Mauerbau am 13. August 1961 liefen an diesem zentralen Verkehrsknotenpunkt die Gleise von Fernbahn, S-Bahn und U-Bahn zusammen. Danach war hier plötzlich Endstation. Quasi über Nacht wurde aus dem Durchgangs- ein zweigeteilter Sackbahnhof mit einem streng bewachten Westbereich für Reisen von und nach Westberlin und Westdeutschland (Bahnsteig A für Fernzüge, Bahnsteig B für die S-Bahn). Hermetisch abgeriegelt, war diese Westenklave für DDR-Bürger unterhalb des Rentenalters nicht zugänglich. Die Einwohner der Hauptstadt der DDR benutzten einen anderen Teil des Bahnhofes, der nur von Osten her betreten werden konnte. Im Untergrund ratterten die Züge der U-Bahnlinie 6, die auf ihrer Strecke zwischen Wedding und Kreuzberg finste-

059be Foto: kj

re, verrammelte Geisterbahnhöfe passierte – mit einem einzigen Zwischenstopp am U-Bahnhof Friedrichstraße. Von dort konnten die Valuta-Wessis ohne Grenzkontrollen die Waggons zum Umsteigen verlassen, um auf ihrem Weg zur S-Bahn Richtung Bahnhof Zoo in dem einen oder anderen Intershop entlang der labyrinthischen Schmuddelgänge verbilligt Rauchwaren und Alkoholika zu erstehen und (illegal) nach Westberlin zu schmuggeln.

Oberirdisch im S- und Fernbahnhofsbereich hielten derweil die Soldaten der Grenztruppen der DDR, in zehn Meter Höhe an den Stirnseiten der Glaskuppel postiert, breitbeinig ihre Kalaschnikoffs im Anschlag. Bis wenige Minuten vor Abfahrt wurden die Züge durchsucht und Hunde unter ihnen hindurchgejagt, nicht, um den Klassenfeind zu verschrecken, sondern um sozialistische Mitbürger an der Republikflucht zu hindern. Für die Einreise in die Hauptstadt der DDR wurden die Westberliner wiederum in eine gesonderte Abfertigungshalle geschleust, in der es mit Ablaufen der Einreiseerlaubnis erbarmungslos Punkt 0 Uhr Abschied von den Freunden und Verwandten von „drüben" zu nehmen galt, weshalb der Pavillon zwischen Bahnhof und Spree – heute ein Veranstaltungsort – den Namen **Tränenpalast (30)** trägt.

Südlich des Bahnhofs befand sich bis zum Zweiten Weltkrieg im Central-Hotel das legendäre **Wintergarten-**

Varieté, in dem die *Tiller-Girls* trillerten, *Otto Reutter* seine Couplets zum Besten gab, *Charlie Rivel* seine Lippen zum „Akrobat schöööön" schürzte und bereits 1895 *Max Skladanowskys* „Theater lebender Bilder" zur Welturaufführung kam - die Geburtsstunde des Kinos. Das Gebäude wurde im Krieg zerstört.

Admiralspalast (31)

Nördlich des Bahnhofes steht heute allein auf weiter Flur der im letzten Drittel des 19. Jahrhunderts erbaute Admiralspalast, der lange seiner dringenden Sanierung harrte. In den Räumlichkeiten des früher nicht minder populären Vergnügungstempels mit Café, Kino, Eis-Arena, Luxusbad und 1922 nachträglich eingebautem Theater tagte 1946 der Vereinigungsparteitag von KPD und SPD zur SED. Das im Palast beheimatete Metropoltheater musste unter seinem letzten Intendanten *René Kollo* 1998 schließen, doch stichelt das 1953 gegründete, politisch-satirische **Kabarett Distel** nach wie vor an dieser ihrer traditionsreichen Stätte.

Berliner Ensemble (24)

Weiter geht es auf der Spur berühmter Namen und Adressen über die Weidendammbrücke zum Schiffbauerdamm, wo am Bertolt-Brecht-Platz in dem unscheinbaren Gebäude mit dem komischen „Hut" obenauf das Berliner Ensemble (BE) zu Hause ist. 1892 eröffnete in dem just fertig gestellten Bau das „Neue Theater am Schiffbauerdamm", das schon in vorreinhardtscher Zeit tüchtig für Skandale sorgte, zum Beispiel 1893 mit der Uraufführung des verbotenen sozialkritischen Stücks von *Gerhart Hauptmann* „Die Weber".

1903 übernahm der große **Regisseur Max Reinhardt** (1873-1943) das Haus. Unter seiner Leitung 1903-05 wurden der Orchesterraum und die Drehbühne eingebaut und es fanden weltweit Aufsehen erregende Inszenierungen statt. Trotz *Reinhardts* Weggang an das Deutsche Theater kam es in der Folgezeit zu nicht weniger spektakulären Ereignissen, u. a. wurde hier 1928 *Brechts* und *Weills* „Dreigroschenoper" welturaufgeführt.

Nach der Rückkehr **Bertolt Brechts** (1898-1956) und seiner Frau *Helene Weigel* (1900-71) aus dem Exil riefen die Eheleute mit dem Placet des Politbüros 1954 das Berliner Ensemble ins Leben, das die Weigel nach Brechts Tod 1956 bis zu ihrem Lebensende im Jahr 1971 weiterführte. Bevor das BE in mühselige Streitereien versank, stand ihm als letzter großer Direktor bis zu seinem Tod 1996 der Schriftsteller *Heiner Müller* vor, heute wird es von *Claus Peymann* geleitet.

Friedrichstadtpalast (21)

Hinter dem BE stand Am Zirkus 1 zwischen Bertolt-Brecht-Platz und Reinhardtstraße bis 1985 der ebenfalls berühmte Friedrichstadtpalast. Die

von *Hans Poelzig* für *Max Reinhardt* zum „Großen Schauspielhaus" umgestaltete Markthalle musste geschlossen und abgerissen werden, da im morastigen Untergrund die Gründungspfähle verfault waren. Dennoch sollte Ostberlin nicht auf ein Revuetheater verzichten. Schon 1984 eröffnete nur einen Steinwurf entfernt an der Einmündung der Reinhardtstraße in die Friedrichstraße der neue Friedrichstadtpalast, eine orientalisch anmutende Betonorgie, der deshalb sogleich der Spitzname „Aserbaidschanischer Hauptbahnhof" verpasst wurde. Indes sollte man sich nicht daran stoßen. In **Deutschlands einzigem Revuetheater** brilliert neben einer farbenfrohen Ausstattung und schillernden Kostümen besonders die steppende, jazz- und klassisches Ballett tanzende, famose Girlreihe, die einen Abend im Friedrichstadtpalast wahrlich zum Augenschmaus macht.

Nach dem Kulturgenuss laden am Schiffbauerdamm, vom BE bis zur Albrechtstraße wie auf einer Perlenschnur aneinandergereiht, **Bars und Restaurants** mit erlesenen Speisen zu Tafelfreuden ein.

Blick auf das Internationale Handelszentrum und den Bahnhof Friedrichstraße, im Hintergrund Dom, Fernsehturm und Forum-Hotel

Essen und Trinken:

- **Restaurant Ganymed,** Schiffbauerdamm 5, Tel. 28 59 90 46, tgl. 11.30–2 Uhr, Küche bis 0 Uhr. Neu-internationale Gerichte.
- **Cocktailbar Van Gogh,** Schiffbauerdamm 6, Tel. 281 01 06, Mo.–Do. 18–4 Uhr, Fr.–So. 18–5 Uhr.
- **Restaurant Engelbrecht,** Schiffbauerdamm 7, Tel. 28 59 85 85, im Sommer tgl. 12–1 Uhr, im Winter Mo.–Fr. 12–1 Uhr, Sa./So. 18–1 Uhr. Neu-internationale Küche.
- **Berliner Republik,** Schiffbauerdamm 8, Tel. 30 87 22 93, tgl. 11.30–4 Uhr.
- **STÄV,** Schiffbauerdamm 8, Tel. 2 82 39 65, tgl. ab 10 Uhr bis ultimo. „Ständige Bonner Vertretung", mit Kölsch und Rheinischem Sauerbraten.

Deutsches Theater (19)

Hinter der Adresse Schumannstraße 13a verbirgt sich eine weitere weltweit gefeierte Institution: Das 1883 in der Schumannstraße eröffnete Deutsche Theater ist der **Inbegriff für Schauspiel- und Regiekunst von internationalem Rang.** Ab 1905 feierte es unter *Max Reinhardt* bis zu dessen Emigration 1933 glänzende Erfolge. Mit *Thomas Langhoff* als Chef wurde es seit 1991 zweimal zum „Theater des Jahres" gewählt.

Französischer und Dorotheenstädtischer Friedhof (9)

Bert Brecht und *Helene Weigel, Heiner Müller* und auch der viel verehrte Mime *Bernhard Minetti* (1905–98) haben nur einen kleinen Spaziergang von ihren Wirkungsstätten entfernt auf dem Dorotheenstädtischen Friedhof die letzte Ruhe gefunden. Seit dem späten 18. Jahrhundert lagen vor dem Oranienburger Tor mehrere Gottesacker im freien Gelände. Davon erhalten sind die 1762 angelegten Friedhöfe der Dorotheenstädtischen und Friedrichswerderschen Gemeinden sowie der ihnen zur Chausseestraße hin vorgelagerte Friedhof der französischen reformierten Gemeinde, kurz Französischer und Dorotheenstädtischer Friedhof genannt.

Auf dem kleinen Französischen Friedhof liegen der Zeichner und Kupferstecher *Daniel Chodowiecki* (1726–1801) und der berühmte Schauspieler *Ludwig Devrient* (1784–1832) begraben.

Auf dem größeren, mit wundervollen Grabmälern geschmückten Dorotheenstädtischen Friedhof ruhen neben **Brecht** und *Weigel, Müller* und *Minetti* die Bildhauer *Johann Gottfried Schadow* und *Christian Daniel Rauch,* der gefeierte Baumeister Preußens *Karl Friedrich Schinkel,* die Philosophen *Fichte* und *Hegel,* die Schriftsteller *Heinrich Mann, Anna Seghers, Johannes R. Becher, Arnold Zweig* und viele andere bedeutende Persönlichkeiten.

Bertolt Brecht und *Helene Weigel* konnten von ihrer letzten Wohnung und Wirkungsstätte aus ihre Blicke unmittelbar über die Grabstätten der großen Dichter und Denker schweifen lassen. Heute befindet sich im Quergebäude Chausseestraße 125 in der vom Ehepaar 1953 bezogenen Wohnung die **Brecht-Weigel-Gedenkstätte (8).**

Direkt gegenüber steht als Nr. 13 das mit einer historisierenden Sandsteinfassade geschmückte **ehemalige Verwaltungsgebäude der Firma Borsig (7).** *August Borsig* (1804–54) liegt ebenfalls auf dem Dorotheenstädti-

214be Foto: k

Dorotheenstädtischer Friedhof

schen Friedhof begraben. 1837 gründete er unmittelbar vor dem Oranienburger Tor die Maschinenbauanstalt, aus der die größte Lokomotivfabrik Europas hervorging. An der Chausseestraße und auf dem Gebiet östlich von ihr eröffneten im 19. Jahrhundert ferner die Unternehmer *Egells, Wöhlert* und *Schwartzkopff* ihre Fabriken, womit Berlins Aufstieg zur Industriemetropole begann.

● **Brecht-Weigel-Gedenkstätte,** Chausseestr. 125, Tel. 283 05 70 44. Besichtigung max. 8 Personen, Di./Mi./Fr. 10–11.30 Uhr, Do. 10–12 und 17–18.30 Uhr, Sa. 9.30–13.30 Uhr, halbstündl. Führungen, So. 11–18 Uhr, stündl. Führungen.

Museum für Naturkunde (4)

Geht man die Chausseestraße noch ein Stück weit hinauf und biegt dann links in die Invalidenstraße ein, ist das 1883–89 am Platz vor dem Neuen Tor entstandene Museum für Naturkunde schnell erreicht. Die bereits 1810 begründete und mittlerweile **25 Millionen Objekte** umfassende naturhistorische Sammlung ist **die größte und bedeutendste Deutschlands.** Neben umfangreichen mineralogischen, geologischen, paläontologischen und zoologischen Sammlungen sind unter der riesigen Glaskuppel im Sauriersaal **zahlreiche vollständige Saurierskelette** ausgestellt, darunter das 23 Meter lange und 12 Meter hohe Originalskelett eines *Brachiosaurus brancai.*

(Dieses wird 2006 generalüberholt und ist deshalb erst ab 2007 wieder zu sehen.)

• **Museum für Naturkunde,** Invalidenstr. 43, Tel. 209 38 05 91, Di.–Fr. 9.30–17 Uhr, Sa./So. 10–18 Uhr.

Bundesministerium für Verkehr (3), Bundesministerium für Wirtschaft (2)

Nebenan ist an der Ostecke zum Invalidenpark in der 1875–78 errichteten Geologischen Landesanstalt und Bergakademie, später dem DDR-Ministerium für Geologie, in einem Neubau das Bundesministerium für Verkehr heimisch geworden. An der Südwestecke des Parks ist das Bundesministerium für Wirtschaft in das mit einem Anbau vergrößerte Ensemble von „Kaiser-Wilhelm-Akademie für das militärische Bildungswesen" und mit einem Seitenflügel erhaltene, 1747–48 errichtete Invalidenhaus eingezogen.

Hamburger Bahnhof (1)

Jenseits der Brücke über den Berlin-Spandauer-Schifffahrtskanal liegt kurz vor dem gerade entstehenden monumentalen Lehrter Zentralbahnhof der kleinere, von der Invalidenstraße leicht zurückgesetzte Hamburger Bahnhof. In seinen Hallen ist auf rund 10.000 Quadratmetern Ausstellungsfläche **Kunst ab der zweiten Hälfte des 20. Jahrhunderts** untergebracht: Werke von *Beuys, Kiefer, Lichtenstein, Rauschenberg, Twombly* und *Warhol,* von Malern der italienischen Transavanguardia und Vertretern der Minimal Art. Als Mekka für Gegenwartskunst beherbergt der Hamburger Bahnhof darüber hinaus die namhafte Sammlung Marx sowie zeitgenössische Malerei und Bildhauerei, Raum- und Lichtinstallationen, Grafik, Foto, Video und Multimedia; seit 2004 erweitert um die umstrittene **„Flick Collection"**, die umfangreiche Privatsammlung zur Kunst des 20. und 21. Jahrhunderts, die der NS-Großindustriellen-Erbe *Friedrich Christian („Mick") Flick* auf den Weg gebracht hat.

• **Hamburger Bahnhof,** Invalidenstr. 50/51, Tel. 39 78 34 39, Di.–Fr. 10–18 Uhr, Sa. 11–20 Uhr, So. 11–18 Uhr.

Die Friedrichstadt

Die Ende des 17. Jahrhunderts südlich der Linden begonnene Schachbrettmusterstadt war die dritte fürstliche **Neugründung** vor den alten Bastionen Berlin-Cöllns. *Kurfürst Friedrich III.*, der spätere Preußenkönig *Friedrich I.*, ließ sie ab 1688 anlegen.

Unter seinem Sohn, dem Soldatenkönig *Friedrich Wilhelm I.*, erfolgte ihre **Erweiterung** dergestalt, dass er sie teils weit über das bis dato bebaute Gebiet hinaus mit der Akzisemauer umziehen ließ. Hinein in die Stadt füllten sich dank der Zolleinkünfte, die an den Toren erhoben wurden, schnell die Schatztruhen des Königs und, hinaus aus der Stadt, verhinderte die sechs Meter hohe Mauer das Ausbüxen manches kriegsmüden Soldaten.

Von den **drei neuen großen Plätzen,** die bei den wichtigsten Toren entstanden, nimmt man an, dass sie der Soldatenkönig wahrscheinlich als Aufmarschplätze für seine Regimenter geplant hatte: in der Dorotheenstadt das die Straße Unter den Linden beim Brandenburger Tor abschließende „Quarré" (Pariser Platz), südlich davon das achteckige „Oktogon" (Leipziger Platz) sowie das wegen seiner runden Aufmachung so genannte „Rondell" (Mehringplatz) am Südende der Friedrichstraße, der zentralen Lebensader der Friedrichstadt.

Als 1740 Sohn *Friedrich II.* den preußischen Thron bestieg, war die in eine stattliche Anzahl beinahe gleich großer Karrees (die heutigen **„Quartiere"**) eingeteilte Stadt so gut wie fertig gestellt und man konnte sich ihrem Ausbau und ihrer Verschönerung widmen.

Den größten **Bauboom** erlebte die Friedrichstadt im letzten Drittel des 19. Jahrhunderts. Der nach dem Deutsch-Französischen Krieg auf das frischgebackene Deutsche Reich niedergehende Milliardenregen löste vor allem südlich der Linden ein außerordentlich hektisches Gründerfieber aus. Von ihrer ursprünglichen Anlage her eine Wohnstadt, wandelte sich die Friedrichstadt innerhalb weniger Jahre zum Berliner Geschäftszentrum Nr. 1. Rund um die Behrenstraße ließ sich in repräsentativen Bank- und Kontorhäusern die Großfinanz nieder, in der Leipziger Straße wuchsen Konsumtempel, Ladenpassagen und Galerien aus dem Boden, in der Friedrichstraße schillerten Vergnügnungsetablissements in unmittelbarer Nachbarschaft zu zwielichtigen Kaschemmen und westlich davon siedelten sich in der Wilhelmstraße, nahezu am Tiergartenrand, Ministerien, Diplomatie und Abgeordneten an, sodass ein Regierungsviertel entstand.

Beinahe alles wurde im **Zweiten Weltkrieg** zerstört. Von der Leipziger Straße existierte nichts mehr, so dass man für die Neubebauung mit den gewaltigen Wohntürmen zwischen Charlottenstraße und Spittelmarkt 1969–75 wahrlich nichts abreißen musste. Wo sich in der Wilhelmstraße die Barockpalais der verschiedenen Ministerien befanden, bezogen später getreue SED-Kader ihre im postmodernen Plattenbaustil errichteten Privilegierten-Wohnungen – mit exklusivem Blick auf Mauer, Sperranlagen und hinüber in das feindliche kapitalistische Ausland. Der Gendarmenmarkt, damals in „Platz der Akademie" umbenannt, wurde dagegen ab Mitte der 70er Jahre sorgsam rekonstruiert, wodurch Berlin eine der schönsten Platzanlagen erhalten blieb, ja, viele sagen sogar, die schönste im gesamten ehemaligen Preußen.

Die östliche Friedrichstadt

Verkehrsanbindung

- U2 Stadtmitte
- U6 Stadtmitte und Französische Straße

„Für jedes anständig empfindende Gemüt hatte dieses lärmend brandende Treiben in der Friedrich- und in der Leipziger Straße etwas ungemein Abstoßendes, ja etwas Anwiderndes", entrüstete sich ein Herr namens *Isidor Ka-*

061be Foto: kj

stan 1919. „Die unverhüllte Schamlosigkeit, die nackte Roheit machten sich hier breit, ohne auch nur eine leise Beimischung von versöhnendem Humor."

In der Tat! In der **Vergnügungsmeile** zwischen Oranienburger und Halleschem Tor wogten die Menschenmassen in todschicken Hotels ebenso wie in halbseidenen Hinterzimmerspelunken, das Leben pulsierte in erstklassigen Restaurants genauso wie in Boulettenbratereien, gefeierte Künstler gaben in Kabaretts und Varietés ihre Couplets und Sottisen sowie akrobatischen Nummern zum Besten, und wem der Schritt auf die große Bühne nicht gelang, der verdingte sich als Charge oder ging nachts einer fragwürdigen Tätigkeit nach.

Zweimal hüllte sich die Friedrichstraße in dieses fiebrige, sirrende, zerstreuungssüchtige Kleid – vor dem Ersten Weltkrieg in sattzufriedenes Goldbrokat und zwischen den Kriegen in flüchtiges Talmi, wie es am besten *Klaus Mann* beschreibt: „Millionen von unterernährten, korrumpierten, verzweifelten, geilen, wütend vergnügungssüchtigen Männern und Frauen torkeln und taumeln dahin im Jazz-Delirium ... Man tanzt Foxtrott, Shimmy, Tango, den altertümlichen Walzer und den schicken Veitstanz. Man tanzt

Quartier 206:
Teil der Friedrichstadtpassagen

Hunger und Hysterie, Angst und Gier, Panik und Entsetzen."

Dass sich solches nicht wiederholen kann, dafür sorgte die für den jüngsten **Wiederaufbau der Friedrichstraße** verantwortlich zeichnende Stararchitektenriege im Sinne einer „historisch-kritischen Rekonstruktion". Vergnügungspaläste, Tanztempel oder Straßencafés waren in ihrer Planung nicht vorgesehen und existieren deshalb heute auch nicht. In der zweifellos spektakulären, leider aber ebenso unpoetisch geratenen Mehrwert-Architektur haben Kreativität und Fantasie wenig Platz. Sollen sie auch nicht. Die Bauwerke sind für den anspruchsvollen Konsumenten gedacht.

Gleich zweierlei Bauten möchten an der legendären **Kreuzung Friedrichstraße/Unter den Linden** dem Wesen nach an die Tradition der berühmten Asphaltmeile anknüpfen: das Lindencorso und das Hotel Westin Grand (siehe auch „Unter den Linden").

Friedrichstadtpassagen und Galeries Lafayette (28)

Die meisten neuen Büro- und Geschäftshäuser haben sich zwischen Französischer und Mohrenstraße ausgedehnt. Über drei Quartiere hinweg entstanden 1996–97 die Friedrichstadtpassagen (Quartier 207, 206, 205) mit dem Glaspalast der Galeries Lafayette **(Quartier 207)** nach Plänen *Jean Nouvels* als dem ersten der drei durch eine unterirdische Passage miteinander verbundenen Gebäudekomplexe. Sehenswert im Quartier 207 sind die **trichterförmigen, riesigen lichtbrechenden Glaskegel** im Inneren, um die herum sich über alle Geschosse hinweg die Verkaufsflächen gruppieren.

Würfelmuster in Beige und Braun zieren das mit scherenschnittartig hervortretenden Brüstungen versehene **Quartier 206 (26)** zwischen Jägerstraße und Taubenstraße, dessen Lichthof mit Marmormosaiken in Form edel designter Art-Déco-Anmutungen besticht. Die Nobelboutiquen präsentieren dem Stil angemessen das vornehme Nichts, ein paar wenige stehen sogar noch leer. Eine Augenweide im Quartier 206 ist der Departmentstore. Auf 2000 Quadratmetern sind Couture, Haute Couture, Classics, Design und viele schöne Dinge des schönen Lebens zu einer optischen ästhetischen Sinfonie arrangiert. Man darf auch einfach nur gucken und muss nicht unbedingt kaufen.

Last but not least gelangt man in das **Quartier 205 (23)**, das die Mohrenstraße südlich beschließt. Der bauhausartige quadratisch-praktische Gebäudekomplex beherbergt die gewöhnlichen Bekleidungsketten sowie das Lokal Planet Hollywood, womit er gewissermaßen den Proletarier der drei Friedrichstadtpassagen-Quartiere darstellt. Auch hier standen noch bis vor kurzem einige Läden leer, denn die Leute kommen sowohl unterirdisch als auch überirdisch eher zum Schauen als Shoppen – zumal die Bürgersteige in der Friedrichstraße sehr

Im Foyer des Quartier 205:
der „Turm von Klythie" aus Autoschrott
von John Chamberlain

063be Foto: kj

schmal sind, sich keine Cafés zum „Spazierensitzen" anbieten und starker Autoverkehr herrscht.

Gendarmenmarkt und Französischer Dom

Ganz anders zeigt sich das Bild nur wenige Schritte entfernt am Gendarmenmarkt. Von den schlanken Kuppeln des Französischen und des Deutschen Doms überragt, ist er fraglos **einer der schönsten Plätze Berlins.** Der Soldatenkönig beschloss in den 30er-Jahren des 18. Jahrhunderts, hier am Markt ein Wachregiment unterzubringen, die Gens d'Armes, die dem Platz seinen Namen gaben. In jener Zeit war der Bau des Gotteshauses für die protestantischen *Réfugiés* bereits fertig gestellt. Von 1701 bis 1705 entstand der Französische Dom bzw. die **Französische Friedrichstadtkirche** als das erste öffentliche Gebäude in der Friedrichstadt. Wie ihr am Platz gegenüber-

064be Foto: ki

Der Französische Dom auf dem Gendarmenmarkt

liegendes Pendant, der Deutsche Dom, war sie die ersten achtzig Jahre lang „barhäuptig“, d. h. ohne Turm. Erst unter *Friedrich II.* erhielten die Gotteshäuser 1780–85 hüben wie drüben **zwei gleich gestaltete Kuppeln** (franz. *dôme*), wodurch sie im Volksmund von schlichten Gemeindekirchen geschwind zu „Domen“ aufstiegen. Zum 200-jährigen Jubiläum 1905 innen prunklos neubarock umgestaltet, im Zweiten Weltkrieg zerstört und ab 1977 wiedererrichtet, teilen sich den Französischen Dom heute die deutschsprachige Hugenottengemeinde, die französischsprachige *Communauté protestante francophone* und die Evangelische Kirchengemeinde in der Friedrichstadt. Ein **Hugenottenmuseum** berichtet über die Geschichte der *Réfugiés* und ihre Einwanderung nach Berlin und Brandenburg; die Kuppel mit Aussichtsballustrade, von der aus man einen schönen Rundblick über die Dächer Berlins genießt, ist wegen Restaurierung zurzeit leider geschlossen.

- **Französische Friedrichstadtkirche,** Di.-So. 12-17 Uhr.
- **Hugenottenmuseum,** Di.-Sa. 12-17 Uhr, So. 13-17 Uhr.

Deutscher Dom

Für die deutschen Calvinisten wurde auf der Südseite am Gendarmenmarkt nach siebenjähriger Bauzeit 1708 der Deutsche Dom eingeweiht. Wie die Geschwisterkirche im Zweiten Weltkrieg in Trümmer gelegt und ab 1977 rekonstruiert, öffneten sich nach umfangreichen Restaurierungen im Oktober 1996 erneut die Portale, gegenwärtig für die **Ausstellung des deutschen Bundestags** „Wege - Irrwege - Umwege. Die Entwicklung der parlamentarischen Demokratie in Deutschland“.

- **Deutscher Dom,** Mai-Sept. Di.-So. 10-19 Uhr, Okt.-Apr. Di.-So. 10-18 Uhr.

Konzerthaus Berlin (25)

Deutscher und Französischer Dom prägen zusammen mit dem **klassizistischen Schinkelschen Schauspielhaus,** heute Konzerthaus Berlin, die Silhouette des Platzes. Der von *Carl*

Gotthard Langhans errichtete Vorgängerbau, der das Deutsche Nationaltheater unter Leitung des großen *Iffland* beheimatete, wurde 1817 ein Raub der Flammen. 1819–21 entstand an seiner Stelle nach einem Entwurf *Karl Friedrich Schinkels* der neue prunkvolle Theaterbau mit repräsentativer Freitreppe und einem von *Christian Daniel Rauch* geschaffenen Apollo auf einem Greifengespann zum krönenden Abschluss. Hier wurde Theatergeschichte geschrieben. 1919–30 führte *Leopold Jeßner* (1878–1945) die Bühne zu Weltruhm. Nach seiner Emigration 1933 übernahm „Mephisto" *Gustaf Gründgens* (1899–1963) unter den Nationalsozialisten die Leitung und führte das Haus, bis es in Schutt und Asche versank.

Um den Gendarmenmarkt

Ab Mitte der 1970er-Jahre wurde der Gendarmenmarkt (zu DDR-Zeiten Platz der Akademie) sorgfältig wieder aufgebaut. Seitdem gilt er als ebenso feines wie teures Pflaster, wo neben Apollo, dem Gott der Künste, auch immer **Lukullus, der Gott der Küche, regiert.** Currybuden und Schnellrestaurants wird man selbst im weiteren Einzugsbereich keine entdecken. Hingegen bietet nördlich des Platzes das Restaurant Fischers Fritz im Prunkhotel Regent königliche Gaumenkitzel an. Um die Ecke lädt in der Französischen Straße Borchardt zwischen Marmorsäulen zu ausgewählten Tafelfreuden ein. Das VAU, einer der führenden Berliner Gourmettempel, befindet sich nahebei in der Jägerstraße, und an der Westflanke des Platzes verführt Lutter & Wegner mit Lokal und Weinhandlung zum Schlemmen. Das 1811 gegründete Traditionslokal des königlichen Wein-Hoflieferanten, in dem sich der Dichter *E.T.A. Hoffmann* (1776–1822) und der Hofschauspieler *Ludwig Devrient* zusammen betranken, ist nach vierzig Jahren Westberliner Exil fast an seinen angestammten Platz zurückgekehrt. Am Haus ist eine Gedenktafel für *E.T.A. Hoffmann* angebracht, der hier die letzten sieben Jahre bis zu seinem Tod 1822 wohnte.

Essen und Trinken:

- **Borchardt,** Französische Str. 47, Tel. 81 88 62 62, tgl. 12–0 Uhr.
- **Fischers Fritz,** im Regent Hotel, Charlottenstr. 49, Tel. 203 38, tgl. 12–14 Uhr und 18.30–22.30 Uhr.
- **Lutter & Wegner,** Charlottenstr. 56, Tel. 20 29 54 10, tgl. 11–2 Uhr. Weinhandlung Mo.–Fr. 12–20, Sa. 12–17 Uhr.
- **VAU,** Jägerstr. 54/55, Tel. 202 97 30, Mo.–Sa. 12–14.30 Uhr, abends 19–22.30 Uhr.

Entlang der Friedrichstraße

Zurück auf der Friedrichstraße, auf dem Weg Richtung Checkpoint Charlie, ragen am Ende der verkehrserschütterten Leipziger Straßenschlucht westlich als Fluchtpunkte die Sony-Glastürme am Potsdamer Platz in den Himmel hinauf, und östlich kratzen Anfang der 1970er-Jahre hochgezogene Wohnplattenbauten die Wolken. Unmittelbar vor dem ehemaligen Grenzkontrollpunkt ist seit Mitte der 1990er-Jahre über fünf Quartiere hinweg das **Checkpoint Charlie Business Center** aus dem Boden geschossen, darunter das im spitzen Winkel an der Friedrich-/Mauerstraße zulaufende **Quartier 106 (46)** von Architektur-Altmeister *Philip Cortelyou Johnson.*

An der Bezirksgrenze von Mitte nach Kreuzberg erinnert der Name **Mauerstraße** noch an die Akzisemauer des Soldatenkönigs, die von hier zum Rondell hin verlief. Dass genau an dieser Stelle am 13. August 1961 erneut eine Mauer errichtet wurde, diesmal als tödliche Demarkationslinie, betrachten viele als Ironie der Geschichte, doch hat es ursächlich mit der Grenzziehung durch die Alliierten zu tun, die ihren Sektorenverlauf selbstverständlich auch an historischen Gegebenheiten orientierten.

Checkpoint Charlie (47)

Am Checkpoint Charlie (**„Charlie" für „C";** „B" wie „Bravo" für den Kontrollpunkt Dreilinden nach Westberlin; vor der Transitstrecke durch die DDR Richtung Westberlin in Helmstedt damals der Checkpoint „Alpha") passierten die alliierten Streitkräfte, Ausländer, Diplomaten und Botschaftsangehörige die Grenze. Die Westberliner mussten einen anderen Übergang benutzen, die Westdeutschen abermals einen anderen. An den Checkpoint Charlie, wo sich am 28. Oktober 1961 amerikanische und sowjetische Panzer gegenüberstanden und beinahe ein neuer Krieg ausgelöst worden wäre, gemahnen heute nur noch wenige originale Accessoires: die alte dreisprachige Warntafel **„You are leaving the American sector"** und eine kleine alliierte Kontrollbaracke, die der Betreiber des Mauermuseums im Jahr 2000 mitten auf der Kreuzberger Seite der Friedrichsstraße aufstellen ließ. Den **ehemaligen Mauerverlauf** vergegenwärtigt nur noch eine doppelläufige Pflastersteinreihe im Straßenbelag, weshalb sich – für eine Vorstellung von dem ganzen absurden Ausmaß dieser todbringenden Grenzanlagen – ein Besuch im **Mauermuseum am Checkpoint Charlie** anbietet.

- **Mauermuseum am Checkpoint Charlie,** Friedrichstraße 43-45, Tel. 253 72 50, tgl. 9–22 Uhr.

Jüdisches Museum (49)

Das Mauermuseum an der Friedrichstraße/Ecke Kochstraße liegt schon auf der Kreuzberger, also der ehemals Westberliner Seite. Mit einem kleinen Spaziergang von hier aus gegen Osten erscheint sogleich das goldene, um einen gläsernen Neubau verstärkte **Hochhaus des Axel-Springer-Verlags (48)** vor Augen.

Den Blick rechter Hand in die Markgrafenstraße gewandt, lässt sich bereits der **sonnengelbe Barockbau** des ehemaligen Berlin-Museums an der Lindenstraße erkennen. Das Gebäude dient heute als Haupteingang zum Jüdischen Museum nebenan, mit dem es unterirdisch verbunden ist. Der gefeierte Erweiterungsbau des Berlin-Museums, entworfen von **Daniel Libeskind,** zieht neben zahlreichen Menschen, die sich für die jüdische Kultur und Geschichte in Deutschland

Checkpoint Charlie

065be Foto: kj

interessieren, außerdem Architekturfreunde aus aller Welt an. Das in Form eines zerborstenen Davidsterns errichtete silberne Gebäude ist ein Ereignis, das in der Tat seinesgleichen sucht. Lange vor der Eröffnung im Jahr 2001 stand man schon zur Besichtigung Schlange vor dem Museum, dessen **Architektur Furore gemacht** hatte – obwohl in ihm seinerzeit noch gar nichts ausgestellt war.

Heute beherbergt das Jüdische Museum eine Vielzahl an Exponaten, die in vierzehn Abschnitten von der 2000-jährigen deutsch-jüdischen Geschichte erzählen: von der Vertreibung aus Judäa über die mittelalterliche Welt der Aschkenas im Heiligen Römischen Reich bis hin zum Holocaust und dem jüdisch-deutschen Leben der Gegenwart.

- **Jüdisches Museum,** Lindenstraße 9-14, Tel. 25 99 33 00, Di.–So. 10–20, Mo. 10–22 Uhr.

Die westliche Friedrichstadt

Verkehrsanbindung

- S und U2 Potsdamer Platz
- U2 Mohrenstraße

Komische Oper (8)

Der Spaziergang westlich der Friedrichstraße bis zum Tiergartenrand durch die Friedrichstadt ist einer der besonderen Art, denn es gibt bis auf wenige Ausnahmen gar nichts zu sehen, dafür jedoch um so mehr ins Gedächtnis zu rufen. Theaterbeflissene wird es dabei unterwegs gewiss zur Komischen Oper in die Behren-/Ecke Glinkastraße ziehen, wo die schlichte Nachkriegsfassade über das **prächtige Innere** des Musentempels hinwegtäuscht. Eine Gedenktafel erinnert an einen der großen Theatergestalter des 20. Jahrhunderts: *Walter Felsenstein* (1901–75), der die Oper 1947 gründete und ihr bis 1975 als Intendant und Chefregisseur vorstand.

Museum für Kommunikation (45)

Briefmarkensammler lockt sicherlich das Museum für Kommunikation Leipziger Straße/Ecke Mauerstraße. Das mit dem Gründungsjahr 1872 **weltweit älteste Postmuseum** ist nicht zu verfehlen. Weithin sichtbar zieren drei eine Weltkugel auf ihren Schultern tragende Giganten das Ende des 19. Jahrhunderts errichtete Gebäude. Es beherbergt neben Ausstellungen zur Geschichte, Gegenwart und Zukunft der Kommunikation eine Computergalerie und als wertvollsten Schatz die berühmte Briefmarke **„Blaue Mauritius“.**

- **Museum für Kommunikation,** Leipziger Str. 16, Tel. 20 29 40, Di.–Fr. 9–17 Uhr, Sa./So. 11–19 Uhr.

Wilhelmstraße

Der hauptsächliche Augenmerk in der westlichen Friedrichstadt sollte aber der Wilhelmstraße gelten, die östlich des Pariser Platzes, mit postmodernen Plattenbaukästen geschmückt, am Tiergartensaum schnurgerade nach Süden Richtung Kreuzberg verläuft. In dieser hervorragenden Lage ließ **im 18. Jahrhundert der Adel seine Stadtpalais' erbauen.** An diesem Straßenzug ballte sich bis zum Untergang des Dritten Reiches die deutsche Regierungsmacht: Seit Beginn des 19. Jahrhunderts zogen zunächst gewichtige preußische Ministerien in die Adelspalais', nach der Reichsgründung 1871 Kanzlei, Ministerien und Behörden des Deutschen Reichs und 1933–45 zahlreiche „Ministerien“ genannte Parteidienststellen und Institutionen Nazi-Deutschlands. Die „Wilhelmstraße“ war ein Begriff wie die Londoner Downing Street oder der Kreml in Moskau, bis sie 1945 beinahe gänzlich ausradiert wurde. Heute berichten ausführliche, auf dem Bürgersteig aufgestellte gläserne Informationstafeln über die **„Geschichtsmeile Wilhelmstraße“.**

In die alte Hausnummer 68 (heute Nr. 60), wenige Schritte vom Pariser Platz entfernt, sind gegenüber der neu entstandenen **Britischen Botschaft (5) Büros des Deutschen Bundestags (6)** eingezogen. Das Gebäude diente ab 1903 dem Preußischen Kultusministerium, unter den Nazis war in ihm das Reichsministerium für Wissenschaft, Erziehung und Volksbildung untergebracht, später quartierte sich das **DDR-Ministerium für Volksbildung** unter *Margot Honecker* in ihm ein.

Jenseits der die Wilhelmstraße kreuzenden Behrenstraße schlossen sich auf der Westseite das **Reichsministerium für Ernährung und Landwirtschaft** (Nr. 72) und der dreiflügelige

Barockbau des **Reichspräsidentenpalais** an (Nr. 73; ab 1934 Präsidialkanzlei, ab 1939 Dienstwohnung des NS-Außenministers *Ribbentrop*). Nr. 74 bezogen 1799 zuerst der Preußische Großkanzler, 1848 das Preußische Staatsministerium, 1871 das Reichskanzleramt und, nach einem Intermezzo als Reichsamt des Inneren, ab 1919 das **Auswärtige Amt.** Die Hausnummern 75 und 76 beherbergten ebenfalls Einrichtungen des Auswärtigen Amtes.

Haus Nr. 76 wurde 1862–78 zudem von Reichskanzler *Otto von Bismarck* (1815–98) und seiner Familie bewohnt. 1878 siedelten sie in das benachbarte prachtvolle Palais Wilhelmstraße Nr. 77 über, das von da an, um einen Erweiterungsbau ergänzt (Nr. 78), bis 1945 als **Reichskanzlei** diente. Im Nationalsozialismus nutzte *Hitler* das Gebäude als Wohnung sowie für repräsentative Veranstaltungen. Anfang 1939 wurden diese mit der Fertigstellung der Neuen Reichskanzlei in die Wilhelmstraße/Ecke Voßstraße verlegt.

Voßstraße 1-19 lautete die präzise Postadresse der nach Entwürfen *Albert Speers* über eine Straßenfront von 400 Metern errichteten **Neuen Reichskanzlei.** Von Anbeginn teils mit Luftschutzbunkern unterkellert, legte man 1943 einen zusätzlichen unterirdischen Luftschutzraum mit direkter Verbindung zu *Hitlers* Privaträumen in der alten Reichskanzlei an – **der Führerbunker,** in dem der millionenfache Massenmörder 1945 seinen kläglichen Selbstmord beging.

Auf der östlichen Straßenseite lagen zwischen Behren- und Voßstraße das Preußische Justizministerium, später **Reichsjustizministerium** (Nr. 65), und benachbart das Palais des **Preußischen Staatsministeriums** (Nr. 64), das zusammen mit einem Erweiterungsbau (Nr. 63) 1934–45 dem „Stab des Stellvertreters des Führers der NSdAP", in persona *Rudolf Hess*, Quartier bot. Gegenwärtig dient es als zweiter Amtssitz des Bundesministeriums für Verbraucherschutz, Ernährung und Landwirtschaft (Nr. 54 nach heutiger Zählweise).

Ebenfalls teilweise erhalten blieb der am früheren Wilhelmplatz von der Straße zurückgesetzte Gebäudekomplex des berüchtigten **Reichsministeriums für Volksaufklärung und Propaganda** (Nr. 8-9). Vor 1933 diente an dieser Stelle ein kleines Palais der Presseabteilung des Auswärtigen Amtes. Nachdem *Joseph Goebbels* das Haus übernommen hatte, musste durch die immens wachsende Mitarbeiterzahl – 1939 waren es 2000 Bedienstete – beständig angebaut werden, bis das Gebäude schließlich das gesamte Karree bis zur Mauerstraße verschlang. Das Palais brannte 1945 aus, die Erweiterungsbauten bestehen dagegen größtenteils noch. In ihnen treten heute das **Bundesministerium für Gesundheit und das Bundesministerium für Arbeit und Soziales (33)** dieses schwierige Erbe an.

Südlich der Kreuzung mit der Leipziger Straße nimmt unübersehbar ein weiterer im Nationalsozialismus entstandener, gigantischer Koloss die gesamten

250 Meter Straßenlänge bis zur Niederkirchnerstraße ein (Nr. 81-85 nach alter, Nr. 97 nach neuer Zählweise). 1936 nach nur zweijähriger Bautätigkeit fertig gestellt, zog das Reichsluftfahrtministerium unter *Hermann Göring* in das Ungetüm ein. Zu DDR-Zeiten diente es als „Haus der Ministerien", nach der Wiedervereinigung beherbergte es 1991–95 die Treuhandanstalt und bietet unter dem neuen Namen **Detlev-Rohwedder-Haus (44)** nun wahrlich ausreichend Raum - 112.000 Quadratmeter Bruttogeschossfläche und 6,8 Kilometer Flure – für das Bundesministerium der Finanzen.

Hinter diesem gewaltigen Komplex ducken sich, dem Potsdamer Platz zugewandt, die parlamentarischen Institutionen: an der Leipziger Straße der **Bundesrat (39)** im 1899–1904 erbauten Preußischen Herrenhaus, und südlich davon, mit dem Eingangsportal an der Niederkirchnerstraße, das **Berliner Abgeordnetenhaus (40)** im alten Preußischen Landtag. Dessen Zwilling, der unmittelbar gegenüberliegende, 1881 als Kunstgewerbemuseum errichtete **Martin-Gropius-Bau (41)** diente nach seiner Restaurierung ab 1981 als Domizil der Berlinischen Galerie, des Werkbund-Archivs und der Jüdischen Abteilung des Berlin-Museums und eröffnete nach einem Umbau Ende Mai 1999 mit der Ausstellung „Einigkeit und Recht und Freiheit". Das Gebäude fußt mit seinen Fundamenten bereits auf Kreuzberger Territorium, und genau zwischen diesen beiden Partner-Bauten verlief bis 1990 die Mauer.

- **Martin-Gropius-Bau,** Niederkirchnerstr. 7/ Ecke Stresemannstr. 110, Tel. 25 48 60, wechselnde Ausstellungen, Mi.–Mo. 10–20 Uhr.

Mehrere hundert Betonmeter sind in der Niederkirchnerstraße erhalten, es ist das letzte in der Stadtmitte verbliebene Stück **echte, unverfälschte Berliner Mauer.** Gegen arglose Mauerspechte ist das unterdessen ziemlich zerklopfte, aber doch authentische Mahnmal mit einem Metallzaun gesichert, genauer: einem Streckmetallzaun des ehemaligen DDR-Grenzsicherungssystems. Menschenrechtler in aller Welt engagierten sich für den Erhalt.

Topographie des Terrors (43)

Hinter diesem letzten übrig gebliebenen Rest einer einst tödlichen Grenzanlage dehnt sich südlich das Ausstellungsgelände Topographie des Terrors aus. Auf der brachliegenden Fläche zwischen Anhalter-, Wilhelm- und ehemaliger Prinz-Albrecht-Straße (heute Niederkirchnerstraße) befanden sich 1933–45 die mächtigsten Einrichtungen des nationalsozialistischen Verfolgungs- und Terrorapparates: die **Geheime Staatspolizei** (Gestapo), die **Reichsführung SS** und das **Reichssicherheitshauptamt.** Von hier aus wurden Verfolgung und Völkermord stabsmäßig organisiert und Andersdenkende im Hausgefängnis der Gestapo zu Tode gefoltert. Die 1987 von

Im alten Preußischer Landtag befindet sich heute das Berliner Abgeordnetenhaus

066be Foto: kj

der Stadt Westberlin zur 750-Jahr-Feier eröffnete Dokumentation auf dem „Prinz-Heinrich-Gelände" findet – solange die Arbeiten zum Neubau einer Ausstellungshalle andauern – open air und quasi halb unterirdisch, da in den ausgegrabenen Fundamenten der Terroreinrichtungen, statt: „Inmitten der Stadt/ klaffende Erde / Reste gekachelter Keller / Folterwerkstätten / zur Erzeugung / von Heimatkunde", wie es in *Günter Kunerts* Gedicht „Prinz-Albrecht-Straße" heißt. Wann das Dokumentationsgebäude auf dem Gelände jemals fertig gestellt sein wird, ist aufgrund finanzieller Schwierigkeiten des Lands Berlin sowie anhaltender Querelen über Kompetenzen und Zuständigkeiten ungewiss.

• **Topographie des Terrors,** Niederkirchnerstraße 8, Tel. 25 48 67 03, Mai–Sept. tägl. 10–20 Uhr, Okt.–Apr. tägl. 10–18 Uhr.

Anhalter Bahnhof (42)

Südlich erhebt sich am Askanischen Platz mit den Kriegstrümmern des einst glanzvollen Anhalter Bahnhofs ein weiterer historischer Überrest und erzählt sein „Es war einmal": Ab Eröffnung 1880 menschenverstopfter Bahnhof nach Süden, einzigartige Hoteldichte rundum, rastloser Verkehr, 1952 endgültiges Betriebsende, 1959 bis auf die Portalruine geschleift – **heute ein Denkmal.**

329be Foto: kj

Berlin-Tiergarten

078be Foto: kj

330be Foto: kj

Den Grundstein für den Reichstag legte 1884 Kaiser Wilhelm I.

Viktoria auf der Siegessäule wird von den Berlinern „Goldelse" genannt

Die gläserne Kuppel ist frei zugänglich

Überblick

Der von Spree und Landwehrkanal umzogene Tiergarten erstreckt sich zwischen Zoologischem Garten und Brandenburger Tor, dem Stadtteil Moabit und dem Schöneberger Ufer. Er ist das **grüne Herz der Stadt.** Mit Hotelmeile und Diplomatenviertel zeigt er sich mal blasiert und herausgeputzt, dann wieder hochambitioniert wie am Kulturforum oder auch american-styled wie am Potsdamer Platz und gleich nebenan plötzlich als Wildnis im Miniaturformat. Zugleich ist er eine Berühmtheit, die Hoheit unter den zahlreichen Berliner Parkschönheiten. Preußische Kurfürsten jagten und preußische Könige lustwandelten in ihm wie heute Bundespräsident, Bundeskanzler und Parlamentarier vor allem seine nördlichen und östlichen Ausläufer bevölkern.

Mit den **Regierungsbauten im östlichen Spreebogen** ist der Tiergarten, an dessen Ostgrenze einst die Mauer verlief, symbolisch ein Stückweit nach Mitte gerückt, weshalb es nur folgerichtig ist, dass sich die beiden kleinsten alten Bezirke Berlins – Tiergarten und Mitte – im Rahmen der Gebietsreform 2001 zusammengeschlossen haben.

Als „wiesenwachs bey der Lützen gelegen" wird der „Thiergarten" 1540 in der „Preußisch Brandenburgischen Repositura" genannt. Zu jener Zeit befand sich der dichte, wildreiche Spreeauenwald vor den Stadtmauern Cöllns bereits im dreizehnten Jahr im **Besitz der brandenburgischen Kurfürsten.** Sie hatten ihn dem Rat der Stadt Cölln Stück für Stück abgeluchst, um in den Spreeauen ungestört auf die Pirsch gehen zu können.

Zum erfolgreichen Halali ließ Kurfürst *Johann Sigismund* 1611 Hasen aussetzen und den **Tiergarten einhegen,** damit der Braten nicht stiften geht. Eine Tradition, die der *Große Kurfürst Friedrich Wilhelm* (1620–88) weiterführte, indem er 1657–59 Geflügel und Wild ansiedelte, ausgesuchte Bäume anpflanzte und die ganze Anlage mit Stakenzäunen umziehen ließ.

Die erste große Narbe wurde dem Tiergarten unter dem ersten Preußenkönig beigebracht. Um vom Stadtschloss aus das neu erbaute Lustschloss bei der Feldmark Lietzow (später Charlottenburg) bequemen Fußes ansteuern zu können, ließ *Friedrich I.* (1657–1713) eine breite **Schneise durch den Wald** schlagen und die Straße Unter den Linden in westlicher Richtung weiterführen. Im Tiergarten entstanden der Große Stern sowie an der Spree der „Zirkel", ab dem 19. Jahrhundert dann „Platz vor den Zelten" genannt, da sich die Berliner hier in Bierzelten, Festsälen und Kaffeegärten amüsierten.

Bereits mit dem Regierungsantritt *Friedrichs II.* (1712–86) 1740 hatte der Park nach einem Plan des Baumeisters *Knobelsdorff* seine heutigen Grundzüge erhalten. An der Wende zum 19. Jahrhundert dann vom Barockgarten in einen **englischen Landschaftspark** umgestaltet, vervollkommnete ihn in diesem Geschmack 1833–39 der Gartenbaumeister *Peter Joseph Lenné*, der auch federführend bei der Eröffnung des Zoologischen Gartens 1844 mitwirkte.

Am südlichen Tiergartenrand erbauten derweil begüterte Berliner Bürger hochherrschaftliche Landhäuser und Villen, später auch vornehme Mietshäuser, sodass zwischen Tiergartenstraße und Landwehrkanal allmählich ein **exklusives Wohnviertel** entstand. „Der Thiergarten gehört vorzugsweise den höheren Ständen", berichtet *Robert Kaisers* Cicerone 1876. „Wer einen Zweig abpflückte, um seinen Hut zu schmücken, würde sich einer Strafe aussetzen. Eine steife Scheere des Anstandes und der Controlle hält das Volk zurück ... Dagegen fühlen sich die Reichen und Vornehmen hier ganz behaglich."

Krethi und Plethi drängte sich unterdessen in engen dunklen Mietskasernen, die jenseits der Spree in **Moabit** aus dem Boden schossen. Seinen Namen erhielt der Stadtteil von Tiergarten mit großer Wahrscheinlichkeit von den aus Frankreich geflüchteten **Hugenotten,** die *König Friedrich Wilhelm I.* zu Beginn des 18. Jahrhunderts nördlich der Spreebögen ansiedelte. Die ungestrafte Ausübung ihrer Religion musste ihnen wie ein Leben im biblischen Moabiter Land erscheinen. Indes wollte es mit der Seidenraupenzucht nichts Rechtes werden, da die Maulbeerbäume im märkischen Sand nicht gediehen, weshalb Moabit noch bis weit ins 19. Jahrhundert hinein nur aus wenigen Hütten bestand. Um so stürmischer setzte die Entwicklung in der zweiten Hälfte des 19. Jahrhunderts mit der Industrialisierung ein. Brauereien, Häfen und Bahnhöfe wurden gebaut. *Borsig* eröffnete das Moabiter Eisenwalzwerk, der Landwehrkanal wurde schiffbar gemacht, und der **Reichstag** entstand.

1873 weihte man auf dem Königsplatz (Platz der Republik) vor dem Reichstag mit ordentlich preußischem Tschingderrassabumm die **Siegessäule** ein. Zahllose Marmordenkmäler wurden im Tiergarten aufgestellt, darunter die 1898–1901 unter herzhaftem internationalen Gelächter aufgezogene **Siegesallee.** Sie führte über reichlich einen halben Kilometer vom Reichstag südwärts zum Kemperplatz und präsentierte alle naselang einen lebensgroßen, marmorierten preußischen Recken, Halbgott oder Vorvater von „SM" *Wilhelm zwo*. Die Berliner nannten die Siegesallee die „Puppenallee", da sie, oft von weit her kommend, hier nur zum Spaß „bis in die Puppen" spazierten.

Zwischen den beiden Weltkriegen ließen sich in den vornehmen Villen am südlichen Tiergartenrand mehr und mehr Auslandsvertretungen nieder, sodass zwischen Klingelhöfer- und Hildebrandstraße schließlich ein **„Diplomatenviertel"** entstand. Bis auf die im Dritten Reich errichtete Italienische und Japanische Botschaft versank es wie das Regierungsviertel nebenan in der Wilhelmstraße im Bombenhagel des Zweiten Weltkriegs (und entsteht seit Mitte der 1990er Jahre wieder als Botschaftsgelände).

In den bitterkalten Wintern **nach dem Zweiten Weltkrieg** wurde der Park komplett abgeholzt und verheizt, konnte dank der Baumspenden vieler Städte jedoch schon bald darauf wieder aufgeforstet werden, zunächst als grüne Lunge für die westberlinischen Frontstädter und später auch als Grillstelle für die Einwanderer aus südlichen Ländern.

Bis heute steigt über dem Park alljährlich in der schönen Jahreszeit eine **köstliche Würstchenwolke** auf, die gewiss – trotz mancher behördlicher Eindämmungsversuche seit dem Regierungsumzug – auf Dauer selbst den energischsten Kanzleramtsminister betören wird.

Der östliche Tiergarten

Straße des 17. Juni

Vom Brandenburger Tor aus verläuft die Straße des 17. Juni schnurgerade nach Westen, wobei sie den Tiergarten in eine kleinere Nord- und eine größere Südhälfte zerlegt. Seinen Namen erhielt das breite, vielspurige Asphaltband zur Erinnerung an den **Volksaufstand in der DDR am 17. Juni 1953.** Zuvor war die ursprünglich „Charlottenburger Chaussee" genannte Verlängerung der Straße Unter den Linden im Zuge der nationalsozialistischen Umbaupläne Berlins zur Welthauptstadt „Germania" auf die doppelte Breite zur „Ost-West-Achse" ausgebaut worden.

Zwischen Straße des 17. Juni und Spreebogen

Verkehrsanbindung

- S Unter den Linden
- S Hauptbahnhof-Lehrter Bahnhof
- Bus 100

Sowjetisches Ehrenmal

Unmittelbar westlich des Brandenburger Tors erhebt sich an der Straße des 17. Juni das **aus Gesteinstrümmern der Hitlerschen Reichskanzlei** erbaute, im Oktober 1945 eingeweihte Sowjetische Ehrenmal. Es gedenkt der vielen Millionen Menschen, die durch den deutschen Eroberungskrieg in der UdSSR ums Leben kamen, und ehrt die 20.000 Soldaten der Roten Armee, die im Kampf um Berlin fielen. Im grimmigen Blutvergießen wurde das Gebiet zwischen Reichstag, Brandenburger Tor und Wilhelmstraße als letztes erobert, danach war das grausige Morden, war der Zweite Weltkrieg vorbei.

Schätzungsweise 2500 Soldaten begrub man hinter dem Ehrenmal auf dem Gelände, das lange Zeit nur von Staatsangehörigen der UdSSR betreten werden durfte. Es handelte sich um exterritoriales Gelände, eine sowjetische Exklave im britischen Sektor in Westberlin, vor der es insbesondere seit dem Mauerbau immer wieder zu Übergriffen von erbosten Westberlinern auf das russische Wachbataillon kam. Nachdem 1970 sogar Schüsse abgegeben worden waren, wurde die Straße des 17. Juni in ihrem letzten Abschnitt vor der Mauer für den Kraftfahrverkehr gesperrt und weiträumig gesichert. Heute beschützen Soldaten des Bundesgrenzschutzes das Sowjetische Ehrenmal vor Hakenkreuzschmierereien und rechtsradikalen Anschlagsversuchen.

Tiergartentunnel

Vor dem Sowjetischen Ehrenmal wurde lange Zeit der Tiergartentunnel für die U-Bahn, die Bundesstraße B 96 und die Eisenbahn (Nord-Süd-Tunnel) gegraben. 1995 starteten die ersten Ausschachtungsarbeiten, im Jahr 2000 sollte er ursprünglich eröffnet werden, doch zahlreiche Pannen verzögerten dies immer wieder. Zuletzt platzte die Inbetriebnahme im Januar 2006, weil die Software nicht mitspielte, womit der Tiergartentunnel zum bis dato **langwierigsten Bauprojekt in der gesamten Hauptstadtplanung** avancierte. 251 Züge mit einer Viertelmillion Fahrgäste tagtäglich hatten die Projektentwickler seinerzeit prognostiziert, die in der Erde unter Berlin zwischen Potsdamer Platz, Bundeskanzleramt und dem riesigen neuen Hauptbahnhof nördlich des Spreebogens einmal ihre Bahn ziehen sollten. Nun werden sogar 300.000 Passagiere pro Tag erwartet, und rechtzeitig bevor der Hauptbahnhof Ende Mai 2006 in Betrieb geht, konnte auch der Tiergartentunnel endlich eingeweiht werden.

Hauptbahnhof-Lehrter Bahnhof

Ab Spätfrühling 2006 bildet der neue Hauptbahnhof-Lehrter Bahnhof Berlins Tor zur Welt. Als **größter Kreuzungsbahnhof Europas** liegt er nur wenige Schritte vom Reichstagsgebäude und Kanzleramt entfernt und ist durch seine beiden 46 Meter hohen Bügelbauten schon aus der Ferne leicht auszumachen. Zwischen den Bügeln spannt sich die 321 Meter lange gläserne Halle der in Ost-West-Richtung verlaufenden Stadtbahn, die auf 180 Metern Länge wiederum die Bahnhofshalle in Nord-Süd-Richtung kreuzt; mit einer flachen Kuppel am Schnittpunkt der beiden Dächer, die bei aller Gigantomanie – die ambitionierten Bügelbauten der Deutschen Bahn überragen das Bundeskanzleramt um zehn Meter – immerhin die Reichstagskuppel nicht in den Schatten stellt.

Information:

- **Touristeninformation im Hauptbahnhof-Lehrter Bahnhof,** tgl. 10–18 Uhr, Apr.–Okt. erweiterte Öffnungszeiten (ab Ende Mai 2006)

Reichstag

Der **Deutsche Bundestag** nimmt seit dem Umzug der Parlamentarier im Mai 1999 vom Rhein an die Spree während der Sitzungswochen im komplett nach einem Entwurf des Briten *Norman Foster* umgebauten Reichstagsgebäude Platz. Den Grundstein zur Errichtung des von *Paul Wallot* (1841–1912) entworfenen, **rechteckigen Neorenaissancepalastes** legte 1884 Kaiser *Wilhelm I.* persönlich. Zehn Jahre später eröffnete der mit einer mächtigen Kuppel geschmückte Parlamentsbau und erlebte fortan eine

630be Foto: kj

wechselvolle Geschichte: 1918 proklamierte *Philipp Scheidemann* (1865–1939) von einem Fenster des Reichstags aus die deutsche Republik; im Februar 1933 ging das Gebäude einen Monat nach *Hitlers* Ernennung zum Reichskanzler in Flammen auf; in der Nachkriegszeit **verlief seit der Teilung Berlins an seiner Ostseite die Mauer;** 1954 sprengte man die kriegsbeschädigte Kuppel; am 3. Oktober 1990 fanden hier die Feierlichkeiten zur Wiedervereinigung statt; 1995–99 wurde das Gebäude vollständig entkernt und nach Plänen **Norman Fosters** mit einer weithin sichtbaren **gläsernen Kuppel** neu aufgebaut; am 23. Mai 1999 nahm der Deutsche Bundestag zur Wahl des Bundespräsidenten im Reichstagsgebäude zu Berlin seine Arbeit auf. Mit der beeindruckenden Fosterkuppel, unter der sich das Plenum des deutschen Bundestags versammelt, als einem der neuen Wahrzeichen Berlins.

Ein **Besuch der Reichstagskuppel** zählt darum gleich in doppelter Hinsicht zu den Sightseeing-Höhepunkten. In luftiger Höhe genießt man einen fantastischen Rundumblick auf die Dächer der Spree-Metropole. Die gan-

Reichstagskuppel mit Paul-Löbe-Haus und Verbindungsbrücke über die Spree zum Marie-Elisabeth-Lüders-Haus

Haus der Kulturen der Welt

071be Fotkjo:

ze Stadt liegt einem zu Füßen, ebenso wie die Volksvertreter, die unterhalb sichtbar im Plenarsaal ihre Debatten austragen. Einmal „Münte" und „Angie" in Echtzeit gucken. Für die Besichtigung muss allerdings winters wie sommers zu Tag- und zu Nachtzeiten wegen enormem Publikumsandrang am Einlass mit längeren Wartezeiten gerechnet werden.

• **Reichstagsgebäude/Deutscher Bundestag,** Platz der Republik, tgl. 8–24 Uhr, letzter Einlass 22 Uhr. Der Zugang ist kostenfrei.

Parlamentsgebäude und Kanzleramt (2)

Hinter dem Reichstag entstanden mit Arbeitsräumen für Bundesverwaltung, Ausschüsse und Abgeordnete drei große Blöcke: östlich des Reichstags das **Jakob-Kaiser-Haus,** jenseits der Spree das **Marie-Elisabeth-Lüders-Haus** und an der Nordflanke des Reichstagsgebäudes das **Paul-Löbe-Haus (3).** Letzteres bildet den Abschluss des von den Städteplanern und Architekten so genannten „Band des Bundes" (die unverblümte Berliner Schnauze kommt da auf „Bundesbandwurm"), das über ein Forum nach Westen hin mit dem neuen **Kanzleramt** abschließt und in dieser Form den gesamten Spreebogen südlich des Humboldthafens abriegelt. 36 Meter hoch ist der von den Berliner Architekten *Schultes* und *Frank* entworfene Kubus des Kanzleramts, das im Mai 2001

Der Reichstag – dem deutschen Volke

„SM“ *Wilhelm II.* fand es gar nicht lustig, dass er als Monarch mit absolutem, göttlichem Herrschaftsanspruch 1894 der Eröffnung des deutschen Parlamentsgebäudes beiwohnen musste. Zehn Jahre vorher hatte sein Großvater, Kaiser *Wilhelm I.*, den Grundstein für den von *Paul Wallot* entworfenen Reichstag gelegt. Zwanzig Jahre später, 1914, schickte Wilhelm II. seine stolzen Soldaten auf die Felder der Ehre zum Totschießen und Sichtotschießenlassen und 1916, als das Töten noch immer kein Ende nahm, wurde zur Aufmunterung und als Dankeschön die Inschrift „Dem deutschen Volke“ in den Giebel über dem Säulenportal des Reichstagsgebäudes gemeißelt. Am 9. November 1918 – Wilhelm II. brach gerade zur Flucht nach Holland auf – proklamierte der Sozialdemokrat *Philipp Scheidemann* (1865–1939) von einem Fenster des Reichstags aus die deutsche Republik, welche nach heillosen Wirren jedoch keine zwei Jahrzehnte später schon wieder unterging.

Einen Monat nach *Hitlers* Ernennung zum Reichskanzler brannte am 27. Februar 1933 das Reichstagsgebäude. Der in den Geschichtsbüchern so genannte „Reichstagsbrand“ lieferte den Nationalsozialisten den Vorwand für das Außerkraftsetzen zahlreicher Grundrechte der Weimarer Verfassung. Die Ereignisse der darauf folgenden zwölf Jahre sind zur Genüge bekannt: Ermächtigungsgesetz, Gleichschaltung, Liquidierung des Rechtsstaats, Aufbau des diktatorischen Terrorregimes, Anzetteln des Zweiten Weltkrieges, zigmillionenfacher Völkermord, schließlich der eigene Untergang. Am 30. April 1945 wurde auf der Kuppel des Reichstags nach erbitterten Kämpfen die Rote Fahne der Sowjetunion gehisst. Damit war der Zweite Weltkrieg zu Ende, Nazideutschland besiegt.

„Ihr Völker der Welt“, appellierte der Westberliner Bürgermeister *Ernst Reuter* während der sowjetischen Blockade drei Jahre später im Angesicht von 350.000 Menschen vor dem zerbombten Reichstagsgebäude. „Schaut auf diese Stadt und erkennt, dass ihr diese Stadt und dieses Volk nicht preisgeben könnt!“

1954 wurde die marode Reichstagskuppel gesprengt und 1957 der Wiederaufbau des kriegszerstörten Gebäudes beschlossen – ohne Kuppel und im Inneren in schlichterer Form – als Sitz eines gesamtdeutschen Parlaments im Fall einer möglichen deutschen Wiedervereinigung.

1971 war der neue alte Reichstag fertig gestellt, in dem man jedoch bis auf wenige

331beFoto: kj

Fraktions- und Ausschusssitzungen den parlamentarischen Betrieb nicht aufnahm; einerseits da die BRD-Abgeordneten in den Räumlichkeiten ohnedies keine Beschlüsse von bundespolitischer Relevanz fassen durften, andererseits hatte die „Ostseite" den Reichstag, so unmittelbar vor der Mauer gelegen, vom Gebälk bis zu den Fundamenten verwanzt. So brachte man unter seinem Dach die permanente Bundesausstellung „Fragen an die deutsche Geschichte" unter, die zu Mauer-Zeiten fester Bestandteil jeder Westberliner Sightseeing-Tour war. 1996 zog sie in leicht veränderter Konzeption in den Deutschen Dom am Gendarmenmarkt um.

Am 3. Oktober 1990 fanden im altehrwürdigen Wallot-Bau die Feierlichkeiten zur deutschen Wiedervereinigung statt, womit sich die Konturen seiner zukünftigen Bestimmung bereits abzeichneten: Ein Dreivierteljahr später, im Juni 1991, erfolgte der Bundestagsbeschluss, den Regierungssitz nach Berlin zu verlegen. Ein letztes Mal war es „Dem deutschen Volke" bis Mitte der 90er-Jahre vergönnt, vor dem Reichstag auf dem weitläufigen Platz der Republik Würstchen zu grillen und Fußball zu spielen. Zu *Christos* spektakulärer Reichstagsverhüllung 1995 feierten die Berliner mit Gästen und Besuchern aus aller Welt noch einmal einen ganzen Sommer lang, bis sich das Hohe Haus im Herbst selben Jahres, von des Künstlers Silberhaut wieder befreit, in eine gigantische Baustelle verwandelte.

Der Reichstag wurde vollständig entkernt und nach dem Plan Sir *Norman Fosters* als Sitz des deutschen Bundestags komplett neu aufgebaut. Dieses Mal wieder mit einer Kuppel, die als Reminiszenz an den alten Wallot-Entwurf entstand und seit 1998 den neuen deutschen Bundestag und historischen Reichstag krönt. Es ist eine gläserne Kuppel, lichtdurchflutet und durchsichtig, unter der sich das Bundestagsplenum versammelt, eine weithin sichtbare, futuristische Glashaube, die sich über dem alten Reichstagsgemäuer erhebt und inzwischen längst ein Berliner Wahrzeichen ist.

feierlich eröffnet wurde. Seinen Spitznamen hatte es längst vorher weg: Von den Berlinern wird es in Anspielung auf den damaligen Initiator des unansehnlichen, klotzigen Baus **„Kohlosseum"** genannt oder, wegen seiner augenscheinlichen Form, schlicht und ergreifend **„Waschmaschine".**

Haus der Kulturen der Welt

Wenige Schritte vom „Bandwurm" entfernt spiegelt sich hinter dem 1987 zur 750-Jahr-Feier eingeweihten Glockenturm, dem **Carillon,** das kühn geschwungene Dach der alten Kongresshalle, heute Haus der Kulturen der Welt, im Wasser der Spree. Das einer nach vorne weit geöffneten Riesenmuschel gleichende und deshalb auch **„Schwangere Auster"** genannte Bauwerk des Architekten *Hugh Stubbins* war der amerikanische Beitrag zur Internationalen Bauausstellung 1957. Es galt aufgrund der bautechnisch gewagten Dachkonstruktion als richtungsweisend in der modernen Architektur. 1980 stürzte das Spannbetondach kurz vor einer Veranstaltung ein und begrub einen Redakteur des Sender Freies Berlin unter sich. Eine Gedenktafel erinnert an ihn. Nach dem Wiederaufbau wurde die Schwangere Auster 1989 ihrer neuen Bestimmung als Haus der Kulturen der Welt übergeben. Seitdem finden genau an dem Ort, an dem sich vor weit über hundert Jahren die Berliner „In den Zelten" amüsierten, **kunterbunte multikulturelle Veranstaltungen** statt: Musik, Kunst, Tanz, Theater und

332be Foto: jh

Ausstellungen aus aller Welt zu Gast in Berlin.

Denkmal für die ermordeten Juden Europas (18)

Zurück am Reichstag und von dort südwärts gewandt, hat man wenige Fußminuten südlich vom Brandenburger Tor das Denkmal für die ermordeten Juden Europas erreicht. Mitten im Herz der Hauptstadt der Bundesrepublik Deutsachland dehnt sich **auf 19.000 Quadratmetern das Stelenfeld** des New Yorker Architekten *Peter Eisenman* aus, ein zentraler Ort der Erinnerung und des Gedenkens an die sechs Millionen jüdischen Opfer des nationalsozialistischen Terrors.

Von der ersten Idee, ein zentrales Holocaust-Mahnmal zu errichten, das die Journalistin *Lea Rosh* 1988 erstmals öffentlich anregte, gingen seiner Erbauung viele Jahre der Diskussionen und hitzigen Debatten um Form und Gestaltung voraus. Im Juni 1999 entschied der Bundestag schließlich, den mittlerweile mehrfach überarbeiteten Entwurf Peter Eisenmans zu verwirklichen. Im April 2003 war Baubeginn, im Mai 2005 wurde das Denkmal mit einer feierlichen Zeremonie eingeweiht.

2711 unterschiedlich hohe Betonstelen sind auf dem ungleichmäßig abgesenkten Gelände im Raster angeordnet, in ihrer wellenförmigen Gestalt von jedem Standort aus anders wahrnehmbar. Ohne Eingang, ohne Ausgang, als Erfahrungsraum von allen vier Seiten begehbar. Schlicht, nicht überwältigend, und ohne jede Erklärung. Denn „Ausmaß und Maßstab des Holocaust machen jeden Versuch, ihn mit traditionellen Mitteln zu repräsentieren, unweigerlich zu einem aussichtslosen Unterfangen" (Eisenman 1998).

Ergänzend widmet sich in der südöstlichen Ecke des Areals **der unterirdische Ort der Information** der Herkunft, dem Leben und dem Schicksal der Opfer. Um die unfassbare Zahl von sechs Millionen getöteten Menschen in den Bereich des Vorstellbaren zu rücken, werden in Raum 3 Kurzbiografien der Ermoderten verlesen und zeitgleich ihre Namen, Geburts- und Sterbejahre an die Wand projiziert. Könnten alle sechs Millionen in dieser Weise geehrt werden, würde die Lesung sechs Jahre, sieben Monate und siebenundzwanzig Tage andauern. Die Namen der Holocaust-Opfer stellte die Jerusalemer Gedenkstätte Yad Vashem dafür zur Verfügung.

- **Denkmal für die ermordeten Juden Europas,** Info-Tel. 26 39 43 36, rund um die Uhr frei zugänglich.
- **Ort der Information,** Di.–So. 10–20 Uhr. Der Besuch wird erst ab 13 Jahre empfohlen. Öffentliche Führungen, Sa./So. 11 und 14 Uhr, Treffpunkt Cora-Berliner-/Ecke Hannah-Arendt-Straße.

Die Gestaltung des Denkmals
für die ermordeten Juden Europas
war lange Zeit umstritten

Der Potsdamer Platz

Verkehrsanbindung

- S und U2 Potsdamer Platz

„Ich kann den Potsdamer Platz nicht finden!", hörte man lange Zeit nicht nur den alten Mann in *Wim Wenders* Film „Der Himmel über Berlin" jammern. Auf der **Suche nach einem verlorenen Platz** wanderte man bis 1989 durch ödes Brachland immer an der Mauer entlang, später dehnten sich vor den Augen am südöstlichen Tiergartenrand die Gruben der größten innerstädtischen Baustelle Europas aus und schließlich wuchs ein Kranwald in den Himmel hinauf. Spätestens seit der Eröffnung der Daimler-City Anfang Oktober 1998 aber sind markante Wegweiser gesetzt. Schon aus der Ferne ist der grün leuchtende Würfel auf dem debis-Hochhaus am Reichpietschufer auszumachen, am Sony Center erheben sich unübersehbar der 103 Meter hohe, verglaste Büroturm des japanischen Elektronikgiganten, nördlich davon die weißen Hochhäuser des Beisheim-Centers und südlich der klinkergeschmückte Büroturm des Star-Architekten *Hans Kollhoff*. So ist der Potsdamer Platz gar nicht zu verfehlen – oder zumindest das Areal, das man gemeinhin so nennt: die Daimler-City, das Sony Center, das Beisheim-Center und die Park-Kolonnaden.

Ursprünglich war der Potsdamer Platz nicht mehr als eine imposante Straßenkreuzung vor dem Leipziger

Mythos Potsdamer Platz

Auch wenn es ihn eigentlich gar nicht mehr gibt ... etwas ist an die historische Stelle zurückgekehrt: Wo in der Stille des Todesstreifens hinter der Mauer einst Jeeps oder höchstens einmal ein einsamer Panzer den Boden durchpflügten, bebt heute wieder die Erde rund um den Potsdamer Platz. Ein ohrenbetäubender Verkehrslärm erschüttert Häuser und Menschen und verschlägt selbst den Tiergartener Karnickeln den Atem. Genau so war es damals, in den 20er-Jahren, als der Potsdamer Platz der verkehrsreichste Verkehrsknotenpunkt ganz Europas war. 1924 knatterte die für das damalige Kfz-Aufkommen aberwitzige Zahl von 2700 Fahrzeugen stündlich über die riesige Kreuzung, weshalb man dort noch im Oktober jenen Jahres die erste Ampelanlage Europas installierte. Dazu kamen unterirdisch die U-Bahn und überirdisch 26 Straßenbahn- und 5 Buslinien. Sie beförderten zahllose Gäste und Angestellte ringsum in die Hotels, Restaurants und Vergnügungsbetriebe, von denen manch eines schon zu Lebzeiten Legende war. Das Haus „Vaterland" beispielsweise, mit Ungarischer Weinstube, „Cowboytänzen und Neger-Jazzbands" in der Wild-West-Bar und den berühmten „Rheinterrassen", die eine Rheinlandschaft imaginierten – mit echtem Gewitter mit Blitz, Donner und Regen einmal pro Stunde. Stolze 19 Stockwerke zählte das von *Erich Mendelsohn* 1931/32 erbaute Columbus-Haus am Platz.

Den Zweiten Weltkrieg und die nachfolgenden Abrissorgien überdauerten nur zwei Zeitzeugen: das in die Daimler-City integrierte Weinhaus Huth aus dem Jahr 1912, in dessen Vorgänger schon *Theodor Fontane* becherte, sowie die in das Sony Center einbezogene, restaurierte Ruine des einst hochherrschaftlichen Hotels „Esplanade". Von 1961 bis 1989 ragte neben diesen beiden einzig verbliebenen Oldtimern im öden Gestrüpp rund um den Potsdamer Platz im Schatten der Mauer nur gelegentlich eine Aussichtsplattform mit Blick in den Osten hinauf – bis die DDR im November 1989 plötzlich ihre Grenzübergänge öffnete.

Nur wenige Jahre später tanzten am Potsdamer Platz schon die Kräne. Für eine unterirdische Verbindung zwischen U-Bahnhof und Einkaufspassage bekam das Weinhaus Huth vier Meter unter seinem alten ein neues Fundament verpasst, den „Kaisersaal" der Esplanade-Ruine hob man auf eine Rollkonstruktion und verschob ihn um 75 Meter, die Spree wurde aus ihrem Flussbett geholt und umgeleitet, Baggerseen und Schuttgebirge entstanden. Binnen kürzester Zeit hatte sich die trostlose Brache vor der Mauer im ehemaligen Niemandsland in die größte innerstädtische Baustelle Europas verwandelt, aus der schrittweise ein neuer Stadtraum emporwuchs.

Am 4. Oktober 1998 strömten über eine halbe Million Neugierige zur Eröffnung der Daimler-City auf den Marlene-Dietrich-Platz und in die Potsdamer Platz Arkaden, auf das mit 68.000 Quadratmetern Grundfläche immerhin keine zehn Fußballfelder kleine Gelände. Im 26.500 Quadratmeter großen Sony Center wurden im Februar 2000 erstmals die Internationalen Berliner Filmfestspiele eröffnet und die Schönen, Reichen und Berühmten ebenso wie Cineasten aus aller Welt kamen in Scharen an den südlichen Tiergartenrand.

Richtungsweisend, zukunftsorientiert? Allmählich räumen auch die Skeptiker ein, dass trotz der in der Tat offensichtlichen Künstlichkeit dieser am Reißbrett entwickelten Ministädte das Leben an den Potsdamer Platz zurückgekehrt ist – wobei der ohrenbetäubende Verkehrslärm nur eine unter den vielen bemerkenswerten neuen Erscheinungen ist.

Hochhäuser am Potsdamer Platz

Platz. Vor seiner Zerstörung im Zweiten Weltkrieg lag er als gewichtiger Verkehrsknotenpunkt dort, wo die alte Potsdamer Straße, die Bellevue-, die Ebert-, die Stresemann- und die Leipziger Straße zusammenlaufen.

Daimler-City (26)

Vom Landwehrkanal dehnt sich die Daimler-City mit insgesamt 19 Gebäuden nach Norden aus, beginnend mit dem sienafarbenen **debis-Hochhaus** von *Renzo Piano* und dem benachbarten, einer kolossalen Riesenschildkröte ähnelnden Geschäftsblock von *Arata Isozaki*. Ende 1998 eröffnete die unter Federführung von *Renzo Piano* entworfene Ministadt in Privatbesitz, an der fernerhin die Architekten *Arata Isozaki, Richard Rogers, Rafael Moneo, Hans Kollhoff, Ulrike Lauber* und *Wolfram Wöhr* beteiligt waren. Ein IMAX- und ein Multiplex-Kino, ein Musical-Theater, ein Luxushotel, Luxuswohnungen und die **größte deutsche Spielbank** entstanden sowie Cafés, Restaurants und die **Shoppingmall „Potsdamer Platz Arkaden“,** unter deren 200 Meter langem Glasdach sich auf drei Etagen 120 Einkaufsläden, Bistros und Cafés tummeln. Das einzige aus alter Zeit noch verbliebene Gebäude, **das Weinhaus Huth,** das dank seiner Stahlbetonskelettbauweise den Zwei-

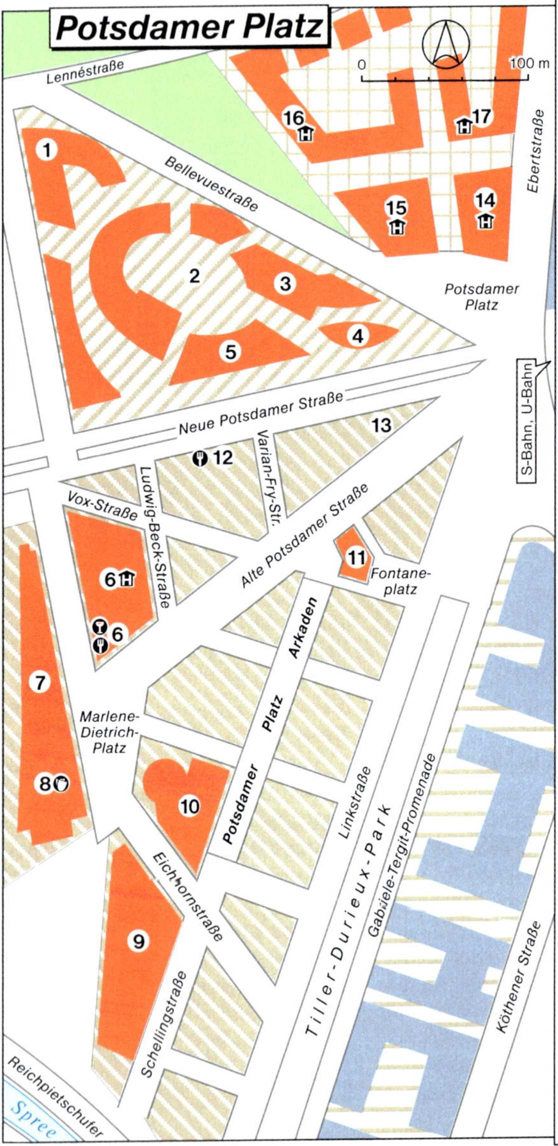

- 1 Sony Europa-Zentrale
- 2 Forum
- 3 Esplanade Residenz
- 4 Tower
- 5 Filmhaus/ Mediathek mit IMAX-Kino und Sony Music-Box
- 6 Grand Hyatt Hotel mit Restaurant Vox und Vox Bar
- 7 Spielbank
- 8 Musical-Theater
- 9 debis-Hochhaus
- 10 IMAX-Kino
- 11 Weinhaus Huth
- 12 Facil im Madison Hotel
- 12 Kollhoff-Gebäude
- 13 Tower Apartments über dem Ritz Carlton
- 14 Hotel Ritz Carlton
- 15 Parkside Apartments
- 16 Mariott-Hotel

Sony Center

Daimler-City

Park-Kolonnaden

Beisheim-Center

ten Weltkrieg überdauerte, wurde saniert und in die neue Stadt integriert.

Einen luftigen Überblick über das gesamte Areal bietet die **Panorama-Plattform** auf dem weinroten Kollhoff-Hochhaus an der Nordostspitze der Daimler-City. In wenigen Sekunden trägt einen der schnellste Fahrstuhl Europas vom Plafond zur schönen Aussicht hinauf.

• **Panorama-Plattform,** täglich 11–20 Uhr, letzter Einlass 19.30 Uhr.

Sony Center (27)

Nördlich der Daimler-City schließt sich zum Tiergarten hin das Sony Center an. Das aus sieben Bauwerken bestehende **Ensemble aus Stahl und Glas** nach einem Entwurf des deutsch-amerikanischen Architekten *Helmut Jahn* umfasst die Europazentrale des Elektronik-Konzern Sony, Büros, Geschäfte, ein über vier Etagen laufendes Elektronik-Kaufhaus, Eigentumswohnungen sowie ein Multiplex- und ein 3D-Kino. Im Zentrum des Super-Centers wölbt sich über den 40 Meter hohen gläsernen Fassaden eine atemberaubende **Zeltdachkonstruktion aus 24 textilen Membranbahnen.** Sie überspannen einen runden, 4000 Quadratmeter großen Stadtraum, das **Forum,** und ermöglichen den Besuchern unabhängig von Wetter und Jahreszeit imaginär open air an ihrem Cappuccino zu nippen.

Mit dem **Filmhaus im Sony Center** wurde Berlin um eine besondere kulturelle Attraktion reicher. Im Jahr 2000 zogen die Freunde der Deutschen Kinemathek in den Glaspalast ein, im Spätsommer 2000 eröffnete dort im zweiten und dritten Geschoss das von der Stiftung Deutsche Kinemathek unterhaltene **Filmmuseum** Berlin, das einen Überblick über die Filmgeschichte gibt und die legendäre Marlene-Dietrich-Kollektion zeigt. Im dritten und vierten Geschoss nahm die Deutsche Mediathek ihren Sitz, ein modernes Rundfunk- und Fernsehmuseum, das 1000 repräsentative Sendestunden der Rundfunk- und TV-Geschichte präsentiert. Schließlich ist im Filmhaus die Deutsche Film- und Fernsehakademie mit etwa hundert Studenten untergebracht. – Nicht zu vergessen das große Star-Defilee während der Internationalen Filmfestspiele, die alljährlich im Februar im Sony Center ihren Hauptaustragungsort haben.

• **Filmmuseum,** Potsdamer Str. 2 (im Filmhaus im Sony Center), Tel. 30 09 03 13, Di.–So. 10–18 Uhr, Do. bis 20 Uhr.

Großes Aufsehen erregte 1996 die Verschiebung des **„Kaisersaals“,** den man heute an der Nordseite des Forums im Sony Center findet. An seinem ursprünglichen Ort stand der Speisesaal der denkmalgeschützten Kriegsruine des feudalen Hotels Esplanade dem Straßenbau im Weg.

In einer ingenieurtechnisch einmaligen Aktion wurde der Gebäudetrakt komplett angehoben, auf eine luftkissenartige Rollkonstruktion gesetzt und 75 Meter verrückt. Für den neuen Büroturm musste der Esplanade-Frühstückssaal seinen Platz räumen; er wurde in 500 Teile zerlegt, in Kisten

073be Foto: kj

gepackt und zur Restaurierung nach Gotha gebracht. Zwei Wände des neubarocken Prunksaales verblieben am alten Ort und sind nun an der nördlichen Außenfassade des Sony Centers hinter Glas zu bewundern. Der Frühstückssaal wurde neben dem nicht minder prächtigen wilhelminischen Kaisersaal, in dem *Kaiser Wilhelm II.* seine Herrenabende abhielt, wiederaufgebaut und findet sich mit dem ebenfalls vom alten Esplanade herrührenden Palmenhof und Silbersaal vitrinenartig ausgestellt nordöstlich im Forum. In die kronleuchterschweren Säle ist eine gehobene Gastronomie eingezogen.

Beisheim-Center (28)

Als jüngstes Ensemble am Potsdamer Platz erheben sich nordöstlich vom Sony Center am Potsdamer Platz die weißen Hochhäuser des Beisheim-Centers. Im Auftrag des Metro-Gründers *Otto Beisheim* eröffnete hier Anfang 2004 das **elegante Quartier amerikanischer Prägung** mit Hotels, Büros und Luxusapartments. Für das Ritz-Carlton-Hotel und die darüber gelegenen Wohnungen sowie für das Bürogebäude an der Auguste-Hauschner-Straße zeichnet das Architektenteam *Hilmer & Sattler und Albrecht* verantwortlich, das bereits den städtebaulichen Masterplan für den Potsdamer Platz entwickelte. Mit dem Entwurf für das benachbarte Mariott Hotel wurde der Berliner Professor *Bernd Albers* betraut, das Bürohaus an der Ebertstraße stammt aus der Feder von *Modersohn & Freiersleben,* und die schicken Parkside Apartments am Tiergartenrand entwarf der Londoner Architekt *David Chipperfield.*

Park-Kolonnaden (25)

Bei so vielen erstaunlichen Glanzleistungen sind die Park-Kolonnaden östlich der Daimler-City ein wenig aus dem Blickfeld gerückt. Der **180 Meter lange Gebäudekomplex** wurde nach Plänen *Giorgio Grassis* errichtet und umfasst noch mehr Büros, Geschäfte und Restaurants.

Rund um das Kulturforum

Verkehrsanbindung
- S und U2 Potsdamer Platz
- Bus 148, 348

Staatsbibliothek
Westlich der neuen Citys schieben sich als Riegel oder – je nach Standpunkt und Sichtweise – Bindeglied zum Kulturforum die Staatsbibliothek und die Philharmonie mit Kammermusiksaal zwischen die Tempel der leichten Muse in Daimler-City und Sony Center. Mit einer Ausdehnung von 19.400 Quadratmetern erreicht die 1967–78 nach Plänen von *Hans Scharoun* (1893–1972) errichtete Staatsbibliothek stolze Dreiviertel der Fläche des gesamten Sony Centers. **Bis zu acht Millionen Bücher** finden in dem vielgliedrigen Bauwerk Platz.

Philharmonie und Musikinstrumentenmuseum
Die 1960–63 ebenfalls von *Scharoun* erbaute Philharmonie zeichnet sich von außen keineswegs durch Schönheit aus, triumphiert im Inneren jedoch durch die Gestalt gewordene Idee einer **„Musik im Mittelpunkt“:** Die Zuhörerplätze steigen terrassenförmig um ein Musikpodium herum an und bieten somit von jedem Punkt des Konzertsaals aus eine meisterhafte Akustik. Der mit der Philharmonie verbundene **Kammermusiksaal** entstand 1984–87 unter *Scharouns* Schüler *Edgar Wisniewski*, der bis 1984 bereits das gleichfalls an die Philharmonie grenzende Musikinstrumentenmuseum realisiert hatte. Dort werden **3500 Musikinstrumente und Objekte** aus dem 16. bis 20. Jahrhundert ausgestellt. Samstags um 12 Uhr erklingt die „Mighty Wurlitzer“, eine riesige Kinoorgel der 1920er-Jahre.

- **Musikinstrumentenmuseum,** Tel. 254 88 10, Di.–Fr. 9–17 Uhr, Do. 9–22 Uhr, Sa./So. 10–17 Uhr.

Neue Nationalgalerie
Als Dritter im Bunde am ehemals kriegsverödeten Ort vor der Mauer gesellte sich zu Staatsbibliothek und Philharmonie unmittelbar am Landwehrkanal 1965–68 die Neue Nationalgalerie. Die grazile, nahezu schwebende Stahl-Glas-Konstruktion war das letzte Bauwerk *Ludwig Mies van der Rohes* (1886–1969) und das einzige, das er nach seiner Emigration aus Nazideutschland in die USA (1936) jemals noch in Deutschland entwarf. Im Oktober 1968 eröffnete es mit einer Piet-Mondrian-Ausstellung und bietet seitdem Raum für **Gemälde und Skulpturen des 20. Jahrhunderts** sowie **Wechselausstellungen zeitgenössischer Kunst.**

- **Neue Nationalgalerie,** Tel. 266 29 51, Di./Mi. 10–18 Uhr, Do. 10–22 Uhr, Fr.–So. 10–20 Uhr, bei besonders frequentierten Ausstellungen erweiterte Öffnungszeiten.

Kulturforum
Nordwestlich der dem Kunsttempel benachbarten, 1844–46 von *August Stüler* erbauten **St.-Matthäus-Kirche** dehnt sich das Kulturforum aus. Der Plan von vier eigenständigen, durch ei-

ne gemeinsame Eingangshalle miteinander verbundenen Museen stammte 1968 von *Rolf Gutbrod*. 1978 war Baubeginn, 1985 konnte das **Kunstgewerbemuseum** als erstes der Gebäude eingeweiht werden. Bereits im Jahr zuvor, 1984, hatten die Architekten *Heinz Hilmer* und *Christoph Sattler* die Planung übernommen. Unter ihrer Federführung eröffneten im Jahr 1993 das **Kupferstichkabinett** und die **Kunstbibliothek** und im Juni 1998 ihre von Architekturkritikern wie Kunstliebhabern gleichermaßen gefeierte **Gemäldegalerie.** Unter ihrem Dach wird auf rund 7000 Quadratmetern auf einem fast zwei Kilometer langen Rundgang in 72 Sälen und Kabinetten eine der weltweit bedeutendsten Sammlungen europäischer Malerei vom 13. bis 18. Jahrhundert gezeigt, darunter Werke von *Bruegel, Caravaggio, Canaletto, Dürer, van Eyck, Gainsborough, Pesne, Raffael, Rubens, Rembrandt, Tizian, Vermeer* und *Watteau.*

Die Museen des Kulturforums

- **Gemäldegalerie,** Kostbare Sammlungen europäischer Malerei vom 13. bis 18. Jahrhundert.
  Matthäikirchplatz 8, Tel. 266 29 51, Di.–So. 10–18 Uhr, Do. 10–22 Uhr.
- **Kunstbibliothek,** Rund 400.000 Bände Literatur zur Bildenden Kunst und Architektur vom 15. Jahrhundert bis heute.
  Matthäikirchplatz 6, Tel. 266 29 51, Di.–Fr. 10–18 Uhr, Sa./So. 11–18 Uhr.
- **Kunstgewerbemuseum,** Europäisches Kunsthandwerk vom Mittelalter bis heute, darunter Gold- und Silberschmiedearbeiten, Glas- und Emailkunst, Porzellan und Fayencen, Möbel und Raumgetäfel sowie Tapisserien, Kostüme und Seidenstoffe. Im Untergeschoss Kunsthandwerk des 20. Jahrhunderts und ausgewähltes industrielles Design.
  Matthäikirchplatz 6, Tel. 266 29 51, Di.–Fr. 10–18 Uhr, Sa./So. 11–18 Uhr.
- **Kupferstichkabinett,** 80.000 Zeichnungen und nicht weniger als 520.000 Druckgrafiken vom frühen Mittelalter bis heute von *Dürer, Rembrandt, Boticelli, Schinkel* und *Menzel* bis *Picasso* und *Giacometti.*
  Matthäikirchplatz 8, Tel. 266 29 51, Di.–Fr. 10–18 Uhr, Sa./So. 11–18 Uhr.

Bendlerblock (29)

Nur einen Steinwurf von der neuen Gemäldegalerie entfernt, erhebt sich hinter dem in fröhlichen hellblauen und roséfarbenen Streifen angemalten **Wissenschaftszentrum** am Reichpietschufer der geschichtsträchtige Bendlerblock. Der mächtige Gebäudekomplex entstand 1911–14 als **Reichsmarineamt** und wurde bis zum Jahr 1938, nun Sitz des nazistischen Oberkommandos, zum heute bestehenden Ausmaß erweitert. Die **Gedenkstätte Deutscher Widerstand** mahnt mit einer ständigen Ausstellung „Widerstand gegen den Nationalsozialismus“ am historischen Ort den missglückten Umsturzversuch gegen Hitler am 20. Juli 1944 an, in dessen Anschluss die daran Beteiligten *Graf von Stauffenberg, von Haeften, von Quirnheim* und *Olbricht* im Hof des Bendlerblocks standrechtlich erschossen wurden. Neuer Hausherr am Reichspietschufer ist das **Bundesministerium für Verteidigung.**

St.-Matthäus-Kirche am Kulturforum

● **Gedenkstätte Deutscher Widerstand,** Stauffenbergstraße 13-14 (Eingang über den Ehrenhof), Tel. 26 99 50 00, Mo.–Mi./Fr. 8–18 Uhr, Do. 9–20 Uhr, Sa./So. 10–18 Uhr, Spiel- oder Dokumentarfilme über den Widerstand So. 11 Uhr, öffentliche Führungen So. 15 Uhr.

Bauhaus-Archiv

Weiter westlich ziehen am Reichspietschufer/ Ecke Klingelhöferstraße die Shed-Dächer des **Bauhaus-Archivs** die Blicke auf sich. In dem nach umgearbeiteten Entwürfen von *Walter Gropius* 1976–78 errichteten Gebäude ist eine umfangreiche Sammlung zur Bauhaus-Geschichte untergebracht.

● **Bauhaus-Archiv,** Klingelhöferstraße 14, Tel. 254 00 20, Mi.–Mo. 10–17 Uhr.

Der westliche Tiergarten

Großer Stern und Schloss Bellevue

Verkehrsanbindung

- Bus 100, 187, 343

Siegessäule

Den **Großen Stern** im Herzen des Tiergartens hatte man im Zuge der nationalsozialistischen Umbaupläne auf 200 Meter Durchmesser verbreitert und ihm 1938/39 zur Zierde die Siegessäule aufgepflanzt, die zuvor auf dem Königsplatz (heute Platz der Republik) vor dem Reichstag stand. Seit jener Zeit hält die **„Goldelse"** – wie die Berliner die von *Friedrich Drake* zum krönenden Abschluss der Säule geschaffene Viktoria nennen – ihren Lorbeerkranz über dem autolärmenden, fünfstrahligen Kreisverkehr am Großen Stern in den Himmel über Berlin. Der 1873 zur Feier der siegreichen preußischen Einigungskriege enthüllten Dame kann man mit Hilfe von 280 Stufen bis fast unter den Rock klettern. Anschließend genießt man **von der Plattform aus eine herrliche Aussicht** weit über den Tiergarten hinweg auf die Spree-Metropole. Über die Fußgängerunterführungen erreicht man gefahrlos den Sockel der 69 Meter hohen Säule.

- **Siegessäule am Großen Stern,** 1. Apr.–31. Okt. Mo.–Fr. 9.30–18.30 Uhr, Sa./So. 9.30–19 Uhr, Nov.–März Mo.–Do. 9.30–17.30 Uhr, Fr.–So. 9.30–18 Uhr.

Bundespräsidialamt

Wenige Schritte von der Siegessäule entfernt wurde dem deutschen Bundespräsidenten mit dem Fertigstellungstermin 1998 am Spreeweg ein bemerkenswertes Ei gelegt, genauer gesagt das **„Präsidentenei"**, oder korrekt ausgedrückt das Bundespräsidialamt erbaut. Seiner Eierform – ein viergeschossiges Ellipsoid in dunkelgrauem Naturstein – verdankt es den Spitznamen.

Schloss Bellevue

In nördlicher Nachbarschaft steht das dreiflügelige, mit einer strahlend weißen, frühklassizistischen Fassade gezierte Schloss Bellevue. 1785 für den jüngsten Bruder König *Friedrichs II.* als Sommerpalais erbaut und nach seiner Zerstörung im Zweiten Weltkrieg wiedererrichtet, diente es dem Bundespräsidenten bis zu seinem Umzug vom Rhein an die Spree als repräsentativer Amtssitz für seine Berlin-Aufenthalte. Seit 1994 ist der „Spreeweg 1" nun die feste erste **Wohn- und Arbeitsadresse des bundesrepublikanischen Staatsoberhaupts.**

Weder Schloss Bellevue noch das Bundespräsidialamt können besichtigt werden.

079be Foto: ki

Zoo und Neuer See

Verkehrsanbindung

- S und U2, U9 Zoologischer Garten
- Bus 200

Rosa-Luxemburg-Denkmal

Südlich der Siegessäule haben sich im Tiergarten-Eck zwischen Klingelhöfer-, Stülerstraße und Landwehrkanal die Nordischen Botschaften und die CDU-Parteizentrale niedergelassen, in deren Nachbarschaft an der Lichtensteinbrücke über den Landwehrkanal das kleine Rosa-Luxemburg-Denkmal steht. Die linke Sozialdemokratin und Anführerin des Spartakusbundes **Rosa Luxemburg (1870–1919)** wurde in der Nacht zum 15. Januar 1919 nach einem peinvollen Verhör im damaligen Hotel Eden in der Budapester Straße auf der Straße erschossen und ihre Leiche in den Landwehrkanal geworfen. Eine Gedenktafel an der Mauer zum Tiergarten-Pumpwerk erinnert an sie und ihren Mitstreiter *Karl Liebknecht* (1871–1919), den man nach der Folter im Eden-Hotel in derselben Nacht am Neuen See im Tiergarten umbrachte.

Neuer See

Den südwestlichen Tiergartenzipfel zwischen der Straße des 17. Juni, der Hofjägerallee und der Hotelmeile an der Budapester Straße teilen sich der Zoologische Garten (Zoo Berlin) und

082be Foto: ki

nördlich des Landwehrkanals der Neue See **mit romantischen Uferwegen** um seine weit verzweigten Gewässer. An der Lichtensteinallee verleiht das Café am Neuen See Ruderboote und lädt mit großem Biergarten und Terrasse über dem Wasser zum Verweilen ein. Ein weiteres beliebtes Einkehr- und Ausgucklokal ist der Schleusenkrug an der **Tiergarten-Schleuse.** Obwohl die Schifffahrt heute keine große Bedeutung auf dem Kanal mehr hat, ziehen immer noch genügend Ausflugsdampfer vorbei, denen man von der Terrasse des Ausflugslokals aus während der Schleusenpassage bei Cola und Wüstchen vortrefflich zuschauen kann.

Vereinzelt haben Hausboote am Ufer festgemacht, hinter denen sich auf der Kanalinsel die gewaltigen rosa und lila Röhren der **Versuchsanstalt für Wasserbau und Schiffbau** winden, die in direkter Nachbarschaft zur Technischen Universität in diesem größten Wasserumlauftank der Welt die Hydrodynamik von Schiffsmodellen testet.

Schloss Bellevuc

Café am Neuen See

Essen und Trinken:

- **Café am Neuen See,** Lichtensteinallee 1, Tel. 254 49 30, März–Okt. tgl. 10–0 Uhr, Nov.–Feb. tgl. 10–20 Uhr.
- **Schleusenkrug,** Müller-Breslau-Str. (an der Schleuse), Tel. 313 99 09, tgl. 10 Uhr bis open end.

080be Foto: kj

Laternenwald

Nahebei wartet am S-Bahnhof Tiergarten ein Park der besonderen Art auf seine Besichtigung: ein kleiner Laternenwald, in dem zahlreiche mit Schildern beschriftete **historische Gaslaternen** von den verschiedenen Städten erzählen, in denen sie einst die Straßen beleuchteten. Westlich der S-Bahnbrücke findet an der Straße des 17. Juni jeden Samstag und Sonntag 11–17 Uhr ein sehenswerter **Trödel- und Kunstmarkt** statt.

Zoo

Der Ausflug in den Zoo Berlin, besser unter dem berühmten Namen **„Zoologischer Garten"** bekannt, beginnt für die meisten Besucher in der Budapester Straße am **Eingang Elefantentor,** dem 1899 errichteten markanten Wahrzeichen. Das reich mit ostasiatischen Malereien und Schnitzereien verzierte, von zwei vier Meter hohen Elefanten aus Elbsandstein getragene Eingangsportal wurde nach seiner Zerstörung im Zweiten Weltkrieg 1984 originalgetreu rekonstruiert. Seitdem empfängt es wieder die Besucher, die den **knapp 14.000 Tieren (bei 1500 Tierarten)** im Zoo Hallo sagen möchten. Der Vorgänger des Zoos, der Ende des 18. Jahrhunderts auf der Pfaueninsel eröffnet wurde, zählte bereits 850 Tiere, die zweimal pro Woche besichtigt werden konnten. Zusammen mit der im Tiergarten gelegenen Fasanerie schenkte *Friedrich Wilhelm IV.* die Tiere der Berliner Bevölkerung, woraufhin der Zoo in den Südwesten des Tiergartens in Stadtnähe verlegt wurde. Am 1. August 1844 öffnete er seine Tore, damit ist er der **älteste Tierpark Deutschlands** und zugleich der neuntälteste der Welt.

Ihm angeschlossen ist das **Aquarium,** wo auf drei weitläufigen Etagen vom farbenprächtigen Traumkaiserfisch bis hin zum Hai über 5000 Fischarten bestaunt werden können, außerdem Amphibien, Reptilien sowie in der Krokodilhalle diese ebenso urtümlichen wie gefräßigen grünen Panzerechsen. Neben dem Elefantentor be-

Die meisten Besucher betreten den Zoo durch das Elefantentor

Bahnhof Zoo

081be Foto: kj

findet sich ein zweiter, weniger frequentierter Eingang in den Zoo direkt am Hardenbergplatz am Bahnhof Zoologischer Garten.

• **Zoo Berlin,** Hardenberplatz 8, Tel. 25 40 10. Eingang „Elefantentor" Budapester Straße, Eingang „Löwentor" Hardenbergplatz. Mitte März–Mitte Okt. tgl. 9–18.30 Uhr, im Winter tgl. 9–17 Uhr. Aquarium ganzjährig tgl. 9–18 Uhr.

Bahnhof Zoo

Der Bahnhof Zoo gelangte mit dem autobiografischen Junkie-Roman **„Wir Kinder vom Bahnhof Zoo"** von *Christiane F.* zu trauriger Berühmtheit. Für Reisende, die das ummauerte Westberlin auf dem Schienenweg erreichten, war die Ankunft am Endbahnhof Zoo stets ein schockierendes Erlebnis: Rauschgifthandel, Beschaffungskriminalität und Babystrich rund um eine veraltete, vor Dreck strotzende, düstere Halle, von deren Wänden die zerborstenen Kacheln fielen.

Dieses Schmuddelimage verlor der Bahnhof mit seiner **Sanierung Mitte der 1990er Jahre.** Vom Mythos entkleidet, frisch angemalt und mit Schnellbäckerei, Imbiss, Boutiquen und Reisezentrum versehen, ist er heute ein Bahnhof wie jeder andere, auf dessen Gleisen lebhafter Durchgangsverkehr herrscht und – zur Empörung der Westberliner – seit Eröffnung des neuen Hauptbahnhofs am nordöstlichen Tiergartenrand nicht einmal der Intercity mehr hält.

083be Foto: ki

Rund ums Zentrum

088be Foto: kj

334be Foto: kj

Der Märchenbrunnen
im Volkspark Friedrichshain

Schloss Charlottenburg

Am Landwehrkanal

Charlottenburg

Seit der Wiedervereinigung geraten die früheren Touristenmagneten in der **„West-City“,** wie man das alte Westberliner Stadtzentrum inzwischen nennt, zunehmend ins Hintertreffen, und auch die klassischen Postkartenveduten sind ein wenig aus dem Blickfeld gerückt: das Europacenter mit der Ruine der Kaiser-Wilhelm-Gedächtnis-Kirche, das Kaufhaus des Westens (KaDeWe) am Wittenbergplatz, der platanengesäumte Kurfürstendamm mit seinen Straßencafés, Schaufenstern, Vitrinen und schicken Boutiquen, der Funkturm auf dem Messegelände ... Nichtsdestotrotz gibt es im alten Westen nach wie vor viel zu entdecken. Die Großstadt, die sich zwischen Ku'damm und Schloss Charlottenburg erstreckt, ist garantiert mehr als einen einzigen Bummel wert.

Sie entwickelte sich aus dem winzigen Flecken Lietzow am grünen Strand der Spree, wo ab 1695 für Kurfürstin *Sophie Charlotte* die Lietzenburg, das spätere Schloss Charlottenburg, gebaut wurde. In jener Zeit konnte das **kurfürstliche Residenzstädtchen** auf stolze 100 Einwohner verweisen; 200 Jahre später zählte die Stadt Charlottenburg über 100.000, Anfang des 20. Jahrhunderts mehr als 300.000 Menschen. Mietskasernen entstanden, in denen die armen Leute hausten, wie sie der Charlottenburger *Heinrich Zille* porträtierte.

Derweil rückte von Osten her die aus allen Nähten platzende Reichshauptstadt Berlin an die Stadtgrenzen heran, vornehmlich in Gestalt begüterter Herrschaften, die unter der Devise „go West“ der lärmenden Metropole entflohen und ihre Domizile stadtnah **im Grünen** errichteten. „Im Grunewald ist Holzauktion ... links um die Ecke rum, rechts um die Ecke rum, überall ist große Holzauktion.“ Diesen von *Otto Teich* in Wort und Weise ausgeheckten Gassenhauer sangen die Berliner, wenn sie am Wochenende vom Bahnhof Grunewald aus zur Landpartie „ins Jrüne“ zogen, während der Wald östlich des Bahnhofs gerade „plattjemacht“ wurde. Rund um den Königs- und den Dianasee wich er einer Wohngegend für „bessere Kreise“, der **Villenkolonie Grunewald** im Neuen Westen, die ab 1889 auf Anregung des Reichskanzlers *Bismarck* Formen annahm.

Drei Jahre vorher hatte man auf *Bismarcks* Vorschlag bereits mit dem **Ausbau des Kurfürstendamms** zu einem repräsentativen Boulevard begonnen. In den 1920er-Jahren – Charlottenburg gehörte mit Inkrafttreten des „Gesetzes über die Bildung einer neuen Stadtgemeinde Berlin“ seit 1920 zu Berlin – stand der Kurfürstendamm mit Kabaretts, Restaurants und Kaffeehäusern, vornehmen Hotels und zweifelhaften Kaschemmen der Friedrichstraße nicht nach. Bis auf einen ebenso kleinen wie feinen Unterschied: Er war stets ein Fünkchen mondäner, einen Touch mehr bohème und allzeit „très chic“.

Heerstraße/Bismarckstraße, im Hintergrund die Siegessäule

Im Bombenhagel des **Zweiten Weltkrieges** wurde Charlottenburg, der Stadtmitte gleich, nahezu vollständig in Trümmer gelegt, aber anders als die bedeutenden fridericianisch-preußischen Bauten in der späteren Hauptstadt der DDR nur teilweise wieder aufgebaut.

Im Gegenteil, **Westberlin** wurde als „Schaufenster des Westens im Stil modernster Wirtschaftswundermanier ostentativ ausstaffiert. Schließlich war Westberlin, die eingemauerte Insel im Roten Meer, stets „eine Reise wert" und musste deshalb auch Wertvolles bieten. Nichtsdestotrotz lag selbst in den 80er-Jahren noch der Kitzel der Frontstadt in der Luft, der sich insbesondere rund um den Ku'damm im Herzen des ungewollt neuen Stadtzentrums Berlin-West mit einer Prise élégance parisienne zu einem berauschenden Berlin-Flair verdichtete, den man nach wie vor schnuppern kann.

084be Foto: kj

Rund um den Ku'damm

Verkehrsanbindung
- S und U2, U9 Zoologischer Garten
- U1, U2, U3 Wittenbergplatz
- U1 Kurfürstendamm und Uhlandstraße

Auch wenn die Tauentzienstraße selbstverständlich nicht der Kurfürstendamm ist, wollen wir diese seine Verlängerung nach Osten hin bis zum Wittenbergplatz mit in den Abschnitt hineinnehmen, denn Tauentzien und Ku'damm, wie die Berliner kurz sagen, bilden gemeinsam das Herzstück der Berliner West-City.

Bahnhof Wittenbergplatz

1902 wurde der Bahnhof Wittenbergplatz eingeweiht, der **an der ersten U-Bahn-Linie** zwischen Warschauer Brücke und dem heutigen Ernst-Reuter-Platz lag und somit die Großstadt mit dem Neuen Westen verband. Die vornehme Anwohnerschaft hatte vorher dafür gesorgt, dass die Hochbahnlinie westlich vom Nollendorfplatz in den Untergrund geführt werden musste, damit ihre empfindsamen Seelen nicht unter dem „unästhetischen" Anblick dieses proletarischen Massenverkehrsmittels litten.

KaDeWe (35)

1907 öffnete das KaDeWe **(Kaufhaus des Westens)** seine Tore. Mehrfach aufgestockt, ist es bis heute das **größte Warenhaus in Europa,** die legendäre „Fressetage" im sechsten Geschoss bietet auf 7000 Quadratmeter die größte Schlemmer- und Feinkostabteilung des Kontinents. Sehr beliebt sind dort auch die Champagnerbars als samstägliche Kontaktanbahnungstheken der gehobenen Gesellschaft.

Europacenter (34)

Nahebei, wo sich von der Kaiserzeit bis zum Zweiten Weltkrieg im berühmten „Romanischen Café" die bedeutenden Berliner Künstler und Literaten trafen, erhebt sich an dieser Stelle seit 1965 mit 22 Geschossen ein weiteres Westberliner Wahrzeichen: das Europacenter. Dieses ist als **eine der ältesten Malls in der BRD** neben zahlreichen Einkaufsläden vor allem auch architekturhistorisch interessant und überdies seit 1965 Spielstätte des Kabaretts „Die Stachelschweine" (siehe „Theater"). Am Nordausgang zur Budapester Straße ist im Europacenter (schräg gegenüber das Elefantentor vom Zoo Berlin) die Zentrale der Berliner Touristinformation untergebracht.

Information:
- **Touristinformation Berlin,** Budapester Str. 45, Mo.–Sa. 10–19 Uhr, So. 10–18 Uhr, Apr.–Okt. erweiterte Öffnungszeiten.

Weltkugelbrunnen

Dem Hochhaus zu Füßen sprudelt am Breitscheidplatz der **„Wasserklops",** wie *Joachim Schmettaus* Weltkugelbrunnen auf berlinisch heißt. Rundherum mischen sich auf Westberlins zentralem Bummel- und „Spazierensitz"-Platz kauffreudige Einheimi-

Bahnhof Wittenbergplatz

085be Foto: kj

sche mit wissbegierigen Touristen, lustigen Straßenmusikanten, Berbern, Skateboardfahrern und Taschendieben.

Kaiser-Wilhelm-Gedächtniskirche (30)

Abends senkt sich auf die Bistrotische und Stühle rund um den Brunnen der Schatten der Kaiser-Wilhelm-Gedächtniskirche. 1895 wurde das Gotteshaus eingeweiht, im Zweiten Weltkrieg bis auf den Kirchturmstumpf niedergebombt und – anders als die Ruine des ebenso umstrittenen Stadtschlosses der Hohenzollern – weder wieder aufgebaut noch vollends abgerissen. Dank eines zehntausendfachen Proteststurmes blieb der **„Hohle Zahn"** den Berlinern **als Ruine erhalten,** nun als Mahnmal, und wurde 1956 um einen Neubau ergänzt.

Kranzler-Eck (29)

Wenige hundert Meter weiter westlich endet der Tauentzien am Joachimstaler Platz, wie die verkehrsreiche Kreuzung in den Stadtplänen verzeichnet ist. Berliner wie Städteplaner und Besucher der Spree-Metropole kennen sie dagegen unter Kranzler-Eck, da hier das althergebrachte **Café Kranzler** in einem denkmalgeschützten zweigeschossigen 1950er-Jahre-Gebäude jahrzehntelang köstliche Kuchen und Torten servierte. Seit Dezember 2000 ist es nach einem unseligen Umbau des Gebäudes im Obergeschoss untergebracht und anstelle

086be Foto: kj

eines quirligen Kaffeehausbetriebs – im Sommer auch draußen auf dem Trottoir – zieren nun öde Schaufensterscheiben eines Kleiderladens die rot-weiße Rotunde. Zeitgleich eröffnete nebenan der 19-geschossige Hochhausriegel mit Büros, Läden, Gastronomie und Wellness-Zentrum unter dem Dach unter dem Namen „Neues Kranzler Eck". Entworfen wurde die 300 Millionen Euro teuere, massive Glas-, Stahlkonstruktion vom Chicagoer Architekten *Helmut Jahn,* der auch für das Sony Center am Potsdamer Platz verantwortlich zeichnete.

Das größte Warenhaus in Europa – das KaDeWe

Kurfürstendamm

Am Kranzler-Eck beginnt der Kurfürstendamm, der **platanengesäumte Berliner Prachtboulevard,** an dem es neben zahlreichen schönen Gründerzeitstadtvillen eigentlich gar nichts Bemerkenswertes zu sehen gibt. Dafür ist ein **Schaufensterbummel** umso spannender. Die Dame von Welt shoppt am Ku'damm zwischen Bleibtreustraße und Olivaerplatz und seinen Nebenstraßen mit edlen Boutiquen, fashionablen Stylisten, hochkarätigen Juwelieren, Antiquitätenläden und Galerien neben den exklusiven Häusern von Escada, Versace, Gaultier, Laura Biagiotti u. a. Breite Trottoirs laden zum Flanieren und Müßiggang ein. Sehen und Mit-tausend-Tüten-gesehen-werden lautet die Devise, wenn auch die Zeiten, in denen man Samstag abends um 23 Uhr noch auf der Straße im Stau stand, vorbei sind. Nach der Milleniumswende wirkt der Flaneur wie ein Grottenolm, der Boulevard ist - auch im Konkurrenzkampf mit den zahlreichen neuen Einkaufspassagen und Centern - beinahe passé, wiewohl sich die Immobilienpreise noch immer auf Spitzenniveau bewegen: Eine Glasvitrine auf dem Bürgersteig, in der maximal acht Paar Schuhe Platz finden, kostet etwa die Monatsmiete einer Vier-Zimmer-Altbauwohnung im Wedding.

Literaturhaus Wintergarten (38)

Schon bald nach dem Kranzler-Eck kreuzt die **Fasanenstraße** den Ku' damm, in der mehrere Gebäude einen Blick lohnen, wenn nicht gar einen Besuch. Beispielsweise das Literaturhaus Wintergarten, das seine Gäste neben Autorenlesungen und anderen literarischen Veranstaltungen mit viel **Wiener-Kaffeehaus-Charme** und der friedlichen Gartenidylle des Cafés im Literaturhaus Wintergarten inmitten des Großstadtlärms begrüßt. Nebenan ist in dem liebevoll restaurierten ältesten Haus in der Fasanenstraße das **Käthe-Kollwitz-Museum (37)** untergebracht, in dem auf vier Stockwerken das Werk der großen Künstlerin präsentiert wird.

- **Käthe-Kollwitz-Museum,** Fasanenstr. 24, Tel. 882 52 10, Mi.–Mo. 11–18 Uhr.

Essen und Trinken:
- **Café im Literaturhaus Wintergarten,** Fasanenstr. 23, Tel. 882 54 14, tgl. 9.30–1 Uhr.

Jüdisches Gemeindehaus (28)

Zur nördlichen Kantstraße hin liegt in der Fasanenstraße Nr. 79 das schlichte Jüdische Gemeindehaus, in das das alte Eingangsportal der in der Reichskristallnacht zerstörten großen Synagoge integriert wurde. Es wird von dem von *Joseph Paul Kleihues* entworfenen Bürogebäude überragt, das seit seiner Fertigstellung 1995 unschwer an einer weithin sichtbaren Dachzierde auszumachen ist: einem „Windsegel" genannten, an den Plaste- und Elaste-Kult der 70er-Jahre erinnernden, vier Stockwerke hohen Aluminium-Dreieck, das noch viele Generationen mit der Frage beschäftigen wird, wozu es eigentlich gut sein soll.

Theater des Westens (26)

Ihm steht an der nördlichen Seite der **Kantstraße** das mit Zuckergusstürmchen geschmückte, 1896 neubarock erbaute Theater des Westens gegenüber, das unter der Leitung von *Helmut Baumann* zur erfolgreichen Berliner **Musical-Bühne** avancierte. Nebenan lässt das altehrwürdige **Delphi-Kino (24)** seit Jahrzehnten die Herzen der Cineasten höher schlagen, und der **Jazzkeller „Quasimodo"** ist ebenfalls schon lange eine gerühmte Institution.

Unterhaltung:
- **Quasimodo,** Kantstr. 12a, Tel. 312 80 86, tgl. ab 12 Uhr.

Ludwig-Erhard-Haus (25)

Anschließend erhebt sich zur Hardenbergstraße hin das vom englischen Stararchitekten *Nicholas Grimshaw* erbaute, 1997 fertig gestellte Ludwig-Erhard-Haus, das man leicht anhand seiner **Gürteltierform** ausmachen kann. Das Bürogebäude ist Sitz der Berliner Industrie- und Handelskammer, und auch die Berliner Wertpapierbörse hat mit der Wahl des „Gürteltiers" neues Parkett betreten.

Lokale am Savignyplatz

In der Kantstraße trifft man auf dem Weg zum Savignyplatz auf zwei Lokale, die seit Jahrzehnten aus dem Berliner Bar- und Kneipenleben nicht wegzudenken sind: schräg gegenüber vom Theater des Westens die **Paris Bar,** Treff von Stars aus Film, Funk und Fernsehen, deren Anblick man sich ein bisschen kosten lassen muss, und wenige Schritte weiter Richtung Savignyplatz das **Schwarze Café.** Im stuckverzierten, denkmalgeschützten Gründerzeitbau gibt es Frühstück zu jeder Tages- und Nachtzeit.

Rund um den Savignyplatz reiht sich schließlich ein Lokal an das andere – im Sommer mit Tischen und Stühlen vor der Tür –, von denen zahlreiche seit langer Zeit prominente Westberliner Adressen sind: zwischen Carmer Straße und Grolmanstraße mit kleinem Biergarten und spanischer Küche das **Mar y Sol;** um die Ecke Anfang Knesebeckstraße trifft sich in der kleinen Bar **Gainsbourg** ein Publikum aus Kunst und Kultur, und ebenso schick geht es bei fränkischer Küche zwischen den Filmsternchen und Produzenten im **Florian** zu. Am südlichen Savignyplatz produziert im S-Bahn-Bogen das **XII Apostel** wagenradgroße Pizza, die viele als die beste Berlins rühmen. In der Nachbarschaft sitzt man – dernier cri – im zur **Architekturgalerie Aedes gehörenden Café,** und in der südlichen Grolmanstraße am S-Bahnbogen serviert in der legendären **Künstler- und Studentenkneipe Terzomondo** der Lindenstraßen-Wirt *Kostas Pananastasiou* rustikale griechische Küche. Gegenüber sollte man sich auf keinen Fall von der Tattersaal-Schmuddelfassade abhalten lassen, im Berliner Urgewächs **Diener** wird seit über 100 Jahren prima Hausmannskost auf den Tisch gebracht.

Essen und Trinken:

- **Paris Bar,** Kantstr. 152, Tel. 313 80 52, tgl. 12–2 Uhr.
- **Schwarzes Café,** Kantstr. 148, Tel. 313 80 38, tgl. rund um die Uhr.
- **Florian,** Grolmanstr. 52, Tel. 313 91 84, tgl. 18–3 Uhr.
- **Mar y Sol,** Savignyplatz 5, Tel. 313 25 93, tgl. ab 11.30 Uhr.
- **Gainsbourg,** Savignyplatz 5, Tel. 313 74 64, tgl. ab 16 Uhr, im Winter ab 17 Uhr.
- **Café Aedes,** Savignyplatz S-Bahn-Bogen 599, Tel. 31 50 95 35, Mo.–Fr. 8–0 Uhr, Sa./So. 9–0 Uhr.
- **XII Apostel,** Bleibtreustr. 49 (Savigny-Passage), Tel. 312 94 33, tgl. rund um die Uhr.
- **Terzomondo,** Tel. 881 52 61, Grolmanstr. 28, tgl. ab 18 Uhr.
- **Diener,** Grolmanstr. 47, 881 53 29, tgl. ab 17 Uhr.

Maison de France (40)

So lässt es sich herrlich vom Savignyplatz aus wieder zum Kurfürstendamm hinunter futtern. Wo die Grolmanstraße auf den Prachtboulevard stößt, bieten an der Südwestecke das Maison de France mit Kino, Buchhandlung und Veranstaltungsräumen viel **cultu-**

re française und nebenan die Nachkriegsbausünde **Ku'dammkarree (41)** in der „Komödie" und dem „Theater am Kurfürstendamm" vergnügliches Boulevardtheater.

Vom Zoo zum Schloss

Verkehrsanbindung

- U2 Ernst-Reuter-Platz ff.

Ernst-Reuter-Platz

Viele Wege führen **zum deutschen Versailles, dem Schloss Charlottenburg.** Einer von ihnen beginnt am Bahnhof Zoologischer Garten und geht über die Hardenbergstraße (rechter Hand nach der Fasanenstraße die Universität der Künste und Gebäude der Technischen Universität) zunächst zum nüchtern mit Büro- und Universitätshochhäusern nachkriegsgestalteten Ernst-Reuter-Platz. Bis 1954 nannte man den heute gewaltigen Verkehrskreisel schlicht „Knie", da man hier, auf der schnurgeraden Charlottenburger Chaussee von der Stadtmitte her, zum Schloss Charlottenburg hin einen Knick nach rechts machen musste, um von dort über die Otto-Suhr-Allee mit dem turmgekrönten Rathaus Charlottenburg (1899–1905) zum Luisenplatz vor dem Schloss zu gelangen.

Schiller-Theater (14) und Deutsche Oper (11)

Theaterbegeisterte bevorzugen vielleicht den Weg über die **Bismarckstraße.** An ihm liegen das 1950/51 von *Rudolf Grosse* und *Heinz Völker* erbaute Schillertheater, bis weit in die 1980er-Jahre eine der führenden deutschen **Sprechbühnen,** sowie der 1956–61 nach einem Entwurf von *Fritz Bornemann* errichtete **Betonklotz** der namhaften Deutschen Oper Berlin.

Schlossstraße

Verkehrsanbindung

- S Westend
- U2 Sophie-Charlotte-Platz
- Bus 145, 309

Hat man diese Strecke gewählt, geht es nach einer kleinen Wanderung über die vielspurige Bismarckstraße am U-Bahnhof Sophie-Charlotte-Platz rechts ihn die Schlossstraße hinein. Nach wenigen Metern erweitert sie sich zu einer zum Teil von repräsentativen **alten Bürgerhäusern** gesäumten Allee mit breiter Mittelpromenade, die bereits den Blick auf die barocke Kuppel des Schlosses freigibt.

Durstigen ist dort das **Gartenlokal Kastanie (9)** zu empfehlen, und wenn es ein bisschen feiner sein darf, kehrt man Schlossstraße/Ecke Christstraße in das Gault-Millau-gepriesene italienische **Feinschmecker-Ristorante Don Camillo (8)** ein.

Essen und Trinken:

- **Don Camillo,** Schlossstr. 7-8, Tel. 322 35 72, Mo.–Sa. 18–23.30 Uhr.
- **Kastanie,** Schlossstr. 22, Tel. 321 36 34, tgl. 10–2 Uhr.

Museen Charlottenburg

Kurz vor der Einmündung der Schlossstraße in den Spandauer

Museumsstandort Charlottenburg

- **Bröhan-Museum,** Kunsthistorische Sammlung Prof. *Karl Bröhans* mit Glas, Keramik, Gemälden, Möbeln des Jugendstil, Art Deco und Funktionalismus. Schlossstr. 1a, Tel. 32 69 06 00, Di.–So. 10–18 Uhr.
- **Gipsformerei,** Gipsabgüsse insbesondere von griechischen und römischen Skulpturen, Sophie-Charlotten-Str. 17/18, Tel. 326 76 90, Mo.–Fr. 9–16 Uhr, Mi. 9–18 Uhr.
- **Museum für Vor- und Frühgeschichte,** Im Langhansbau im Schloss Charlottenburg; über 100.000 Zeugnisse der vor- und frühgeschichtlichen Bewohner der Alten Welt, darunter als besondere Attraktion *Heinrich Schliemanns* Troja-Ausgrabungen. Tel. 32 67 48 40, Di.–Fr. 9–17 Uhr, Sa./So. 10–17 Uhr.
- **Sammlung Berggruen,** 1996 stellte *Heinz Berggruen* seine einzigartige Sammlung von Gemälden der klassischen Moderne Berlin zur Verfügung. Die über 150 Werke zählende und laufend ergänzte Sammlung „Picasso und seine Zeit" bildet einen Höhepunkt in der gesamten Berliner Museumslandschaft. Schlossstr. 1 (im Stülerbau), Tel. 326 95 80, Di.–So. 10–18 Uhr.

Damm eröffnet der Reigen des **Museumsstandortes Charlottenburg** mit westlich dem **Bröhan-Museum (6)** für Jugendstil, Art Déco und Funktionalismus sowie an der östlichen Straßenseite dem **Heimatmuseum Charlottenburg (7).** Dem Schloss zugewandt zieren die beiden identischen klassizistischen Palais' die Ecken zum Spandauer Damm, die der Schinkelschüler *August Stüler* 1851–59 als Offizierskasernen der königlichen Leibwache erbaute. Im westlichen **Stülerbau** hat die gefeierte **Sammlung Berggruen (5),** „Picasso und seine Zeit", ihr Zuhause gefunden, im östlichen Stülerbau war bis zum Umzug 2005 auf die Museumsinsel in Mitte das Ägyptische Museum mit der weltberühmten Büste der Nofretete zu sehen. Nach Abschluss der Renovierungsarbeiten wird dort 2007 die „Stiftung Sammlung Dieter Scharf zur Erinnerung an Otto Gerstenberg" mit Werken bedeutender Surrealisten einziehen.

Schloss Charlottenburg

Größter Publikumsmagnet ist das majestätische Schloss Charlottenburg, zu dem man 1695 den ersten Spatenstich unternahm. Ein Lustschloss für die Kurfürstin *Sophie Charlotte* sollte es werden, die Gemahlin Kurfürst *Friedrichs III.*, welcher sich später unter dem Namen *Friedrich I.* zum ersten „König in Preußen" krönte. In nur vierjähriger Bautätigkeit entstand nach Plänen *Johann Arnold Nehrings* die neue **Sommerresidenz der Kurfürstin,** die „Lietzenburg". In deren prunkvollen Sälen sammelte die ebenso kultivierte wie musikliebende, lebenslustige Frau bedeutende Künstler und Denker ihrer Zeit um sich.

Mit der Königskrönung 1701 genügte das kleine Barockschloss den zunehmend repräsentativen Ansprüchen nicht mehr und wurde unter Leitung des schwedischen Baumeisters *Eosander von Göthe* nach dem Vorbild von

335be Foto: jh

Versailles zu einem wahrhaft königlichen Domizil erweitert. Den Abschluss der ersten Ausbauetappe, 1712 mit der Orangerie, erlebte *Sophie Charlotte* jedoch nicht mehr. Als 37-Jährige verstarb sie bereits 1705, noch im gleichen Jahr wurde Schloss Lietzenburg zu ihrem Andenken in Charlottenburg umbenannt.

Insgesamt dauerten die Erweiterungsarbeiten bis 1790 an. Ständig wurde unter den Baumeistern *Knobelsdorff* und *Langhans* irgendwo geklopft und gewerkelt – allein einen halben Kilometer ist die Frontfassade des Schlosses lang –, so dass *Napoleon*, als er 1806 in Berlin einmarschierte, entzückt ausrufen konnte: „Hier finde ich Versailles wieder."

Im Zweiten Weltkrieg fiel der imposante Prunkbau Bomben zum Opfer und wurde später nach den Originalplänen wieder aufgebaut. Auch das Reiterstandbild des Großen Kurfürsten im Ehrenhof vor dem Schloss, 1703 von *Andreas Schlüter* geschaffen, ist längst restauriert. Nach dem gescheiterten Versuch es während des Kriegs in Sicherheit zu bringen, musste es 1950 zunächst aus dem Tegeler See gefischt werden.

Im Inneren birgt das Schloss neben den **historischen königlichen Repräsentationsräumen** und Gemächern das mit wertvollem ostasiatischem Porzellan ausgeschmückte **Porzellankabinett,** die **Bibliothek Friedrichs II.,** die **Chinesische Galerie,** das **Muse-**

um für Vor- und Frühgeschichte (2) und vieles andere mehr. Höhepunkte der Schlossbesichtigung sind der eindrucksvolle Speise- und Thronsaal *Friedrichs II.*, der **Weiße Saal,** und die 42 Meter lange **Goldene Galerie,** die zu den prachtvollsten Rokokosälen in Deutschland zählt.

- **Schloss Charlottenburg,** Spandauer Damm 20-24, Tel. 32 09 14 40; Altes Schloss tgl. 9–17 Uhr, Neuer Flügel Apr.–Okt. Di.–So. 10–17 Uhr, im Winter Di.–So. 11–17 Uhr.

Schlosspark

Hinter dem Schloss schließt sich nordwärts zur Spree ein zierreicher **Barockgarten** mit Springbrunnen und Fontänen an, eine Rekonstruktion des ursprünglichen Gartens, wie er einst für *Sophie Charlotte* angelegt wurde. Die übrige Fläche des insgesamt 52 Hektar großen Schlossparks folgt der Umgestaltung *Peter Joseph Lennés* von 1816 im Stil eines englischen Landschaftsparks.

Wer Porzellanfiguren liebt, dem werden die Augen übergehen, wenn er das 1788 von Baumeister *Langhans* errichtete **Belvedere** im nordöstlichen Schlosspark besucht. Einige hundert der wertvollsten Stücke aus Berliner Manufakturen sind hier ausgestellt.

In dem von Schinkel im klassizistischen Stil errichteten **Pavillon,** dem ehemaligen Sommerhaus, vermitteln die ausgestellten Möbel, Bilder und Skulpturen einen Eindruck vom Lebensstil des frühen 19. Jahrhunderts.

Im 1810–12 im Park als Tempel erbauten **Mausoleum** ruhen *Königin Luise, König Friedrich Wilhelm III., Prinz Albrecht*, die *Fürstin Liegnitz, Kaiser Wilhelm I.* und seine Gemahlin *Augusta*.

Vor der Orangerie wartet das **Restaurant Kleine Orangerie** mit delikatem elsässischen Flammkuchen auf, für den großen Bierdurst bietet sich am Luisenplatz östlich vom Schloss eine Einkehr im **Luisenbräu** an, das zu lecker Deftigem selbstgebrauten Gerstensaft ausschenkt.

- **Belvedere,** Apr.–Okt. Di.–Fr. 12–17 Uhr, Sa./So. 10–17 Uhr, Winter Di.–So. 12–16 Uhr.
- **Schinkel-Pavillon,** Di.–So. 10–17 Uhr.
- **Mausoleum,** Apr.–Okt. Di.–So. 10–17 Uhr.

Essen und Trinken:

- **Kleine Orangerie,** Schloss Charlottenburg, Tel. 322 20 21, tgl. 10–21 Uhr, bei Terrassenwetter bis 0 Uhr.
- **Luisenbräu,** Luisenplatz 1, Tel. 341 93 88, tgl. ab 9 Uhr.

Messe- und Olympiagelände

Verkehrsanbindung

- S Messe Nord/ICC

Hatte man früher, zu Mauerzeiten, bei der Rückkehr nach Westberlin mühselig den DDR-Transit- und Grenzkontrollpunkt Dreilinden passiert, tauchte am Horizont schließlich die Spitze des Funkturms am Messegelände auf und bald darauf das silberglänzende Raumschiff des Internationalen Kongresszentrums – dann war das das untrügliche Zeichen: Wieder daheim!

Avus

1921 wurde die Avus (**Automobil-, Verkehrs- und Übungsstrecke,** heute

Autobahn) als **erste Autorennstrecke** Deutschlands eingeweiht. An der **Nordkurve** - bis zu ihrer Entschärfung 1967 eine der berüchtigtsten Schikanen auf deutschen Rennstrecken - blieb eine Zuschauertribüne erhalten.

Funkturm

Anlässlich einer Automobilausstellung entstanden Anfang der 1920er-Jahre auch die ersten Messehallen, über denen man 1924–26 nach Plänen von *Heinrich Straumer* den **kleinen Bruder des Eiffelturms,** den Funkturm, errichtete - von den Berlinern zärtlich **„langer Lulatsch"** genannt. 150 Meter ragt seine Stahlgitterkonstruktion in den Himmel hinauf, von der **Aussichtsplattform** in immer noch stolzen 124 Meteren Höhe genießt man einen atemberaubenden Panoramablick über das steinerne Berliner Häusermeer und im Westen das glitzernde blaue Band der Havelseen. In 51,5 Metern ü. N. N. bietet das Funkturm-Restaurant mit Neuer Deutscher Küche kulinarische Leckereien.

- **Funkturm,** Masurenallee 14, Tel. 30 38 19 05, Di.–So. 10–23 Uhr, Mo. 10–21 Uhr.

Essen und Trinken:
- **Funkturm-Restaurant,** Tel. 30 38 229 00, Di.–So. 11.30–23 Uhr, Küche 12–17 und 18–22 Uhr.

ICC und Haus des Rundfunks

Die ältesten noch bewahrten Hallen auf dem Messegelände stammen aus den 1930er-Jahren, ebenso wie das elegante **Palais am Funkturm** am Eingang Masurenallee, neben dem sich östlich der 1973–79 erbaute, silberne Koloss des **Internationalen Kongresszentrums (ICC)** erhebt. Gegenüber dem Palais bietet das Haus des Rundfunks an der Masurenallee ein schönes Beispiel für den kühlen, sachlichen und doch ausdrucksstarken Stil, in dem die fortschrittlichsten Architekten der 1920er- und 30er-Jahre ihre Bauten entwarfen. Der Sitz des ehemaligen Sender Freies Berlin und heutige **Hauptstadtstandort des RBB** (Rundfunk Berlin Brandenburg) stammt aus der Feder von *Hans Poelzig* und wurde 1929–31 als erstes deutsches Rundfunkhaus errichtet. Mit einer Bauzeit von 1961 bis 1971 kam zusätzlich für den Fernsehbetrieb ein Hochhaus am Theodor-Heuss-Platz hinzu.

Olympiagelände

Verkehrsanbindung
- U2 Olympia-Stadion

Vom Theodor-Heuss-Platz sind es nur zwei U-Bahn-Stationen zum Olympiagelände, dem einzigen heute insgesamt erhaltenen **Zeugnis nationalsozialistischer Bauweise** in Berlin. Für die Olympischen Spiele 1936 entstanden auf dem 131 Hektar großen „Reichssportfeld"-Areal innerhalb von zwei Jahren Olympiastadion, Eishockey- und Reitstadion, Schwimmhalle, Tennisplätze, das Maifeld mit Tribüne, Sportforum und Waldbühne. Die Entwürfe stammten ursprünglich von *Werner March*; *Hitler* und sein Architekt *Speer* wandelten sie jedoch ins Monumentale ab, um ihrer Vorstel-

336be Foto: ki

Funkturm und
Internationales Congress Zentrum (ICC)

lung von einer „unbezwingbaren Kraft der deutschen Rasse" Ausdruck zu verleihen.

Im Zentrum der sportlichen Wettkämpfe stand und steht immer noch das **Olympiastadion** mit seinem aus zwei 35 Meter hohen Türmen bestehenden, die fünf olympischen Ringe tragenden Olympischen Tor. Nach mehrfachen Umbauten (1966 die Installation einer Flutlichtanlage, 1974 eine Teilüberdachung), wurde die Sportarena bei laufendem Spielbetrieb zuletzt 2000–2004 nach Plänen der Hamburger Architekten *Gerkan, Marg und Partner* denkmalgerecht saniert, modernisiert und mit einem neuen Dach – eine Stahlkonstruktion mit lichtdurchlässiger Membran – versehen.

An veranstaltungsfreien Tagen kann das Stadion besichtigt werden, **Info-Hotline für Besichtigungen und Führungen:** 25 00 23 22.

Westlich dehnt sich hinter dem Stadion die riesige Rasenfläche des **Maifeldes** aus. Das vom 78 Meter hohen **Glockenturm,** ehemals „Führerturm", westlich abgeschlossene Terrain wurde als Aufmarschgelände geplant und war nach dem Krieg britisches militärisches Sperrgebiet, auf dem man Polo-Turniere bestritt und die alljährliche Geburtstagsparade zu Ehren der englischen Königin abhielt.

Waldbühne

Im Amphitheater der nahe dem Glockenturm ins Grüne gebetteten Waldbühne wurde während der Olympiade 1936 geturnt und geboxt, in den 60er-Jahren versetzten die Rolling Stones ihr Publikum derart in Begeisterung, dass es die gesamte Anlage auseinandernahm. Heute geht es in der schönen Jahreszeit zu den **klassischen und rockigen Open-Air-Konzerten** wieder friedlich zu.

Prenzlauer Berg

Verkehrsanbindung

- U2 Senefelderplatz u. Eberswalder Straße

Zugereiste, Neuankömmlinge und Gäste werden von den „Prenzl'bergern" daran erkannt, dass sie zumeist „am Prenzlauer Berg" oder gar „auf dem Prenzlauer Berg" sagen, wo es doch – wie benachbart *im* Wedding – korrekt **„im Prenzlauer Berg"** heißt, zumal es überhaupt keinen Berg gibt. Die harmlose Steigung, die vom Berliner Urstromtal, in dem Mitte liegt, auf die Barnim-Hochfläche mit dem Prenzl'berg führt, ist diese Bezeichnung zumindest nicht wert.

Also: *Im* Prenzlauer Berg gibt es kein Zentrum und kaum eine kunst- oder kulturhistorisch herausragende Sehenswürdigkeit. Der Bezirk entwickelte sich wie die anderen **Arbeiterviertel,** die nach der Reichsgründung im letzten Drittel des 19. Jahrhunderts entstanden und einen Gürtel von trostlosen Mietskasernen um die damalige Reichshauptstadt legten. Wie im Nachbarbezirk, dem „Roten Wedding", wurde auch im Prenzl'berg traditionell links gewählt.

Zu DDR-Zeiten befand sich hier mit Schwerpunkt rund um die Gethsemane-Kirche nahe U- und S-Bahnhof Schönhauser Allee eines der wesentlichen Zentren der **künstlerisch-intellektuellen Opposition.** In den zerbröckelnden Gründerzeitbauten mit Schimmelpilz-Außentoilette auf halber Treppe lebte und wirkte die Avantgarde der sozialistischen deutschen Republik. *Jurek Becker* und *Manfred Krug, Heiner Müller, Christa Wolf, Stephan Hermlin* und viele weitere namhafte Schauspieler, Kunst- und Literaturschaffende der DDR hatten im Prenzlauer Berg ihre Heimat. An ihren Mythos knüpfte nach der Wende eine alternative junge Kulturszene an. Sie ließ sich in den heruntergekommenen Wohnungen nieder, schweißte schräge Skulpturen zusammen, malte schrullige Bilder, machte Musik und verfasste Gedichte und trug so zum neuen, postwendisch schillernden Image des Prenzl'bergs bei.

Unterdessen hat sich das kreative Geschehen überwiegend nach Mitte bzw. zurück nach Kreuzberg verlagert, und auch die schummrigen Bierschwemmen, rauchwabernden Eckkneipen oder revolutionären Trash-Lokalitäten, die dem Bezirk einst den Ruf des „Kreuzbergs des Ostens" eintrugen, gibt es nicht mehr. In den 1990er Jahren wurde der Prenzlauer Berg zum

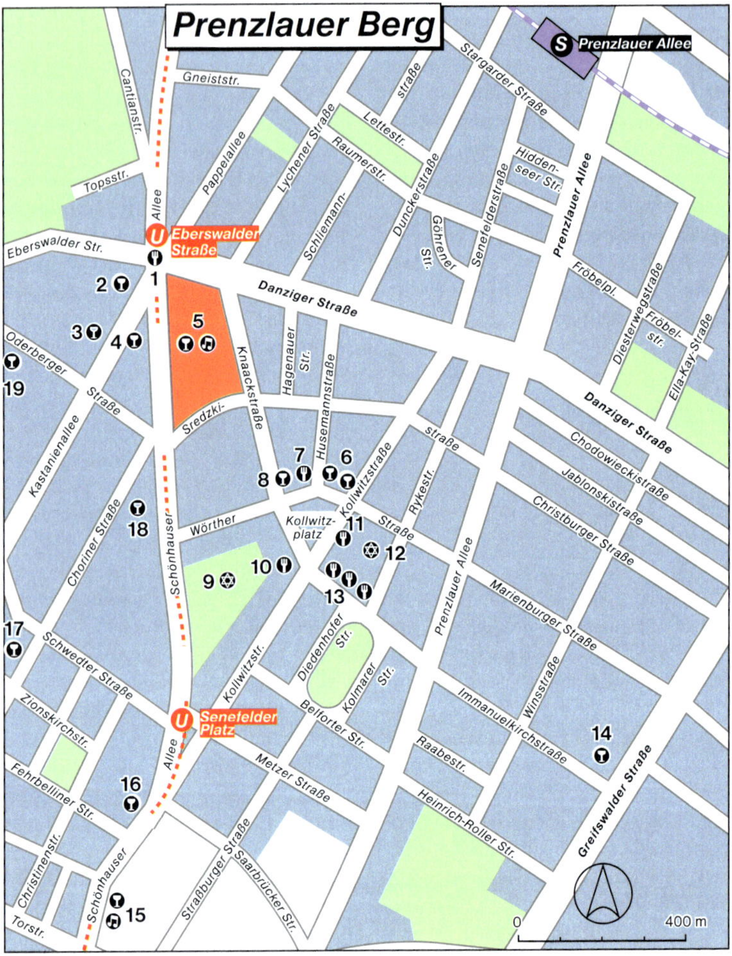

größten Flächensanierungsgebiet Berlins, wobei die Faustregel galt: Aus jedem sanierten Haus fliegt die Eckkneipe raus und eine Gastronomie mit gehobener Küche und in Schwämmchentechnik gestalteten Wänden zieht ein.

So ist Prenz'lberg heute zur beliebtesten Wohnadresse der „Bobos" (Bourgeois Bohemiens) geworden.

Einst konsumorientiert und partyverzückt, schicken sie sich als erfolgreiche Thirtysomethings nun an, das demografische Loch zu stopfen. Von 2000 bis 2004 ist die Geburtenrate um ein Viertel gestiegen, womit der Bezirk den **höchsten Babyzuwachs** nicht nur Berlins, sondern **ganz Deutschlands verzeichnet.** Der Buggy löst den Cabrio als Statussymbol ab, und wo noch vor kurzem sorgfältig gekleidete „Dinks" (Double Income no Kids) das Straßenbild dominierten, sitzen jetzt trendy Eltern mit ihren tauffrischen Erben in den Cafés.

Beliebteste Tummelplätze für die Flaneure und Szenegänger, Frühstücker, Leckermäuler und Bar-Hocker sind die **Kastanienallee,** der **Kollwitzplatz** und der **Kiez am Wasserturm.** Auf der Sonnenseite der Knaackstraße haben sich an letzterem Ort zwischen Diedenhofer und Kolmarer Straße eine ganze Reihe Frühstückscafés und Speisegaststätten niedergelassen.

1	Konnopkes Imbiss
2	Prater (Biergarten, Live-Konzerte u.Ä.)
3	Schwarz-Sauer
4	An einem Sonntag im August
5	Kulturbrauerei, Kesselhaus, Soda Club, Alte Kantine
6	jj's und KollBerg 35
7	Restauration 1900
8	Santiago Bar
9	Jüdischer Friedhof
10	Gugelhof
11	Istoria
12	Synagoge
13	Anita Wronski, Pasternak, Gagarin
14	Knaack-Klub (Kneipe, Tanzclub)
15	White Trash Fast Food
16	8mm Bar
17	Choriner Eck
18	Freizeitheim und nbi (neue berliner initiative)
19	Razzia in Budapest

Essen und Trinken:

- **Gagarin,** Knaackstr. 24, Tel. 442 88 07. Russische Küche von Frühstück bis nachts über Blinis und Borschtsch bis Pelmenis, dazu Moskwa-Flaschbier, Moskovskaya und sowjetische Heldenmalerei, Apr.–Sept. tgl. ab 9 Uhr, sonst tgl. ab 10 Uhr.
- **Pasternak,** Knaackstr. 22, Tel. 442 88 07. Restaurantkneipencafé mit russischer Küche und dienstags, donnerstags, samstags russischer Livemusik, tgl. ab 12 Uhr.
- **Anita Wronski,** Knaackstr. 26, Tel. 442 84 83. Zweites Wohnzimmer von morgens Brunch bis Hochgeistiges nachts, auch herrlich zum Draußensitzen, da mit der längsten Sonnenbestrahlung von allen Kneipen am Wasserturm.

Synagoge (12)

Um die Ecke befindet sich am Anfang der Rykestraße eine kleine Synagoge. Nach ihrer **Schändung 1938 in der Reichskristallnacht** wurde sie 1953 rekonstruiert und diente bis zur Wiedervereinigung als Hauptsynagoge der jüdischen Gemeinde Ostberlins.

Jüdischer Friedhof (9)

Äußerst sehenswert ist der Jüdische Friedhof nahebei. Hier liegen auf dem 1827 geweihten Gottesacker der Komponist *Giacomo Meyerbeer* (1791–1864) und der Maler *Max Liebermann* (1847–1935). Männliche Besucher müssen zur Besichtigung eine Kopfbedeckung tragen.

- **Jüdischer Friedhof,** Eingang Schönhauser Allee 23-25, Mo.–Do. 8–16, Fr. 8–13 Uhr.

Kollwitzplatz

Am vornehmen Kollwitzplatz ist eine europäische **Schlemmermeile** entstanden: Deutsch, Italienisch, Spanisch oder auch alles kunterbunt durcheinander, wie es das Istoria drinnen mit Fresken und draußen mit Bierbänken serviert. Elsässisches bietet der Gugelhof, der trotz mäßiger Küche nicht unerwähnt bleiben darf, da er seit dem Gipfel-Diner *Gerhard Schröder/Bill Clinton* im Jahr 2000 in aller Munde ist.

Donnerstags 12–19 Uhr und samstags 9–16 Uhr findet auf dem Kollwitzplatz ein **Ökomarkt** statt, unter den sich gelegentlich selbst die bundesbekannte, im Prenzl'berg ansässige Polit- und Kulturprominenz mischt.

Essen und Trinken:

- **Istoria,** Kollwitzplatz 4, Tel. 44 05 02 08. Gemischte Gerichte in hübschem Ambiente, tgl. 10–1 Uhr.
- **Gugelhof,** Knaackstr. 37, Tel. 442 92 29. Passable elsässische Küche, seit dem Treffen *Schröder/Clinton* im Jahr 2000 en vogue, tgl. 10–1 Uhr.
- **jj's,** Husemannstr. 2, Tel. 44 04 67 74. Frühstück bis 17 Uhr, außerdem leichte neu internationale Speisen und freitags, samstags ab 21 Uhr Jazz live.
- **KollBerg35,** Wörtherstr. 35, Tel. 81 79 86 85. Schön zum draußen in der Sonne Sitzen, vor allem wenn Ökomarkt ist, tgl. ab 10 Uhr.
- **Restauration 1900,** Husemannstr. 1, Tel. 442 24 94. Wechselnde kulinarische Angebote von „Damals" deftig berlinisch bis „Heute" neu international, tgl. ab 10 Uhr.
- **Santiago Bar,** Wörther Str. 36, Tel. 441 25 55. Coole Drinks im kühlen Rahmen, tgl. ab 18 Uhr.

In der früheren Weißenburger Straße, heute Knaack-/Ecke Kollwitzstraße, lebte mit ihrem Mann, dem Armenarzt *Karl Kollwitz,* die Bildhauerin **Käthe Kollwitz** (1867–1945), die dem Platz ihren Namen schenkte.

Husemannstraße

Nördlich mündet die Husemannstraße ein, die 1984–87 zur 750-Jahr-Feier Berlins von der DDR vorzeigemäßig in Form gebracht wurde. Eine **stuckverzierte, entzückende Bilderbuchidylle** entstand mit nostalgischen Kramläden, Antiktrödeln und Gaslaternen, der restliche Kiez war zum Abbruch vorgesehen, für den zum Glück jedoch kein Geld mehr vorhanden war.

Mittlerweile befindet sich in der Husemann- wie auch der sie kreuzenden

Käthe-Kollwitz-Skulptur

091be Foto: kj

Sredzkistraße eine weitere spannende Lokal-Parade. Den Einrichtungen rund um den Kollwitzplatz steht sie nicht nach und wird nur noch getoppt von der Kulturbrauerei.

Kulturbrauerei (5)

Über das gesamte Areal zwischen Schönhauser Allee, Sredzki-, Knaack- und Danziger Straße dehnt sich das Gelände der **ehemaligen Schultheiß-Brauerei** aus, heute die Kulturbrauerei (Eingänge Danziger Straße und Sredzkistraße). Neben einem Lebensmitteldiscounter und einem Multiplexkino sind dort ein kleiner Biergarten sowie eine Uptodate-Bierterrasse in der ehemaligen Fassbier-Ladehalle untergebracht, außerdem Kleinkunstbühnen sowie eine Konzerthalle im alten Kesselhaus und darüber hinaus zwei der fashionablest **Tanzclubs** Berlins, der Soda Club und die Alte Kantine.

Ein kulinarisches Urgestein, das sich nicht nur aus alten DDR-Zeiten hinüberrettete, sondern an Beliebtheit manche heutigen Gourmet-Tempel um Längen schlägt, ist **Konnopkes Imbiss** unter der Hochbahn mitten auf der verkehrsumtosten Kreuzung am U-Bahnhof Eberswalder Straße. Biergartenatmosphäre verströmt, wenige Schritte in die Kastanienallee hinein, der 1852 als erster Bierausschank damals weit vor den Toren der Stadt eröffnete Prater. Gegenüber wartet das Szenecafé An einem Sonntag im August mit großem Berliner

Buffet von Schrippe bis Boulette und abends mit Lesungen oder Livemusik; und zwei, drei Spazierminuten südlich in die Kastanienallee hinein lässt es sich in der Kneipe Schwarz-Sauer prima abstürzen.

Essen und Trinken:
- **Konnopkes Imbiss,** Schönhauser Allee 44a, Mo.–Fr. 5.30–20 Uhr, Sa. 12–18.30 Uhr.
- **Prater,** Kastanienallee 7-9, Tel. 448 56 88, Mo.–Sa. ab 18 Uhr, So. mit Frühstück ab 10 Uhr.
- **An einem Sonntag im August,** Kastanienallee 103, Tel. 44 05 12 28, tgl. ab 9 Uhr.
- **Schwarz-Sauer,** Kastanienallee 13, Tel. 448 56 33, tgl. ab 8 Uhr.

Friedrichshain

Verkehrsanbindung
- U5 Strausberger Platz ff.

Karl-Marx-Allee

Sehenswert im Arbeiterbezirk Friedrichshain ist die denkmalgeschützte Karl-Marx-Allee. 1952/53 wurde diese 2,5 Kilometer lange, 90 Meter breite Magistrale nach dem Vorbild der Sowjetunion **im stalinistischen Zuckergussstil** errichtet. Schon im Dezember 1949 hatte man die ehemalige Frankfurter Allee in Stalinallee umgetauft, und der spätere Chef- und DDR-Stararchitekt *Hermann Henselmann* setzte mit dem **Hochhaus an der Weberwiese** ein erstes Zeichen für den Wiederaufbau. Aus den Trümmern des nahezu ausradierten Bezirks wuchs binnen 121 Tagen das 40 Meter hohe Komfortwohnhaus mit Zentralheizung, fließend warmem Wasser, Fahrstuhl und Müllschlucker empor; ein Vorzeigeobjekt, für das sich die Mieter verpflichteten, ein Jahr lang ihre Wohnungen Neugierigen aus aller Welt offen zu halten.

1952 begann im Rahmen des **„Nationalen Aufbauprogramms Hauptstadt Berlin"** die Enttrümmerung der Gegend und der Bau der sieben- bis neungeschossigen, kachelverkleideten Wohnhäuser im Großmaßstab. Das „Schaufenster des Ostens" wurde von so genannten „Aufbauhelfern" errichtet – Frauen sowie zahlreiche Werktätige, die nach der Arbeit noch drei „Aufbaustunden" anhängten. Noch im Dezember 1952 konnten die ersten 148 von insgesamt 5000 Wohnungen bezogen werden, 40 Prozent davon wurden unter den verdientesten Helfern verlost.

Dass ursprünglich eine andere Bebauung vorgesehen war – eine „Wohnzelle Friedrichshain" nach Vorstellungen *Hans Scharouns* – demonstrieren die beiden **Laubenganghäuser** Nr. 102/104 und 126/128 des Kollektivs *Ludmilla Herzenstein* kurz vor dem Frankfurter Tor. Da im April 1950 jedoch eine SED-Delegation zu Studienzwecken in die UdSSR gereist war, blieben sie gemäß der von dort importierten „Sechzehn Grundsätze des Städtebaus" einsame Prediger in der Städtebauwüste.

Strausberger Platz

Am 17. Juni 1953 waren es die Bauarbeiter am Strausberger Platz, die wegen einer Arbeitsnormerhöhung in den Ausstand traten. In rasantem Tempo wuchs sich der Streik zum DDR-weiten Volksaufstand aus, den sowjetische Panzer niederkämpften. Das mit den Hausnummern 10-14 als europäisches Kulturdenkmal geschützte Rondell des Strausberger Platzes wird von den beiden 13-geschossigen Hochhäusern „Haus Berlin" und „Haus des Kindes" überragt.

Frankfurter Tor

Dieses Gestaltungsprinzip wird von den beiden 1960 fertig gestellten, mit ihren Kuppeln weithin sichtbaren Hochhäusern von *Hermann Henselmann* am Ostende der Karl-Marx-Allee am Frankfurter Tor wiederholt. Ende 1961 wurde die Stalin-Allee in Karl-Marx-Allee umbenannt, wie sie bis heute heißt.

Volkspark Friedrichshain

Verkehrsanbindung

- S Landsberger Allee
- Bus 200, 240
- Tram M4, M5, M6, M8, M10

Wenige Schritte nördlich der großen Magistrale beginnt der Volkspark Friedrichshain. Im gewissen Sinne ist er der Gegenentwurf zum vornehmen Tiergarten. 1840 kam die Berliner Gemeindeverwaltung anlässlich des hundertjährigen Jubiläums der Thronbesteigung *Friedrichs des Großen* überein, auf einer Brachfläche östlich vom Alexanderplatz eigens für die Stadtbevölkerung einen Park anzulegen. Nicht nur zum Anschauen und Promenieren sollte er dienen, sondern vor allem benutzbar sein. Mit dem Projekt bedachte man den *Lenné*-Schüler und späteren Berliner Stadtgartendirektor *Gustav Meyer* (1816–77), der daraufhin auf vierzig Hektar den Friedrichshain einrichtete – den ersten und damit **ältesten der zahlreichen Berliner Volksparks.**

Seit seiner Eröffnung 1846 steht der Großvater unter den Volksparks Groß und Klein zur Erholung oder aktiven Freizeitgestaltung zur Verfügung. 1913 gesellte sich zum ursprünglichen Park-Meublement der von *Ludwig Hoffmann* am Eingang Königstor erbaute **Märchenbrunnen** hinzu – ein Entree mit fontänenspuckenden Froschkönigen und anderen Tierfiguren und Szenen aus den Märchen der Brüder Grimm. Um die Aussicht auf die Dächer Berlins zu genießen, geht es auf den 78 Meter hohen **Großen Bunkerberg** hinauf, der wie sein kleiner Bruder, der **Kleine Bunkerberg** im Nordosten des Parks, keine natürliche Erhebung ist, sondern aus Trümmermassen des Zweiten Weltkriegs über einem gesprengten Bunker auftürmt wurde. Für Speis' und Trank im Volksgarten sorgt das Café Schönbrunn mit wechselnder Tageskarte, Abendkarte und Biergarten mit Blick auf die Entchen im Großen Teich.

Essen und Trinken:

- **Café Schönbrunn,** Im Volkspark Friedrichshain, Tel. 46 79 38 93, tgl. 10–1 Uhr.

- 1 Henne
- 2 Würgeengel
- 3 Möbel Olfe
- 4 Hasir
- 5 Bierhimmel
- 6 Molotow-Cocktail, Roses, SO36
- 7 Bateau Ivre
- 8 Rote Harfe
- 9 Amrit
- 10 Defne
- 11 Ankerklause
- 12 Café am Ufer
- 13 Wild at Heart
- 14 Madonna
- 15 Morena-Bar
- 16 Heinz Minki
- 17 Freischwimmer
- 18 Club der Visionäre
- 19 Yaam-Club und Badeschiff, Arena
- 20 Hoppetosse
- 21 Mysliwska, Watergate
- 22 San Remo Upflamör
- 23 Q3A
- 24 Fritz Fischer
- 25 Matrix
- 26 Narva Lounge
- 27 Eastern Comfort Hostelboat
- 28 Abendmahl
- 29 Europabar am Oststrand
- 30 Fritzclub im Postbahnhof
- 31 Berghain
- 32 Zum Feuermelder
- 33 Alarabi Lounge
- 34 Volckswirtschaft
- 35 Himmelreich
- 36 Paule's Metal Eck
- 37 Astro-Bar
- 38 Dachkammer
- 39 Frittiersalon

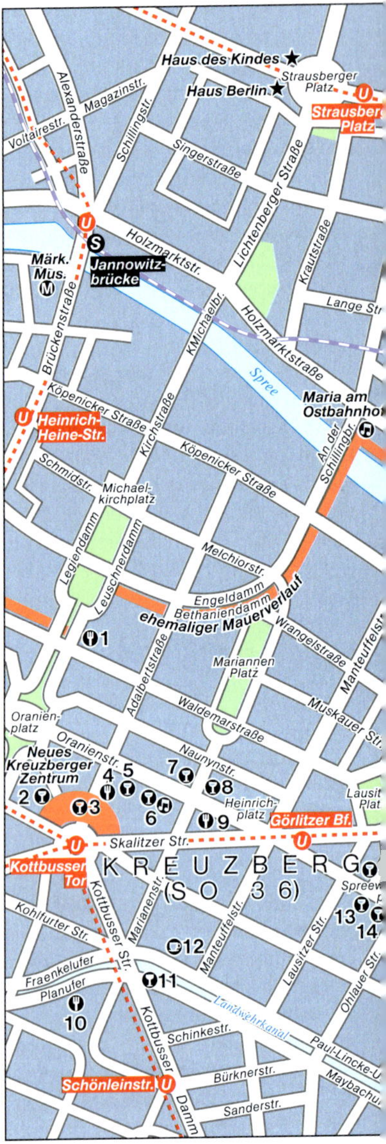

Friedrichshain – Kreuzberg (SO 36)

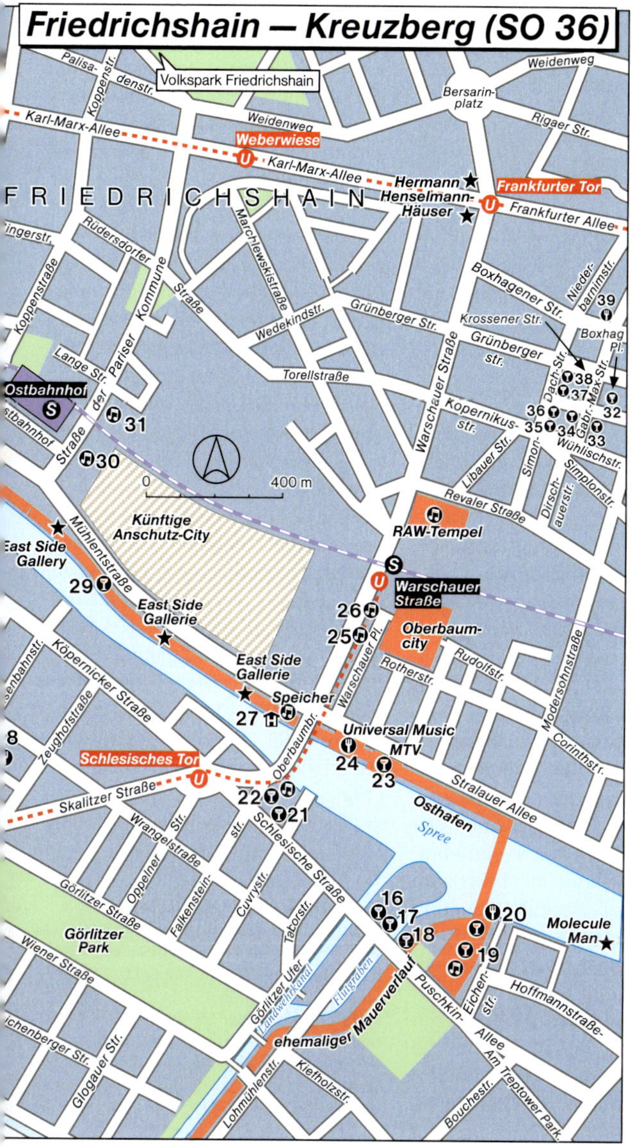

Friedl'hain

Verkehrsanbindung

- S und U1 Warschauer Straße
- U5 Samariterstraße
- Tram M10

Südöstlich der Karl-Marx-Allee dehnt sich im Altbaukiez zwischen Warschauer Straße, Ringbahngleisen und Oberbaumbrücke einer der **Shootingstars der Berliner Gastwirtschaftswelt** aus. Rund um den Boxhagener Platz, in der Grünberger, der Krossener und der Gabriel-Max-Straße sowie allen voran in der Simon-Dach-Straße drängeln sich Haus an Haus Cafés, Pubs, Kneipen, Bars, Clubs, Restaurants. Wo in manchem noch unsanierten Gründerzeitdomizil entlang der kopfsteingepflasterten Sträßchen noch Anderthalbzimmerwohnungen für 300 Euro zu mieten sind (mit Ofenheizung, versteht sich), zieht es gerne Studenten hin. **Rund um den Boxhagener Platz** ist also Friedl'hain, wie die angehenden Akademiker ihr Viertel liebevoll nennen. Hier ist der Tante-Emma-Laden ein „Kiezladen" und vertreibt bis spät in die Nacht vornehmlich Geistiges, wartet die Eckkneipe „Feuermelder" mit Poolbillard auf und serviert man neben Pizza und Pasta Global Food von Arabisch bis Yogi-Snack. Sogar ein besetztes Haus gibt es noch. Second-Hand-Shops sorgen fürs Outfit und Headshops für die geistige Dröhnung, Tortillas und Empanadas konkurrieren mit Thai-Küche, russischen Plinsen und italienischem Eis, und südindische vegetarische Spezialitäten treten gegen die handgeschnitzten Pommes vom brandenburgischen Biobauern im „Frittiersalon" an. In der **Simon-Dach-Straße** wartet inmitten des enormen Gastronomie-Defilees die „Astro-Bar" mit spaceigem Styling und kosmischem Diedschäjing auf, daneben lädt fast wie daheim die gemütliche „Dachkammer" ein (mit Cocktail-Ausguck-Balkon im ersten Stock), und dreimal eingekehrt weiter zieht man ins schwullesbische „Himmelreich" ein. Dazu dröhnt Simon-Dach-, Ecke Krossener Straße „Paule's Metal Eck" (mit ordentlich Bier zur Bulette), die „Volckswirtschaft" wenige Schritte entfernt serviert Best Beer für kleinste Geldbeutel, während die „Alarabi Lounge" nahebei orientalische Wasserpfeifendüfte verströmt. Konzertiert, gelesen, Theater gespielt oder mit Roots Reggae Dub und Elektrobüffet Party gefeiert wird unmittelbar vor den Ringbahngleisen in der Revaler Straße im „RAW-Tempel" – einst das Gelände der „Königlich Preußischen Eisenbahnwerkstatt" und 1920, nach Gründung der Deutschen Reichsbahn, in „Reichsbahnausbesserungswerk Berlin Revaler Straße" umbenannt.

Essen, Trinken und Unterhaltung:

- **Frittiersalon,** Boxhagener Str. 104, Mo. ab 18 Uhr, Di.–Fr. ab 12 Uhr, Sa./So. ab 13 Uhr.
- **Zum Feuermelder,** Krossener Str. 24, Tel. 97 00 20 86, Mo.–Sa. ab 15 Uhr, So. ab 10 Uhr.
- **Alarabi,** Krossener Str. 19, Tel. 460 32 50, Mo.–Do./So. 10–0 Uhr Fr./Sa. 10–1 Uhr.
- **Volckswirtschaft,** Krossener Str. 17, Tel. 29 00 46 04, Mo.–Sa. ab 18 Uhr, So. ab 11 Uhr.
- **Astro-Bar,** Simon-Dach-Str. 40, tgl. ab 18 Uhr.

215be Foto: kj

- **Dachkammer,** Simon-Dach-Str. 39, Tel. 296 16 73, Mo.–Fr. ab 12 Uhr, Sa./So. ab 10 Uhr.
- **Paule's Metal Eck,** Simon-Dach-Str. 38, Tel. 291 16 24, tgl. ab 12 Uhr.
- **Himmelreich,** Simon-Dach-Str. 36, Tel. 29 36 92 29, Mo.–Fr. ab 18 Uhr, Sa./So. ab 14 Uhr.
- **RAW-Tempel,** Revaler Str. 99, Mo.–Fr. 10–1 Uhr, Sa./So. 9.30–1 Uhr, Veranstaltungen ab 20 Uhr.

East Side Gallery

Oberbaum City

Verkehrsanbindung

- S und U1 Warschauer Straße

Jenseits der Gleise, südlich auf der Halbinsel Stralau gelegen, wurde das alte Osram- bzw. zu DDR-Zeiten Narva-Fabrikgelände detailgetreu restauriert und beherbergt heute auf über 80.000 Quadratmetern von Internetfirmen bis Werbeagenturen allerlei **Kreativschmieden.** Dresscode ist obligatorisch, insbesondere wochenends nachts, wenn man in die schicken Clubs „Matrix" und „Narva Lounge" vorgelassen werden will.

Unterhaltung:
- **Matrix,** in den U-Bahnbögen am Warschauer Platz 18, Mi., Fr., Sa. ab 22 Uhr.
- **Narva Lounge,** in den U-Bahnbögen am Warschauer Platz 18, Fr./Sa. ab 23 Uhr.

Essen und Trinken:
- **Fritz Fischer,** Stralauer Allee 1, Kantine Mo.-Fr. 12-15 Uhr, Restaurant tgl. ab 18.30 Uhr.
- **Q3A,** Stralauer Allee 2, Tel. 29 35 29 14, tgl. ab 10 Uhr.

Osthafen – Friedrichshainer Ufer

Von Oberbaum City ist es ein Katzensprung zur Oberbaumbrücke mit Osthafen und East Side Gallery. Den 1929 errichteten Eierspeicher unmittelbar östlich der Brücke, wo bis 1994 noch über fünfzig Millionen Eier lagerten, hat nach seiner Komplettsanierung und zeitgenössischen Ausstaffierung 2002 der Konzern **Universal Music** bezogen. Zwei Jahre später folgte ihm die Europazentrale des **Musiksenders MTV,** der seinen Hauptsitz von der Isar an den Berliner Osthafen verlegte, in eine ehemalige Lagerhalle in direkter Nachbarschaft zur Universal-Zentrale.

Am Hafen spielt also wieder Musik, und auch an das leibliche Wohl ist gedacht: Mittags für Mitarbeiter wie Musiker, Kreative und Publikum öffentliche Universal-Kantine, verwandelt sich „Fritz Fischer" täglich ab 18.30 Uhr in ein erlesenes Restaurant. Man diniert international verfeinerte deutsche Gerichte, entweder drinnen, umgeben von funktionaler Ästhetik, oder draußen auf der Spreeterrasse, mit herrlichem Blick über Oberbaumbrücke und Osthafen. Gleich nebenan im MTV-Gebäude hat das retrodesignte „Q3A" (Q3A hieß eine DDR-Plattenbauserie) für Sonnenanbeter Liegestühle mit Spreeblick auf der Terrasse platziert, dazu morgens Frühstücks, abends Cocktails, nachts Club.

East Side Gallery

Westlich der Oberbaumbrücke direkt an der Spree, die Friedrichshain von seinem Bezirksnachbarn Kreuzberg trennt, zieht sich an der Mühlenstraße über mehrere hundert Meter das letzte verbliebene Stück der **Ostberliner Hinterlandsmauer** entlang. Künstler aus aller Welt malten sie 1990 kunterbunt an. Leider verblassen die teils ausgezeichneten Bilder zusehends, und sollte demnächst nicht etwas zu ihrer Konservierung geschehen, wird es die East Side Gallery vielleicht bald nicht mehr geben.

Mühlenstraße

Als Wegmarke an der verkehrsumtosten Kreuzung Mühlenstraße/Oberbaumbrücke könnte der „Speicher" dienen, mit Restaurant, Latinobar, Black Music-Keller und beschaulichem Sandstrand nebenan. Den echten, den ultimativen **Oststrand (29),** mit hot Drinks & Sounds am Spreeufer aufgeschüttet, findet man anschließend auf halber Höhe zwischen Oberbaumbrücke und Ostbahnhof. Und von dort geht es spät in der Nacht weiter Richtung Elektro-Minimal-Grooves zu „Maria am Ostbahnhof", oder alternativ, einmal um die Ecke herum, zu Techno,

Die Oberbaumbrücke – viel frequentierter Verkehrsweg zwischen Friedrichshain und Kreuzberg

216be Foto: ki

Electro, House, Vocals im „Berghain" im alten Heizkraftwerk in der Industriebrache am Wriezener Bahnhof.

Essen, Trinken und Unterhaltung:

- **Speicher,** Mühlenstr. 78-80, Tel. 293 38 00, Mo.-Sa. ab 9 Uhr, So. ab 10 Uhr.
- **Europabar am Oststrand,** Mühlenstr. 24-26, im Sommer tgl. ab 10 Uhr.
- **Maria am Ostbahnhof,** An der Schillingbrücke 33-34, Mo.-Do. ab 20 Uhr.
- **Berghain,** Am Wriezener Bahnhof, Fr./Sa. ab 0 Uhr.

Anschutz-City

Auf dem weitläufigen Trümmerareal des Ostgüterbahnhofs wird zwischen Warschauer Straße, Mühlenstraße und Ostbahnhof in den kommenden Jahren auf annähernd 850.000 Quadratmeter Bruttogeschossfläche - das ist anderthalbmal so viel wie der Potsdamer Platz - im Auftrag des amerikanischen Multimilliardärs *Philip Anschutz* ein **neues Stadtviertel entstehen.** Bei über 60 Prozent Bürofläche, knapp 20 Prozent für Handel und Unterhaltung und immerhin noch 15 Prozent Wohnungen hat die Anschutz Entertainment Group im Herzen des neuen Viertels die **„Berlin National Arena"** vorgesehen, eine Veranstaltungshalle für Sport und Shows aller Art sowie für die Heimspiele der Berliner Eishockeymannschaft „EHC Eisbären" (deren Eigentümer *Mr. Anschutz* ist). Vorboten des Aufschwungs allenthalben. Der Osthafen brummt, hüben in Friedrichshain wie drüben am Kreuzberger Ufer der Spree.

Oberbaumbrücke

Seit 1896 verbindet die türmchengekrönte backsteinrote Oberbaumbrücke den heutigen Bezirk Friedrichshain-Kreuzberg miteinander. Ihre neugotisch-romantische Form erinnert daran, dass sich hier am Oberbaum einst die **Berliner Zollmauer** befand, die den Spreekähnen die Durchfahrt versperrte und damit eine Art Stadttor zu Wasser war. 1902 ratterte im Oberbaumbrücken-Obergeschoss die **erste deutsche U-Bahn** über die Gleise. Während der Teilung Berlins, als die Spree zur schwerbewachten Staatsgrenze wurde, ruhte der Zugverkehr. Von DDR-Seite aus ließ man die Brücke verriegeln und nur einen streng kontrollierten Fußgänger-Grenzübergang offen. Seit 1995 rollen die Züge nun wieder, sodass Partylöwen und Szenegänger trockenen Fußes über den Fluss von einem Club zum andern gelangen.

Kreuzberg

Mitte ist out, Kreuzberg lebt, und seine Nächte sind immer noch lang! Neben Werbe- und Veranstaltungsagenturen, Musikunternehmen und Internetfirmen, die zunehmend den Spreegürtel bevölkern, neben Studenten in ihren Buden und gutsituierten Altakademikern in großzügig sanierten Dachterrassenwohnungen gibt es auch alle anderen noch: die Freaks und aus der Mode geratenen Alt-68er, die Hippies und Alkis, die Junks und die Punks, die Alten und Armen ebenso wie die zahlreichen Initiativen und Selbsthilfeprojekte, experimentierfreudigen Kooperativen, alternativen Think-Tanks und die beständig wachsende türkische Community – bereichert um weitere **über 160 Nationen,** die dicht an dicht zusammen in Kreuzberg leben.

Die erst mit den Eingemeindungen 1920 aus Teilen der alten Berliner Vorstädte (südliche Friedrichstadt, Luisenstadt und Tempelhofer Vorstadt) zusammengeschusterte neue Stadt ist immer noch Experimentierbude und **Seismograf für Entwicklungen,** nicht nur berlin-, sondern auch deutschlandweit. Denn Kreuzberg ist arm und wird fortwährend ärmer. Und wo kein Geld ist, muss eben die Fantasie Brücken bauen.

Zwar wurde die südöstliche Berliner Mitte im Krieg nicht weniger zerstört als andere Gebiete im Stadtzentrum, doch schnitt sie der Mauerverlauf fortan vom Leben ab, sowohl von Ost- als auch von Westberlin. Kreuzberg, insbesondere der eingemauerte **Kreuzberger Nordosten** (nach dem 1920–45 geltenden Groß-Berliner Postzustellungsbezirk „Südost 36" bis heute **SO 36** genannt, der größere, südwestliche Teil Kreuzbergs wird von den Berlinern wegen eben diesen Postbezirken bis heute **Kreuzberg 61** genannt), war Dead End, in dem die amerikanischen Truppen bis in die 1970er Jahre hinein zwischen Kriegsruinen, Abrissbirnen und öden Baugruben Häusernahkampf-Manöver abhielten.

Ganze Viertel waren für eine autogerechte Stadt zum Abriss bestimmt. „Zwischenvermietung" an anatolische Einwanderer bei gleichzeitig spekulativem Leerstand war eine Folge davon. Wer seine Wohnung im **Kahlschlagsanierungsgebiet** nicht freiwillig räumen wollte, begegnete im Treppenhaus gelegentlich einem gedungenen Rollkommando. Andere Schikanen waren die gefürchtete „heiße Entmietung" (Brandstiftung) oder die Zerstörung von Dächern, Dachrinnen, Steig- und Fallrohren, bis das gesamte Haus unter Wasser stand. So entstand jene kunterbunte, die verrücktesten Blüten treibende Mischung aus Alt-Kreuzberger Proletariern, muslimischen Immigranten, westdeutschen Autonomen, Studis, Ökos, Hausbesetzern und Alternativlingen, die in den Bossen und Hausbesitzern, die ihre Geschäfte überwiegend von „Wessi-Land" aus dirigierten, ihren gemeinsamen Feind erblickten.

Mit den Hausbesetzungen, die im letzten Drittel der 1970er Jahre in Kreuzberg begannen, setzte allmählich, sehr langsam, ein Umdenken in der Städtebaupolitik ein. **„Sanfte Sanierung"** wurde zum Schlagwort der Stunde: Entkernung der Mietskasernen bei gleichzeitigem Erhalt der Kiezstruktur sowie Modernisierung auf einem für die eingesessenen Menschen bezahlbaren Niveau. So lebt man heute zu bezahlbaren Mieten in schönen Altbauten in verkehrsruhigen Straßen, inmitten einer **internationalen Gemeinde:** Die nichtdeutschstämmige Einwohnerschaft in SO 36 beläuft sich auf gut fünfzig Prozent.

Bar jeder Sozialromantik verzeichnet Kreuzberg jedoch auch traurige Superlative: bei der höchsten Bevölkerungsdichte die größte Arbeitslosigkeit, die meisten Arbeitslosengeld II- und Sozialhilfebezieher und die bitterste Armut Berlins. So kehrte, wer konnte und aufsteigen wollte, dem Stadtteil noch bis Mitte der 1990er-Jahre den Rücken – und kehrt inzwischen wieder zurück. Denn Kreuzberg ist wieder in.

Osthafen – Kreuzberger Ufer

Verkehrsanbindung

- U1 Schlesisches Tor
- Bus 265

Als Ausgehmeile für Sonnenanbeter und Cocktailschlürfer steht das Kreuzberger Osthafen-Ufer dem Friedrichshainer nicht nach. Die Clubszene rund um **die Oberbaumbrücke groovt.** Mit dem Tanztempel „Watergate" und der Wohnzimmer-Bar „San Remo Upflamör" in der Falckensteinstraße haben gleich zwei topaktuelle Adressen eröffnet. Ebenfalls Trendsetter ist mit Flaschbier und Fassbier das „Mysliwska" in der Schlesischen Straße, von wo aus es weiter zu „Heinz Minkis" lauschigem Biergarten geht, oder zu den Bootshäusern am Flutgraben, wo man im „Freischwimmer" oder „Club der Visionäre", hie von Brunch bis Fondue, da zu Turntablesounds, auf Holzstegen über dem Wasser sitzt. Leibhaftiges Schwimmvergnügen zur Sommerzeit bietet das „Badeschiff" im

3be Foto: ki

In der Oranienstraße

Arena-Areal gleich nebenan (im Winter Sauna). Ufernah wurde dazu ein Wasserbecken in die Spree eingelassen, und wenn Punkt Mitternacht der Bademeister Feierabend macht, wird zum Absacker der Bikini gegen das Kleine Schwarze getauscht.

Die **Arena** selbst - mit beliebter großer Konzerthalle - verwandelt sich immer am Wochenende in einen riesigen **Trödelmarkt,** auf dem man vom alten Alibertschrank über Couchgarnituren, Kleider, Schuhe und Teppiche bis zum Second-Hand-Presslufthammer alles nur Denkbare aufstöbern kann. Für Chill wie Streetball-Vergnügen auf dem Arena-Gelände zeichnet mit Reggae, Ska, HipHop und Dub der „Yaam-Club“ verantwortlich. Und wem das alles zu kalorienzehrend ist, kann zum gepflegten Diner das Deck der „Hoppetosse“ erklimmen, die ehemalige „MS Deutschland“, die vor der Arena vor Anker liegt. Bis 22 Uhr wird an Bord internationale Küche serviert, danach erklingen Reggae, Ragga und Dancehall.

Bug voraus geht der Blick auf den 30 Meter hoch mitten im Spreewasser thronenden, ziemlich durchlöcherten **Molecule Man.** Die Metall-Großskulptur des amerikanischen Bildhauers *Jonathan Borowski* entstand im Auftrag der Allianz-AG, die sich quasi als Trendscout am Osthafen betätigte und dort bereits bis 2000 einen schicken Büroturm mit Uferpromenade und Wasserkaskade als neue Firmenzentrale erbaute.

Essen, Trinken und Unterhaltung:

- **Watergate,** Falckensteinstr. 49, Do.–Sa. ab 20 Uhr.
- **San Remo Upflamör,** Falckensteinstr. 46, Tel. 74 07 30 88, tgl. ab 10 Uhr.
- **Mysliwska,** Schlesische Str. 36, Tel. 611 48 60, Mo.–Fr. ab 18 Uhr, Sa./So. ab 15 Uhr.
- **Heinz Minski,** Vor dem Schlesischen Tor 3, Tel. 69 53 37 66, tgl. ab 12 Uhr.
- **Freischwimmer,** Vor dem Schlesischen Tor 2, Tel. 61 07 43 09, im Sommer Mo.–Fr. ab 12 Uhr, Sa./So. ab 11 Uhr, im Winter Mo.–Fr. ab 16 Uhr, Sa. ab 12 Uhr, So. ab 11 Uhr.
- **Club der Visionäre,** Vor dem Schlesischen Tor 1, Tel. 69 51 89 44, tgl. ab 18 Uhr.
- **Arena,** Eichenstr. 4 (Flutgraben/Puschkinallee) mit: **Badeschiff,** Sa.–Do. ab 8 Uhr, Fr. ab 9 Uhr; **Yaam-Club,** im Sommer jeden So. ab 14 Uhr; **Hoppetosse,** Tel. 53 32 03 40, Mo.–Fr. 12–21 Uhr, Sa./So. 11–21 Uhr, ab 22 Uhr Dancehall; **Trödelmarkt,** Sa./So. 10–18 Uhr.

Rund um den Görli

Verkehrsanbindung
- U1 Görlitzer Bahnhof

Auf drei Seiten vom Wasser des Landwehrkanals und der Spree umzogen, bildet im Herzen der Halbinsel der **Görlitzer Park** die Grüne Lunge im Kiez. Zwischen Kinderbauernhof, Fußball und Baseball wird in der schönen Jahreszeit im „Görli" gegrillt, was die Holzkohle hergibt. Rechts vom Park laden auf der Sonnenseite der Görlitzer Straße schöne Cafés zum Draußensitzen mit Servicebetrieb ein, linkerhand dehnt sich am **Spreewaldplatz** eines der Epizentren des örtlichen Wirtschafts-Lebens aus. Bei beständigen Zuwachsraten an Lokalitäten von Bar über Imbiss und Kneipe bis Restaurant verzeichnen dort auch die alteingesessenen Institutionen noch regen Zulauf: die Absturz-Legende „Madonna" (250 Whiskey-Sorten), nebenan die Rock'n' Roll-, Indie-, Punk-Bude „Wild at Heart" und gegenüber die „Morena-Bar" (von lecker Frühstück bis spät in die Nacht).

Essen, Trinken und Unterhaltung:
- **Madonna,** Wiener Str. 22, Tel. 611 69 43, tgl. ab 15 Uhr.
- **Wild at Heart,** Wiener Str. 20, Tel. 611 90 10, tgl. ab 20 Uhr.
- **Morena-Bar,** Wiener Str. 60, Tel. 611 47 16, tgl. ab 9 Uhr.

U-Bahnlinie 1

Den Weg in die Oranienstraße, die Flaniermeile schlechthin in SO 36, kreuzt über den Köpfen die Untergrundbahn Linie 1. 1902 als **Hochbahn** eröffnet, ist sie die älteste Deutschlands und spätestens seit dem Grips-Theater-Musical „Linie 1" weltweit besungen.

Oranienstraße

Nördlich vom Bahn-Viadukt wartet die Oranienstraße mit einer schillernden **Alternativshop-Parade** auf. Second Hand- und Prête-à-Porter-Boutiquen für korrektes Kreuzberg-Outfit, Buch-, Platten-, Bio-, Gemüse- und mediterrane Feinkostläden wechseln sich mit Kuruyemis-Theken, Brutzelbuden von Döner bis Sushi, Restaurants, Cafés, Bars, Kneipen ab. Darunter seit Jahren als erste Adressen bei großem Hunger beliebt: der Traditions-Inder „Amrit".

Am **Kneipenrondell Heinrichplatz** drängelt man sich drinnen und draußen bevorzugt im „Bateau Ivre" oder der „Roten Harfe", letztere zugleich bester Ausguck auf die alljährlich rund um den Heinrichplatz stattfindende 1. Mai-Keilerei. Die Konzert-Kultstätte „SO 36" bietet Musikalisches von Elektro über Indie bis Punk, smoothy Drinks schüttelt man nebenan im „Molotow-Cocktail", in der Nachbarschaft schwul das „Roses" und 50er-Jahre-gemütlich der „Bierhimmel".

Essen, Trinken und Unterhaltung:
- **Amrit,** Oranienstr. 202/203, Tel. 612 55 50, So.–Do. 12–0 Uhr, Fr./Sa. 12–1 Uhr.
- **Bateau Ivre,** Oranienstr. 18, Tel. 614 36 54, tgl. ab 9 Uhr.
- **Rote Harfe,** Oranienstr. 13, Tel. 618 44 46, Mo.–Sa. ab 10 Uhr, So. ab 9 Uhr.
- **SO 36,** Oranienstr. 190, Tel. 61 40 13 06, Öffnungszeiten je nach Veranstaltungen.

- **Molotow-Cocktail,** Oranienstr. 189, Tel. 69 56 91 30, tgl. ab 17 Uhr.
- **Roses,** Oranienstr. 187, Tel. 615 65 70, tgl. 22–6 Uhr.
- **Bierhimmel,** Oranienstr. 183, tgl. ab 13 Uhr.

Kottbusser Tor

Verkehrsanbindung

- U1, U8 Kottbusser Tor

Nahebei erhebt sich im Halbrund um das Kottbusser Tor, mit einer Überbauung über die Adalbertstraße hinweg, die heruntergekommene Betonwohnmaschine **NKZ** (Neues Kreuzberger Zentrum). In der Kahlschlagsanierung der 1970er-Jahre geboren, ist der „Kotti" heute einer der sozialen Brennpunkte Berlins, und die Stimmung schwankt zwischen hie Abriss des Ungetüms oder da seiner Sanierung und Wiederbelebung. Zumindest was die Lokale-Landschaft betrifft, macht sich eine erste Reanimierung bemerkbar. Mit „Möbel Olfe" ist zwischen Urinierecken und Spritzbestecks eine der **angesagtesten Berliner Trinkhallen** überhaupt eingezogen.

Trinken:

- **Möbel Olfe,** im NKZ, Eingang Dresdener Str., Tel. 23 27 46 90, Di.–So. ab 18 Uhr.

Landwehrkanal

Südlich vom „Kotti" bildet der Landwehrkanal traditionell die **inoffizielle Grenze zwischen den beiden Kreuzbergs:** nördlich SO 36 und südlich das etwas bürgerlichere Kreuzberg 61. Unmittelbar an der Kottbusser Brücke herrscht dienstags und freitags auf dem **Türkenmarkt am Maybachufer** ordentlich Getümmel. Dazu locken die Bierschwemme „Ankerklause" mit nettem Ausspuckbalkon über dem Wasser, und gegenüber am Paul-Lincke-Ufer eine Reihe Cafés, unter ihnen die Allzeit-Institution „Café am Ufer", auf dessen Terrasse man sich beim Frühstück die Sonne auf den Pelz scheinen lassen kann.

Essen und Trinken:

- **Ankerklause,** Kottbusser Brücke, Tel. 693 56 49, Mo. ab 16 Uhr, Di.–So. ab 10 Uhr.
- **Café am Ufer,** Paul-Lincke-Ufer 44, Tel. 61 62 92 00, tgl. ab 10 Uhr.

Kreuzberg 61

Neben einer kaum weniger extensiven Club- und Bierbar-Kultur, die sich insbesondere rund um die Bergmannstraße im „Bergmann-Kiez" abspielt, bietet Kreuzberg 61 auch manche historische Sehenswürdigkeit. Südlich der aus amerikanischen Spenden finanzierten, 1954 eröffneten **Amerika-Gedenk-Bibliothek (8)** erstrecken sich mit dem **Bethlehems- und Jerusalemskirchhof (7)** die ältesten Friedhöfe Berlins. Hier ruhen der Baumeister *Knobelsdorff* (1699–1753), der Maler *Antoine Pesne* (1683–1753), der Komponist *Felix Mendelssohn-Bartodly* (1809–47), die Dichter *E.T.A. Hoffmann* (1776–1822) und *Adalbert von Chamisso* (1781–1838).

Im **Viktoriapark** bietet **der 66 Meter hohe Kreuzberg** einen hübschen Blick auf die Dächer Berlins. Er wird gekrönt vom **Nationaldenkmal (14)** nach Entwürfen *Karl Friedrich Schinkels,* das man der Anhöhe nach den Befreiungs-

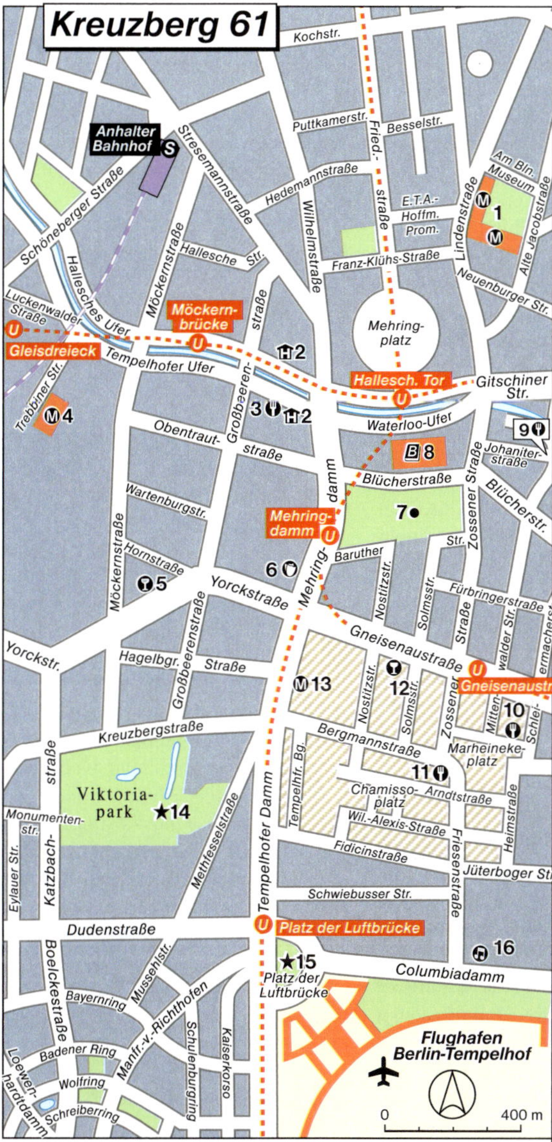

- Ⓜ 1 Jüdisches Museum
- 2 Meininger City Hostel
- 3 Blue Nile
- Ⓜ 4 Deutsches Technikmuseum
- 5 Yorckschlösschen (Jazz-Kneipe)
- 6 Berliner Kabarett Anstalt (BKA)
- • 7 Bethlehems- und Jerusalemskirchhof
- 8 Amerika-Gedenkbibliothek
- 9 Altes Zollhaus
- 10 Joe Peñas Cantina y Bar
- 11 Austria
- 12 Junction-Bar (Jazz-Club)
- Ⓜ 13 Schwules Museum
- ★ 14 Kreuzberg und Nationaldenkmal
- ★ 15 Luftbrückendenkmal
- 16 Columbiahalle/ Columbia Fritz (Live-Konzerte u.Ä.)

Bergmann-Kiez

kriegen 1818–21 aufsetzte. Weniger nationalen Pathos verströmend und eher wie ein abgesägter Kirchturm ausschauend, schmückt es obenauf ein **Eisernes Kreuz,** das zunächst dem Berg und 1920 schließlich **dem Stadtteil seinen Namen gab.**

Ganz unten im Süden dehnt sich im Drei-Bezirke-Eck Kreuzberg/Neukölln/Tempelhof der 1938 in Betrieb gegangene **Flughafen Tempelhof** aus, der nach dem Pentagon größte zusammenhängende Gebäudekomplex der Welt. Davor erinnert am Platz der Luftbrücke das **Luftbrückendenkmal (15)** – von den Berliner „Hungerkralle" genannt – an die Blockade Westberlins 1948/49, während der die amerikanischen „Rosinenbomber" die Bevölkerung aus der Luft mit Lebensmitteln versorgten.

Deutsches Technikmuseum (4)

Einer der legendären Douglas C 47 Skymaster aus den Tagen der Luftbrücke schwebt heute original vor der gläsernen Hauptfassade des Deutschen Technikmuseums. Auf dem Gelände des alten Anhalter Güterbahnhofs, nicht weit entfernt vom Potsdamer Platz, öffnete die **einzigartige Technik-Museumsstadt** 1982 ihre Tore und wird nach Fertigstellung sämtlicher Ausbauten bald 50.000 Quadratmeter Ausstellungsfläche umfassen. Platz genug für die Sammlungen alter Automobile, Dampfmaschinen, Bahnwagons und Lokomotiven, Schiffsmodelle, Flugzeuge, Roboter und vieles mehr. Daneben werden alle nur denkbaren Fragen zu Schienen- und Straßenverkehr, Schiff- und Luftfahrt, Kommunikations- und Medientechnik, Haushalts- und Textiltechnik beantwortet. Im **Museumspark** warten u. a. Lokschuppen sowie ein Windpark mit alter Hammerschmiede, Windmühlen und Windrädern auf ihre Besichtigung.

- **Deutsches Technikmuseum,** Trebbiner Str. 9, Tel. 90 20 45, Di.–Fr. 9–17.30 Uhr, Sa./So. 10–18 Uhr.

Schöneberg

Verkehrsanbindung

- U1, U2, U3, U4 Nollendorfplatz

Winterfeldtplatz

In Schöneberg gibt es nicht viel zu sehen, aber es lebt sich sehr angenehm. Die „Beautyberger" Einwohnerschaft zeigt sich entspannt, man hat es ein bisschen zu etwas gebracht und doch seine Studentenzeit nicht ganz vergessen, und lebt häufig in geräumigen, stuckierten Altbauwohnungen, die auch etwas mehr kosten dürfen. Samstags geht es zum Leckereien- und Blumenkaufen auf den **Winterfeldtmarkt** am Winterfeldtplatz.

Nach dem Viktualien-Cruising lässt man sich rituell in einem der zahlreichen Cafés nieder, die den gesamten Platz rund um die St.-Matthias-Kirche säumen.

- **Winterfeldtmarkt,** Mi. 8–13 Uhr, Sa. 8–14 Uhr.

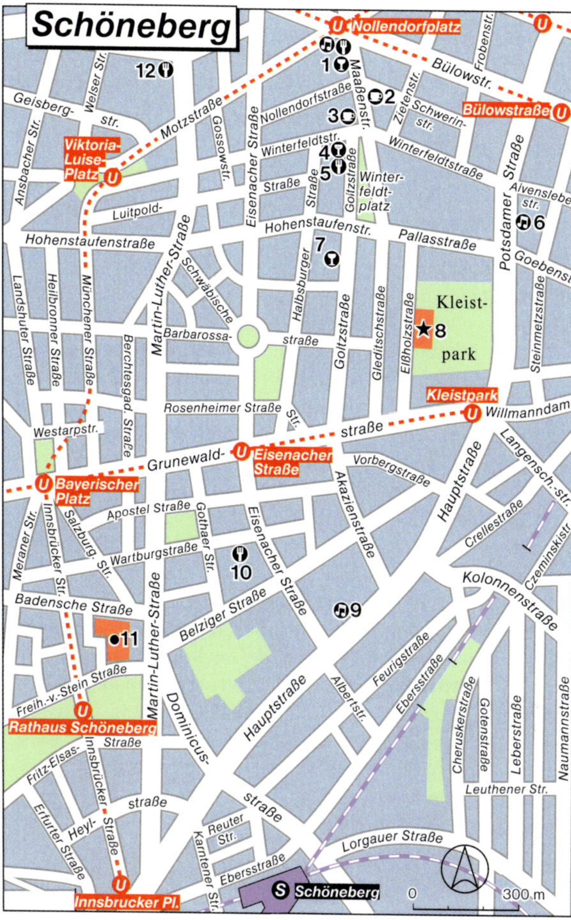

- 1 Metropoltheater mit Goya
- 2 Café Berio
- 3 Tim's Canadian Deli
- 4 Café Slumberland
- 5 Habibi (Imbiss)
- 6 Ex'n'Pop
- 7 Café M
- 8 Alliiertes Kontrollratsgebäude
- 9 Havanna
- 10 Storch
- 11 Rathaus Schöneberg
- 12 Hakuin

Essen und Trinken:

- **Café Berio,** Maaßenstr. 7, Tel. 216 19 46. Zweigeschossige Schlemmereinrichtung im Wiener Kaffeehausstil, vorwiegend schwul-lesbisch, mit großem Kuchenbüffet, So.–Do. 8–0 Uhr, Fr./Sa. 8–1 Uhr.
- **Tim's Canadian Deli,** Maaßenstr. 14, Tel. 21 75 69 60. Truthahn und Burger, dazu dreißig Sorten hausgemachte Backwaren und jede Menge Ahornsirup, Mo.–Do. 8–1 Uhr, Fr./Sa. 8–3 Uhr, So. 9–1 Uhr.
- **Slumberland,** Goltzstr. 25, Tel. 216 53 49. Oldtimer unter den Schöneberger Absturz-Lokalitäten, damit man weich vom Barhocker fällt von jeher mit Sandboden, Mo.–Fr. ab 8 Uhr, Sa. ab 11 Uhr, So. ab 10 Uhr.

•**Habibi,** Goltzstr. 24, Tel. 215 33 32. Mit Schawarma, Falafel und frisch gepressten Obst- und Gemüsesäften weit und breit der Lieblingsimbiss, So.–Do. 11–3 Uhr, Fr./Sa. 11–5 Uhr.

•**Café M,** Goltzstr. 33, Tel. 216 70 92. Angesagte Miniaturbahnhofshalle, von Milchkaffee bis Martini in aller Munde, Mo.–Fr. ab 8 Uhr, Sa./So. ab 9 Uhr.

Metropol (1)

Abends verlagert sich das bunte Treiben zum **Nollendorfplatz** mit dem Metropol. Wie sein Namensvetter, das Metropol-Theater in der Friedrichstraße, wurde auch in dem 1906 erbauten Metropol am Nollendorfplatz Bühnengeschichte geschrieben. Von 1927–28 wirkte *Erwin Piscator* (1893–1966) mit seinem „Proletarischen Theater“ hier. Heute ist in seinen Mauern das **Goya** untergebracht: Clubschlösschen, Cocktailtempel und Tanzparkett der besonderen Art. Wenn man möchte, kann man für das vom Stararchitekt *Hans Kollhoff* innen neu gestaltete Ausgeh-Theater **Anteilsscheine erwerben** und ein „Goyaner“ werden, was natürlich bevorzugte Behandlung nach sich zieht. Einlasskontrollen und Dresscodes bestehen dagegen nicht. Das Publikum kommt, wie es gefällt, im Anzug und Kleinen Schwarzen genauso wie in Turnschuh und Jeans, um ab 22 Uhr zu Weltmusik das Tanzbein zu schwingen. Zuvor wird ab 20 Uhr gemeinsam diniert (das Drei-Gänge-Menü ist für 132 Gäste ausgelegt, darum wird um Reservierung erbeten).

•**Goya im Metropol-Theater,** Nollendorfplatz, Tel. 25 75 99 74, Do.–Sa. 18–5 Uhr. (U1, U2, U3, U4 Nollendorfplatz).

Kleistpark

Verkehrsanbindung

•U7 Kleistpark

Am Kleistpark südlich vom Nollendorfplatz an der Potsdamer Straße befand sich Berlins erster Botanischer Garten, den man 1897 jedoch, als die Stadt sich ausdehnte, nach Dahlem verlegte. Die 1870–80 für den Alexanderplatz geschaffenen **Königskolonnaden** versetzte man 1910 in den nun verkleinerten Kleistpark, auf dessen Gelände sich auch das **Alliierte Kontrollratsgebäude (8)** erhebt. Während des Nationalsozialismus tagte in dem 1913 als Kammergericht fertig gestellten neubarocken Palast der berüchtigte Volksgerichtshof unter *Freisler*. Von 1945–48 wurden von hier aus die Geschicke der vier Besatzungszonen gelenkt, 1971 wurde im Kontrollratsgebäude das Vier-Mächte-Abkommen über Berlin paragraphiert.

Rathaus Schöneberg (11)

Verkehrsanbindung

•U4 Rathaus Schöneberg

Nicht weniger geschichtsträchtig ist das 1914 eröffnete Rathaus Schöneberg am John-F.-Kennedy-Platz. Von 1949 bis zur Wiedervereinigung war es Westberliner Regierungssitz, Amtssitz des regierenden Bürgermeisters, der alliierten Verbindungsoffiziere sowie Versammlungsort des Abgeordne-

337be Foto: ki

tenhauses, und damit politisches Epizentrum des freien Berlin. Die Worte **„Isch binn ain Bälinä"** des US-Präsidenten *John F. Kennedy* bewegten 1963 nicht nur die Einwohner der eingemauerten westlichen Stadthälfte, und die bereits 1950 nach dem Vorbild der „Liberty Bell" in Philadelphia gegossene **„Freiheitsglocke" im Rathausturm** wurde zum klingenden Zeichen für die Freiheit der Welt.

Rathaus Schöneberg

097be Foto: kj

Ausflüge in die Außenbezirke

338be Foto: kj

101be Foto: kj

Schiffsanleger am Wannsee

Grünflächen und Wasser gibt es in und um Berlin reichlich

Ein Stückchen Bayern – die Moorlake

Dahlem

Verkehrsanbindung

- U3 Dahlem Dorf

Domäne Dahlem

Bis zur Eingemeindung nach Groß-Berlin 1920 war Dahlem ein kleiner märkischer Flecken, und selbst heute präsentiert sich der U-Bahnhof Dahlem-Dorf noch stilgerecht mit Fachwerk verziert und trägt sogar ein Reetdach obenauf. Von dort wenige Schritte die Königin-Luise-Straße westwärts dehnt sich die Domäne Dahlem aus. Einst ritterliches Lehnsgut, im 19. Jahrhundert preußische Domäne und danach Teil der Berliner Stadtgüter, ist sie mittlerweile ein höchst **lebendiges Freilichtmuseum.** Traditionelle Bewirtschaftung und modernste Technik gehen Hand in Hand. In den Ställen sind zahlreiche Tiere untergebracht, alte Handwerksberufe wie Tischler, Kunstschmied, Töpfer und Blaudrucker prägen den Hof, und ein Ausschank stillt vom Sommer bis zum Herbst von mittags bis abends Hunger und Durst. Also doch ein bisschen wie auf dem Land? Das aus dem 17. Jahrhundert stammende Herrenhaus birgt ein Museum mit landwirtschaftlichen Geräten und Maschinen aus den vergangenen 300 Jahren.

- **Freilichtmuseum Domäne Dahlem,** Königin-Luise-Straße 49, Tel. 666 30 00, Museum Mi.–Mo. 10–18 Uhr.

Dahlemer Museen

Am U-Bahnhof Dahlem-Dorf befindet sich Im Winkel und in der Lansstraße mit den Dahlemer Museen ein weiterer wichtiger Museumsstandort. Neben dem Museum Europäischer Kulturen und dem Ethnologischen Museum umfasst er das Museum für Indische Kunst, das Museum für Ostasiatische Kunst und das Juniormuseum.

Botanischer Garten und Botanisches Museum

Vom U-Bahnhof Dahlem-Dorf die Königin-Luise-Straße ein Stückweit nach Osten gewandert, rechter und linker Hand Gebäude der Freien Universität, gelangt man am Königin-Luise-Platz zum Botanischen Garten. Ursprünglich ein Lust- und Kräutergarten am Stadtschloss der preußischen Kurfürsten, entstand um 1815 aus den Forschungen *Professor Willdenows* ein **Königliches Herbar,** das 1879 zum Botanischen Garten erweitert wurde. 1910 wurde der Standort am Kleistpark in Schöneberg zu klein, und man zog auf einen 43 Hektar großen Kartoffelacker der Domäne Dahlem um. Zahllose Bäume und Blumen, Sträucher und Gräser aus Europa, Afrika, Amerika und Asien wurden dort von Landschaftsarchitekten aus den jeweiligen Herkunftsländern angepflanzt und die Umgebung von ihrer Hand entsprechend gestaltet. Unter den Glaskuppeln der Gewächshäuser gedeihen tropische und subtropische Pflanzen.

Dioramen im Botanischen Museum präsentieren die Welt, wie sie vor Jahr-

Dahlemer Museen

- **Museum für Indische Kunst,** Kunst und Kunsthandwerk aus Pakistan, Afghanistan, Sri Lanka, Nepal, Tibet, Indien, Südostasien und Zentralasien vom 2. Jahrhundert v. Chr. bis zur Gegenwart. Lansstraße 8, Tel. 830 14 38, Di.–Fr. 10–18, Sa./So. 11–18 Uhr.
- **Museum für Ostasiatische Kunst,** Umfassende Sammlung ostasiatischer Kunst von der Jungsteinzeit bis heute. In jeweils eigenen Galerien wird die Kunst Chinas, Japans und Koreas sowie in einem zentralen Raum die Kunst des Buddhismus gezeigt.
  Lansstraße 8, Tel. 830 14 38, Di.–Fr. 10–18 Uhr, Sa./So. 11–18 Uhr.
- **Museum Europäischer Kulturen,** Rund 270.000 Ausstellungsstücke widmen sich den europäischen Alltagskulturen vom 18. Jahrhundert bis in die Gegenwart.
  Arnimallee 25, Tel. 830 14 38, Di.–Fr. 10–18 Uhr, Sa./So. 11–18 Uhr.
- **Ethnologisches Museum,** Aus dem Kunst- und Raritätenkabinett der brandenburgischen Kurfürsten im 17. Jahrhundert hervorgegangene Sammlung vorwiegend außereuropäischer Kunst-, Kultur- und Alltagserzeugnisse. In einem Teil des Museums haben sehbehinderte Menschen die Möglichkeit, die Welt ferner Kulturen zu ertasten.
  Lansstraße 8, Tel. 830 14 38, Di.–Fr. 10–18, Sa./So. 11–18 Uhr.
- **Juniormuseum im Ethnologischen Museum,** Unter dem Titel „Ab durch die Wüste“ sind für Kinder als „Wege und Orte des Unterwegsseins“ begehbare Landschaften nachgebaut, so der Lebensraum der Tuareg in der Sahara, der Aborigines in Australien und auch eine Großstadt-„Wüste“.
  Arnimallee 23, Tel. 830 14 38, Di.–Fr. 13–18 Uhr, Sa./So. 11–18 Uhr.

millionen aussah, sowie gegenwärtige **pflanzliche Lebensgemeinschaften** vom inneren tropischen Regenwald über die Atlantikküste bis hin zur Vegetationszone an einem märkischen See.

- **Botanischer Garten,** Königin-Luise-Str. 6-8, Garten tgl. Mai–Juli 9–21 Uhr, Apr./Aug. 9–20 Uhr, Sept. 9–19 Uhr, März/Okt. 9–18 Uhr, Nov.–Jan. 9–16 Uhr, Feb. 9–17 Uhr.
  Die Gewächshäuser schließen jeweils eine halbe Stunde früher.
- **Botanisches Museum,** tgl. 10–18 Uhr.

Spandau

Verkehrsanbindung

- S1 Botanischer Garten
- Bus X83, 101, 148

„Hüt Er sich, daß Er nicht nach Spandau kömmt!“, warnte *Friedrich der Große* manchen aufmüpfigen Untertan, denn **Spandau bedeutete Festungshaft.** „Ab in den Julio!“ lautete ein anderes Synonym für das Einsitzen im Juliusturm, wo in „zwei festen Behältnissen“ kleine Schellen auf Kleinkriminelle und Ketten auf Schwerverbrecher warteten. So wurde die Spandauer Stadtchronik im Lauf der Jahrhunderte um einige berühmte „Einwohner“ bereichert: darunter der im späten Mittelalter gefürchtete Raubritter *Dietrich von Quitzow* ebenso wie der wegen „demagogischer Umtriebe“ arretierte Turnvater *Jahn.*

1903 wurde die stark befestigte Stadt aufgelassen und die Bollwerke

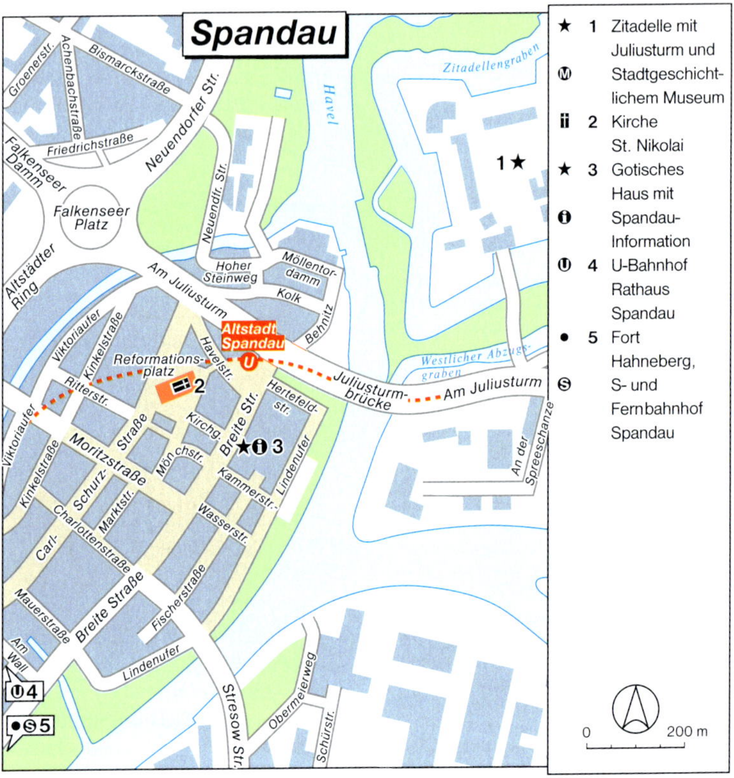

geschleift, von den Festungsanlagen sind neben zwei Schanzen nur noch Fort Hahneberg und die Zitadelle mit dem Juliusturm geblieben.

Spandau ist älter als Berlin! Schon 1232 bekam es die Stadtrechte verliehen und verlor erst 1920 mit der Eingemeindung nach Groß-Berlin seine Selbstständigkeit. Nirgends wurde der Protest energischer formuliert als in Spandau, und bis heute meinen die gut 226.000 Spandauer, wenn sie davon sprechen in die Stadt zu fahren, nicht etwa den Kurfürstendamm oder den Alexanderplatz, sondern ihre Altstadt am Zusammenfluss von Havel und Spree.

Altstadt

Ein Bummel durch die Fußgängerzone in der Altstadt bedeutet, wenn auch nicht eine Reise in eine andere

220be Foto: ki

Altstadt Spandau: im Kolk

Zeit, so doch ein Eintauchen in eine vom Koloss Berlin gänzlich verschiedene Atmosphäre. Bis Ende des 19. Jahrhunderts ragte im Karree zwischen Charlotten-, Kinkel-, Moritz- und Carl-Schurz-Straße das berüchtigte **Spandauer Zuchthaus** auf. Sein berühmtester Insasse war der Bonner Kunstgeschichteprofessor *Johann Gottfried Kinkel,* ein zu lebenslanger Haft verurteilter 1848er-Revolutionär, dem mit Hilfe seines Schülers *Carl Schurz* und republikanisch gesinnten Spandauer Bürgern im November 1850 die Flucht gelang. Der beherzte *Carl Schurz* wanderte nach Amerika aus und brachte es dort 1877 zum US-Innenminister. Im **Gotischen Haus (3),** dem ältesten Wohngebäude Berlins, befindet sich in der Breiten Straße Nr. 32 die **Spandau-Information.**

Am Reformationsplatz ist die **Kirche St. Nikolai (2)** aus der ersten Hälfte des 15. Jahrhunderts einen Augen-Blick wert, ebenso die Sträßlein **Kolk** und **Behnitz** mit ihren für das heutige Berlin so ganz und gar untypischen winzigen Häusern auf der von Mühlgraben und Havel umflossenen Nordspitze der Altstadt.

Information:

- **Spandau Information,** im Gotischen Haus, Breite Straße 32, 13597 (Spandau), Tel. 3 33 93 88. Mo.–Fr. 10–18 Uhr, Sa. 10–17 Uhr. (U7 Altstadt Spandau).

- **Kirche St. Nikolai,** Reformationsplatz, Mo.–Do. 12–16 Uhr, Sa. 11–15 Uhr, So. 14–16 Uhr, Turmführungen Apr.–Okt. Sa. 12 und 13 Uhr, So. 14 und 15 Uhr.

Zitadelle (1)

Über die Juliusturmbrücke gelangt man schließlich zur Zitadelle, die mit wuchtigen Mauern, Bastionen und von Wassergräben umgeben in der Havel vor der Altstadt liegt – **eines der bedeutendsten erhaltenen Festungswerke der Hochrenaissance** in Deutschland. *Kurfürst Joachim II.* ließ die Feste 1560–94 am Platz einer älteren Burg in einer damals neuartigen Militärarchitektur errichten: Die Batterietürme wurden durch weit in den Festungsgraben vortretende, gewaltige Bastionen ersetzt, von denen herab man auf allen Fronten gleichzeitig Feuerschutz geben konnte. Tatsächlich wurde die Zitadelle – 1806 und 1945 kampflos übergeben – nur ein einziges Mal erobert. Und zwar 1813 von den eigenen Landsleuten, die im Verbund mit russischen Truppen die Franzosen aus Spandau vertrieben.

Nach dem Krieg gegen Frankreich 1871 lagerten 120 Millionen Taler als Teil der französischen Reparationszahlung im **Juliusturm,** diesem ältesten, wahrscheinlich schon um 1200 errichteten Wahrzeichen der Stadt. Von der zinnenbewehrten **Aussichtsplattform** des Juliusturms bietet sich ein wunderschöner Blick über die Altstadt und bei klarer Sicht sogar bis „nach Berlin", wie es in der altehrwürdigen Havelstadt selbstbewusst heißt.

Ständige Bewohner der Kasematten sind **Fledermäuse.** Damit ihr Winterschlaf im größten Fledermaus-Winterquartier Deutschlands nicht gestört wird, finden Führungen über die Wehrgänge nur in der warmen Jahreszeit statt. Im **Kommandantenhaus, Palas** und **Zeughaus** ist neben zahlreichen wechselnden Ausstellungen das **Stadtgeschichtliche Museum Spandau** untergebracht.

- **Zitadelle Spandau,** Am Juliusturm, Tel. 334 62 70, www.zitadelle-spandau.de; Freifläche Mo.–So. 7–0 Uhr, Museum und Juliusturm Di.–Fr. 9–17 Uhr, Sa./So. 10–17 Uhr. Führungen auf der Zitadelle März/Apr. Sa./So. regelmäßig zwischen 13 und 14.30 Uhr, Mai–Okt. Sa./So. regelmäßig zwischen 12 und 15 Uhr.
- **Fledermauskeller,** Mi. 12–18 Uhr, Fr. 15–18 Uhr. **Fledermausführungen** Mitte Aug.–Ende Sept. Fr./Sa. 20 und 21 Uhr, Okt. Sa. 19 und 20 Uhr, Anmeldung erforderlich unter Tel. 36 75 00 61. (U7 Zitadelle).

Die Zitadelle in Spandau

Fort Hahneberg (5)

Ab 1880 verstärkte man zur Sicherung der militärisch veralteten Zitadelle – und damit Berlins – die Stadtumwallung und plante vier gegen Westen und Süden vorgeschobene Forts, von denen man 1882–88 jedoch nur Fort Hahneberg in Weststaaken am Stadtrand realisierte. Es wurde auch nicht mehr in Dienst gestellt, sondern nur als Kaserne genutzt und schlief während der Berliner Teilung auf seinem vorgezogenen Posten südlich des Grenzkontrollpunkts Heerstraße im „Schutzstreifen" der Grenztruppen der DDR einen Dornröschenschlaf. Das vollständig erhaltene Zentrum der alten Festung wucherte mit Bäumen und Sträuchern, Dornen und Moosen zu, sodass allmählich eine halb von der Erde verschlungene, gewaltige **„Raubritterburg"** entstand. Seit 1990 führt immer am Wochenende die „Arbeits- und Schutzgemeinschaft Fort Hahneberg" durch die unterirdischen Gewölbe, tiefen Schächte und labyrinthischen Gänge.

• **Fort Hahneberg,** Hahnebergweg, 13593 (Staaken), Tel. 366 46 05. Führungen Mitte Apr.–Okt. Sa./So. 10–16 Uhr jeweils im 90-Minuten-Takt. (Bus X49, 137, 149).

Tegel

Verkehrsanbindung
- U6 Alt-Tegel

Humboldt-Schlösschen

„Havelabwärts von Oranienburg, schon in der Nähe Spandaus, liegt das Dorf Tegel.“ So beginnt *Fontanes* Beschreibung seines Ausflugs zum Humboldt-Schlösschen in Tegel. Das alte Jagdschloss des Großen Kurfürsten gelangte 1765 in den Besitz *Alexander Georg von Humboldts*. Zwei Jahre später kam sein Sohn *Wilhelm*, der Sprachwissenschaftler und Gründer der Berliner Universität, zur Welt und 1769 Sohn *Alexander*, der Forscher und Weltreisende. 1822 ließ *Wilhelm*

099be Foto: kj

das Schlösschen von *Karl Friedrich Schinkel* im klassizistischen Geschmack umbauen. Gelegen ist es im Tegeler Schlosspark am Rande des Tegeler Forsts beinahe am Ufer des Tegeler Sees. Dort befindet sich auch die **Humboldtsche Familiengruft.** Das Anwesen ist der letzte märkische Herrensitz in Berlin, der sich noch im Besitz der Nachkommen der früheren Eigentümer befindet.

Indessen ist das alte Dorf Tegel längst der Großstadt gewichen. Im Zuge der Gebietsreform 1920 teilte es das Schicksal Spandaus und wurde **Groß-Berlin zugeschlagen.** Die Stimmen, die danach riefen, es nach den berühmtesten Tegeler Söhnen in „Humboldtstadt" umzubenennen, fanden dagegen kein Gehör. Gottlob, hätte doch der Vers umgeschmiedet werden müssen, den sich die Berliner im 19. Jahrhundert auf ihr beliebtes Ausflugziel machten: „Mit Kind und Kegel raus nach Tegel!"

Bootshaus am Tegeler See

Schiffsanleger

An der Greenwichpromenade, die ihren Namen nach der Partnerstadt Greenwich in London trägt, warten am Schiffsanleger von April bis Oktober die **Dampfer der Stern und Kreis Schifffahrt für Ausflugsfahrten** kreuz und quer über die Havelseen, darunter als besonderes Vergnügen für Kinder

der zähnefletschende Wal „Moby Dick" und schaufelradangetrieben, mit zwei hohen Schornsteinen, die MS „Havel Queen".

Tegeler See

Mit vier Kilometern Länge und bis zu einem Kilometer Breite ist der Tegeler See nach dem Müggelsee das zweitgrößte Berliner Gewässer. Am Scheitel der **Großen Malche,** einer Ausbuchtung des Sees, wartet die **Dicke Marie** auf ihre Besichtigung. Ungefähr 26 Meter ist die knorrige Eichendame hoch, ihr Umfang in Brusthöhe beträgt 6,65 Meter und zirka 900 Jahre ist sie inzwischen alt, damit **der älteste bekannte Baum Berlins.** Sie wurzelt an der Grenze zum Humboldt-Schlosspark, der von dieser Seite nicht zugänglich ist.

Lindwerder

Der Blick geht vom Strandbad aus auf das **kleine Eiland** Lindwerder, dem *Heinrich Seidel* Ende des 19. Jahrhunderts mit seinem idyllischen Roman „Leberecht Hühnchen" als Liebesinsel ein Denkmal setzte.

Scharfenberg

Auf der größeren Insel Scharfenberg südlich von Lindwerder, zugleich die **größte der sieben Inseln im Tegeler See,** gründete der Reformpädagoge *Blume* 1922 die Schulfarm Scharfenberg, die spätestens seit der Fernsehserie „Unser Lehrer Doktor Specht" auch über die Tegeler Seeufer hinaus Bekanntheit erlangte.

Köpenick

Im Südosten Berlins dehnt sich mit vier Kilometern Länge und einer Breite von reichlich zwei Kilometern der **Große Müggelsee** aus, die „größte Badewanne Berlins". Das relativ seichte Gewässer – sein tiefster Punkt ist bei elf Metern erreicht – wurde in frühen Urkunden zuerst als „Miggel" erwähnt, worin das russische Wort „mgla" für Nebel anklingt und an die slawische Besiedlung der Region ab dem 8. Jahrhundert erinnert.

Den Spitznamen „Waschküche Berlins" verdankt Köpenick den rund 4000 Wäschereien, die um die Wende zum 20. Jahrhundert am Spreeufer bestanden. Fabriken und Großbetriebe siedelten sich von Rummelsburg spreeaufwärts an Fluss und Kanälen an, sodass Köpenick zu einem wichtigen **Industriestandort** wurde.

1920 nach Groß-Berlin eingemeindet, blieb die Stadt jedoch immer auch die **grüne Lunge im Osten** vor allem dank des Müggelsees, der laut *Fontane* „mit zu den größten und schönsten unter den märkischen Seen zählt."

Kurz vor der Altstadt-Insel konnte sich am Platz des 23. April das 1969 von *Walter Sutkowski* entworfene **Mahnmal „Köpenicker Blutwoche"** aus der sozialistischen in die neue Zeit hinüberretten. Es erinnert an die Ereignisse vom 21. bis 26. Juni 1933, als Rollkommandos der SA während der **Köpenicker Blutwoche** Sozialdemokraten, Gewerkschafter und Kommunisten verhaften und sie u. a.

in das Amtsgerichtsgefängnis Köpenick brachten, wo sie die Gefangenen folterten. Beinahe hundert Menschen kamen dabei ums Leben.

Altstadt

Verkehrsanbindung

- S3 Köpenick
- Bus 60, 61, 62, 68, 164, 167
- Tram 27, 67

Bald danach taucht an der Dammbrücke am Zusammenfluss von Dahme und Spree die Altstadt-Silhouette mit den Türmen der **Laurentius-Kirche (1)** und des Rathauses auf, und kurz darauf begrüßt einen am jenseitigen Spreeufer auf der Straße „Alt Köpenick" gleich vor dem Portal des **Rathauses (2)** der „Hauptmann von Köpenick". Zugegeben handelt es sich dabei um ein Standbild. Aber im 1901–1904 erbauten roten Backsteinrathaus erzählt eine kleine Hauptmann-Ausstellung seine Geschichte.

Weiter in Richtung Schlossinsel, befindet sich im Haus „Alt Köpenick" Nr. 34 der **Köpenicker Fremdenverkehrsverein (3),** der mit Wissenswertem zum Bezirk, Faltblättern, Broschüren sowie vielen Wandervorschlägen aufwartet.

- **„Hauptmann von Köpenick"-Ausstellung im Rathaus Köpenick,** tgl. 10–18 Uhr.

Information:

- **Tourismusverein Berlin Treptow-Köpenick,** Alt Köpenick 34, 12555 (Köpenick), Tel. 655 75 50, Mo.–Fr. 9–18.30 Uhr, Apr.–Sept. auch Sa. 10–13 Uhr.

⛪	1	Laurentius-Kirche
●	2	Rathaus
ℹ	3	Fremdenverkehrsverein/ Tourist-Information Köpenick
★	4	Schloss

Der Hauptmann von Köpenick

Jedes Kind kennt die Geschichte vom Schuster *Wilhelm Voigt*, die sich 1906 in Köpenick zutrug und den Namen der Stadt in aller Welt bekannt machte: Nach insgesamt über dreißig Jahren Gefängnishaft stand der 56-jährige Mann obdachlos, vorbestraft und ohne Pass auf der Straße. Um ein Dach über dem Kopf zu finden, brauchte er Arbeit. Bekanntlich gab es ohne Pass jedoch keine Arbeit und ohne Arbeit wiederum keinen Pass, weshalb *Wilhelm Voigt* beschloss, sich dieses wichtige Dokument zu erschwindeln. Bei einem Trödler verschaffte er sich dazu die ausrangierte Uniform eines Offiziers des kaiserlichen Garderegiments, rekrutierte in dieser Art kostümiert eine Handvoll Soldaten und zog mit ihnen im Paradeschritt ins Köpenicker Rathaus ein. Dort verhaftete der falsche „Hauptmann von Köpenick" den Bürgermeister und ließ sich gegen Quittung die Stadtkasse mit 4000 Mark überreichen. Nur seinen ersehnten Pass bekam er nicht, denn den stellten die Landratsämter aus, und in Köpenick gab es keines. Zwei Wochen später befand sich *Wilhelm Voigt* wieder in Haft, diesmal aber als große Berühmtheit. Die ganze Welt lachte über die obrigkeitsgläubigen Preußen, denen allein der Anblick einer Uniform solchen Respekt einflößte, dass sie einem Schelm auf den Leim gingen.

221be Foto: kj

Der Hauptmann hat Stellung am Rathauseingang bezogen

Schloss Köpenick (4)

Nahebei erhebt sich auf der Schlossinsel, durch einen Spreegraben von der Altstadtinsel entfernt, das 1677–90 im Barockstil erbaute Schloss Köpenick. Nach zehnjähriger Restaurierung konnte es 2004 als **Kunstgewerbemuseum** wiedereröffnen und ermöglicht seitdem Einblicke in die bürgerlichen und höfischen Wohnmoden vom 16. bis zum 18. Jahrhundert. Neben kostbaren Tapisserien, Porzellanen und Silberbüffets versetzen einen prachtvolle holzvertäfelte Salons, Deckengemälde, Stuckaturen sowie das Spiegelkabinett aus Schloss Wiesentheid und ein Turiner Chinesenzimmer ins Staunen.

- **Kunstgewerbemuseum Schloss Köpenick,** Schlossinsel, Tel. 65 66 17 49, Di.–So. 10–18 Uhr.

In der Altstadt von Köpenick

Friedrichshagen

Im Stadtteil Friedrichshagen – 1753 von *Friedrich II.* als Spinnerei- und Besenbinderdorf für böhmische und Pfälzer Familien gegründet, ab Ende des 19. Jahrhunderts eine **beliebte Berliner Sommerfrische** – lockt kurz vor dem Austritt der Spree aus dem Müggelsee Schrörs Biergarten mit Schmalzstulle, Spießbraten und Grillwurst.

Essen und Trinken:

● **Ausflugslokal Schrörs,** Josef-Nawrocki-Straße 16, Tel. 64 09 58 80, Apr.–Okt. tgl. ab 11 Uhr, Nov.–März Di.–So. ab 11 Uhr. (S3 Friedrichshagen, Tram 60, 61).

Spreetunnel (2)

Am Ausflugslokal Schrörs befinden sich die **Dampferanlegestelle für Kreuzfahrten** über den Müggelsee und der 120 Meter lange Spreetunnel.

8,5 Meter unterhalb der Wasseroberfläche spaziert man durch den 1926 erbauten und versenkten Tunnel zum jenseitigen Ufer hindurch, darüber Flusskähne, Paddelboote und Dampfer.

Museum im Wasserwerk (3)

Nahebei wartet am Nordufer des Müggelsees das Museum im Wasserwerk auf interessierte Besucher. Es ist in einem der **alten Schöpfmaschinenhäuser** der insgesamt denkmalgeschützten, 1890–93 in typischer Backstein-Neugotik errichteten Anlage untergebracht und zeigt die Geschichte der Berliner Wasserversorgung und Abwasserentsorgung.

- **Museum im Wasserwerk,** Müggelseedamm 307, Tel. 88 44 76 95, März–Okt. Di.–Fr. 10–16 Uhr, Sa./So. 10–17 Uhr, Nov.–Feb. Di.–Fr. 10–15 Uhr, So. 10–16 Uhr. (S3 Friedrichshagen, Tram 60).

Strandbad Müggelsee (3)

Weiter östlich laden in der Kiefernheide am Seeufer zwischen Weiden und Wildrosenbüschen **kleine Sandstrände** zum Verweilen ein sowie kurz vor Rahnsdorf das Strandbad Müggelsee.

- **Strandbad Müggelsee,** Fürstenwalder Damm 838, nahe Rahnsdorf, Tel. 648 77 77, Mitte Mai bis Ende Aug. tgl. 10–19 Uhr. (S3 Friedrichshagen, Bus 161, Tram 61).

Südliches Seeufer

Am südlichen Seeufer verführen die **Müggelsee Terrassen Rübezahl (4)** mit großem Biergarten, Beachvolleyball, Boot- und Surfbrettverleih zum herrlichen Freiluftschwof. Selbstbedienungstheken sorgen für die zünftige Verpflegung ebenso wie – gediegener – das Restaurant mit schöner Seeterrasse.

Essen und Trinken:

- **Müggelsee Terrassen Rübezahl,** Müggelheimer Damm 143, Tel. 65 88 24 70, tgl. ab 11.30 Uhr. (Bus M69).

Südlich vom Müggelsee bilden die knapp 115 Meter hohen **Müggelberge** buchstäblich den Höhepunkt in Berlin. Für jeden, der einmal eine wahrhaftig berauschende Aussicht auf die deutsche Hauptstadt genießen möchte, ist der **30 Meter hohe Müggelturm (5)** ein unumgängliches Muss! Der Köpenicker Wäschereibesitzer und Industrielle *Carl Spindler* ließ in den 80er Jahren des 19. Jahrhunderts einen ersten Turm errichten, der, ebenfalls auf *Spindlers* Initiative, 1890 einem pagodenförmigen Turm wich, welcher 1958 ein Opfer der Flammen wurde. Dank zahlreicher Spenden konnte schon zwei Jahre später der neue, gegenwärtige Turm eingeweiht werden. Seine Aussichtsplattform liegt 139 Meter ü. N. N., die Fernsicht beträgt bei schönem Wetter bis zu fünfzig Kilometer, sodass einem angesichts der gigantischen Stadt, die sich von hier aus sichtbar bis zum Teufelsberg im Grunewald erstreckt, der funkelnde Müggelsee, dieses größte aller Berliner Gewässer, nur noch wie eine Regenpfütze erscheint. Für die Wegzehrung sorgt zu Füßen des Turms ein kleiner Imbissbetrieb, der – solange bis sich ein neuer Investor für das denkmalgeschützte Anwesen gefunden hat – auch den Schlüssel hinauf zur schönen Aussicht verwahrt.

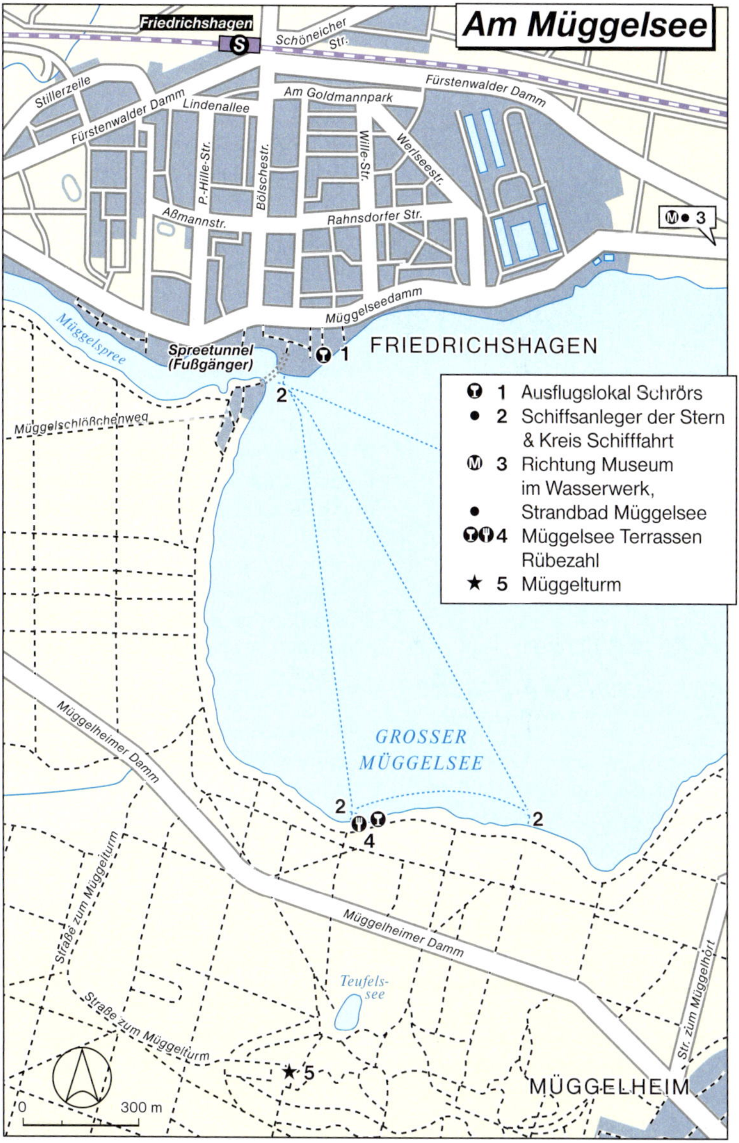
Am Müggelsee
Friedrichshagen
S
Schöneicher Str.
Fürstenwalder Damm
Stillerzeile
Fürstenwalder Damm
Lindenallee
Am Goldmannpark
P.-Hille-Str.
Bölschestr.
Wille-Str.
Werlseestr.
Aßmannstr.
Rahnsdorfer Str.
Müggelseedamm
Müggelspree
Spreetunnel (Fußgänger)
FRIEDRICHSHAGEN
Müggelschlößchenweg
1 Ausflugslokal Schrörs
2 Schiffsanleger der Stern & Kreis Schifffahrt
3 Richtung Museum im Wasserwerk, Strandbad Müggelsee
4 Müggelsee Terrassen Rübezahl
5 Müggelturm
GROSSER MÜGGELSEE
Müggelheimer Damm
Straße zum Müggelturm
Teufelssee
Str. zum Müggelhort
MÜGGELHEIM
0
300 m

339be Foto: ki

Vom Wannsee zur Glienicker Brücke

Strandbad Wannsee (26)

„Pack die Badehose ein!“ heißt es nun schon seit 1907, jenem Jahr, in dem der Berliner Freibäderverein am **Großen Wannsee** im Südwesten Berlins das Strandbad Wannsee gründete. Noch Anfang des 20. Jahrhunderts pflegte berittene Polizei die Wannseegestade nach „verdorbenen Naturen“ abzusuchen, die es wagten, unsittliche Bäder im Freien abzuhalten. Nachdem die Behörden auf Druck der Bevölkerung schließlich 200 Meter Strand zum Baden freigeben mussten, eröffnete das Strandbad Wannsee und man packte sein Badekostüm ein – wenngleich es in jener Zeit sicherlich weniger figurbetont zuging als heute und man im abgetrennten FFK-Bereich am **längsten Seestrand Europas** inzwischen freilich auch ganz „ohne“ darf.

- **Strandbad Wannsee,** Wannseebadweg 25, Tel. 803 56 12, Anfang Apr. bis Ende Aug. Mo.–Fr. 10–19 Uhr, Sa./So. 8–20 Uhr. (S Nikolassee, Bus 318).

S-Bahnhof Wannsee

Vom Strandbad am östlichen Wannseeufer aus ist es leider nicht möglich wie etwa am Müggelsee auf einer langen Uferpromenade entlang rund um das Gewässer zu wandern. Die Gestade im alten Westberlin befinden sich oft in Privatbesitz und/ oder sind von Segel- und Ruderklubs besetzt. So empfiehlt es sich für eine Kreuzfahrt mit den Ausflugsdampfern über die Havel nach Potsdam oder Tegel die S-Bahn vom Bahnhof Nikolassee zum Bahnhof Wannsee zu nehmen, um zur großen **Schiffsanlegestelle (25)** am Scheitel der Wannsee-Einbuchtung zu

Am Müggelsee

Am Wannsee

gelangen. Vor dem S-Bahnhof stoppen zahlreiche Buslinien, die die Ausflügler je nach Interesse zum Haus der Wannseekonferenz, zur Pfaueninsel oder zum Glienicker Schloss transportieren.

340be Foto: kj

Haus der Wannseekonferenz (24)

Am westlichen Wannseeufer wurde in der heute Haus der Wannseekonferenz genannten prächtigen Villa **im Januar 1942** während der berüchtigten Wannseekonferenz die so genannte **„Endlösung der Judenfrage"** organisiert. Zum Andenken an die durch nationalsozialistische Gewaltherrschaft umgekommenen jüdischen Menschen ist in dem Gebäude eine Gedenk- und Bildungsstätte untergebracht.

● **Haus der Wannseekonferenz,** Am Großen Wannsee 56-58, Tel. 805 00 10, tgl. 10–18 Uhr. (Bus 114 ab S-Bahnhof Wannsee).

Pfaueninsel

Eine „Oase, ein Blumenteppich inmitten der Mark", nannte *Fontane* schwärmerisch die vom Havelwasser umspülte Pfaueninsel. 1793 erwarb *Friedrich Wilhelm II.* das anderthalb Kilometer lange und 500 Meter breite Eiland für sich und seine Geliebte und ließ auf dem südwestlichen Zipfel 1794–97 eine schneeweiße **Burg (20)** in der damals modischen Form einer romantischen Ruine errichten. Ihre Inneneinrichtung ist original erhalten, vom Hammerklavier bis zum echten, in jenen Tagen von Dienern je nach Bedürfnis durch die Burg getragenen Königsklo.

Unter König *Friedrich Wilhelm III.* verwandelte ab 1822 *Peter Joseph Lenné* die Pfaueninsel in einen märchenhaften **Landschaftspark,** in dem auch die verschiedenen Tiere eine Heimstatt erhielten, die sich als Geschenke befreundeter Königshäuser an die Hohenzollern ansammelten. 850 Tiere zählte die Menagerie, die zweimal pro Woche sogar vom gemeinen Volk besichtigt werden konnte, bis sie *Friedrich Wilhelm IV.* 1842 auflöste und Berlin als Grundstock für einen Zoo übereignete. Die Pfauen sind indes geblieben, die einen gleich am Fähranleger mit einem farbenprächtigen Radschlag begrüßen.

In der Inselmitte liegt das von *Schinkel* umgestaltete **Kavalierhaus (21),** am nördlichen Ende der Insel schnattern auf einem kleinen Bauernhof

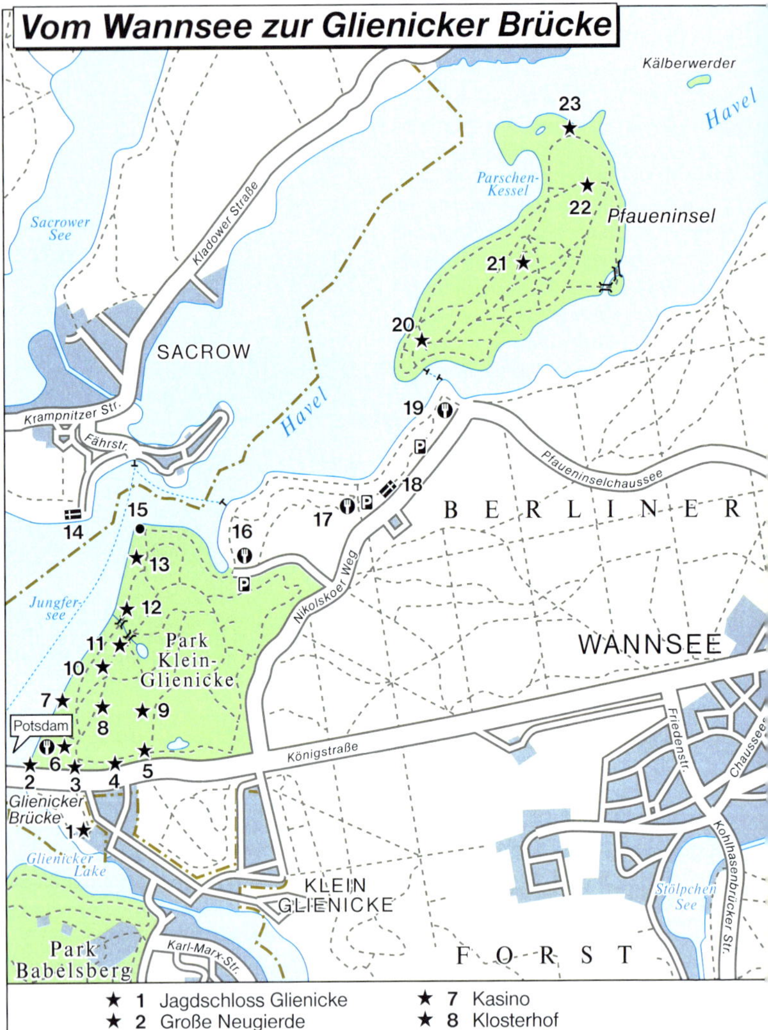

★ 1	Jagdschloss Glienicke	★ 7	Kasino
★ 2	Große Neugierde	★ 8	Klosterhof
★ 3	Kleine Neugierde	★ 9	Orangerie
★ 4	Löwenfontäne	★ 10	Maschinenhaus
★ 5	Stibadium	★ 11	Gärtnerhaus
★ 6	Schloss Glienicke mit	★ 12	Teufelsbrücke
	Restaurant Remise	★ 13	Jägerhof

14	Sacrower Heilandskirche	★ 21	Kavalierhaus
• 15	Krughorn	★ 22	Luisentempel
16	Wirtshaus Moorlake	★ 23	Meierei
17	Blockhaus Nikolskoe	★ 24	Haus der Wannseekonferenz
18	St.-Peter-und-Paul-Kirche	• 25	Schiffsanlegestelle der Stern & Kreis Schifffahrt
19	Wirtshaus zur Pfaueninsel	26	Strandbad Wannsee
★ 20	Burg		

341be Foto: kj

nicht weit entfernt von der **Meierei (23)** Gänse und Enten, östlich davon erhebt sich der kleine **Luisentempel (22)** zum Andenken an die jung verstorbene Gemahlin *Friedrich Wilhelms III.*, die von Volk wie Hochadel gleichermaßen geliebte Königin *Luise*. Eine Personenfähre pendelt kontinuierlich zwischen Insel und Festland, wo das Wirtshaus zur Pfaueninsel mit einem lauschigen Biergarten hinter dem Schilf zur zünftigen Einkehr einlädt.

- **Landschaftspark Pfaueninsel,** Pfaueninselchaussee, Tel. 80 58 68 30, geöffnet entsprechend den Betriebszeiten der Fähre Mai–Aug. 8–21 Uhr, Apr./Sept. 9–19 Uhr, März/Okt. 9–18 Uhr, Nov.–Feb. 10–16 Uhr. (S Wannsee, Bus 218, 316).
- **Schloss,** Apr.–Okt. Di.–So. 10–17 Uhr, nur mit Führung (letzte Führung 17 Uhr). (S Wannsee, Bus 218, 316).

Essen und Trinken:

- **Wirtshaus zur Pfaueninsel,** Pfaueninselchaussee, Tel. 805 22 25, im Sommer tgl. 10–20 Uhr, im Winter tgl. 10–18 Uhr. (S Wannsee, Bus 218, 316).

Blockhaus Nikolskoe (17) und St.-Peter-und-Paul-Kirche (18)

Südlich der Pfaueninsel mag sich manch einer wundern, weshalb mitten in der Mark ein **russisches Blockhaus,** das Blockhaus Nikolskoe, und ein **zwiebelturmgeschmücktes russisches Gotteshaus** das baumgekrönte Steilufer zieren. Es gibt eine Erklärung dafür: *Prinzessin Charlotte*, die Schwester *Friedrich Wilhelms IV.*, vermählte sich 1817 mit dem späteren russischen Zaren *Nikolaus*. Ein Jahr nach der Hochzeit besuchte sie ihr Vater, *König Friedrich Wilhelm III.*, in St. Petersburg und hielt sich dort u. a. in einem der für die Gegend typischen Holzblockhäuser auf. Es muss ihm wohl so gut gefallen haben, dass er zurück in Berlin den Auftrag zum Bau eines solchen Blockhauses hoch über dem Havelufer erteilte. 1819 entstand es rechtzeitig zum Gegenbesuch seiner Tochter und erhielt zu Ehren ihres Gemahls den Namen „Nikolskoe“, zu deutsch „Nikolaus eigen“. Von 1834–37 erfolgte der Bau der benachbarten St.-Peter-und-Paul-Kirche ebenfalls im russischen Stil. Im Blockhaus Nikolskoe lässt es sich in unseren Tagen, mit herrlichem Blick über die Havel, ausgezeichnet speisen.

Essen und Trinken:

- **Blockhaus Nikolskoe,** Nikolskoer Weg 15, Tel. 805 23 01, tgl. (außer Do.) im Sommer 11–23 Uhr, im Winter 12–18 Uhr. (S Wannsee, Bus 114).

Moorlake (16)

Eine Haveleinbuchtung weiter im Süden stellte sich an der Moorlake mit dem gleichnamigen Wirtshaus 1840 **ein Stückchen Bayern** ein. Das nach Plänen von *Ludwig Persius* (1803–1845) im oberbayerischen Stil erbaute Landhaus – *König Friedrich Wilhelm IV.* war seit 1823 mit einer bayerischen Prinzessin verheiratet – diente den Hohenzollern bei ihren Jagdausflügen

Pfaueninsel im Wannsee

als Unterkunft. Seit über hundert Jahren ist es nun eine Gastwirtschaft, die mit regionalen Spezialitäten, aber vor allem mit ihrem großzügigen Biergarten unmittelbar an der romantischen Moorlake lockt.

Essen und Trinken:
•**Wirtshaus Moorlake,** Moorlakeweg 6, Tel. 805 58 09, tgl. Mai–Okt. 10–21 Uhr, Nov.–Apr. 10–18 Uhr (bei hohem Gästeaufkommen länger). (S Wannsee, Bus 218).

Sacrower Heilandskirche (14)

Gegenüber erhebt sich am jenseitigen Havelufer die 1841–44 ebenfalls von *Persius* erbaute grazile Sacrower Heilandskirche. Auch der Entwurf für das **Jägertor** am Krughorn, einer leicht in die Havel vorragenden Landnase, stammt aus der Feder des Schinkel-Schülers.

Schlosspark Klein-Glienicke

Das **Krughorn (15)** markiert den nördlichen Anfang des Schlossparks Klein-Glienicke, dessen Anlage in ihrer heutigen Erscheinung vorwiegend aus der ersten Hälfte des 19. Jahrhundert stammt. 1814 erwarb der preußische Staatskanzler *Karl August Fürst von Hardenberg* das damalige Gut und beauftragte *Peter Joseph Lenné* mit der Umgestaltung. Im Süden entstand daraufhin am Schloss Glienicke im damals herrschenden Geschmack nach englischem Vorbild ein „Pleasureground", eine Art als Sommerwohnung unter freiem Himmel dienender Gartenbereich. Nach *Fürst Hardenbergs* Tod erwarb der Bruder des künftigen Königs *Friedrich Wilhelm IV.* und des späteren Kaisers *Wilhelm I., Prinz Carl von Preußen,* 1824 das Anwesen und rief *Schinkel, Persius* sowie *Ferdinand von Arnim* als Architekten zu sich. Zur Gestaltung der Grünanlagen wurde abermals *Lenné* zum Dienst bestellt, nach dessen Plänen ein **ausgedehnter Landschaftspark** entstand.

Der Norden der Anlage stellt dabei mit dem gotisierenden **Jägerhof (13)** das kühlere „Deutschland" vor. Daran schließen sich mit einem wildromantisch zu Tal stürzenden Wasserfall die „Alpen" an, über deren künstliche Schlucht sich die **Teufelsbrücke (12)** spannt. Südlich davon befindet sich hinter dem von *Persius* entworfenen **Gärtnerhaus (11)** und **Maschinenhaus (10),** das Havelwasser in die Brunnen und Parkseen pumpte, nach der Idee der Architekten „Italien", das Land der Sehnsucht, das sich mit Kasino, Klosterhof, Treib- und Orangenhaus, Remise, Schloss sowie Großer und Kleiner Neugierde an der Glienicker Brücke kurz vor Potsdam erstreckt.

Schloss Glienicke (6)

300 Meter vor der legendären Brücke über den Jungfernsee befindet sich an der Königstraße der Haupteingang zum grazilen kleinen Schloss Glienicke, vor dessen Vorderfront *Schinkels* **große Fontäne von zwei wasserspeienden vergoldeten Löwen (4)** eingerahmt wird.

Ab 1825 erfolgten nach den Entwürfen des großen Baumeisters die Umgestaltung des alten Gutshauses zum Schloss im klassizistischen italienischen Landhausstil, die Erweiterung eines älteren Billardhauses zum **Kasino (7)** sowie der Bau der **Großen Neugierde (2)** und **Kleinen Neugierde (3).** Im Pleasureground, der Königstraße zugewandt, konnten Neugierige von beiden Pavillons aus vortrefflich beobachten, welch erlauchte Gesellschaft sich gerade zwischen den königlichen Residenzen Berlin und Potsdam hin und her bewegte.

Zwischen 1835–50 entstanden *Persius'* **Stibadium (5)** und *von Arnims* venezianischer, reich mit Kunstwerken aus dem oberitalienischen Raum geschmückter **Klosterhof (8).**

Im Schloss selbst kann man im Restaurant Remise exquisit speisen und neben einer Ausstellung zu den preußischen Schlössern und Gärten die Gemächer des Prinzen *Carl* und seiner Gemahlin besichtigen.

Südlich der Königstraße ist im **Jagdschloss Glienicke (1)** eine Heimvolkshochschule und eine internationale Begegnungsstätte untergebracht.

Die Glienicker Parkanlagen sind seit 1990 als Bestandteil des bau-, kunst- und kulturgeschichtlichen Ensembles der Potsdamer Schlösser und Gärten ein von der UNESCO geschütztes **Weltkulturerbe der Menschheit.**

- **Schloss Glienicke,** Königstraße 36, Tel. 805 30 41, Mitte Mai bis Mitte Okt. Sa./So. 10–17 Uhr, letzte Führung 16 Uhr, im Winter nur mit Führung Sa./So. 11, 13 und 15 Uhr. (S Wannsee, Bus 316).

Essen und Trinken:

- **Restaurant Schloss Glienicke Remise,** Königstr. 36, Tel. 805 40 00, Mi.–So. 12–22 Uhr. (S Wannsee, Bus 316).

342be Foto: ki

Glienicker Brücke

Über die Glienicker Brücke sind Berlin und die brandenburgische Landeshauptstadt **Potsdam** über eine Havelenge hinweg miteinander verbunden. Dass die 1907/08 erbaute, vergleichsweise schlichte Brücke Weltbekanntheit erlangte, rührt aus den Zeiten der deutschen Teilung her, als die feindlichen Militärblöcke zwischen ihren schmiedeeisernen Brückenköpfen in spektakulären Aktionen **Spione und politische Häftlinge austauschten.** Heute bietet sich die Glienicker Brücke vor allem als schöner Aussichtspunkt auf die Potsdamer Schlösser- und Gartenlandschaft an: im Süden auf Park und Schloss Babelsberg, im Westen auf die Ausläufer des Neuen Gartens, im Norden bis zur Sacrower Heilandskirche.

302be Foto: ki

Potsdam

Schloss Sanssouci

343be Foto: kj

Die Sacrower Heilandskirche am Wannseeufer

344be Foto: kj

Über die Glienicker Brücke geht's nach Potsdam

Überblick

Inmitten von zahlreichen Seen und sanften Hügelketten liegt Potsdam im Havelland mit seiner einzigartigen, von der UNESCO **zum Weltkulturerbe der Menschheit erklärten Schlösser- und Gartenlandschaft.** Nördlich des schmucken kleinen Zentrums der brandenburgischen Landeshauptstadt dehnt sich der Neue Garten mit Marmorpalais und Schloss Cecilienhof aus, östlich Park und Schloss Babelsberg und schließlich westlich die schönste, bedeutendste und berühmteste der Potsdamer Anlagen, der Park Sanssouci, der mit einem atemberaubenden Park-Meublement aus Häusern, Tempeln, Galerien, Belvederes und gleich mehreren Schlössern besticht.

„Sans souci" – ohne Sorge – nannte *Friedrich der Große* sein selbstentworfenes Traumschloss, das ab 1744 auf einem terrassierten Weinberg vor den Stadttoren entstand und wie kein anderes die **glanzvolle Seite des friderizianischen Preußens** widerspiegelt: Aufklärung und Toleranz, Förderung der Schönen Künste, Wissenschaft und Philosophie. Vorher hatte sein Urgroßvater, der „Große Kurfürst" *Friedrich Wilhelm* (1620–1688), das winzige, erstmals 993 als slawische Ansiedlung erwähnte Fischer- und Bauernnest – „jottwehdeh" (janz weit draußen) – bereits zur Residenz der Hohenzollern gemacht. Sie manifestierte sich im Bau eines mächtigen Stadtschlosses, dessen Kriegsruine erst 1960 als Zeichen für die „endgültige Überwindung des preußisch-deutschen Militarismus" in die Luft gesprengt wurde.

Denn auch dafür steht das historische Potsdam: jenen unter dem Soldatenkönig *Friedrich Wilhelm I.* erstmals Gestalt annehmenden, auf Zucht und Ordnung getrimmten **militaristischen Geist,** der Deutschland in zwei Weltkriege trieb. Im efeuumrankten Fachwerkschloss Cecilienhof handelten 1945 *Truman*, *Stalin* und *Churchill* bzw. *Attlee* das Potsdamer Abkommen aus, welches die weiteren Geschicke Deutschlands festlegte.

Und noch in einer anderen Hinsicht schrieb Potsdam Geschichte, namentlich **Filmgeschichte.** Im Stadtteil Babelsberg lernten Anfang des 20. Jahrhunderts die Bilder laufen und entwickelte sich unter der UFA das seinerzeit größte Filmstudio Europas. Heute lockt es die Besucher unter dem Namen Studio Babelsberg zur vergnüglichen Studio-Tour an.

Ein Bummel durch die Stadt

Wandert man vom **Bahnhof Potsdam-Stadt (13)** mit dem ebenso gigantischen wie umstrittenen neuen Potsdam-Center über die **Lange Brücke,** eröffnet sich einem ein erster Blick auf die Stadt, und man fragt sich angesichts der bekannten Großbauten in Plattenbauweise unwillkürlich: Das soll ein Weltkulturerbe der Menschheit sein?

345be Foto: kj

Rechter Hand, d. h. östlich sieht man aber schon mit der riesigen Kuppel der von *Schinkel* erbauten **Nikolaikirche (19)** ein Stückchen von der Altstadt.

Filmmuseum Potsdam (10)

Auf der Westseite der Langen Brücke befindet sich zu Füßen des Hotel-Mercure-Hochhauses die **Anlegestelle der Ausflugsdampfer (12)** für Seen- und Schlösser-Rundfahrten (Anfang Apr.–Ende Sept.), und gegenüber an der gewaltigen Straßenkreuzung beherbergt der lang gezogene barocke **Marstall am Lustgarten** das Filmmuseum Potsdam. Gezeigt werden mit Fotos, Drehbüchern, Kostümen und vielem mehr eine ständige Ausstellung zur Geschichte der Filmstudios in Babelsberg sowie wechselnde Ausstellungen zur Welt von Film und Medien.

- **Filmmuseum Potsdam,** tgl. 10–18 Uhr.

Dampfmaschinenhaus (8)

Spaziert man nun weiter die Breite Straße hinunter, stößt man kurz vor deren Ende auf eine kuriose Erscheinung, die man im Epizentrum des alten Preußen in dieser Form nicht erwarten würde. Am Ufer der Neustädter Havelbucht erhebt sich die 1841–43 von *Ludwig Persius* erbaute **„Mo-**

Wasserfontäne im Park Sanssouci

schee" – die in Wahrheit ein Dampfmaschinenhaus ist, **Pumpwerk für die Fontänen im nahen Park Sanssouci.** „Nach Art der türkischen Moscheen mit einem Minarett als Schornstein" wollte es Auftraggeber *Friedrich Wilhelm IV.* errichtet wissen. Bereits im Oktober 1842 wurde die Dampfmaschine erstmals in Gang gesetzt und ließ die Fontäne vor Schloss Sanssouci auf fast vierzig Meter aufsteigen.

- **Dampfmaschinenhaus,** Breite Str. 28, Mitte Mai–Mitte Okt. Sa./So. 10–17 Uhr.

Alter Markt

Zurück an der Langen Brücke, erstreckt sich dem Hotel Mercure gegenüber der Alte Markt, den unverkennbar der mächtige Kuppelbau der **Nikolaikirche (19)** dominiert. Ab 1828 wurde dieses bedeutende Bauwerk des deutschen Klassizismus nach Plänen *Karl Friedrich Schinkels* zusammen mit seinen Schülern *Ludwig Persius* und *August Stüler* erbaut. An der Ostseite des Platzes erhebt sich das mit einer goldenen Atlasfigur geschmückte **Alte Rathaus (18)** (1753–55). Wie das benachbarte, durch einen modernen Zwischenbau mit ihm verbundene barocke **Knobelsdorffhaus** wurde es nach einem Entwurf *J. Boumanns* errichtet.

Potsdamer Stadtschloss (17)

Auf der Altem Rathaus und Nikolaikirche vorgelagerten freien Fläche unternahmen die Stadtväter am 8. September 2000 den ersten Spatenstich zum Wiederaufbau des **Fortunaportals,** der 28 Meter hohen Hauptzufahrt an der Nordflanke des im Zweiten Weltkrieg zerstörten Potsdamer Stadtschlosses. Bei einem alliierten Bombenangriff im April 1945 ging das imposante Bauwerk, das sich einst über die gesamte heutige Grünfläche hinweg bis zum Ufer der Havel ausdehnte, in Flammen auf und wurde 1960 vollends abgerissen.

Den ursprünglichen Bau ließ 1662–69 der Große Kurfürst *Friedrich Wilhelm* errichten. In der Regierungszeit seines Sohns und Nachfolgers König *Friedrichs I.* wurde das Schloss kontinuierlich umgebaut und erweitert, wobei als herausragende Leistung des hugenottischen Baumeisters *Jean de Bodt* 1701 das seit 2002 nun wiedererrichtete Fortunaportal entstand. Seine Vollendung erfuhr das Stadtschloss schließlich unter *Friedrich dem Großen,* der es von 1744 bis 1752 unter Federführung der Architekten *Knobelsdorff* und *Boumann* abermals erweitern und die Kolonnaden errichten ließ, zwischen westlichem Lustgartenflügel und Marstall sowie von der Ostecke der Gartenseite bis hin zur Havel, wo heute am Schiffsanleger

Fußgängerzone,
im Hintergrund das Brandenburger Tor

303be Foto: kj

noch einige Überreste der Kolonnaden zu besichtigen sind.

Bereits im April 2000 hatte sich die Potsdamer Stadtverordnetenversammlung für den kompletten **Wiederaufbau des Stadtschlosses** entschieden. Gelder für das milliardenschwere Projekt hat man dagegen nicht, und auch eine künftige Nutzung ist völlig ungeklärt. So ist es bislang bei der Rekonstruktion des eindrucksvollen Fortunaportals geblieben. Die restliche Fläche des ehemals riesigen Stadtschlosses zeichnen in seinem Grundriss bis auf weiteres Bäume nach.

Bassinplatz

Am Bassinplatz lohnen die mächtige katholische **St.-Peter-und-Paul-Kirche (21)** (1867–70) und die kleinere, nach Knobelsdorff-Entwürfen 1752/53 errichtete **Französische Kirche (20)** einen Blick.

Brandenburger Straße und Luisenplatz

Am Bassinplatz sollte man sich auch spätestens entscheiden, ob man Richtung Neuer Garten mit Schloss Cecilienhof oder nach Sanssouci weitergehen möchte. Wählt man die letztgenannte Möglichkeit, bummelt man frei von Autolärm die Brandenburger Straße mit ihrer schön renovierten historischen Bebauung, zahlreichen Läden, Boutiquen und Straßencafés hinauf – und gelangt am Ende auf den Luisenplatz, auf dem sich das **Brandenbur-**

ger Tor (6) erhebt, das mit dem Baudatum 1770 älter ist als sein berühmter Namensvetter in Berlin. Kurz vor dem Tor hält die **Tourist-Information (7)** in der Brandenburger Straße 3 zahlreiche Auskünfte, Tipps, Informationen und Publikationen für die Potsdam-Besucher bereit.

Information:
- **Tourist-Information,** Brandenburger Str. 3 (Am Brandenburger Tor), 14467 Potsdam, Tel. 0331 27 55 80, Fax 275 58 29, tourismus-service@potsdam.de, www.potsdamtourismus.de, Apr.–Okt. Mo.–Fr. 9.30–18 Uhr, Sa./So. 9.30–16 Uhr, Nov.–März Mo.–Fr. 10–18 Uhr, Sa./So. 9.30–14 Uhr.

Holländisches Viertel

Vom Luisenplatz sind es nur noch wenige Schritte zum Parkeingang nach Sanssouci. Entscheidet man sich zunächst aber für die nicht minder erlebenswerte Besichtung des Neuen Gartens, wandert man vom Bassinplatz aus nach Norden über die Friedrich-Ebert-Straße Richtung Nauener Tor. An der Nordseite des Platzes beginnt bereits das Holländische Viertel: **134 Häuschen im holländischen Stil,** in vier Karrees angeordnet, die der Soldatenkönig 1737–42 durch *J. Boumann* errichten ließ. Sie sollten Scharen von niederländischen Einwanderern aufnehmen, die jedoch niemals kamen, weshalb das Viertel letztendlich mit Soldaten bevölkert wurde. Zu DDR-Zeiten völlig heruntergekommen, ist es unterdessen größtenteils restauriert und lädt mit Lokalen, Kunsthandwerk- und Designläden in den putzigen roten Klinkerbauten zum kleinen Bummel ein.

Nauener Tor

Am Platz vor dem Nauener Tor – 1755 als erstes neugotisches Bauwerk Deutschlands nach englischem Vorbild errichtet – wartet das traditionsreiche **Café Heider (24)** auf Schleckermäuler. Im 1731 von einem holländischen Tischlermeister erbauten Haus befindet sich bereits seit 1912 eine Konditorei, die in den 60er-Jahren *Karl Heider* übernahm, der das Café dank seiner Tortenbäckerkunst weit über die DDR-Grenzen hinaus bekannt machte. 1991 wechselte das Café zwar seinen Besitzer, doch ist es auch weiterhin eine Einkehr wert. Ebenfalls am Sonnen beschienenen Platz lockt die **Café-Trattoria Arco (24)** zum zweiten Frühstück und serviert abends köstliche napolitanische Küche.

Essen und Trinken:
- **Café Heider,** Mo.–Fr. ab 8 Uhr, Sa. ab 9 Uhr, So. ab 10 Uhr. Neben Torten gibt es kleine Gerichte nach märkischer Art.
- **Café-Trattoria Arco,** tgl. ab 10 Uhr.

Russische Kolonie Alexandrowka

Das Nauener Tor durchschritten, stößt man am Ende der Friedrich-Ebert-Straße auf die Russische Kolonie Alexandrowka. *Friedrich Wilhelm III.* ließ ihre reich beschnitzten Holzblockhäuser 1826 nach russischen Plänen errichten, um **zwölf Sänger eines russischen Soldatenchors** an seinem Hof zu halten. Damit sie sich wie zu Hause fühlten, wurde ihnen sogar ein zwiebeltürmchengekröntes russisch-orthodoxes Kirchlein, die **Alexander-Newski-Kapelle (32),** dazugebaut. Sie steht oberhalb der Kolonie auf dem Kapellenberg.

Pfingstberg

Hinter dem Kapellenberg erhebt sich wiederum der Pfingstberg mit dem 1743 angelegten **Jüdischen Friedhof** (So. 10–13 Uhr, Männer tragen zur Besichtigung bitte eine Kopfbedeckung), *Schinkels* kleinem **Pomonatempel (31)** und obenauf der romantischen Ruine des **Belvedere auf dem Pfingstberg (30).** 1847–52 und 1860–63 unter *Ludwig Persius, August Stüler* und *Ludwig Ferdinand Hesse* nach Entwürfen *König Friedrich Wilhelms IV.* mit Stilelementen italienischer Renaissance-Villen erbaut, wurde das Belvedere niemals vollendet und verfiel ab den 50er-Jahren des 20. Jahrhunderts. Aufgrund der Grenznähe war die Nutzung der „Schönen Aussicht" untersagt. Dank privater Spenden konnte das Belvedere zwischenzeitlich teilrestauriert werden und gibt seit 2001 vom Westturm aus und seit 2003 zusätzlich vom Ostturm herab den Blick wieder frei.

- **Pomonatempel,** Apr.–Okt. Sa./So. 15–18 Uhr.
- **Belvedere auf dem Pfingstberg,** Apr., Mai, Sept. tgl. 10–18 Uhr, Juni–Aug. tgl. 10–20 Uhr, Nov.–März Sa./So. 10–16 Uhr.

Bundesgartenschau

Im Jahr 2001 lud Potsdam zur Bundesgartenschau ein. Herzstück der in vier Teilbereiche gegliederten Anlage ist der 73 Hektar große **BUGA-Park im Bornstedter Feld,** dessen Ausläufer sich bis zum Ruinenberg im Schlosspark Sanssouci hinziehen. Im Zentrum steht die **BUGA-Biosphärenhalle.** Nur durch wenige Straßen entfernt, schließt sich westlich die im Auftrag *Friedrich Wilhelm IV.* 1842 vom Gartenkünstler *Peter Joseph Lenné* mit Alleen, Hecken und Baumpflanzungen gestaltete **Feldflur** an, 65 Hektar davon wurden in die BUGA mit einbezogen. Den Mittelpunkt dieses Geländes bildet die **„Augenweide",** die erstmals in der Geschichte der Bundesgartenschau auch der Landwirtschaft einen gebührenden Platz einräumte. In der Innenstadt wurde in der Havel auf der **Freundschaftsinsel** der auf Initiative *Karl Foersters* in den 1930er-Jahren entstandene erste Schau- und Sichtungsgarten in Deutschland rekonstruiert. Gegenüber lädt am Ostufer der Havel der **Nuthepark** als naturnaher Landschaftspark mit Waldspielplatz und Feuchtwiesen zu erholsamen Spaziergängen ein.

Der neue Garten

Marmorpalais (27)

Östlich vom Pfingstberg dehnt sich am Ufer des Heiligen Sees bis zum Jungfernsee der Neue Garten aus. Der Wörlitzer Landschaftsarchitekt *Eyserbeck* legte ab 1787 den **74 Hektar großen Park** im Auftrag *Friedrich Wilhelms II.* an. Es war der erste englische Landschaftspark der preußischen Herrscher und darin gewissermaßen das Gegenstück zum im Kern barocken Park Sanssouci. Als königliche Sommerresidenz entstanden auf dem Gelände zur selben Zeit nach Entwürfen *Gontards* und *Langhans'* das Marmorpalais (1787–91) mit einem **Küchengebäude in Form eines versunkenen Tempels.**

• **Marmorpalais,** frühklassizistische Räume und Intarsienkabinette, 1. Apr.–31. Okt. Di.–So. 10–17 Uhr, im Winter nur Sa./So. 10–16 Uhr.

Orangerie (26) und Pyramide

Zwischen Palais und Portiershäusern am südlichen Parkeingang liegt die 1791/92 ebenfalls von *Langhans* erbaute, exotisch anmutende Orangerie, deren östliche Fassade inklusive Sphinx **im ägyptischen Stil** gestaltet ist. Die Pyramide, die nördlich des Marmorpalais aufragt, diente als **Eiskeller.**

Schloss Cecilienhof (28)

Krönender Abschluss und zugleich jüngstes Bauwerk im Neuen Garten ist Schloss Cecilienhof nahe dem Jungfernsee. 1913–17 wurde das romantische Fachwerkschloss **im englischen Landhausstil** für *Kronprinz Wilhelm* und seine Gattin *Cecilie* errichtet, bis Kriegsende 1945 war es noch von den Hohenzollern bewohnt. Anschließend tagten in seinen Räumlichkeiten vom 17. Juli bis zum 2. August während der **Potsdamer Konferenz** die Staats- und Regierungschefs der Siegermächte, *Truman* (USA), *Stalin* (UdSSR) und *Churchill* bzw. *Attlee* (Großbritannien). Ihre Beschlüsse – u. a. Entnazifizierung, Entmilitarisierung sowie die Abtretung deutscher Gebiete, die Aufteilung Deutschlands in Besatzungszonen und Berlins in Sektoren – gingen unter der Bezeichnung **„Potsdamer Abkommen“** in die Geschichte ein. In den Konferenzräumen ist heute ein **Museum** untergebracht, des Weiteren birgt das Schloss ein edles Hotel sowie Café und Restaurant mit erlesener neu-internationaler und leichter märkischer Küche.

• **Museum Schloss Cecilienhof,** 1. Apr.–31. Okt. Di.–So. 9–17 Uhr, im Winter 9–16 Uhr, die Privaträume des Kronprinzenpaars Di.–So. nur mit Führung 11, 13 und 15 Uhr.

Essen und Trinken:
• **Restaurant Schloss Cecilienhof,** tgl. ab 7 Uhr.

Wer es zünftiger mag, geht etwa 200 Meter weiter in nördliche Richtung zur alten **Meierei (29)** unmittelbar am Ufer des Jungfernsees. In dem im Jahre 1790 errichteten, 1844 von *Ludwig Persius* erweiterten Gebäude wurde einst die Milch der Kühe, die im Neuen Garten weideten, gebuttert und gekäst. Später diente die Meierei als beliebtes Ausflugslokal, verfiel dann zu DDR-Zeiten und wurde Anfang des dritten Jahrtausends umfangreich restauriert. Seit ihrer Eröffnung als Bierbraugaststätte im Sommer 2004 fließt nun – drinnen wie draußen im schönen Biergarten direkt am Wasser – **hausgebrauter Gerstensaft** in den verschiedensten Typen und Variationen. Dazu wird eine Auswahl feiner Speisen oder auch passend Deftiges aufgetischt.

Essen und Trinken:
• **Brauereigaststätte Meierei,** Im Neuen Garten 10, Apr.–Okt. tgl. 10–22 Uhr, im Winter Di.–Sa. 12–22 Uhr, So. 10–20 Uhr

Mit dem **Bus** (Haltestelle nahe dem Schlossparkplatz) gelangt man in wenigen Minuten in die Potsdamer Innenstadt zurück. Eine andere schöne Möglichkeit ist am Jungfernsee entlang zu wandern und anschließend über die Glienicker Brücke nach Berlin überzuwechseln.

Sanssouci

Besucherzentrum (4)

Dies gleich vorweg: Natürlich ist es nicht möglich, den 290 Hektar großen und wahrhaftig einzigartigen Park mit all seinen Schlössern, Belvedere, Orangerie, Pagoden, Fontänen, Sonnenlauben, Bädern, Tempeln und Skulpturen hier erschöpfend zu beschreiben. Interessierten, die tiefer in die Geschichte des immerhin über vier Generationen entstandenen Parks einsteigen möchten, sei das Besucherzentrum der Stiftung Preußische Schlösser und Gärten **an der Historischen Mühle** empfohlen. Auch die **Führungen** durch den Park und die Schlösser starten dort (im Besucherzentrum anmelden; für öffentliche Führungen durch die einzelnen Schlösser jeweils am entsprechenden Schlosseingang zu den angegebenen Öffnungszeiten). Weitere Informationen sind im Internet abrufbar unter www.spsg.de.

- **Besucherzentrum Stiftung Preußische Schlösser und Gärten Berlin-Brandenburg,** An der Orangerie 1, 14469 Potsdam, Tel. (0331) 969 42 02, Fax 969 41 07, März–Okt. tgl. 8.30–17 Uhr, Nov.–Feb. tgl. 9–16 Uhr.

Friedenskirche (9)

Gleich hinter dem Parkeingang am Grünen Gitter steht die 1844–54 von *Persius, Stüler* und *Hesse* nach italienischem Vorbild entworfene Friedenskirche, in der Bauherr *Friedrich Wilhelm IV.* zur ewigen Ruhe liegt. Im 1888–90 hinzugefügten **Mausoleum** befindet sich die Grabstätte *Friedrichs III.* und seit seiner Überführung 1991 auch die des Soldatenkönigs *Friedrich Wilhelm I.*

- **Friedenskirche,** tgl. Mai–Okt.

Neptungrotte und Bildergalerie (7)

Wenige Schritte sind es von hier zum **Obeliskportal (8),** 1747 nach dem Vorbild des Gartenportals von Schloss Rheinsberg errichtet, an dem die **„Hauptallee“,** der schnurgerade Hauptweg durch die riesige Anlage beginnt. Über zweieinhalb Kilometer verbindet sie die Potsdamer Innenstadt mit dem Neuen Palais am westlichen Parkende. Vorbei an zwölf Marmorbüsten, grüßt einen kurz nach dem Portal der von zwei Najaden flankierte Wassergott Neptun auf der Neptungrotte, hinter der sich schneeweiß, mit kleiner Kuppel, die 1755–63 von *Büring* erbaute Bildergalerie erhebt. Sie beherbergt **niederländische, französische und italienische Barockmalerei,** darunter Werke von *Rubens, van Dyck* und *Caravaggio.*

- **Bildergalerie,** geöffnet 15. Mai bis 15. Okt. Di.–So. 10–17 Uhr.

Schloss Sanssouci (6)

Die Bildergalerie flankiert östlich das berühmte Schloss Sanssouci. Wie geduckt liegt das bekannteste aller Potsdamer Schlösser zum Park hin vor einer großen Fontäne hinter sechs im Winter verglasten Terrassen, die über eine ausladende Freitreppe erklommen werden müssen. Vier Jahre nach Regierungsantritt beauftragte **Friedrich II.** 1744 seinen Freund, den **Architekt Knobelsdorff,** dieses Bauwerk nach seinen Ideen zu verwirklichen. Ein Weinberg vor den Toren der Stadt wurde als Lokalität auserkoren und der Grundstein zum Schloss gelegt.

Schloss Sanssouci war das Lieblingsdomizil des preußischen Königs, von dem aus er später mit dem Philosophen *Voltaire* zu langen Spazier- und Debattiergängen durch den Park aufbrach, und von woaus er auf seine Gruft blicken konnte, in der er „sans souci" – ohne Sorgen – begraben werden wollte. Erst 1991 ging dieser Wunsch mit der Überführung seiner sterblichen Überreste vom Hohenzollernschloss Hechingen in Erfüllung.

●**Schloss Sanssouci,** Apr.–Okt. Di.–So. 9–17 Uhr, im Winter Di.–So. 9–16 Uhr. Das Schloss ist nur mit Führung zu besichtigen (letzte Führung 17 Uhr bzw. 16 Uhr), der begrenzte Kartenverkauf gilt nur für den laufenden Tag. Es empfiehlt sich daher, möglichst früh am Tag das Ticket zu erwerben, denn der Andrang ist groß. Den Damenflügel kann man Mitte Mai bis Mitte Okt. Sa./So. 10–17 Uhr bewundern, die Schlossküche Apr.–Okt. Di.–So. 10–17 Uhr.

Neue Kammern (5)

Auch die Schloss Sanssouci westlich flankierenden Neuen Kammern wurden nach *Knobelsdorff*-Plänen errichtet, **ursprünglich als Orangerie.** Ausführender Baumeister 1747 war *Boumann,* drei Jahrzehnte später wurde das spätbarock-frühklassizistische Gebäude zum königlichen Gästehaus umgebaut.

●**Neue Kammern,** 1. Apr.–12. Mai Sa./So. 10–17 Uhr, 13. Mai–31. Okt. Di.–So. 10–17 Uhr.

Historische Mühle (4)

Hinter den Neuen Kammern war die 1787–91 errichtete Historische Mühle Gegenstand eines Ereignisses, das lange Zeit in aller Munde war: **Ihr Klappern störte den König.** Man versuchte es im Guten, man drohte, man bot Geld, vergeblich, sodass *Friedrich II.* schließlich einen Prozess gegen den Müller anstrengte – und verlor. Heute klappert die Mühle mit ihren Flügeln zwar nicht mehr im Wind, aber eine **Mühlenausstellung mit Mahlwerk** lädt zur Besichtigung ein. An der Mühle befindet sich auch das Besucherzentrum.

●**Historische Mühle,** tgl. 10–18 Uhr.

Orangerie (3)

Wenige Spazierminuten westlich der Neuen Kammern liegt die jüngere, von *Persius, Stüler* und *Hesse* 1851–64 im Stil italienischer Renaissancevillen erbaute Orangerie. Auf stolze **298 Meter Länge** dehnt sich das von *Friedrich Wilhelm IV.* in Auftrag gegebene Bauwerk aus, von seinem Turm genießt man eine sehr schöne Aussicht auf den Park.

●**Orangerie,** 15. Mai–15. Okt. Di.–So. 10–17 Uhr.

●**Aussichtsturm,** 1. Apr.–12. Mai Sa./So. 10–17 Uhr, 13. Mai–15. Okt. Di.–So. 10–17 Uhr.

Belvedere (1)

Von der Orangerie führt eine 1906 angepflanzte Lindenallee - über einen kleinen Abzweig zum 1770 als Pagode entstandenen **Drachenhaus (2)** - und von dort zum **Belvedere auf dem Klausberg.** *Friedrich der Große* ließ den mit zwei Altanen (Anbauten) versehenen, kuppelgekrönten Rundbau 1770–72 als ersten Potsdamer **Aussichtspunkt** auf die schöne Umgebung errichten; zugleich der letzte Auftrag des großen Königs zur Verschönerung seines geliebten Parks Sanssouci.

- **Belvedere auf dem Klausberg,** Apr.-Okt. Sa./So. 10–17 Uhr.

Neues Palais (17)

Möchte man ohne den Umweg über das Belvedere direkt zum Neuen Palais gelangen, nimmt man vom Drachenhaus aus den Weg über den **Antikentempel (16)** (1768). Dieser und ihm gegenüber südlich der Hauptallee der **Freundschaftstempel (15)** flankieren das gewaltigste Bauwerk im Park, das Neue Palais. Es wurde auf Veranlassung *Friedrichs II.* 1763–69 von *Büring, Manger, Gontard* und *Legeay* als **Prunkbau mit 300 Räumen** errichtet, darunter solch erstaunliche Festsäle wie der zwei Etagen hohe Marmorsaal und die Marmorgalerie, ein Rokoko-Theater mit 300 Plätzen und schließlich der kuriose Grottensaal. Ursprünglich war er mit Glasschlacken, Muscheln und Korallen ausgelegt, im 19. Jahrhundert wurden diese durch wertvolle Steine, Mineralien und Fossilien ersetzt.

Auftraggeber *Friedrich* bewohnte das Palais so gut wie nie, später nutzte man es als Gästewohnung oder für Festivitäten, und erst der letzte deutsche **Kaiser Wilhelm II.** wählte es bis zu seiner Abdankung 1918 als bevorzugten Aufenthaltsort.

- **Neues Palais mit Marmorgalerie und Grottensaal,** Apr.–Okt. tgl. 9–17 Uhr, im Winter 9–16 Uhr. Die **Königswohnung** *Friedrichs des Großen* ist mit Führung von Apr.–Okt. tgl. 11, 13 und 15 Uhr zu besichtigen; die **Pesne-Galerie** mit Gemälden von *Antoine Pesne,* Hofmaler *Ludwigs XIV.* und fast 50 Jahre im Dienst der preußischen königlichen Familie, Apr.–Okt. Sa./So. 9–17 Uhr.

Communs (18)

Hinter dem Neuen Palais liegen die Communs (1766–69), zwei durch eine Kolonnade mit Triumphtor verbundene **Wirtschaftsgebäude,** die an Prachtentfaltung das Neue Palais beinahe noch übertreffen. Sie werden heute von der Universität Potsdam genutzt.

Schloss Charlottenhof (14)

Südlich des Palais wurde ab 1825 ein neuer Bezirk hinzugefügt: der Park Charlottenhof. Eingebettet in eine von *Peter Joseph Lenné* gestaltete Landschaft liegt dort Schloss Charlottenhof, ein altes Gutshaus, das *Schinkel* 1826–29 für *Friedrich Wilhelm IV.* zum klassizistischen **Kronprinzenschlösschen** ausbaute. Mit seinen erhaltenen Innenräumen zählt es zum Hauptwerk des bedeutenden preußischen Baumeisters.

- **Schloss Charlottenhof,** 15. Mai–15. Okt. Di.–So. 10–17 Uhr.

304be Foto: kj

Römische Bäder (13)

Nahebei spiegeln sich die 1829–40 von *Schinkel* und *Persius* errichteten Römischen Bäder im Wasser des Maschinenteichs.

● **Römische Bäder,** 15. Mai–15. Okt. Di.–So. 10–17 Uhr.

Chinesisches Teehaus (12)

Von dem malerischen Gebäudeensemble mit u. a. Gärtnerhaus, Großer Laube und Arkadenhalle gelangt man schnell zum Chinesischen Teehaus, einem der wichtigsten Beispiele für die im 18. Jahrhundert in Europa herrschende China-Mode. 1754–57 entstand der zierliche, mit Palmsäulen und vergoldeten Musikanten geschmückte **Tambourkuppelbau** nach Plänen von *Büring*. Im Inneren ist Meißner und ostasiatisches Porzellan ausgestellt.

● **Chinesisches Teehaus,** 15. Mai–15. Okt. Di.–So. 10–17 Uhr.

Vom Teehaus ist es nicht mehr weit auf die Hauptallee zum Obeliskportal oder zum Grünen Gitter in die Potsdamer Innenstadt zurück.

Chinesischer Tempel

Babelsberg

Park Babelsberg

Will man in Ruhe durch eine **sanft gewellte Landschaft** spazieren, so gehe man in den Park Babelsberg. Etwas abseits am Ostufer des Tiefen Sees und der Glienicker Lake gelegen, ist er der unbekannteste und unspektakulärste Park in der Potsdamer Schlösser- und Gärtenlandschaft. Weder in Sanssouci, wo bereits morgens vor Öffnung der Schlösser die ersten Reisebusse anrollen, noch im Neuen Garten am Heiligen See wird man so ungestört lustwandeln können. Die **130 Hektar große Anlage** wurde 1832 von *Lenné* begonnen und 1843–49 von *Fürst Pückler-Muskau* für *Prinz Wilhelm*, den späteren Kaiser *Wilhelm I.*, erweitert und vollendet.

Schloss Babelsberg

Nördlich im Park liegt das Schloss Babelsberg. Ursprünglich 1834–35 von *Schinkel* errichtet, fanden 1844–49 unter *Persius* und *Strack* umfangreiche Umbauarbeiten statt. Die Räumlichkeiten mit neogotischem Mobiliar sind zurzeit nicht zu besichtigen.

- **Schloss Babelsberg,** wegen umfangreicher Restaurierungsarbeiten bis auf weiteres geschlossen.

Flatowturm

Zur Schlossanlage gehören weiter das 1841/42 als Damenhaus erbaute **Kleine Schloss (25),** das **Matrosenhaus** (1842), in dem der Schiffer wohnte, der die Gondeln und Segelschiffe der Hausherren betreute, sowie der ebenfalls von *Strack* 1853–56 errichtete Flatowturm, der eine der schönsten Aussichten auf Potsdam bietet. Für den **mittelalterlichen Wohnturm** mit Wehrgang und Spitzhelm stand das Eschenheimer Tor in Frankfurt/Main Pate.

- **Flatowturm,** 1. Apr.–26. Juni Di.–So. 10–17 Uhr, 27. Juni–29. Okt. Sa./So. 10–17 Uhr.

Gerichtslaube

Auch die Berliner Gerichtslaube befindet sich hier. Ursprünglich stand sie einmal am alten Berliner Rathaus. Als man dort das neue Rote Rathaus erbaute, wurde die Gerichtslaube abgetragen und 1871/72 im Babelsberger Park wieder aufgestellt.

Filmpark Babelsberg

Auf dem Gelände der Medienstadt Babelsberg wurde **Filmgeschichte** geschrieben. Im Februar 1912 fiel hier die erste Klappe zum Asta-Nielsen-Streifen „Der Totentanz“, mit dem der Aufstieg Babelsbergs zum damals größten Filmstudio Europas begann. Bis 1945 unter UFA- und zu DDR-Zeiten unter DEFA-Regie, werden in den Hallen heute hauptsächlich Fernsehserien, aber gelegentlich auch große internationale Produktionen gedreht.

Während einer erlebnisreichen **Studiotour durch den Filmpark** Babelsberg erhält man zwar weniger Einblick in die Realität der Filmherstellung, bekommt dafür jedoch um so mehr Abenteuer, Fantasy und Action geboten.

● **Filmpark Babelsberg,** August-Bebel-Str. 26-53, Eingang: Großbeerenstraße, Tel. Besucherservice 721 27 50, www.filmpark.de, Anfang Apr.–Ende Okt. tgl. 10–18 Uhr. (S1 Babelsberg, Bus 601, 619, 690).

Potsdam-Information

Verkehrsanbindung

● mehr als 20 RegionalExpress-Verbindungen Berlin–Potsdam pro Tag mit der DB
● S1 (Potsdam Hauptbahnhof)

Info & Zimmervermittlung

● **Tourist-Information,** Brandenburger Str. 3 (Am Brandenburger Tor), 14467 Potsdam, Tel. 0331 27 55 80, Fax 275 58 29, tourismus-service@potsdam.de, www.potsdamtourismus.de, Apr.–Okt. Mo.–Fr. 9.30–18 Uhr, Sa./So. 9.30–16 Uhr, Nov.–März Mo.–Fr. 10–18 Uhr, Sa./So. 9.30–14 Uhr.

Schriftlich erreicht man den Potsdam Tourismus Service unter: Potsdam Tourismus Service, Am Neuen Markt 1 – Kabinetthaus, 14467 Potsdam.

Unterkunft

● **Schlosshotel Cecilienhof,** Neuer Garten, 14469 Potsdam, Tel. (0331) 370 50, Fax 29 24 89. Wohnen im letzten Schloss der Hohenzollern. In dem im englischen Landhausstil 1914–17 errichteten, efeuumrankten, ausgesuchten Hotel mit exquisitem Restaurant im Neuen Garten am Jungfernsee wurde mit dem Potsdamer Abkommen 1945 zwischen *Truman, Churchill* und *Stalin* Weltgeschichte geschrieben (100–175 €).

● **Hotel Bayrisches Haus,** Im Wildpark 1, 14471 Potsdam, Tel. (0331) 550 50, Fax 550 55 60, www.bayrisches-haus.de. Im Jahr 1847 von König *Friedrich Wilhelm IV.* als Geburtstagsgeschenk für seine Frau *Elisabeth Luise von Bayern* errichtetes, seit seiner Restaurierung 1990 gediegenes, holzgetäfeltes Komforthotel, wenige Kilometer westlich von Potsdam im Wildpark in der Nähe des Schäfereiberges (155–188 €).

● **Hotel am Luisenplatz,** Luisenplatz 5, 14471 Potsdam, Tel. (0331) 97 19 00, Fax 971 90 19, www.hotel-luisen platz.de. In vorzüglicher Lage in der historischen Innenstadt zwischen Brandenburger Tor und Park Sanssouci, die großzügig bemessenen Zimmer sind dezent mit Stilmöbeln ausgestattet, das Restaurant ist empfehlenswert (79–169 €).

● **Filmhotel „Lili Marleen",** Großbeerenstr. 75, 14467 Potsdam-Babelsberg, Tel. (0331) 74 32 00, Fax 743 20 18, www.filmhotel.potsdam.de. Für Filmfans, in gebührlicher Nähe zu den berühmten Babelsberger Filmstudios, ist der 1996 eröffnete komfortable Neubau mit allerlei Filmrequisiten und Devotionalien ausgestattet (75–85 €).

● **Jugendgästehaus „Siebenschläfer",** Lotte-Pulewka-Str. 43, 14473 Potsdam, Tel. (0331) 74 11 25, Fax 7 48 16 28. 1998 eröffnete Herberge in der südlichen Altstadt. Neben Einzel- und Zweibettzimmern sind die weiteren Räume überwiegend mit Etagenbetten ausgestattet, sanitäre Einrichtungen befinden sich auf den Fluren (bis 27 Jahre EZ 18,50 €, DZ 15 €, 3-4-Bettzimmer 14 €, über 27 Jahre 3,50 € Aufschlag, Bettwäsche mitbringen oder zuzüglich 3,30 €; alle Preise inklusive Frühstück).

● **Jugendherberge Potsdam – Haus der Jugend,** Schulstraße 9, 14482 Potsdam, Tel. (0331) 581 31 00, www.jh-potsdam.de. Keine 50 Meter vom Bahnhof Potsdam-Babelsberg entfernt liegt die im Sommer 2004 eröffnete Jugendherberge mit 16 Doppel- und 27 Vierbettzimmern (alle mit Dusche/WC ausgestattet und teilweise rollstuhlgerecht), Bett im Mehrbettzimmer inkl. Frühstück und Bettwäsche bis 26 J. 21 €, ab 27 J. 24 €.

● **Campingpark Sanssouci-Gaisberg,** An der Pirschheide/Templiner See 41, 14471 Potsdam-Pirschheide, Tel./Fax (0331) 951 09 88, Fax 951 09 92, www.campingpark-sanssouci-potsdam.com. Behindertengerecht ausgestatteter Platz in idyllischer Lage, 1. Apr.–31. Okt.

Essen und Trinken

- **Restaurant Schloss Cecilienhof** (Neuer Garten), Tel. (0331) 370 50. Das Beste vom Besten, neu international ebenso wie brandenburgisch leicht und erlesen mit heimischen Zutaten der Saison, Gastro-Award 2003 und 14 Punkte im Gault Millau. Tgl. 7–22.30 Uhr.
- **Brauereigaststätte Meierei,** Im Neuen Garten 10, Tel. (0331) 704 32 12, Traditionsreiche Brauereigaststätte in der Meierei von 1790 im Neuen Garten, mit schönem Biergarten direkt am Jungfernsee.
- **Der Klosterkeller,** Friedrich-Ebert-Str. 94, Tel. (0331) 29 12 18. Wie einst die Langen Kerls Deftiges aus Topf und Pfanne schmausen unter dem Kreuzkappengewölbe im 1736 erbauten Klosterkeller. Tgl. ab 11 Uhr.
- **Café-Trattoria Arco,** Friedrich-Ebert-Str. (am Nauener Tor), Tel. (0331) 270 16 90. Mediterranes in Preußisch-Arkadien: Tramezzini, Crostini und Cappuccino zum Frühstück, später köstliche Antipasti und echt napolitanische Küche, bei Sonnenschein auch auf der Piazza vor dem Nauener Tor. Tgl. ab 10 Uhr.
- **Café Heider,** Friedrich-Ebert-Str. 29 (am Nauener Tor), Tel. (0331) 270 55 96. Traditionscafé seit 1912, mit großer Kaffee-Vielfalt nach Wiener Kaffeehaus-Art, Torten und kleiner gemischter Speisekarte. Mo.–Fr. ab 8 Uhr, Sa. ab 9 Uhr, So. ab 10 Uhr.

Aktivitäten

- Zweieinhalb- bis dreistündige **Schlösserrundfahrt** mit dem Potsdammobil „Alter Fritz", Abfahrt ab Hauptbahnhof/Nord, Babelsberger Str., tgl. Mitte März–Mitte Okt. 10.30, 11 und 14 Uhr, im Winter Di.–So. 11 Uhr. Wegen starken Andrangs wird eine Reservierung bis tgl. 9.30 Uhr empfohlen, Tel. (0331) 97 43 76, www.schloesserrundfahrten.de.
- Ebenfalls beliebt sind die 90-minütigen **Rundfahrten** durch den Park Sanssouci **mit dem Elektrobähnlein** „Potsdam-Sanssouci-Express". Start ist an der Historischen Mühle, Apr.–Juni und Sept./Okt. tgl. ab 11 Uhr jeweils zur vollen Stunde, Juli/Aug. tgl. ab 10 Uhr.
- **Potsdam per Pedales,** Rudolf-Breitscheid-Str. 201 (Bahnhof Griebnitzsee), 14482 Potsdam, Tel./Fax (0331) 748 00 57. Potsdam und Umgebung per Drahtesel mit einem Team junger Stadtführer entdecken. Angeboten werden Gruppenführungen ab fünf bis maximal zehn Personen, die Fahrräder werden gestellt. Vierstündige Tour 140 € (Treffpunkt und Termin nach Vereinbarung); zweieinhalbstündige Tour ab Potsdam Hauptbahnhof 90 € (Termin nach Vereinbarung).
- **Weiße Flotte Potsdam,** An der Langen Brücke 6, 14467 Potsdam, Tel. (0331) 2 75 92 10, Fax 29 10 90, www.schiffahrt-in-potsdam.de. Von Anfang April bis Ende September Havelseen, Insel- und Schlösserrundfahrten sowie Tageskreuzfahrten durch Brandenburg, ab Anlegestelle an der Langen Brücke, tgl. ab 9.15 Uhr, Fahrplanauskunft (0331) 275 92 33.

346be Foto: kj

Anhang

347be Foto: kj

348be Foto: kj

Blick auf den Osten der Stadt
aus der Reichstagskuppel

Die Mauer hinterm Zaun

Karneval der Kulturen

Literaturtipps

- *Arnim, Bettina von:* **„Dies Buch gehört dem König“.** 1843 erschienene Schilderung der Armut in Berlin, die die Schriftstellerin an König Wilhelm IV. persönlich richtete.
- *Döblin, Alfred:* **„Berlin Alexanderplatz“.** Wie der kleine Mann Franz Biberkopf im Berlin der 20er-Jahre mit seinem Versuch „anständig zu sein“ untergeht.
- *Fischer-Fabian, S.:* **„Berlin-Evergreens“.** Amüsante Porträts über Berliner Originale, von Mutter Gräbert und Königin Luise bis August Borsig und Heinrich Zille.
- *Fontane, Theodor:* **„Irrungen, Wirrungen“.** Warum der Waschfrau Nimptsch Pflegetochter Lene und der junge Baron Botho aus dem feinen südlichen Tiergarten im kaiserlichen Berlin nicht zusammenkommen können.
- *Kerr, Alfred:* **„Mein Berlin. Schauplätze einer Metropole“.** Die Berlin-Briefe des 1933 emigrierten Schriftstellers und Theaterkritikers.
- *Ostwald, Hans:* **„Der Urberliner“.** 1911 erschienen, der Klassiker über den Berliner Humor.
- *Reimann, Brigitte:* **„Franziska Linkerhand“.** Die Geschichte einer jungen DDR-Architektin, die am Bau einer Plattensiedlung beteiligt ist.

Mit Reise Know-How gut orientiert durch Deutschland

Die Landkarten des **world mapping project** bieten gute Orientierung – weltweit.

- Moderne Kartengrafik mit Höhenlinien, Höhenangaben und farbigen Höhenschichten
- GPS-Tauglichkeit durch eingezeichnete Längen- und Breitengrade und ab Maßstab 1:300.000 zusätzlich durch UTM-Markierungen
- Einheitlich klassifiziertes Straßennetz mit Entfernungsangaben
- Wichtige Sehenswürdigkeiten, herausragende Orientierungspunkte und Badestrände werden durch einprägsame Symbole dargestellt
- Der ausführliche Ortsindex ermöglicht das schnelle finden des Zieles
- Wasserabstoßende Imprägnierung
- Kein störender Pappumschlag, der den behindern würde, der die Karte unterwegs individuell falzen möchte oder sie einfach nur griffbereit in die Jackentasche stecken will

Derzeit **über 100 Titel** lieferbar (s.u. www.reise-know-how.de), z. B.:

- **Von Berlin zur Ostsee** (1:250.000)
- **Köln/Ruhrgebiet** (1:250.000)
- **Alpenvorland** (1:250.000)

world mapping project
Reise Know-How Verlag, Bielefeld

Die Reiseführer von Reise

Reisehandbücher
Urlaubshandbücher
Reisesachbücher
Rad & Bike

Algarve, Lissabon
Amrum
Amsterdam
Andalusien
Apulien
Athen
Auvergne, Cevennen

Barcelona
Berlin
Borkum
Bretagne
Budapest
Bulgarien
Burgund

City-Trips mit Billigfliegern
City-Trips mit Billigfliegern, Bd. 2
Cornwall
Costa Blanca
Costa Brava
Costa de la Luz
Costa del Sol
Costa Dorada

Dalmatien
Dänemarks Nordseeküste
Disneyland Resort Paris

Eifel
El Hierro
Elsass, Vogesen
England – Süden
Erste Hilfe unterwegs
Europa BikeBuch

Fahrrad-Weltführer
Fehmarn
Föhr
Formentera
Friaul, Venetien
Fuerteventura
Fußballstädte Deutschland 2006

Gardasee, Trentino
Golf von Neapel, Kampanien
Gomera
Gotland
Gran Canaria
Großbritannien

Hamburg
Helgoland
Hollands Nordseeinseln
Hollands Westküste
Holsteinische Schweiz

Ibiza, Formentera
Irland
Island
Istanbul
Istrien, Kvarner Bucht

Juist

Kalabrien, Basilikata
Katalonien
Köln
Korfu, Ionische Inseln
Korsika
Krakau
Kreta
Kreuzfahrtführer
Kroatien
Kroatien, Wohnmobil-Tourguide

Langeoog
Latium
La Palma
Lanzarote
Leipzig
Ligurien, Riviera
Litauen
London

Madeira
Madrid
Mallorca
Mallorca, Leben/Arbeiten
Mallorca, Wandern
Malta, Gozo
Mecklenb./Brandenb.: Wasserwandern
Mecklenburg-Vorp. Binnenland
Menorca
Montenegro
Motorradreisen
München

Norderney
Nordseeküste Niedersachsens
Nordseeküste Schleswig-Holstein
Nordseeinseln, Dt.
Nordspanien
Normandie
Norwegen

Ostfriesische Inseln
Ostseeküste Mecklenburg-Vorp.
Ostseeküste Schleswig-Holstein
Outdoor-Praxis

Paris
Polens Norden
Polens Süden
Prag
Provence
Provence, Templer
Provence, Wohnmobil-Tourguide
Pyrenäen

Rhodos
Rom
Rügen, Hiddensee
Ruhrgebiet
Rumänien, Moldau

Sächsische Schweiz
Salzburg
Sardinien
Sardinien, Wohnmobil-Tourguide
Schottland
Schwarzwald, südl.
Schweiz, Liechtenstein
Sizilien
Skandinavien – Norden
Slowakei
Slowenien, Triest
Spaniens Mittelmeerküste
Spiekeroog
St. Tropez und Umgebung
Südnorwegen, Lofoten
Südwestfrankreich
Sylt

Teneriffa
Tessin, Lago Maggiore
Thüringer Wald
Toscana
Tschechien

Umbrien
Usedom

Venedig

Wales
Warschau
Wien

Zypern

Know-How auf einen Blick

Edition RKH

Durchgedreht – Sieben Jahre im Sattel
Eine Finca auf Mallorca
Geschichten aus dem anderen Mallorca
Mallorca für Leib und Seele
Rad ab!

Praxis

Aktiv Algarve
Aktiv Andalusien
Aktiv Dalmatien
Aktiv frz. Atlantikküste
Aktiv Gardasee
Aktiv Gran Canaria
Aktiv Istrien
Aktiv Katalonien
Aktiv Marokko
Aktiv Polen
Aktiv Slowenien
All inclusive?
Bordbuch Südeuropa
Canyoning
Clever buchen, besser fliegen
Clever kuren
Drogen in Reiseländern
Feste Europas
Fliegen ohne Angst
Frau allein unterwegs
Fun u. Sport im Schnee
Geolog. Erscheinungen
Gesundheitsurlaub in Dtl. Heilthermen
GPS f. Auto, Motorrad
GPS Outdoor
Handy global
Höhlen erkunden
Hund, Verreisen mit
Inline Skating
Inline-Skaten Bodensee
Internet für die Reise
Kanu-Handbuch
Kartenlesen
Kommunikation unterw.
Kreuzfahrt-Handbuch
Küstensegeln
Marathon-Guide Deutschland
Mountainbiking
Mushing/Hundeschlitten
Nordkap Routen
Orientierung mit Kompass und GPS
Paragliding-Handbuch
Pferdetrekking
Radreisen
Reisefotografie
Reisefotografie digital
Reisen und Schreiben
Reiserecht
Respektvoll reisen
Schutz vor Gewalt und Kriminalität
Schwanger reisen
Selbstdiagnose unterwegs
Sicherheit Meer
Sonne, Wind, Reisewetter
Spaniens Fiestas
Sprachen lernen
Survival-Handbuch Naturkatastrophen
Tauchen Kaltwasser
Tauchen Warmwasser
Trekking-Handbuch
Unterkunft/Mietwagen
Vulkane besteigen
Wandern im Watt
Wann wohin reisen?
Wein-Reiseführer Deutschland
Wein-Reiseführer Italien
Wein-Reiseführer Toskana
Wildnis-Ausrüstung
Wildnis-Backpacking
Wildnis-Küche
Winterwandern
Wohnmobil-Ausrüstung
Wohnmobil-Reisen
Wracktauchen
Zahnersatz, Reiseziel

KulturSchock

Familenmanagement im Ausland
Finnland
Frankreich
Islam
Leben in fremden Kulturen
Polen
Rumänien
Russland
Spanien
Türkei
Ukraine
Ungarn

Europa

Wo man unsere Reiseliteratur bekommt:
Jede Buchhandlung Deutschlands, der Schweiz, Österreichs und der Benelux-Staaten kann unsere Bücher beziehen. Wer sie dort nicht findet, kann alle Bücher über unsere **Internet-Shops** bestellen.
Auf den Homepages gibt es **Informationen** zu allen Titeln:

www.reise-know-how.de oder **www.reisebuch.de**

Anhang

KulturSchock

Diese Reihe vermittelt dem Besucher einer fremden Kultur wichtiges Hintergrundwissen. **Themen** wie Alltagsleben, Tradition, richtiges Verhalten, Religion, Tabus, das Verhältnis von Frau und Mann, Stadt und Land werden nicht in Form eines völkerkundlichen Vortrages, sondern praxisnah auf die Situation des Reisenden ausgerichtet behandelt. Der **Zweck** der Bücher ist, den Kulturschock weitgehend abzumildern oder ihm gänzlich vorzubeugen. Damit dic Begegnung unterschiedlicher Kulturen zu beidseitiger Bereicherung führt und nicht Vorurteile verfestigt. Die Bücher haben jeweils ca. 240 Seiten. Hier eine Auswahl:

- Chen (Hrsg.), **KulturSchock Leben in fremden Kulturen – mit anderen Augen sehen**
- D. Jödicke, K. Werner, **KulturSchock Ägypten**
- Carl D. Gördeler, **KulturSchock Argentinien**
- Elfi H.M. Gilissen, **KulturSchock Australien**
- Carl D. Gördeler, **KulturSchock Brasilien**
- Hanne Chen, **KulturSchock China, mit Taiwan**
- Jens Sobisch, **KulturSchock Cuba**
- K. Kabasci, **KulturSchock Golfemirate/Oman**
- Rainer Krack, **KulturSchock Indien**
- Kirsten Winkler, **KulturSchock Iran**
- Martin Lutterjohann, **KulturSchock Japan**
- Muriel Brunswig, **KulturSchock Marokko**
- Klaus Boll, **KulturSchock Mexiko**
- Susanne Thiel, **KulturSchock Pakistan**
- Barbara Löwe, **KulturSchock Russland**
- Andreas Drouve, **KulturSchock Spanien**
- Rainer Krack, **KulturSchock Thailand**
- Manfred Ferner, **KulturSchock Türkei**
- Monika Heyder, **KulturSchock Vietnam**

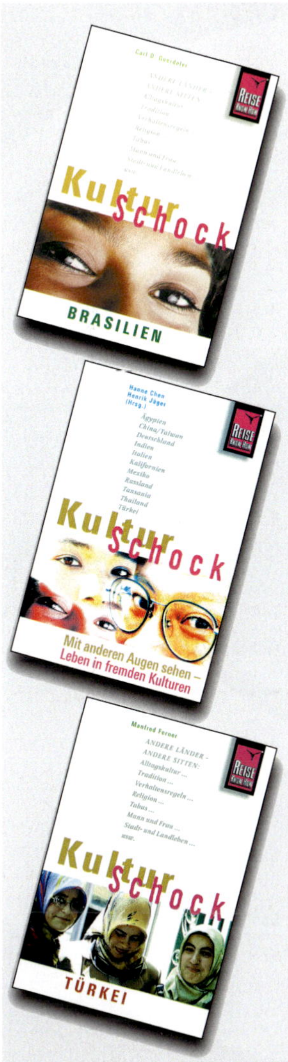

REISE KNOW-HOW Verlag, Bielefeld

WHITE INKJET
Sprachen lernen ohne Stress – am PC!
Kauderwelsch DIGITAL bringt das Kauderwelsch-Buch komplett Seite für Seite auf den Bildschirm, erweitert um die Möglichkeit, sich auf Mausklick jedes fremdsprachliche Wort vorsprechen zu lassen. Die Funktionen von Buch und Begleitkassette sind hier kombiniert. Als Zugabe ist der Kauderwelsch AusspracheTrainer mit auf der CD, der sowohl am PC als auch in allen anderen Audio-CD-Geräten abgespielt werden kann.
Funktionen:
● Vorsprechen aller fremdsprachlichen Wörter auf Mausklick
● leichtes Navigieren innerhalb des Buches
● Suchfunktion
● Vergrößerte Darstellung nach Bedarf
● Druckfunktion
● Mit dem Vollprogramm Adobe Acrobat können zusätzlich Anmerkungen eingefügt, Textstellen farbig markiert und Bookmarks gesetzt werden.
● Kostenpunkt: € 14,90 [D]
Das ganze Programm unter:
http://www.reise-know-how.de/buecher/digitalindex.html
REISE KNOW-HOW Verlag, Bielefeld

HILFE!

Dieses Reisehandbuch ist gespickt mit unzähligen Adressen, Preisen, Tipps und Infos. Nur vor Ort kann überprüft werden, was noch stimmt, was sich verändert hat, ob Preise gestiegen oder gefallen sind, ob ein Hotel, ein Restaurant immer noch empfehlenswert ist oder nicht mehr, ob ein Ziel noch oder jetzt erreichbar ist, ob es eine lohnende Alternative gibt usw.

Unsere Autoren sind zwar stetig unterwegs und versuchen, alle zwei Jahre eine komplette Aktualisierung zu erstellen, aber auf die Mithilfe von Reisenden können sie nicht verzichten.

Darum: Schreiben Sie uns, was sich geändert hat, was besser sein könnte, was gestrichen bzw. ergänzt werden soll. Nur so bleibt dieses Buch immer aktuell und zuverlässig. Wenn sich die Infos direkt auf das Buch beziehen, würde die Seitenangabe uns die Arbeit sehr erleichtern. Gut verwertbare Informationen belohnt der Verlag mit einem Sprechführer Ihrer Wahl aus der über 200 Bände umfassenden Reihe „Kauderwelsch" (siehe unten).

Bitte schreiben Sie an:

REISE KNOW-HOW Verlag Peter Rump GmbH, Postfach 140666, D-33626 Bielefeld, oder per e-mail an: info@reise-know-how.de

Danke!

Kauderwelsch-Sprechführer – sprechen und verstehen rund um den Globus

Afrikaans • Albanisch • Amerikanisch – *American Slang, More American Slang,* Amerikanisch oder Britisch? • Amharisch • Arabisch – Hocharabisch, für Ägypten, Algerien, Golfstaaten, Irak, Jemen, Marokko, • Palästina & Syrien, Sudan, Tunesien • Armenisch • *Bairisch* • Balinesisch • Baskisch • Bengali • *Berlinerisch* • Brasilianisch • Bulgarisch • Burmesisch • Cebuano • Chinesisch – Hochchinesisch, kulinarisch • Dänisch • Deutsch – *Allemand, Almanca, Duits, German, Nemjetzkii, Tedesco* • *Elsässisch* • Englisch – *British Slang, Australian Slang, Canadian Slang, Neuseeland Slang,* für Australien, für Indien • Färöisch • Esperanto • Estnisch • Finnisch • Französisch – kulinarisch, für den Senegal, für Tunesien, *Französisch Slang, Franko-Kanadisch* • Galicisch • Georgisch • Griechisch • Guarani • Gujarati • Hausa • Hebräisch • Hieroglyphisch • Hindi • Indonesisch • Irisch-Gälisch • Isländisch • Italienisch – *Italienisch Slang,* für Opernfans, kulinarisch • Japanisch • Javanisch • Jiddisch • Kantonesisch • Kasachisch • Katalanisch • Khmer • Kirgisisch • Kisuaheli • Kinyarwanda • *Kölsch* • Koreanisch • Kreol für Trinidad & Tobago • Kroatisch • Kurdisch • Laotisch • Lettisch • Lëtzebuergesch • Lingala • Litauisch • Madagassisch • Mazedonisch • Malaiisch • Mallorquinisch • Maltesisch • Mandinka • Marathi • Modernes Latein • Mongolisch • Nepali • Niederländisch – *Niederländisch Slang,* Flämisch • Norwegisch • Paschto • Patois • Persisch • Pidgin-English • *Plattdüütsch* • Polnisch • Portugiesisch • Punjabi • Quechua • *Ruhrdeutsch* • Rumänisch • Russisch • *Sächsisch* • *Schwäbisch* • Schwedisch • *Schwiizertüütsch* • *Scots* • Serbisch • Singhalesisch • Sizilianisch • Slowakisch • Slowenisch • Spanisch – *Spanisch Slang,* für Lateinamerika, für Argentinien, Chile, Costa Rica, Cuba, Dominikanische Republik, Ecuador, Guatemala, Honduras, Mexiko, Nicaragua, Panama, Peru, Venezuela, kulinarisch • Tadschikisch • Tagalog • Tamil • Tatarisch • Thai • Tibetisch • Tschechisch • Türkisch • Twi • Ukrainisch • Ungarisch • Urdu • Usbekisch • Vietnamesisch • Walisisch • Weißrussisch • *Wienerisch* • Wolof • Xhosa

Register

Restaurants, Kneipen, Cafés, Clubs

Orts-, Sach- und Personen-Register

Stadtatlas

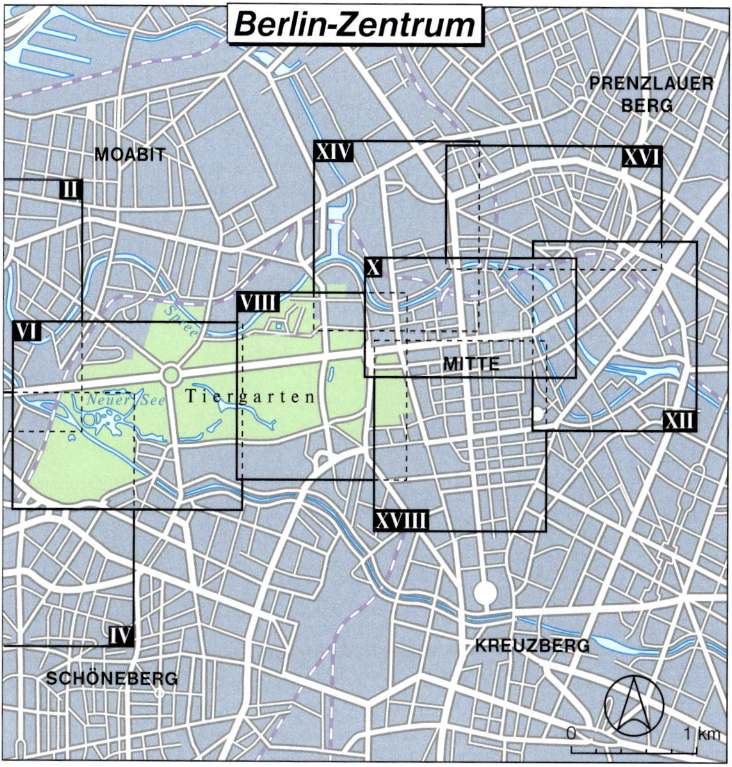

Zeichenerklärung

★	Sehenswürdigkeit	M	Museum
i	Information		Theater
H	Hotel		Kirche
	Restaurant		
	Café	S	S-Bahn
	Kneipe, Bar	U	U-Bahn
$	Bank		Fußgängerzone

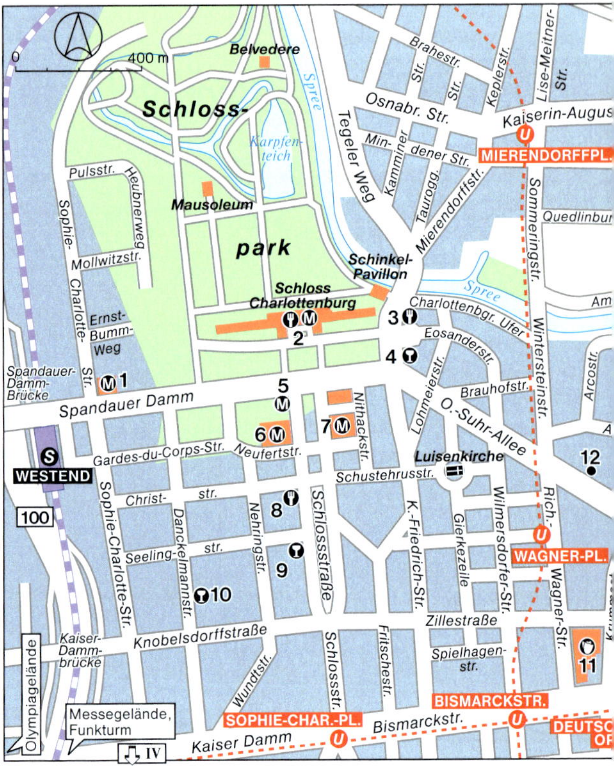

1 Gipsformerei der Staatlichen Museen
2 Museum für Vor- und Frühgeschichte und Restaurant Orangerie
3 Samowar
4 Luisenbräu
5 Sammlung Berggruen
6 Bröhan-Museum
7 Heimatmuseum Charlottenburg
8 Don Camillo
9 Kastanie
10 Dicker Wirt
11 Deutsche Oper
12 Rathaus Charlottenburg-Wilmersdorf
13 Woolloomooloo
14 Schiller-Theater
15 Renaissance-Theater
16 Das verborgene Museum
17 A-Trane
18 Florian
19 Der Alte Schwede
20 Gainsbourg
21 Mar y Sol
22 XII Apostel, Café Aedes
23 Terzomondo
24 Paris Bar
25 Quasimodo

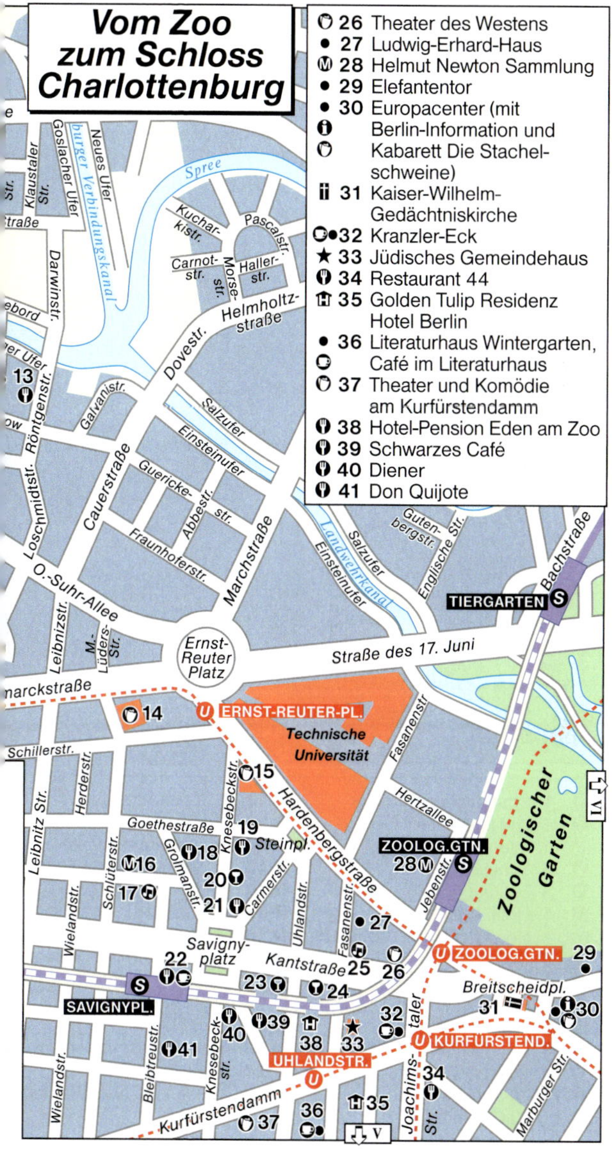
Vom Zoo zum Schloss Charlottenburg
26 Theater des Westens
27 Ludwig-Erhard-Haus
28 Helmut Newton Sammlung
29 Elefantentor
30 Europacenter (mit Berlin-Information und Kabarett Die Stachelschweine)
31 Kaiser-Wilhelm-Gedächtniskirche
32 Kranzler-Eck
33 Jüdisches Gemeindehaus
34 Restaurant 44
35 Golden Tulip Residenz Hotel Berlin
36 Literaturhaus Wintergarten, Café im Literaturhaus
37 Theater und Komödie am Kurfürstendamm
38 Hotel-Pension Eden am Zoo
39 Schwarzes Café
40 Diener
41 Don Quijote
Spree
Neues Ufer
Goslarer Ufer
Klaustaler Str.
Darwinstr.
Kucharkistr.
Pascalstr.
Carnotstr.
Morsestr.
Hallerstr.
Helmholtzstraße
Dovestr.
Galvanistr.
Röntgenstr.
Salzufer
Einsteinufer
Cauerstraße
Guerickestr.
Abbestr.
Fraunhoferstr.
Marchstraße
Loschmidtstr.
O.-Suhr-Allee
Leibnizstr.
M.-Lüders-Str.
Ernst-Reuter-Platz
Straße des 17. Juni
Landwehrkanal
Gutenbergstr.
Englische Str.
Bachstraße
TIERGARTEN
ERNST-REUTER-PL.
Technische Universität
Fasanenstr.
Schillerstr.
Herderstr.
Leibnitz Str.
Knesebeckstr.
Hardenbergstraße
Hertzallee
Goethestraße
Grolmanstr.
Schlüterstr.
Steinpl.
Carmerstr.
Uhlandstr.
Jebenstr.
ZOOLOG.GTN.
Zoologischer Garten
Wielandstr.
Savignyplatz
Kantstraße
SAVIGNYPL.
Breitscheidpl.
KURFÜRSTEND.
UHLANDSTR.
Bleibtreustr.
Joachimstaler Str.
Kurfürstendamm
Marburger Str.
VI
V

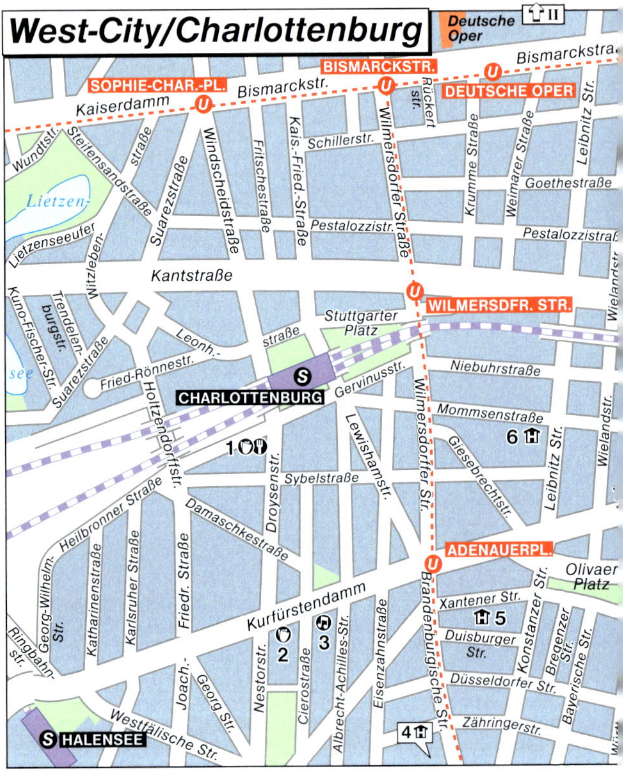

- 1 Charlottchen (Theater und Restaurant für Eltern und Kinder)
- 2 Schaubühne
- 3 Far Out
- 4 Hotel Artemisia, Hotel-Pension Wittelsbach
- 5 City Hotel Lenz
- 6 Hotel Art Nouveau
- 7 Hotel Askanischer Hof
- 8 Hotel Bogota
- 9 Don Quijote
- 10 Lutter & Wegner
- 11 XII Apostel, Café Aedes
- 12 A-Trane (Jazz-Club)
- 13 Das Verborgene Museum
- 14 Renaissance-Theater
- 15 Der Alte Schwede
- 16 Florian
- 17 Gainsbourg
- 18 Mar y Sol
- 19 Terzomondo
- 20 Diener
- 21 Schwarzes Café
- 22 Paris Bar
- 23 Hotel-Pension Eden am Zoo
- 24 Delphi-Kino
- Quasimodo (Jazz-Kneipe)

- ● 25 Ludwig-Erhard-Haus
- 26 Theater des Westens
- Ⓜ 27 Helmut Newton Sammlung
- ★ 28 Jüdisches Gemeindehaus
- ● 29 Kranzler-Eck
- 30 Kaiser-Wilhelm-Gedächtniskirche
- ● 31 Elefantentor
- 32 Hotel InterContinental
- 33 First Floor
- ● 34 Europacenter (mit Berlin-Information und Kabarett Die Stachelschweine)
- 35 KaDeWe
- 36 Restaurant 44
- Ⓜ 37 Käthe-Kollwitz-Museum
- ● 38 Literaturhaus Wintergarten, Café im Literaturhaus
- 39 Golden Tulip Residenz Hotel Berlin
- ● 40 Maison de France
- ● 41 Ku'dammkarree mit Theater und Komödie am Kurfürstendamm
- 42 Hotel-Pension Seifert
- 43 Bar jeder Vernunft (Kabarett)

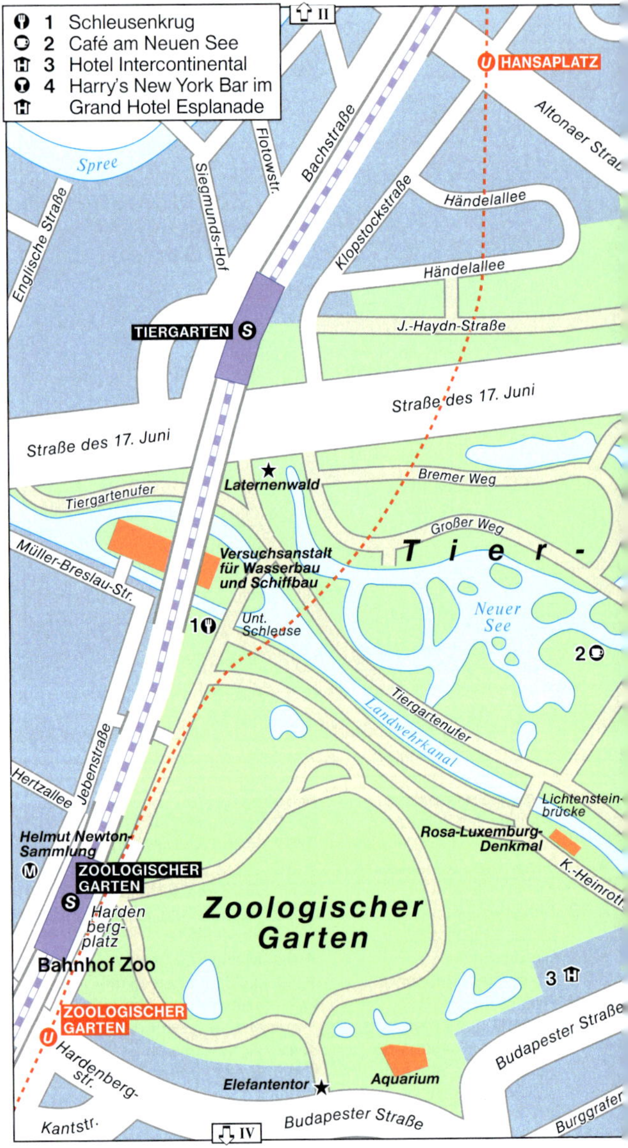
1 Schleusenkrug
2 Café am Neuen See
3 Hotel Intercontinental
4 Harry's New York Bar im
Grand Hotel Esplanade
II
IV
HANSAPLATZ
Altonaer Straß
Spree
Englische Straße
Siegmunds-Hof
Flotowstr.
Bachstraße
Klopstockstraße
Händelallee
Händelallee
J.-Haydn-Straße
TIERGARTEN
Straße des 17. Juni
Straße des 17. Juni
Laternenwald
Bremer Weg
Tiergartenufer
Großer Weg
Tier-
Müller-Breslau-Str.
Versuchsanstalt für Wasserbau und Schiffbau
Unt. Schleuse
Neuer See
Tiergartenufer
Landwehrkanal
Jebenstraße
Hertzallee
Lichtenstein-brücke
Rosa-Luxemburg-Denkmal
K.-Heinrot
Helmut Newton-Sammlung
ZOOLOGISCHER GARTEN
Hardenbergplatz
Bahnhof Zoo
Zoologischer Garten
ZOOLOGISCHER GARTEN
Hardenberg-str.
Budapester Straße
Elefantentor
Aquarium
Kantstr.
Budapester Straße
Burggrafer

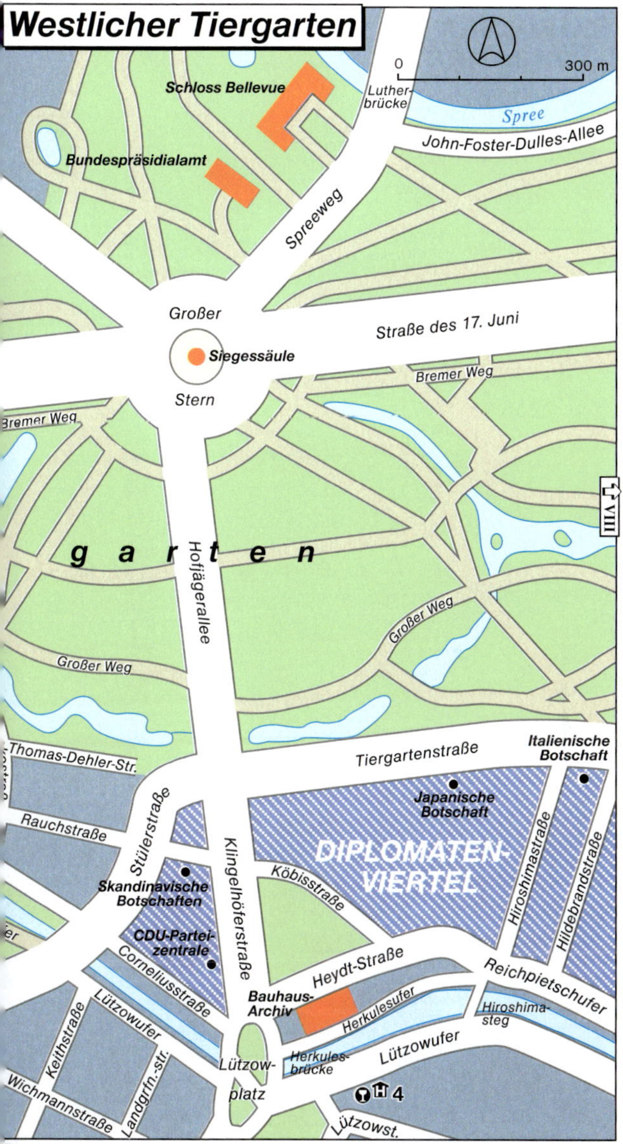
Westlicher Tiergarten
0
300 m
Schloss Bellevue
Luther-
brücke
Spree
John-Foster-Dulles-Allee
Bundespräsidialamt
Spreeweg
Großer
Siegessäule
Stern
Straße des 17. Juni
Bremer Weg
Bremer Weg
VIII
g a r t e n
Hofjägerallee
Großer Weg
Großer Weg
Thomas-Dehler-Str.
Tiergartenstraße
Italienische
Botschaft
Japanische
Botschaft
Rauchstraße
Stülerstraße
DIPLOMATEN-
VIERTEL
Klingelhöferstraße
Köbisstraße
Hiroshimastraße
Hildebrandstraße
Skandinavische
Botschaften
CDU-Partei-
zentrale
Corneliusstraße
Heydt-Straße
Reichpietschufer
Bauhaus-
Archiv
Herkulesufer
Hiroshima-
steg
Keithstraße
Lützowufer
Lützow-
platz
Herkules-
brücke
Lützowufer
Wichmannstraße
Landgrfn.-str.
4
Lützowst.

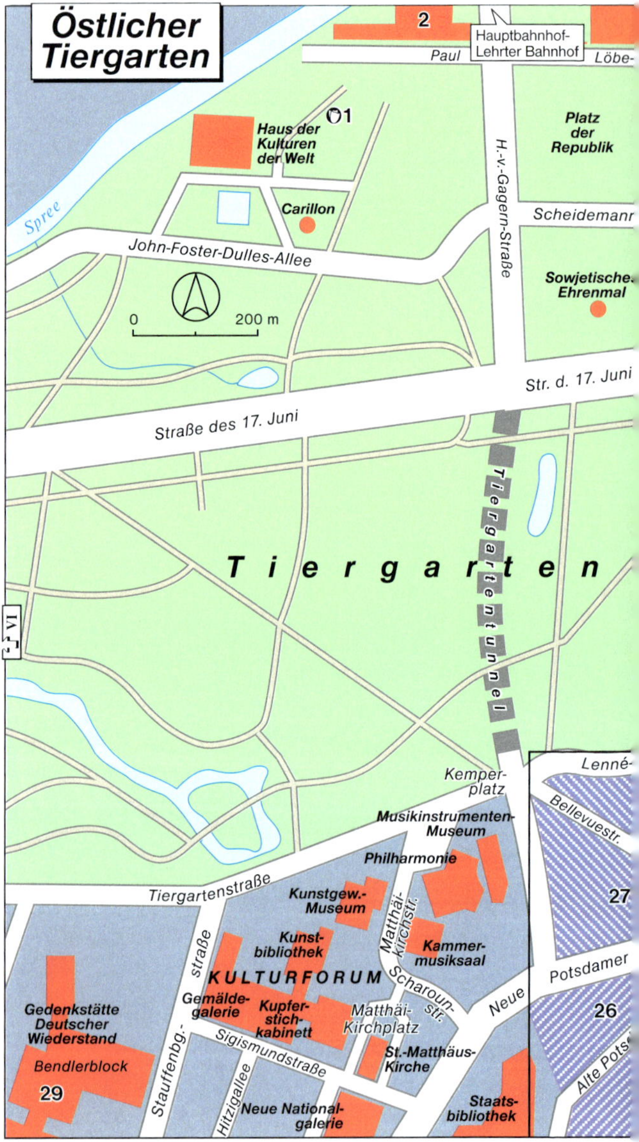
Östlicher Tiergarten
2
Hauptbahnhof-
Lehrter Bahnhof
Paul
Löbe-
1
Haus der
Kulturen
der Welt
Platz
der
Republik
H.-v.-Gagern-Straße
Carillon
Scheidemann
Spree
John-Foster-Dulles-Allee
Sowjetisches
Ehrenmal
0
200 m
Str. d. 17. Juni
Straße des 17. Juni
Tiergartentunnel
Tiergarten
VI
Kemper-
platz
Lenné-
Bellevuestr.
Musikinstrumenten-
Museum
Philharmonie
Tiergartenstraße
Kunstgew.-
Museum
Matthäi-
Kirchstr.
27
Kunst-
bibliothek
Kammer-
musiksaal
straße
KULTURFORUM
Scharoun-
str.
Potsdamer
Gemälde-
galerie
Kupfer-
stich-
kabinett
Matthäi-
Kirchplatz
Neue
26
Gedenkstätte
Deutscher
Wiederstand
Sigismundstraße
St.-Matthäus-
Kirche
Bendlerblock
29
Stauffenbg.-
Hitzigallee
Neue National-
galerie
Staats-
bibliothek
Alte Pots

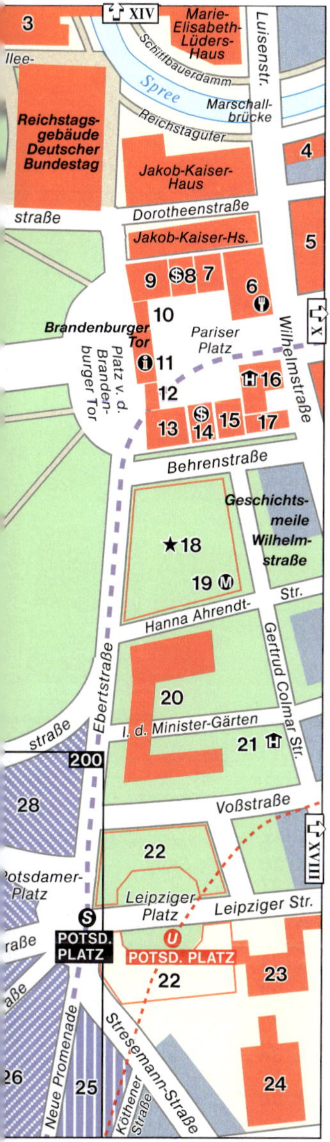

ⓣ	1	Tipi-Zelt (Kabarett)
•	2	Bundeskanzleramt
•	3	Paul-Löbe-Haus
•	4	ARD
•	5	Botschaften
•	6	ABG-Immobilien/Stoffel
ⓡ		mit Rest. Margeaux
•	7	Französische Botschaft
ⓢ	8	Dresdner Bank
•	9	Palais am Pariser Platz
•	10	Haus Liebermann
ⓘ	11	Berlin-Information
•	12	Haus Sommer
•	13	zukünftige Amerikanische Botschaft
ⓢ	14	DZ-Bank
•	15	Akademie der Künste
ⓗ	16	Hotel Adlon
•	17	Britische Botschaft
★	18	Denkmal für die ermordeten Juden Europas
Ⓜ	19	Ort der Information
•	20	Vertretungen der deutschen Bundesländer
ⓗ	21	Hotel Intermezzo
•	22	Bebauung in Arbeit
•	23	Preußisches Herrenhaus (Bundesrat)
•	24	Preußischer Landtag (Abgeordnetenhaus von Berlin)
•	25	Park-Kolonnaden
•	26	Daimler-City
•	27	Sony Center
•	28	Beisheim-Center
•	29	Bendlerblock, Bundesministerium der Verteidigung

- 1 Strandbar Mitte
- 2 Berliner Ensemble
- 3 Restaurant Ganymed
- 4 Van Gogh Bar
- 5 Restaurant Engelbrecht
- 6 Berliner Republik
- 7 STÄV
- 8 Hotel Allegra
- 9 ARD
- 10 ABG-Immobilien/Stoffel, Margeaux
- 11 Französische Botschaft

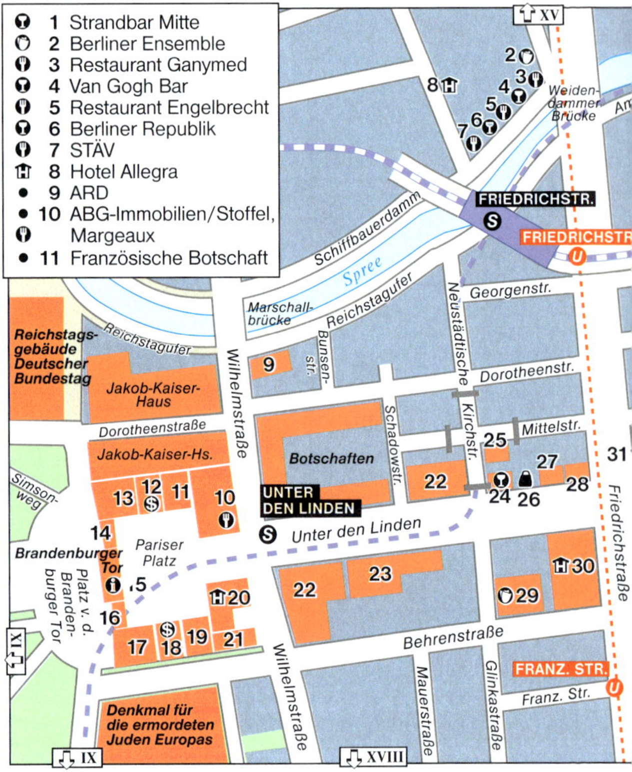

- 12 Dresdner Bank
- 13 Palais am Pariser Platz
- 14 Haus Liebermann
- 15 Berlin-Information
- 16 Haus Sommer
- 17 künftige Amerikanische Botschaft
- 18 DZ-Bank
- 19 Akademie der Künste
- 20 Hotel Adlon
- 21 Britische Botschaft
- 22 Deutscher Bundestag, Nebengebäude
- 23 Botschaft der Russischen Föderation
- 24 Haus Pietsch mit Café Einstein
- 25 Amerikanische Botschaft
- 26 Berlin Story
- 27 ZDF
- 28 Haus der Schweiz
- 29 Komische Oper
- 30 Hotel Westin Grand
- 31 Hotel Unter den Linden
- 32 Lindencorso
- 33 Deutsche Guggenheim Berlin
- 34 Gouverneurshaus
- 35 Altes Palais
- 36 Alte Bibliothek

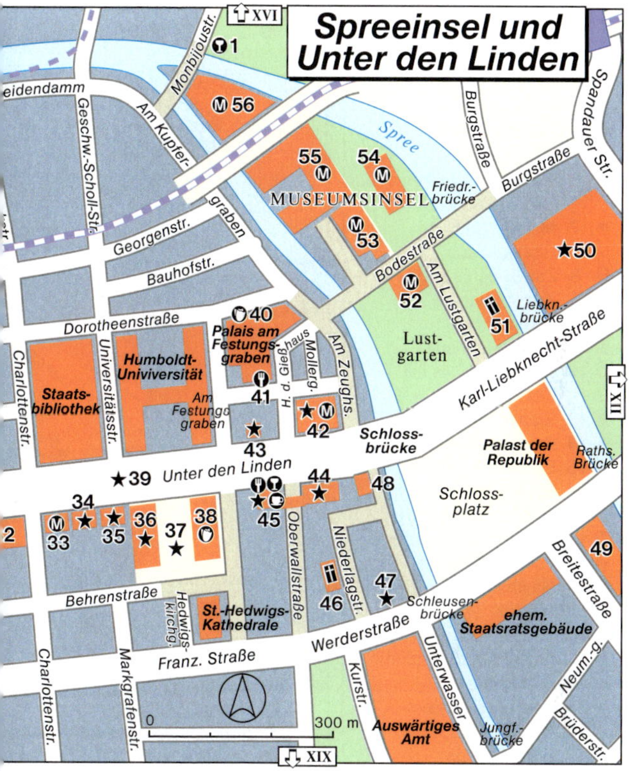

● 37 Bebelplatz mit
★ Versunkener Bibliothek
38 Deutsche Staatsoper Unter den Linden
★ 39 Reiterstandbild Friedrich der Große
40 Maxim-Gorki-Theater
41 Restaurants Die Möwe, Tadschikische Teestube
★ 42 Zeughaus, Deutsches Historisches Museum
★ 43 Neue Wache
★ 44 Kronprinzenpalais
★ 45 Opernpalais mit Operncafé, Schinkelklause, Operntreff
46 Friedrichswerdersche Kirche
★ 47 Platz der Schinkelschen Bauakademie
● 48 Neue ehemalige Stadtkommandantur
● 49 Marstall und Ribbeck-Haus
★ 50 DomAquarée mit AquaDom
51 Berliner Dom
Ⓜ 52 Altes Museum
Ⓜ 53 Neues Museum
Ⓜ 54 Alte Nationalgalerie
Ⓜ 55 Pergamon-Museum
Ⓜ 56 Bodemuseum

1 Alte Nationalgalerie
2 Neues Museum
3 Altes Museum
4 Berliner Dom
★ 5 DomAquarée mit AquaDom
★ 6 Platz der Schinkelschen Bauakademie
• 7 Marstall und Ribbeckhaus
8 Zur Gerichtslaube
9 Zum Nußbaum
10 Nikolaikirche
11 Knoblauchhaus
12 Ephraim-Palais mit Café Ephraim's
• 13 Staatliche Münze
• 14 Palais Schwerin
★ 15 Ermelerhaus und Restaurant
★ 16 Historischer Hafen
17 Märkisches Museum
18 Parochial-Kirche
19 Gasthaus Zur letzten Instanz
★ 20 Podewilsches Palais
21 Klosterkirche (Ruine)
• 22 Justizpalast
• 23 Haus des Lehrers
★ 24 Alexanderhaus und Berolinahaus
★ 25 Brunnen der Völkerfreundschaft
• 26 Kaufhof, Hotel Park Inn Berlin Alexanderplatz, ★ Weltzeituhr
★ 27 Fernsehturm mit Telecafé und Touristinformation
28 St.-Marien-Kirche
★ 29 Neptunbrunnen
★ 30 Rotes Rathaus
31 Hotel Hackescher Markt

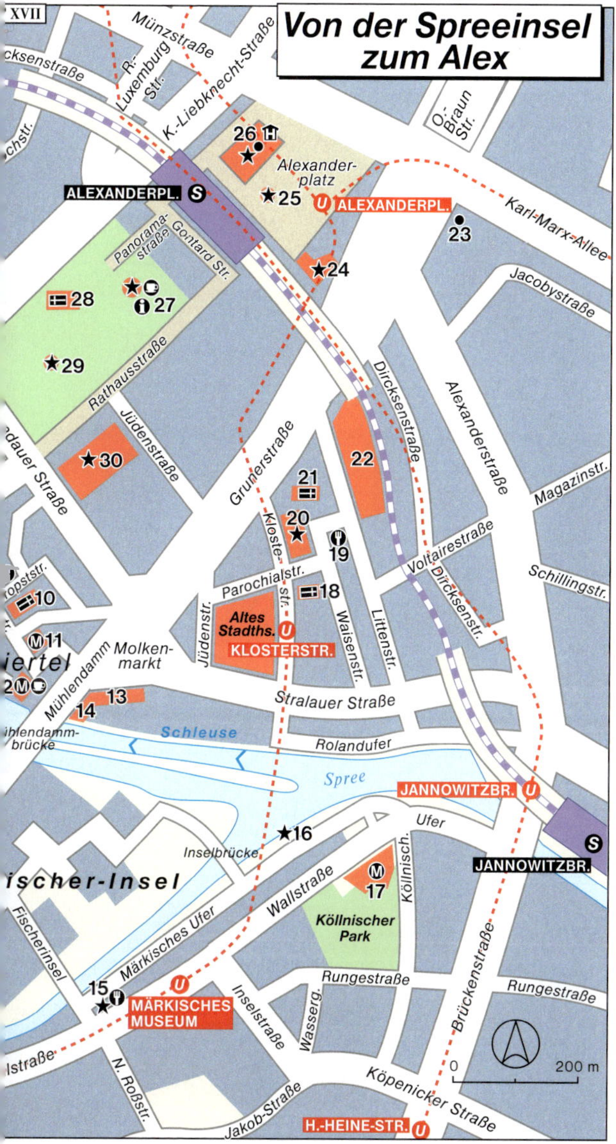
XVII
Von der Spreeinsel zum Alex
Münzstraße
R.-Luxemburg-Str.
K.-Liebknecht-Straße
O.-Braun-Str.
Alexanderplatz
ALEXANDERPL.
ALEXANDERPL.
Karl-Marx-Allee
Jacobystraße
Panoramastraße
Gontard Str.
Rathausstraße
Jüdenstraße
Grunerstraße
Dircksenstraße
Alexanderstraße
Magazinstr.
Voltairestraße
Dircksenstr.
Schillingstr.
Klosterstr.
Parochialstr.
Altes Stadths.
KLOSTERSTR.
Jüdenstr.
Waisenstr.
Littenstr.
Molkenmarkt
Mühlendamm
Stralauer Straße
Schleuse
Rolandufer
Spree
JANNOWITZBR.
JANNOWITZBR.
Ufer
Inselbrücke
Wallstraße
Köllnisch.
Köllnischer Park
Märkisches Ufer
Fischerinsel
Rungestraße
Rungestraße
Inselstraße
Wasserg.
Brückenstraße
MÄRKISCHES MUSEUM
N. Roßstr.
Jakob-Straße
Köpenicker Straße
H.-HEINE-STR.
0
200 m
10
11
13
14
15
16
17
18
19
20
21
22
23
24
25
26
27
28
29
30

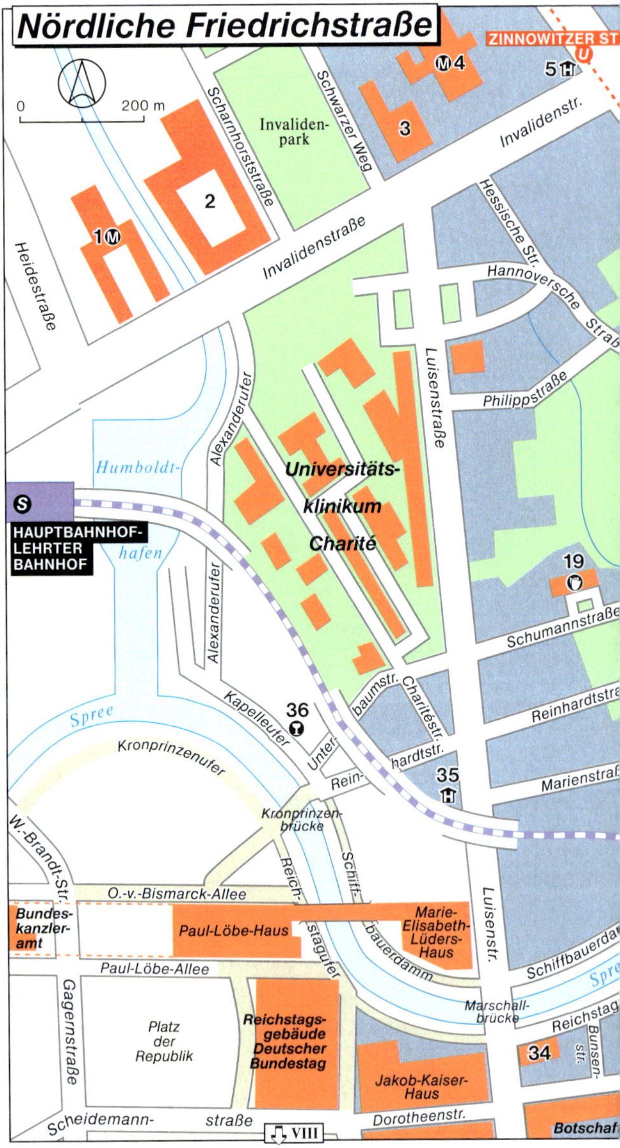
Nördliche Friedrichstraße
0
200 m
ZINNOWITZER ST
4
5
3
2
1
Invaliden-
park
Scharnhorststraße
Schwarzer Weg
Invalidenstr.
Invalidenstraße
Heidestraße
Hessische Str.
Hannoversche
Straße
Luisenstraße
Philippstraße
Alexanderufer
Humboldt-
hafen
Universitäts-
klinikum
Charité
HAUPTBAHNHOF-
LEHRTER
BAHNHOF
19
Schumannstraße
Reinhardtstra
Marienstraß
Alexanderufer
Kapelleufer
36
baumstr.
Charitéstr.
Unter-
hardtstr.
Rein-
35
Spree
Kronprinzenufer
Kronprinzen-
brücke
W.-Brandt-Str.
Reich-
stagufer
Schiff-
bauerdamm
O.-v.-Bismarck-Allee
Bundes-
kanzler-
amt
Paul-Löbe-Haus
Marie-
Elisabeth-
Lüders-
Haus
Luisenstr.
Schiffbauerda
Spre
Paul-Löbe-Allee
Gagernstraße
Platz
der
Republik
Reichstags-
gebäude
Deutscher
Bundestag
Marschall-
brücke
Reichstag
Bunsen-
str.
34
Jakob-Kaiser-
Haus
Scheidemann-
straße
VIII
Dorotheenstr.
Botschaf

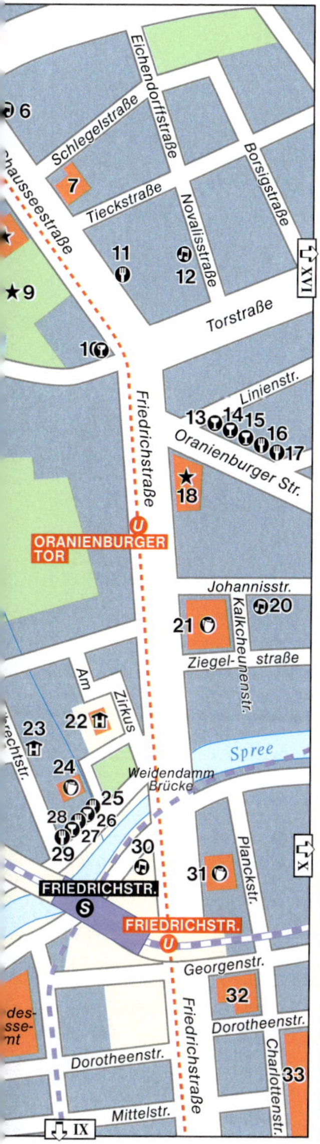

Ⓜ 1 Hamburger Bahnhof, Museum für Gegenwartskunst
• 2 Bundesministerium für Wirtschaft
• 3 Bundesministerium für Verkehr
Ⓜ 4 Museum für Naturkunde
5 Mitte's Backpacker Hostel
6 Kunstfabrik Schlot
• 7 Ehemaliges Verwaltungsgebäude der Firma Borsig
★ 8 Brecht-Weigel-Gedenkstätte
★ 9 Französischer und Dorotheenstädtischer Friedhof
10 Bar Celona
11 Rutz
12 Reingold
13 Mirchi
14 O & G
15 Mitte Bar
16 QBA
17 Amrit
★ 18 Tacheles
19 Deutsches Theater
20 Kalkscheune
21 Friedrichstadtpalast
22 Circus The Hostel
23 Hotel Allegra
24 Berliner Ensemble
25 Restaurant Ganymed
26 Van Gogh Bar
27 Restaurant Engelbrecht
28 Berliner Republik
29 STÄV
30 Tränenpalast
31 Admiralspalast/ Kabarett Distel
• 32 Internationales Handelszentrum
• 33 Staatsbibliothek
• 34 ARD
35 Hotel Künstlerheim Luise
36 Bundespressestrand

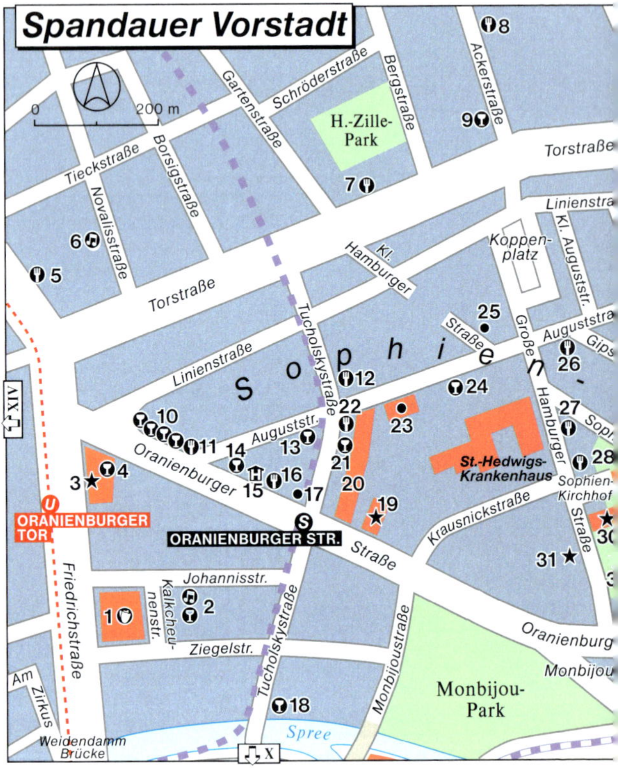

1 Friedrichstadtpalast
2 Kalkscheune
3 Tacheles
4 Zapata
5 Rutz
6 Reingold
7 Grotta Azzurra
8 Locanda Pane
9 Schokoladen
10 Mirchi, O&G, Mitte Bar, QBA
11 Amrit
12 Beth-Café
13 Keyzer Soze
14 Bellini Bar
15 Hotel am Scheunenviertel
16 Las Cucarachas
17 Ehemaliges Postfuhramt
18 Strandbar Mitte
19 Neue Synagoge und Centrum Judaicum
20 Heckmann-Höfe mit Bonbonmacherei
21 Zosch
22 Salumeria Culinaria
23 Jüdisches Krankenhaus
24 Ballhaus Mitte
25 Strandbad Mitte
26 Kasbah
27 Schank und Speisenwirtschaft Sophieneck
28 Remake

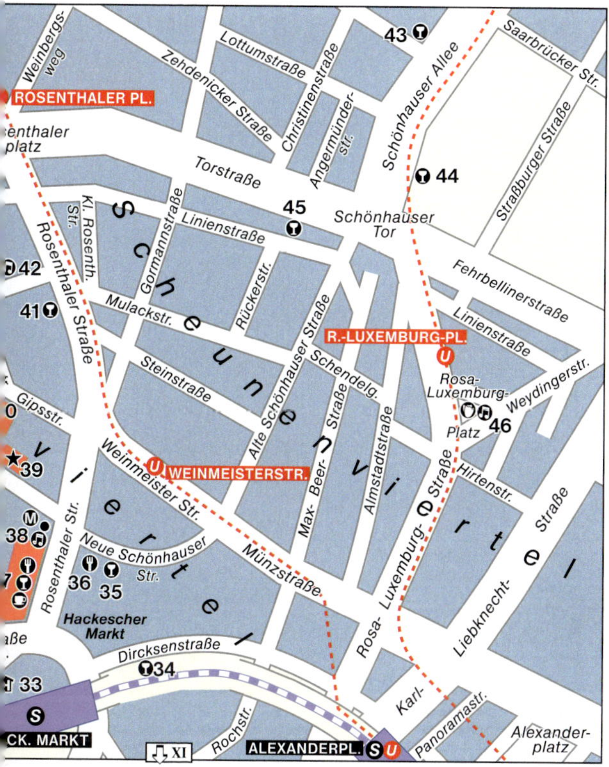

29	Sophienkirche		Eschloraque Rümschrümp
★30	Jüdische Knabenschule	★39	Handwerkervereinshaus
★31	The Missing House	★40	Sophie-Gips-Höfe mit
★32	Alter Jüdischer Friedhof		Sammlung Hoffmann,
33	Hotel Hackescher Markt		Barcomi's Deli
34	Riva Bar	41	B-Flat (Jazz)
35	Schwarzenraben	42	Delicious Doughnuts
36	Goko	43	Pfefferberg
★37	Hackesche Höfe, mit	44	White Trash Fast Food
	Café/Rest./ Club Oxymoron	45	Club der Polnischen Versager
	Café Aedes East	46	Volksbühne mit Roter
• 38	Haus Schwarzenberg mit		Salon/Grüner Salon
	Anne Frank Zentrum		
	Museum Blindenwerkstatt Otto Weidt		

- ● 1 zukünftige Amerik. Botschaft
- 2 DZ-Bank
- ● 3 Akademie der Künste
- 4 Hotel Adlon
- ● 5 Britische Botschaft
- ● 6 Deutscher Bundestag, Nebengebäude
- ● 7 Botschaft der Russ. Föderation
- 8 Komische Oper
- 9 Hotel Westin Grand
- ● 10 Lindencorso
- 11 Deutsche Guggenheim Berlin
- ★ 12 Gouverneurshaus
- ★ 13 Altes Palais
- ★ 14 Alte Bibliothek
- ● 15 Bebelplatz mit ★ Versunkener Bibliothek
- 16 Deutsche Staatsoper U. d. Linden
- 17 Friedrichswerdersche Kirche
- ★ 18 Platz der Schinkelschen Bauakademie
- 19 VAU
- 20 Info-Center Wiederaufbau Berliner Schloss
- ● 21 Bundesministerium für Justiz
- 22 Hilton Hotel
- ● 23 Quartier 205
- 24 Lutter & Wegner
- ★ 25 Schauspielhaus (Konzerthaus Berlin)
- ● 26 Quartier 206
- 27 Guy
- ● 28 Galeries Lafayette (Quartier 207)
- 29 Borchardt
- 30 Regent Hotel, Restaurant Fischers Fritz
- ● 31 Haus der Wissenschaft und Kultur der Russischen Föderation
- ● 32 Bundesministerium f. Familie, Senioren, Frauen u. Jugend
- ● 33 Bundesministerium für Gesundheit und Bundesministerium für Arbeit und Soziales
- ● 34 Bundesminist. f. Verbraucherschutz, Ernährung und Landwirtschaft
- ★ 35 Denkmal für die ermordeten Juden Europas
- 36 Ort der Information
- ● 37 Vertretungen der deutschen Bundesländer
- 38 Hotel Intermezzo
- ● 39 Preußisches Herrenhaus (Bundesrat)
- ● 40 Preußischer Landtag (Abgeordnetenhaus von Berlin)
- 41 Martin-Gropius-Bau
- ★ 42 Anhalter Bahnhof
- ★ 43 Topographie des Terrors
- ● 44 Detlev-Rohwedder-Haus (Bundesministerium für Finanzen)
- 45 Museum für Kommunikation Berlin
- ● 46 Quartier 106
- 47 Mauermuseum am Checkpoint Charlie
- ● 48 Springer-Hochhaus
- 49 Jüdisches Museum

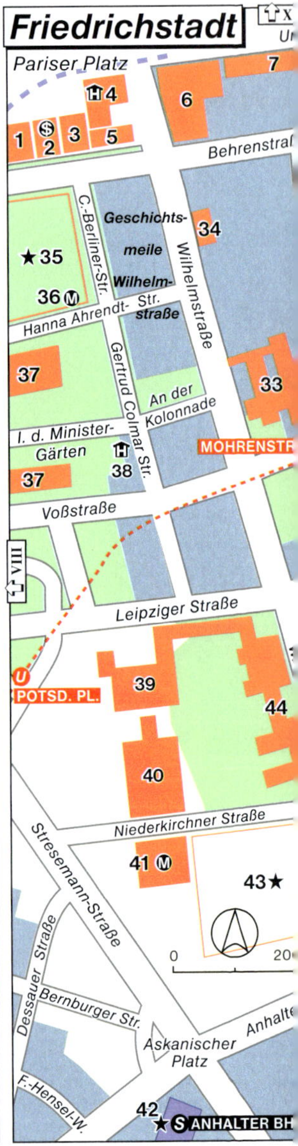

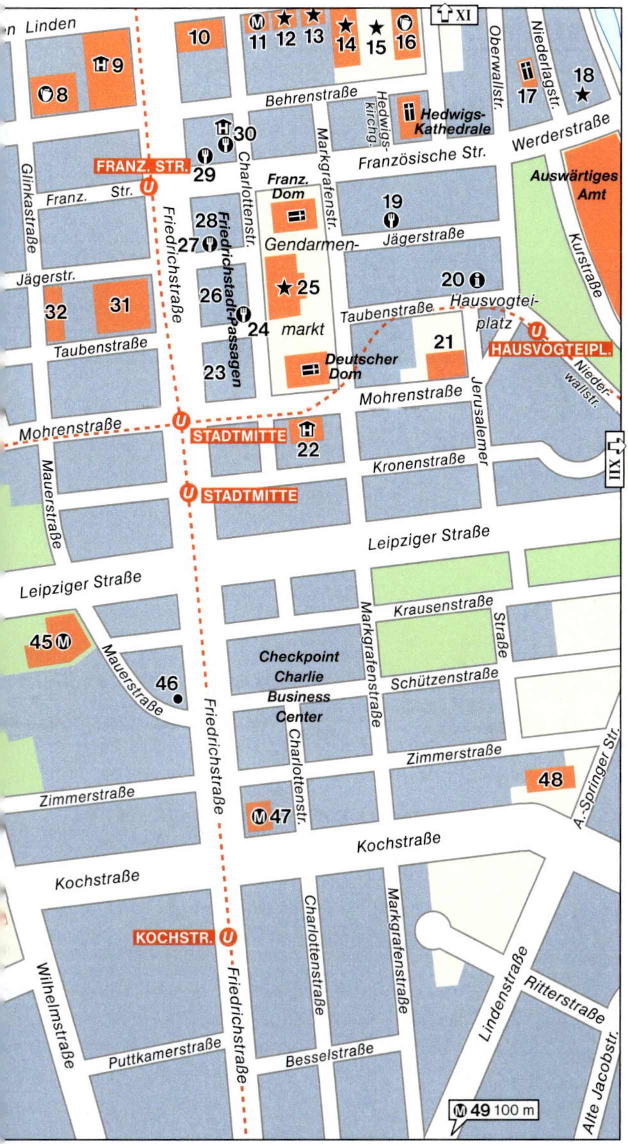

XI
XII
Linden
Behrenstraße
Hedwigs-kirchg.
Hedwigs-Kathedrale
Oberwallstr.
Niederlagstr.
Werderstraße
Französische Str.
Franz. Str.
FRANZ. STR.
Glinkastraße
Charlottenstr.
Markgrafenstr.
Franz. Dom
Auswärtiges Amt
Kurstraße
Friedrichstraße
Friedrichstadt-Passagen
Gendarmen-
markt
Jägerstraße
Jägerstr.
Taubenstraße
Hausvogtei-platz
HAUSVOGTEIPL.
Nieder-wallstr.
Deutscher Dom
Mohrenstraße
Jerusalemer
STADTMITTE
Kronenstraße
Mauerstraße
Leipziger Straße
Krausenstraße
Straße
Checkpoint Charlie Business Center
Markgrafenstraße
Schützenstraße
Zimmerstraße
A.-Springer Str.
Kochstraße
KOCHSTR.
Charlottenstraße
Lindenstraße
Ritterstraße
Wilhelmstraße
Puttkamerstraße
Besselstraße
Alte Jacobstr.
49 100 m
8 9 10 11 12 13 14 15 16 17 18 19 20 21 22 23 24 25 26 27 28 29 30 31 32 45 46 47 48

Stadtatlas

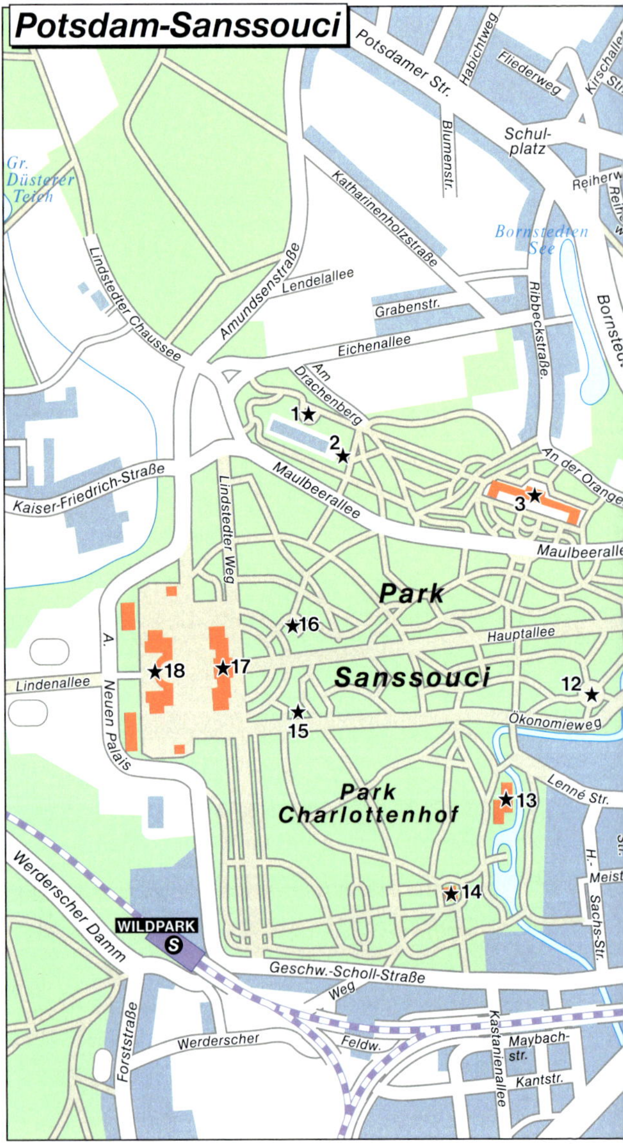
Potsdam-Sanssouci
Potsdamer Str.
Habichtweg
Fliederweg
Kirschallee
Schulplatz
Blumenstr.
Reiherweg
Gr. Düsterer Teich
Katharinenholzstraße
Bornstedter See
Ribbeckstraße
Lendelallee
Amundsenstraße
Lindstedter Chaussee
Grabenstr.
Eichenallee
Am Drachenberg
An der Orangerie
Kaiser-Friedrich-Straße
Maulbeerallee
Lindstedter Weg
Park
Sanssouci
Hauptallee
Lindenallee
A. Neuen Palais
Ökonomieweg
Park Charlottenhof
Lenné Str.
H. Sachs-Str.
Meist
Werderscher Damm
WILDPARK
S
Geschw.-Scholl-Straße
Weg
Forststraße
Werderscher
Feldw.
Kastanienallee
Maybach-str.
Kantstr.
1
2
3
12
13
14
15
16
17
18

- ★ 1 Belvedere
- ★ 2 Drachenhaus
- ★ 3 Orangerie
- ★ 4 Historische Mühle und
- ⓘ Besucherzentrum
- ★ 5 Neue Kammern
- ★ 6 Schloss Sanssouci
- ★ 7 Bildergalerie
- ★ 8 Obeliskportal
- 9 Friedenskirche
- ★ 10 Brandenburger Tor
- ⓘ Tourist-Information
- ★ 11 Dampfmaschinenhaus
- ★ 12 Chinesisches Teehaus
- ★ 13 Römische Bäder
- ★ 14 Schloss Charlottenhof
- ★ 15 Freundschaftstempel
- ★ 16 Antikentempel
- ★ 17 Neues Palais
- ★ 18 Communs

★ 1 Schloss Sanssouci
★ 2 Bildergalerie
★ 3 Obeliskportal
4 Friedenskirche
5 Hotel am Luisenplatz
★ 6 Brandenburger Tor
7 Tourist-Information
★ 8 Dampfmaschinenhaus
9 Hotel Bayrisches Haus
10 Filmmuseum Potsdam
11 Hotel Mercure
● 12 Anlegestelle Weiße Flotte
13 S- und Fernbahnhof Potsdam
14 Filmhotel „Lili Marleen“
15 Campingpark Sanssouci-Gaisberg
16 Jugendherberge Potsdam
★ 17 Areal für den Wiederaufbau des Stadtschlosses
★ 18 Altes Rathaus
19 Nikolaikirche
20 Französische Kirche
21 St.-Peter-und-Paul-Kirche
22 Klosterkeller
23 Jugendgästehaus „Siebenschläfer“
24 Café Trattoria Arco/ Café Heider

★ 25 Kleines Schloss
★ 26 Orangerie
★ 27 Marmorpalais
★ 28 Schloss Cecilienhof mit Hotel/Restaurant
29 Meierei
★ 30 Belvedere
★ 31 Pomonatempel
32 Alexander-Newski-Kapelle

Die Autorin

Kristine Jaath, Jahrgang 1962, ist Berlinerin aus Leidenschaft. 1981 zog sie in den damals noch eingemauerten Westteil der Stadt und lebt seitdem bis auf einen Studienaufenthalt in Rom ununterbrochen am grünen Strand der Spree. Sie studierte Germanistik, Religionswissenschaften und Italienisch in Rom und Berlin, arbeitete anschließend mehrere Jahre beim bekannten Radiosender RIAS Berlin (seit 1990 DeutschlandRadio) und widmete sich danach ausschließlich der Reiseschriftstellerei. Sie schrieb Texte für zahlreiche Fotobildbände sowie Reiseführer über Deutschland, Italien und Polen. Im Reise Know-How Verlag ist von ihr außerdem der Reiseführer „Polens Norden – Ostseeküste und Masuren“ erschienen.

349be Foto: kj

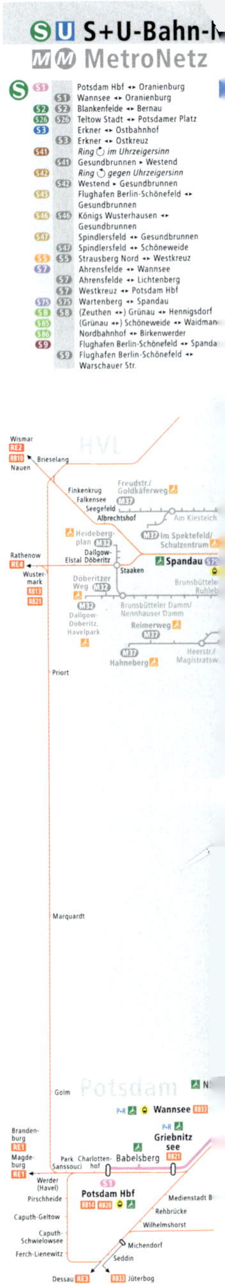